Virginie Déjazet

L'Artiste

La Femme

PAR

L. HENRY-LECOMTE

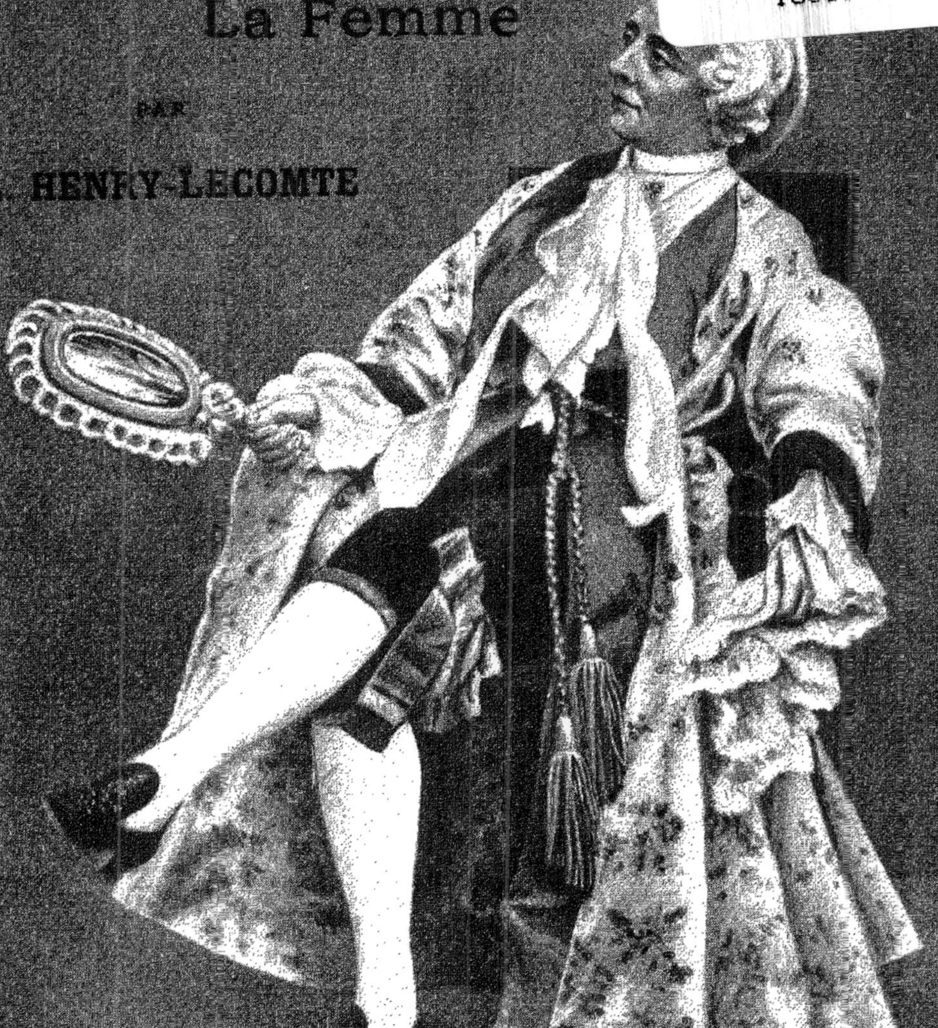

LIBRAIRIE ILLUSTRÉE, J. TALLANDIER, 8, rue Saint-Joseph, Paris

VIRGINIE
DÉJAZET

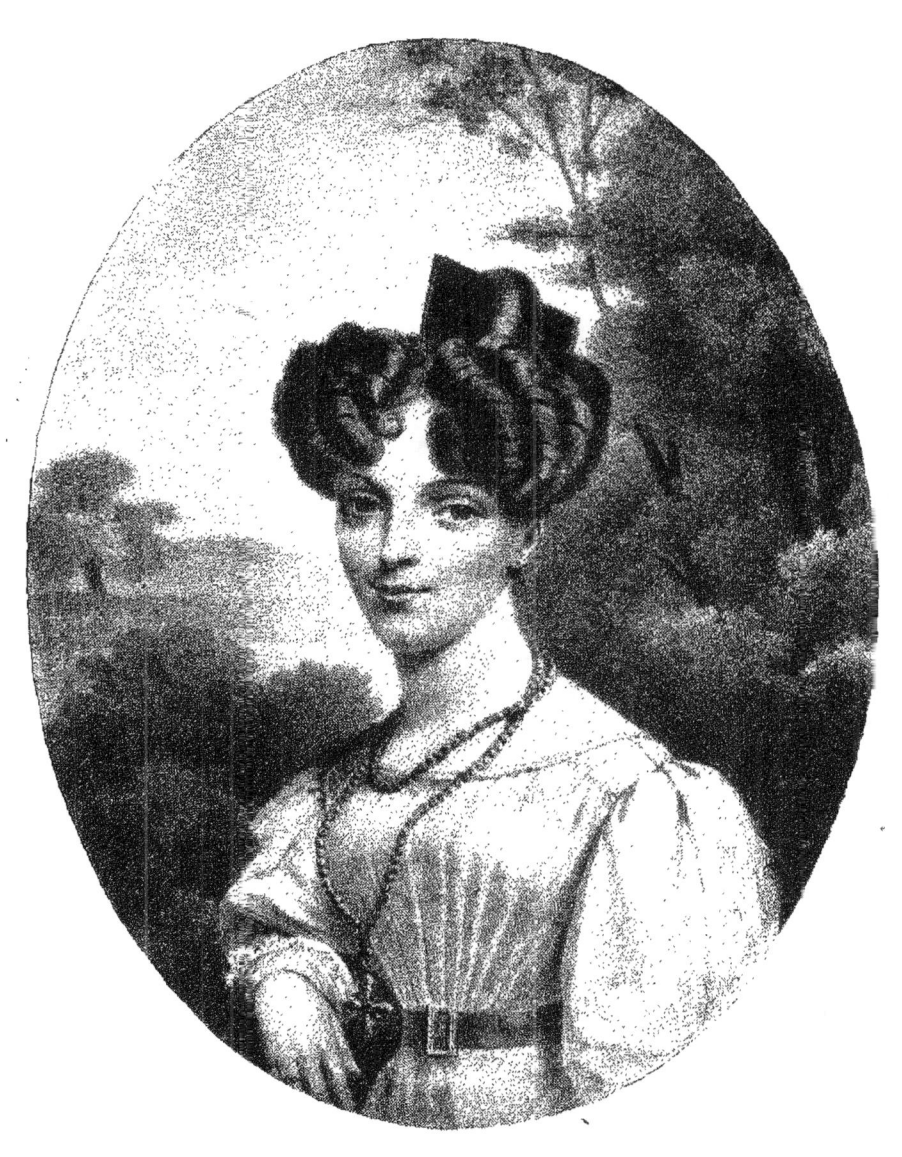

DÉJAZET EN 1826

L. HENRY LECOMTE

VIRGINIE DÉJAZET

D'après ses papiers et sa correspondance

Vie de l'Artiste. — Déjazet et ses Contemporains

Déjazet amoureuse

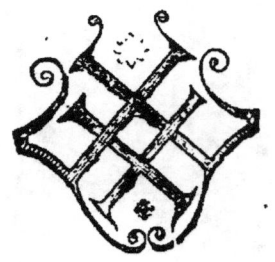

PARIS
LIBRAIRIE ILLUSTRÉE, MONTGREDIEN ET Cie
Jules TALLANDIER, Succr
8, RUE SAINT-JOSEPH, 8 (2e ARRt)

Tous droits réservés.

VIRGINIE DÉJAZET

PREMIÈRE PARTIE

L'ARTISTE

I

Le vaudeville et ses interprètes. — Comment l'auteur connut Déjazet. — Une famille nombreuse. — Déjazet débute à cinq ans. — Une danseuse qui ne danse pas. — Premiers feux. — Le théâtre des Jeunes-Artistes. — *Fanchon toute seule.* — Un bon prophète. — Premières créations. — L'amour brûlé. — Les Jeunes-Elèves. — Une rivale généreuse. — Virginie entre au Vaudeville.

On prend volontiers ses coudées franches dans le vaudeville. Son comique aux reparties vives, ses caractères aux reliefs accusés, sont commodément abordés et compris. Les médiocrités, les apprenties même du théâtre bégaient cette chanson facile. A de longs intervalles, cependant, de la foule vulgaire des prêtresses de Momus, un génie féminin s'élève qui, créant dans l'œuvre même du vaudevilliste, donne à des bagatelles une apparence de haute comédie. La plus remarquable de ces personnalités enchanteresses fut, sans contredit, Virginie Déjazet. Pendant cinquante ans cette actrice inimitable eut le rare privilège d'étonner les esprits et d'assujettir les âmes. Vivifiant les canevas mornes, élevant les situations banales, faisant de chétifs personnages des figures vigoureusement détachées, transformant enfin les *dialogues incorrects en un langage choisi*, plein d'intentions, de sentiment, de variété, Déjazet a marqué profondément sa place et laissé, dans l'histoire du théâtre, des souvenirs impérissables.

Nous avons connu Déjazet pendant quinze années. Il nous souvient comme d'hier du premier jour où nous la vîmes. C'était pendant le carnaval de 1861 ; nous arpentions les boulevards enguenillés et bruyants, triste ainsi qu'il convenait à un timide, lorsqu'un ami, prenant en pitié notre confusion juvénile, nous tira de la foule, et, sans avertissement, nous conduisit au dernier étage d'une petite salle du boulevard du Temple, le Théâtre Déjazet. L'affiche annonçait *les Trois Gamins*, vaudeville en trois actes. La salle était comble, mais silencieuse. Au delà de la rampe faiblement éclairée, un rideau présentait, sous quarante aspects différents, une actrice qu'on nous dit être la fée de la maison. Le nom de Déjazet n'éveilla guère en nous qu'un sentiment de curiosité, surexcité par le souvenir de lectures furtives, anecdotes galantes ou saynètes alertes, et les promesses de plaisir qu'on se faisait à nos côtés nous cuirassèrent uniquement d'exigence. — La toile levée, un dialogue assez commun s'engagea, puis un gamin parut, sautant à cloche-pied sur un rythme de pont-neuf : c'était Déjazet.

Nous nous sentîmes bientôt en présence d'un grand art. Ce personnage, en effet, n'avait d'un gamin que le nom. Faux dans son caractère, irrégulier dans son costume et son maintien, il semblait exact, cependant, au plus grand nombre, et séduisait. Poétiser nous ayant toujours paru méritoire, nous sûmes d'abord gré à l'artiste de ne s'être point astreinte à la copie facile de malpropretés physiques et morales. Le spectacle continuant, Déjazet se livra tout entière au public. Nous fûmes désarmé, aux instants du dialogue, par sa connaissance profonde des détails, sa manière unique de souligner et d'atténuer à la fois le mot scabreux, et conquis, à l'audition des couplets, par la fraîcheur de son organe et l'expression de son talent musical. Autour de nous, chaque spectateur, épanoui, battait des mains... Nous partîmes, songeur, pour revenir le lendemain, puis le jour suivant, et dès lors, à son insu, Déjazet eut dans l'ombre un admirateur infatigable, véhément, pris de ce sentiment exalté que les reines de théâtre inspirent seules, et qui a tout de l'amour, sauf l'égoïsme et la déraison.

Nous compterions par centaines les soirées heureuses dont nous lui fûmes redevable. Nous la vîmes, sur des scènes diverses, dans plus de vingt rôles ; partout et dans tout Déjazet demeura pour nous la personnalité singulière, poétique, charmante, du premier soir. On ne s'étonnera donc pas de nous voir payer à sa mémoire un tribut de reconnaissance en écrivant sincèrement sa vie et en dressant, pour l'avenir, la liste complète de ses intéressants travaux.

Pauline-Virginie Déjazet naquit à Paris, rue Saint-André-des-Arts, 115, le 13 fructidor an VI (30 août 1798), à quatre heures du matin. Le registre de l'état civil nous apprend que son père, Jean Déjazet, originaire de Villefranche (Rhône-et-Loire), était alors âgé de cinquante-trois ans, et que sa mère, Charlotte-Aldegonde Le Conte, native de Royon (Pas-de-Calais), entrait dans sa quarantième année.

Virginie était le treizième enfant des époux Déjazet, mariés depuis 1777. La profession de tailleur qu'exerçait le père ne pouvant pas suffire à l'entretien de cette nombreuse famille, les plus âgés des garçons et des filles y suppléaient en figurant dans les ballets ou les chœurs de l'Opéra. On pensa naturellement à élever Virginie pour un emploi semblable. Dès qu'elle put marcher, sa sœur Thérèse et le chorégraphe Gardel lui donnèrent des leçons. Elle en profita vite. A cinq ans, en effet, elle débutait, comme danseuse, sur un petit théâtre élevé, en 1802, dans le jardin de l'ancien couvent des Capucines. Le public satisfait accabla Virginie de dragées, d'oranges et de gâteaux. Le lendemain de son début, la capricieuse enfant refusa cependant de danser, et persista, trois jours durant, dans sa résolution. Rien n'y fit ni les prières du directeur Hurpy, ni la colère de Thérèse, ni le fouet, ni la privation de jouets et de friandises ; il fallut pour que Virginie reprît son rôle qu'on plaçât à l'orchestre, debout et l'arme au bras, la sentinelle d'un poste voisin dont elle avait une peur effroyable, et que, dans son langage naïf, elle appelait *le corps de garde.*

Indépendamment des danses qu'elle exécutait sans salaire, on confiait parfois à Virginie une ou deux répliques à dire. Elle recevait alors, comme *jeux*, des riz au lait qui lui causaient un plaisir médiocre et dont elle régalait fréquemment le chien du souffleur. L'intelligence et l'ardeur qu'elle déployait en ces occasions inspirèrent à Thérèse l'idée de développer chez sa petite sœur le goût de la comédie. Elle y parvint et fit quitter à Virginie le jardin des Capucines pour le théâtre des Jeunes-Artistes, situé à l'angle des rues de Bondy et de Lancry, et dirigé par M. Robillon. Virginie y parut d'abord dans *Fanchon toute seule*, vaudeville en un acte de Louis Ponet, et fut si chaleureusement accueillie qu'elle disait, en quittant la scène : « La prochaine fois, je parlerai moins vite, pour que cela dure plus longtemps. » — La clientèle des Jeunes-Artistes, composée de bourgeois et des dames du carré Saint-Martin, raffola bientôt de la débutante. On porta sa renommée jusqu'à Versailles, où Virginie dut aller figurer dans une représentation à bénéfice. Pendant l'entr'acte, comme elle passait de loge en loge pour recueillir félicitations et bouquets, un spectateur à cheveux blancs l'arrêta, la prit sur ses genoux, et, l'embrassant : — « Souviens-toi plus tard, lui dit-il, de ce que le vieux bonhomme te prédit : tu seras un jour une artiste remarquable. » — Ce bon prophète était l'auteur-comédien Monvel.

Quoique ne touchant aucun appointement, Virginie était utilisée par M. Robillon comme danseuse et comme actrice. En qualité de danseuse elle figura en naïade, furie, paysanne, etc., dans la plupart des ouvrages à spectacle montés à cette époque au théâtre des Jeunes-Artistes ; en qualité d'actrice elle y créa des rôles importants dans sept pièces nouvelles (1).

(1) Nous renvoyons à la fin du volume la nomenclature complète des rôles joués, sur divers théâtres, par Virginie Déjazet.

Les pensionnaires de M. Robillon étaient d'un âge tendre ; on aurait tort néanmoins de penser que leur répertoire fût enfantin. Les pièces qu'on leur dédiait étaient des œuvres bien trouvées, bien conduites, qui n'eussent point été déplacées sur des scènes plus vastes, et dont les rôles laissaient aux interprètes une responsabilité réelle. Virginie fit, aux Jeunes-Artistes, les meilleures des études, en remportant des succès de très bon augure. Une de ses créations, cependant, faillit lui être fatale et l'éloigner à jamais du théâtre. Il y avait, au deuxième acte des *Sirènes*, un tableau de naufrage, au milieu duquel les diaboliques charmeresses manœuvraient en brandissant des torches allumées. Virginie, du cintre où elle attendait, en costume d'Amour, le moment de se précipiter dans la mer pour sauver l'héroïne, trouva ce va-et-vient lumineux d'un superbe effet et résolut d'imiter les sirènes. En enlevant des flots la jeune première, elle agita donc violemment son flambeau symbolique au-dessus de sa tête ; mais la mèche qui n'était pas disposée pour une telle secousse, tomba tout enflammée sur le visage de l'imprudente, et l'esprit-de-vin se répandit sur son cou, ses bras et sa poitrine. Quoique gravement brûlée, Virginie ne poussa pas un cri, ne fit pas un geste tant qu'elle fut en vue ; elle trouva même, dans son énergique volonté, la force nécessaire pour jouer encore deux longs actes. Le rideau baissé, on l'emporta, privée de sentiment.

Cette aventure fâcheuse, en révélant l'héroïque amour de Virginie pour *l'effet*, accrut la sympathie générale. Ayant appris, à ce moment, que la petite actrice n'était point payée, les habitués contraignirent M. Robillon à lui donner, comme à un premier sujet, six cents francs par année. La générosité tardive de l'entrepreneur n'éblouit pas Thérèse Déjazet ; suivant ses conseils Virginie abandonna bientôt la rue de Bondy pour le théâtre des Jeunes-Élèves, exploité rue de Thionville (maintenant rue Dauphine), par une société d'artistes sous la direction de M. d'Hussenet. On donna le 16 avril 1807, pour les débuts de la transfuge, *Fanchon toute seule*. Virginie y fut si remarquable que Mme Belmont, la Fanchon du Vaudeville, profita d'un jour de relâche pour aller voir sa petite rivale. Prévenue, l'enfant redoubla d'efforts, et Mme Belmont la trouva charmante.

— « Mon cher Dumersan — écrivait-elle, le lendemain, à l'un des auteurs attitrés de la rue de Chartres, — je viens de voir, au théâtre des Jeunes-Elèves, une petite que l'on nomme Virginie Déjazet et qui me *singe* à ravir dans mon rôle de Fanchon. J'ai conseillé à mon *ours* de directeur de l'engager au Vaudeville et d'aller vous trouver afin de vous faire la commande d'une pièce pour elle. Il y a là un grand élément de succès. Mettez l'enfant sur vos épaules ; elle ira loin, si elle ne saute pas par-dessus. »

Barré, qui dirigeait alors le Vaudeville, eut égard tout au moins à la première des recommandations de Mme Belmont. Il manda Virginie dans son cabinet et l'engagea pour tenir chez lui les rôles d'enfants. Cela blessa, dit-on, l'orgueil du petit prodige accoutumé, malgré son âge, à représenter de grands personnages : Virginie en prit cependant son parti, d'autant plus qu'un décret impérial, promulgué à la même époque, supprima quantité de théâtres, parmi lesquels les Jeunes-Artistes et les Jeunes-Elèves, et que, sans Barré, elle eût été condamnée, pour un temps indéterminé, à l'inaction et au silence.

Une figuration prolongée. — En voyage. — Les Variétés. — Première barricade. — Brunet et Potier. — Déjazet à Lyon. — Deuxième barricade. — Un amoureux brutal. — A Bordeaux. — Troisième barricade. — Déjazet redevient Parisienne.

La première apparition de Virginie au Vaudeville eut lieu, le 5 novembre 1807, dans *le Fond du sac, ou la Préface de Lina*, parodie-vaudeville en un acte, de Dieulafoi et Gersin. Le rôle de petit garçon dont elle était chargée consistait à envoyer des baisers à Lina, sa mère, et à réclamer du public, dans le vaudeville final, les « bonbons de Thalie » ou des applaudissements. La débutante eut un succès de gentillesse et la friandise qu'elle désirait ne lui fit pas défaut.

Virginie établit ensuite huit personnages d'une insignifiance extrême ; elle se désolait de la maigre part que lui faisaient les auteurs, quand Bouilly et Dumersan apportèrent à Barré une féerie-vaudeville en deux actes intitulée *la Belle au bois dormant*, et demandèrent la petite actrice pour y créer la fée Nabotte. Ce rôle, tout de composition, fit le plus grand honneur à Virginie qui avait renoncé, avec une abnégation dont on lui sut gré, aux attraits de son âge, pour s'affubler de cheveux blancs, de lunettes, de tout l'accoutrement grotesque d'une vieille femme très cassée, revêche et méchante (20 février 1811). Applaudie par les spectateurs et félicitée par la presse, elle se crut des droits à quelques créations favorables; mais, quand la *Belle au bois dormant* quitta l'affiche, la créatrice de Nabotte se vit reléguer, comme auparavant, dans les rangs des comparses.

Il n'y a pas lieu de s'en étonner beaucoup. La direction du Vaudeville reconnaissait à Virginie de l'intelligence, des capacités, mais les premières places appartenaient à Mmes Minette, Rivière et Desmares, actrices de talent que le public aimait à voir et pour lesquelles travaillaient spécialement les auteurs.

Une circonstance imprévue, amenée par un changement d'administrateur, permit à Virginie de donner enfin la mesure exacte de son savoir-faire. Le 20 septembre 1815, Barré prit sa retraite et fut remplacé, à la tête du Vaudeville, par le célèbre Désaugiers. La salle ayant besoin de réparations, on ferma pendant quelques jours. Désireux d'utiliser ce congé, l'acteur Gonthier proposa à ses camarades de se réunir en société pour aller faire un voyage d'agrément dont le public payerait les frais. Tous consentirent avec joie; Minette seule, qui préférait le repos aux couronnes départementales, refusa de se joindre à la troupe nomade. La société, privée d'un chef d'emploi, se trouvait dans un grand embarras, lorsque Gonthier, qui avait jugé le mérite naissant de Virginie, songea à elle pour remplacer Minette. La suppléante acceptée, la troupe, après avoir fait les avances nécessaires pour acheter une garde-robe complète à Virginie plus que modestement vêtue, s'achemina vers Orléans.

Virginie s'éloignait pour la première fois de sa famille. Maîtresse d'elle-même et fière de son émancipation momentanée, elle n'en profita que pour ôter les affreux bas noirs que sa sœur Thérèse lui faisait porter et qu'elle avait en horreur.

Les artistes du Vaudeville jouèrent, à Orléans, *le Mariage de Scarron* et *le Nouveau Pourceaugnac*. Virginie se fit remarquer, dans les rôles de Mlle d'Aubigné et de Tiennette, par son esprit, sa verve et son comique de bon aloi. Les chaleureux bravos des Orléanais enivrèrent la jeune actrice ; quand elle revint à Paris, l'infime emploi qu'elle occupait au Vaudeville lui parut plus misérable encore. Il lui fallut cependant rentrer dans les rangs des choristes et jouer, inaperçue, huit *utilités* encore. Elle comprit alors, en fille de sens, que la lutte n'était pas possible entre une inconnue et les étoiles honorées de la faveur du public. Son engagement touchant à sa fin, elle consulta Gonthier qui lui conseilla de quitter le Vaudeville et Paris, pour courir la province jusqu'à ce qu'elle trouvât l'occasion d'une rentrée brillante dans la capitale. Virginie ne suivit que la moitié du conseil ; elle ne quitta point Paris, mais elle alla chercher fortune aux Variétés, dirigées par Brunet.

Elle débuta au boulevard Montmartre, le 2 janvier 1817, par le rôle de Suzette, dans *Quinze ans d'absence*, comédie de Merle et Brazier ; puis elle joua Félix, dans *les Petits braconniers, ou les Ecoliers en vacances*, des mêmes auteurs (13 février). Pauline, qui avait créé ce dernier rôle, fut jalouse du succès que Virginie y obtint. Or, si Brunet dirigeait les Variétés, Pauline dirigeait Brunet, et ce dernier, pour ne pas irriter sa maîtresse, ne fit plus jouer Virginie.

Après plusieurs mois d'attente, désespérant de changer les dispositions hostiles du directeur à son égard, Virginie rompit son engagement. En apprenant cette rupture, Potier dit franchement à Brunet qui s'en réjouissait presque : « Tu fais une grande sottise ; cette petite Virginie, crois-moi, a en elle l'étoffe d'une véritable comédienne. »

Paris dédaignant ses services, Virginie n'avait qu'à se rabattre sur la province. Mais on était au milieu de l'année théâtrale ; où aller ? Un de ses anciens camarades du Vaudeville, Seveste, qui faisait en outre métier de correspondant dramatique, la tira d'embarras en lui signalant une place à prendre chez M. Charrasson, directeur des théâtres de Lyon. La jeune artiste partit en hâte, débuta brillamment et signa avec l'impresario lyonnais la convention suivante :

Nous soussignés, André-Etienne-Augustin Charrasson, entrepreneur des Théâtres de Lyon,

Et Mlle Virginie Déjazet, artiste de présent à Lyon,

Disons, qu'étant d'accord sur les clauses et conditions énoncées dans les articles suivants, moi Virginie Déjazet reconnais m'être engagée de mon plein gré avec ledit

M. Charrasson, pour et par moi être exécuté ce qui suit, savoir :

Article premier. — Je déclare être en état de remplir au gré de l'Administration, et m'engage pour tenir, dans toutes les pièces qu'il lui plaira de faire représenter, les emplois de soubrettes de mélodrame, vaudeville, variétés, et notamment les rôles de Minette, Aldegonde, et les travestis, le tout en chef ou partage, à l'option de l'Entreprise, ainsi que tous les rôles portant dénomination de rôles de chant.

Art. 2. — Je me fournirai à mes frais généralement de tous les habits et accessoires nécessaires à mes emplois, et je m'oblige d'avoir mes rôles à moi, soit de poème, soit de musique, ne pouvant réclamer de l'Entreprise que ceux des pièces nouvelles d'un an de date.

Art. 3. — Je n'exigerai aucun rôle par droit d'emploi dans les pièces nouvelles, l'Administration se réservant la faculté de les distribuer à son gré. Je ne pourrai me démettre, sans son consentement, de ceux que j'aurai joués ou acceptés au répertoire.

Art. 4. — Je m'oblige à monter toutes les nouveautés, sans que cela nuise au répertoire, les pièces en cinq et en quatre actes dans vingt jours, celles en trois actes dans quinze jours, et celles en un acte dans dix jours; à paraître dans toutes les pièces à spectacle, Tragédies, Comédies, Opéras, Ballets, Pantomimes, etc., toutes les fois que j'en serai requise.

Art. 5. — J'exercerai mes talents sur l'un et l'autre Théâtre dans le même jour, à la volonté de l'Entreprise, et je les consacrerai exclusivement à son service, renonçant à en faire usage sur des Théâtres particuliers ou publics, et même dans des Concerts, sans en avoir obtenu préalablement et par écrit l'agrément de l'Entreprise, à peine de perdre quinze jours de mes appointements.

Art. 6. — Il est convenu que, dans le cas d'une clôture de spectacle, par suite des ordres de l'autorité, ou pour cause de quelque événement, les appointements seront suspendus, et ne recommenceront à courir que du jour où le spectacle se rouvrira.

Art. 7. — Je consens de ne toucher que les deux tiers de mes appointements pendant les trois mois d'été, cette retenue étant reversible sur les trois derniers mois de l'engagement.

Art. 8. — Je me conformerai aux règlements établis ou à établir pour l'ordre du spectacle, l'heure des répétitions, des représentations, la fixation des amendes, et généralement pour tout ce qui pourra contribuer aux intérêts de l'Entreprise.

Art. 9. — Toutes contestations ou difficultés généralement quelconques seront portées devant l'autorité administrative, les parties renonçant à toute autre juridiction, pour quelque cause que ce soit, et, dans aucun cas, le service public ni celui du répertoire et des répétitions ne pourront souffrir d'aucune contestation : provisoirement, et avant la décision, Mlle Virginie Déjazet s'oblige de satisfaire aux demandes de l'Administration, sous les peines portées au règlement.

A ces conditions acceptées par nous soussignés, moi, Entrepreneur, je promets et m'oblige de payer à Mlle Virginie la somme de *Deux mille quatre cents francs* par année, laquelle somme sera divisée en douze payements, de mois en mois.

Toutes ces obligations respectives ayant été consenties de part et d'autre, nous, susdits soussignés, sommes convenus que le présent Engagement aura lieu pour l'année théâtrale de 1818 à 1819, qui commencera le 21 Avril 1818 pour finir à pareille époque de l'année 1819.

Voulons qu'il ait la même force et valeur que s'il était passé par-devant notaire, et qu'aucun de nous ne puisse s'en désister, pour quelque cause et raison que ce soit, à peine d'un dédit de la somme de quinze cents francs payable dans le jour qui suivra la date du présent Engagement, passé lequel terme ce dédit ne sera recevable qu'avec les dépens, dommages et intérêts que l'Entreprise sera en droit d'exiger, à raison du tort que moi, Virginie Déjazet pourrais lui apporter, dépens, dommages et intérêts qui auront lieu outre le dédit spécifié ci-dessus.

Ainsi convenu, fait et signé double.

Lyon, le 12 octobre 1817.

CHARRASSON, VIRGINIE DÉJAZET.

M. Charrasson avait sous son autorité le théâtre des Terreaux et celui des Célestins; c'est à ce dernier spectacle que Virginie fut attachée. Dans *les Deux Pères, ou la leçon de botanique*, dans *les Brigands sans le savoir*, dans *Angéline* et dans *le Diable couleur de rose*, elle y conquit tous les suffrages ; mais elle se trouva bientôt en butte à d'indignes manœuvres.

Aux Célestins de Lyon, comme aux Variétés de Paris, une jolie femme imposait ses volontés à la direction. La favorite lyonnaise s'appelait Hugens ; elle dominait Solomé, régisseur en chef omnipotent. Mlle Hugens mit tout en œuvre pour entraver les représentations de Virginie et la faire reléguer au dernier plan. Elle allait atteindre ce but, quand le public, qui s'intéressait médiocrement à ses intrigues, fit une émeute et réclama, en plein théâtre, le respect des droits de l'opprimée. Grâce à cette intervention, Virginie put interpréter de bons rôles et conquérir une position. On lit, au bas du document transcrit dans les pages qui précèdent, ce paragraphe additionnel qui ne laisse aucun doute sur la réalité des succès obtenus par la jeune artiste :

Renouvelé le présent engagement, de commun accord et de bonne foi, pour le courant de l'année 1819 à 1820, laquelle commencera le 20 Avril 1819 et finira le 21 du même mois de l'année 1820, aux conditions de *Deux mille six cents francs* fixes et une demi-représentation d'hiver.

Fait et signé double à Lyon, ce 15 septembre 1818.

CHARRASSON, VIRGINIE DÉJAZET.

Malheureusement les beaux yeux de la Parisienne ne tardèrent pas à incendier les cœurs des tendres Lyonnais. La plupart des amoureux de Virginie se contentèrent se soupirer en silence, mais quelques autres, parmi lesquels un M. Perrin, marchand de sel et abonné du théâtre, la fatiguèrent de poursuites inconvenantes. Un jour que Virginie se promenait sur la place Bellecourt, M. Perrin l'aborda, un pistolet à la main, menaçant de la tuer si elle refusait encore de l'entendre. Bien qu'elle fût alors émancipée de toutes les façons, Virginie entendait ne disposer d'elle qu'à son gré; effrayée des procédés brutaux du négociant lyonnais, elle se décida, pour lui échapper, à changer de province et signa, en avril 1820, un engagement d'une année avec M. Fargeot, directeur du Théâtre-Français de Bordeaux.

On conservait dans cette ville un excellent souvenir de sa sœur, Hippolyte-Pauline, actrice et chanteuse de talent morte, à l'âge de vingt-neuf ans, d'une maladie de poitrine. Virginie, très superstitieuse, pensa que son nom de famille, connu par les succès de sa sœur aînée, la protégerait efficacement contre les sévérités légendaires des Bordelais; elle résolut donc d'ajouter désormais le nom de Déjazet à celui de Virginie, sous lequel les affiches l'avaient jusque-là présentée.

Virginie Déjazet réussit très franchement à Bordeaux, où elle passa en revue les rôles de soubrettes, amoureuses ou travestis, créés à Paris par Mlles Minette, Rivière, Flore, et fit deux créations. Mais elle était destinée à rencontrer partout des intrigantes ou des favorites pour lui barrer la route.

Il y avait alors à Bordeaux une actrice médiocre, mais fort jolie, qu'on nommait Elisa Jacobs. Osant et permettant tout, elle comptait nombre de partisans déclarés parmi les abonnés du théâtre. Elisa Jacobs prit ombrage des succès de Déjazet et lui déclara la guerre. La lutte s'engagea bientôt entre la Parisienne et la Bordelaise, lutte acharnée, dont l'issue était encore douteuse au bout de neuf mois, quand l'entreprise fit faillite (24 janvier 1821).

Ce désastre n'atteignit pas Déjazet; Delestre-Poirson, qui venait d'obtenir le privilège du Gymnase-Dramatique, et qui voyageait pour compléter sa troupe, l'avait engagée quelque temps auparavant.

III

Le Gymnase-Dramatique. — Soixante-treize rôles en sept ans. — Un bandit de lettres. — Injures et Procès. — Le théâtre de Madame. — Quatrième barricade. — Scribe ingrat. — Déjazet honnête homme.

Le théâtre du Gymnase, construit sur l'emplacement du cimetière Bonne-Nouvelle, ouvrit le 23 décembre 1820, sous la direction de M. de la Roserie et l'administration de MM. Delestre-Poirson et Max Cerfberr. Ces derniers avaient eu l'habileté de s'attacher Eugène Scribe, et de composer une excellente réunion d'artistes parmi lesquels on distinguait Perlet, Gonthier, Bernard-Léon, Dormeuil, Mmes Grévedon, Lalanne et Fleuriet.

Lorsque Virginie Déjazet revint à Paris, les représentations s'effectuaient depuis un mois seulement au Gymnase ; son traité ne partant que de la fin d'avril 1821, elle eut le temps d'étudier la troupe et de se familiariser avec le répertoire. Elle choisit, pour son début, le rôle de Marianne dans *Caroline*, pièce de Scribe et Ménissier, jouée précédemment au Vaudeville. On lui reconnut de l'aisance, une voix juste, et beaucoup des manières de Minette, créatrice du rôle (10 mai). Six jours après, Déjazet établissait, dans *la Meunière*, le second des soixante-treize rôles que lui réservait le Gymnase et dont on trouvera l'énumération dans l'appendice de cette étude.

Dans toutes les pièces, — sauf dans *la Petite sœur* et *le Mariage enfantin*, où elle donnait à peu près seule la réplique à Léontine Fay, la merveille d'alors, — Virginie Déjazet ne tenait que des personnages épisodiques. Tour à tour suivante, collégien, grisette, paysanne, elle aidait de son mieux les amants à triompher des obstacles créés par les tuteurs et les jaloux, et avait son couplet à chanter dans le vaudeville qui célébrait leur mariage, en terminant la pièce. Par ce travail incessant, son talent gagnait tous les jours en étendue et en autorité.

On l'avait accueillie d'abord avec une certaine résistance, bien qu'on lui reconnût du brio, de l'esprit et de la gaieté. Sa verve, paraît-il, n'était pas toujours mesurée ni ses manières de très bon ton. Ce reproche, étrange à l'égard d'une actrice dont les créations principales évoquent aujourd'hui le souvenir de la distinction la plus vraie, est formulé poliment — de 1821 à 1824 — dans le *Miroir*, le *Réveil* et autres feuilles bien élevées, brutalement dans le *Courrier des Théâtres*, que Charles Maurice braquait alors, comme une escopette, sur la gent dramatique. On lit, par exemple, à la date du 25 février 1824, ces lignes inqualifiables du suspect gazetier :

Nous prévenons les mères de famille et les dames, que révoltent l'indécence unie à l'audace des dernières classes de leur sexe, qu'elles ne doivent plus se présenter au Gymnase, ni surtout y conduire leurs filles, les jours où la demoiselle *Virginie Déjazet* étale le scandale de sa présence. Sans doute, la Police fera le reste.

L'hostilité de Charles Maurice, ou plutôt son désir de compter Déjazet au nombre de ses tributaires, le porta à publier, comme de l'actrice, une lettre bourrée de fautes d'orthographe, dans laquelle on le traitait de « paulisson » en lui promettant des « soufflais ». Déjazet, qui avait méprisé les différentes manœuvres du journaliste, se fâcha de son invention méchante et demanda réparation aux tribunaux. L'instance, mal engagée, tourna contre elle, et le *Courrier des Théâtres* n'en fut que plus agressif. Fort heureusement Déjazet, dont l'engagement au Gymnase expirait vers cette époque, alla passer quelques mois dans les Pays-Bas. Quand elle revint, Charles Maurice était apaisé, et les administrateurs du théâtre Bonne-Nouvelle ne firent aucune difficulté pour l'attacher de nouveau à leur entreprise (8 septembre 1824).

Cette entreprise était prospère et la duchesse de Berry accrut encore son succès en la prenant sous son patronage. Le théâtre du Gymnase devint, à la date même du rengagement de Déjazet, *Théâtre de Madame*. Déjazet, que la duchesse complimentait volontiers, n'en fut que plus zélée et plus attentive à corriger ses défauts. Mais, lorsqu'après sept ans de travail assidu, elle se croyait fixée au boulevard Bonne-Nouvelle et prête à y occuper la première place, elle apprit un matin que MM. Poirson et Cerfberr venaient d'engager Jenny Vertpré, alors dans tout l'éclat de son talent. Ce fut un coup cruel pour Virginie ; elle comprit qu'elle allait être reléguée au deuxième plan, et réduite à se contenter des rôles que dédaignerait la nouvelle étoile. Ses appréhensions étaient justifiées ; les auteurs l'oublièrent et n'écrivirent plus que pour Jenny Vertpré. Scribe, l'ingrat Scribe, fit *le Mariage de raison*, et donna le joli rôle de Mme Pinchon à Jenny. A dater de ce moment, Déjazet ne songea plus qu'à rompre son engagement avec le Théâtre de Madame. Elle y parvint, au commencement de 1828, à la suite d'une nouvelle injustice des directeurs. M. Poirson la laissa partir à regret.

— *En vous perdant*, lui dit-il, *je perds le plus honnête homme de ma troupe !*

Mot flatteur, mais insuffisant ; nous verrons bientôt que M. Poirson perdait plus qu'une pensionnaire loyale.

IV

Les Nouveautés. — Plus de barricades. — Répertoire romantique, lyrique et politique. — *Napoléon à Brienne*. — *Le Fils de l'Homme*. — Peu de succès. — Point d'argent. — Une débâcle.

Déjazet ne resta pas longtemps inoccupée ; les portes des Nouveautés s'ouvrirent toutes grandes devant elle. On l'y engagea pour cinq ans, à ces conditions fort belles pour l'époque : 8,000 francs pendant les quatre premières années, 10,000 francs la dernière ; plus, à titre de feux, 10 francs pour une pièce, 5 francs pour chacune des autres.

La salle des Nouveautés, construite place de la Bourse, sur l'emplacement du passage Feydeau, avait ouvert, le 1er mars 1827, sous la direction de M. Bérard. Six mois plus tard l'entreprise agonisait. Hector Bossange, fils d'un libraire connu, vint alors en aide à M. Bérard en prenant la direction de la scène. Son premier soin fut de renforcer la troupe, assez médiocre, en engageant des artistes de valeur : Potier, Bouffé, Philippe, Lafont, Volnys furent appelés, en même temps que Déjazet, pour former la tête de colonne.

Virginie Déjazet fit ses débuts aux Nouveautés le 5 juin 1828, par le rôle de *Catherine* dans *le Mariage impossible*, comédie-vaudeville en deux actes, de Mélesville et Carmouche. Accueillie favorablement, elle créa différents personnages, puis Dartois, Brunswick et Lhérie écrivirent *les Suites d'un Mariage de raison*, pour fournir à Déjazet l'occasion de jouer le rôle de Mme *Pinchon*, qu'elle avait tant regretté. Le 6 mai 1829, elle prouva victorieusement à Scribe qu'elle était capable de comprendre, aussi bien que Jenny Vertpré, ce ravissant personnage. Potier, Bouffé, Mme Albert secondaient Virginie dans ce drame-vaudeville, qui fut un grand succès.

Mme Albert, que nous venons de nommer, régnait par son talent en souveraine. Déjazet, craignant que cette actrice ne se changeât pour elle en cinquième barricade, chercha quelque moyen de défense. Un seul offrait des chances certaines, Virginie l'adopta : M. Bossange dirigeait le théâtre, elle s'arrangea pour diriger M. Bossange. Mise dès lors en vedette, on la vit jouer successivement une trentaine de pièces romantiques, lyriques ou politiques. Deux de ces dernières méritent une mention spéciale.

Sous le règne des Bourbons la censure avait impitoyablement défendu la mise au théâtre des hommes ou des faits de l'Empire; la révolution de juillet accomplie, on put exploiter cette mine féconde. Gabriel, De Villeneuve et Masson offrirent d'abord au directeur des Nouveautés une comédie en trois actes, intitulée *Bonaparte à l'école de Brienne*, et dont le rôle principal était destiné à Déjazet. L'impresario trouva la pièce bonne, mais il se récria sur le choix que les auteurs avaient fait d'un interprète féminin. On pouvait craindre, en effet, que le public trouvât peu de ressemblance entre les traits de Déjazet et ceux du jeune héros. Pour rassurer M. Bossange, un des auteurs, Gabriel, s'engagea à payer les frais de l'ouvrage, s'il ne réussissait pas. Cette transaction, divulguée, redoubla la curiosité parisienne; la foule envahit littéralement les portes du théâtre des Nouveautés.

Les auteurs, voulant juger du costume de Déjazet, montèrent à sa loge et trouvèrent auprès d'elle un monsieur simplement vêtu qui rognait, avec des ciseaux, les bords du tricorne qu'on venait d'apporter pour l'actrice. Sa besogne terminée, l'inconnu salua et quitta la loge, après avoir posé d'un air de satisfaction le tricorne sur la tête de Virginie.

— Quel est donc ce personnage ? demanda Gabriel à Déjazet.

— C'est le duc de X...

— Bah !... l'ancien général de l'Empire ?

— Oui, et, de plus, l'ami d'enfance de Bonaparte. Il était avec lui à Brienne. Vous venez de le voir faire, à coups de ciseaux, de la vérité historique... Suis-je gentille ainsi?

— Ravissante !

— Vous croyez toujours au succès?

— A un succès éclatant, puisque vous jouez le rôle...

A son entrée en scène, Déjazet fut accueillie par un murmure d'étonnement et d'admiration. C'était bien le jeune Bonaparte au regard profond, au teint pâle, au visage amaigri par l'étude, tel enfin que le représentent les médailles et les gravures. L'enthousiasme du public fit tout à coup explosion et la pièce, constamment applaudie, finit par une ovation à la comédienne.

Reconnaissant l'opportunité des pièces bonapartistes, Eugène Sue écrivit alors, avec son ami De Forges, un petit drame ayant pour sujet l'infortuné duc de Reichstadt, dont la mort venait d'affliger la France. Employé dans une administration publique, De Forges n'osa présenter son ouvrage, mais, un jour qu'il déjeunait avec Volnys, comédien des Nouveautés, il en fit part à son convive. Volnys, fils d'un général de l'Empire, fut enthousiasmé.

— Laissez-moi le manuscrit, dit-il, je veux relire cela.

Six semaines après, un bruit se répandit sourdement dans le monde littéraire. Il se préparait, disait-on, un grand événement au théâtre des Nouveautés, mais tout le monde ignorait quel devait être cet événement. Comme éclairé par une inspiration, De Forges pensa qu'il pouvait bien s'agir de la représentation de son drame et résolut de s'en informer le soir même. A huit heures donc il abordait, dans les coulisses, le directeur des Nouveautés.

— Oh ! ne me parlez pas de vos affaires ce soir, mon cher De Forges, lui dit vivement M. Bossange. Vous voyez un homme désespéré. Un maladroit nous fait manquer le spectacle, et nous sommes obligés de donner, au pied levé, une pièce qui était en répétition et qui n'est pas sue!... Voyons, monsieur le régisseur, Déjazet est-elle prête ?

— Oui, monsieur Bossange.

— Eh bien, frappez les trois coups et faites l'annonce convenue.

Force fut à De Forges de se ranger comme les autres derrière un chassis. La toile levée, le régisseur, en costume de cérémonie, entra en scène et dit d'une voix émue, après les saluts traditionnels :

« Messieurs, un de nos artistes s'étant trouvé indisposé au moment du lever du rideau, nous sommes obligés de vous donner, à la place de la seconde pièce, une comédie nouvelle qui ne devait passer que dans trois ou quatre jours. Nous vous supplions d'accepter l'échange. »

Enchantés de cette bonne fortune inattendue, les spectateurs applaudirent le régisseur qui se retira, comme il était venu, en saluant la compagnie.

La pièce nouvelle commença aussitôt, pendant que Déjazet, vêtue d'un uniforme de colonel autrichien, descendait de sa loge.

— Ah ! mon Dieu, s'écria De Forges en l'arrêtant, que jouez-vous donc là ?

— Ce que je joue?... Mais *le Fils de l'Homme*... Allons, laissez-moi passer, monsieur l'auteur !

Les bras de De Forges tombèrent, et Déjazet passa.

L'événement que l'on préparait aux Nouveautés, c'était en effet la représentation du drame de Sue et de De Forges : seulement M. Bossange, craignant un interdit ministériel, avait prudemment gardé le silence et joué la pièce à l'improviste.

Elle fut chaudement accueillie et fit recette, ce qui était rare aux Nouveautés. Ce théâtre, en effet, semblait voué aux chutes et, malgré l'activité de ses directeurs successifs, allait visiblement, en 1831, à une complète débâcle. Les Nouveautés, nous l'avons dit, allouaient à Déjazet des appointements plus qu'honorables; le malheur est qu'on les lui payait très irrégulièrement. L'actrice, qui ne s'épargnait point, se désolait de ne pouvoir compter sur son salaire. Elle sentait en outre que, sur une scène dédaignée, ses efforts, si grands qu'ils fussent, ne la porteraient jamais au rang qu'elle ambitionnait depuis tant d'années. Il ne faut donc pas s'étonner de la voir, longtemps avant l'expiration de son engagement aux Nouveautés, accepter les propositions de MM. Dormeuil et Ch. Poirson, autorisés à rouvrir l'ancien théâtre Montansier. Vers la même date, Bouffé traitait non moins délibérément avec le Gymnase. Les deux artistes ne faisaient que prévenir une catastrophe inévitable. M. Bossange, en effet, quitta bientôt la place, et, après quelques péripéties, les Nouveautés fermèrent définitivement le 13 février 1832. La salle et ses dépendances, qui n'avaient pas coûté moins de trois millions et demi, furent revendues onze cent mille francs. Six mois plus tard, l'Opéra-Comique prit possession du local désert, puis le Vaudeville, qui l'occupa jusqu'à son emménagement à la Chaussée d'Antin (1869) : le bâtiment disparut alors sous la pioche des démolisseurs.

V

Le théâtre du Palais-Royal. — Ce qu'on payait Déjazet. —. Evolution intelligente. — Un répertoire grivois. — Déjazet passe au rang d'étoile. — De beaux appointements. — La jument du duc d'Orléans. — Un suicide. — L'amie qui passe. — Déjazet menacée. — Un triomphe. — Ce pauvre Dormeuil! — Traité brillant. — Déjazet perd la voix et presque la raison. — On la revoit digne d'elle-même. — *La Lisette de Béranger.* — Tout s'use. — Dormeuil laisse partir sa poule aux œufs d'or.

La convention signée, le 6 avril 1831, par Contat-Desfontaines dit Dormeuil, Charles Poirson et Virginie Déjazet, porte que cette dernière était engagée, du 7 avril 1831 au 7 avril 1833, pour remplir, dans la troupe composant *le Théâtre du Palais-Royal,* tous les rôles qui lui seraient distribués par les directeurs ; de leur côté, ceux-ci promettaient à leur pensionnaire 8.000 fr. d'appointements, 10 francs de feux pour chacune des pièces dans lesquelles elle jouerait, et un congé de deux mois par année.

C'est donc sous le nom de Palais-Royal qu'allait rouvrir le théâtre construit en 1790 par Mlle Montansier, et qui n'avait servi, depuis 1806, qu'à des exhibitions peu intéressantes. L'architecte Guerchy l'avait restauré ou plutôt reconstruit d'une façon fort habile, et les directeurs avaient préparé l'avenir en faisant réussir d'abord l'émission de cent vingt actions de trois mille francs chacune, en composant ensuite une troupe excellente. On y remarquait, en effet, Samson et Régnier, plus tard sociétaires de la Comédie-Française, Lepeintre aîné, Sainville, Philippe, Dormeuil lui-même. Mmes Baroyer,

Elomire, Couturier et Pernon. Mais la meilleure recrue de l'entreprise nouvelle fut incontestablement Déjazet. C'est elle qui, pendant treize années, devait être à la fois le drapeau artistique et la poule aux œufs d'or du Palais-Royal ; par un échange naturel, c'est le Palais-Royal qui devait mettre enfin la comédienne dans cette lumière éclatante que le Gymnase et les Nouveautés lui avaient refusée, et sans laquelle le plus grand artiste reste inapprécié de la foule.

Le théâtre du Palais-Royal fut inauguré, le 6 juin 1831, par un spectacle composé de trois pièces en un acte. Dans deux d'entre elles, *Ils n'ouvriront pas*, prologue, et *l'Audience du prince*, comédie-vaudeville, Déjazet avait un rôle, et ces rôles la montraient sous les deux aspects — grisette et gentilhomme — qu'elle devait fréquemment emprunter.

Le prologue fut applaudi, mais la comédie fut sifflée. Comme il advint de même à l'ouvrage qui les accompagnait et qui appartenait comme eux au genre salon, les directeurs du Palais-Royal se dirent avec raison que leur public désirait autre chose. C'est vers le genre plaisant, grivois même, qu'ils tournèrent leurs vues, et l'événement prouva que cette seconde manière était la seule qui convînt. Dans l'évolution du théâtre, la part échue à Déjazet fut considérable. On trouvera plus loin le bilan exact de la campagne qu'elle mena alors au grand profit de l'entreprise et qui la posa bientôt en étoile de première grandeur. Bornons-nous donc ici à noter ses créations les plus originales et les incidents notables de son existence.

En mai 1832 l'engagement de Déjazet fut renouvelé aux conditions suivantes : 10.000 francs d'appointements fixes, 10 francs de feux pour chaque pièce en un ou deux actes, 15 francs pour les pièces d'une dimension plus étendue, congé de deux mois dans la première année, de trois mois dans chacune des deux autres, enfin représentation à bénéfice sur laquelle l'administration prélèverait 1.200 francs. Ces chiffres, en notables progrès sur ceux du traité primitif, disent l'importance de la place que Déjazet avait conquise en moins d'une année.

Deux faits se produisirent quelque temps plus tard, dont le premier faillit prendre l'importance d'un événement politique, tandis que le second affirmait l'exquise sensibilité de notre héroïne.

Le duc d'Orléans avait donné à une jument de son écurie le nom de Déjazet. Ce n'était pas d'un goût très fin, et *le Charivari*, qui ne manquait aucune occasion de s'égayer aux dépens de la famille royale, supposa, le 7 septembre 1834, une lettre de l'artiste dans laquelle le prince héritier, dit Poulot, était spirituellement mais méchamment pris à partie. Déjazet crut devoir se fâcher et menacer des tribunaux l'auteur de l'épître prétendue. On ne guerroyait pas alors sans risques avec la presse; l'actrice, chutée le soir même de sa protestation, comprit sa faute et rentra en grâce par ce *meâ culpâ*, publié dans *le Charivari* du 11 septembre :

Le but de ma réclamation était uniquement de bien constater que j'étais tout à fait étrangère à la lettre insérée dans votre journal et signée de mon nom. Comme ce but est complètement atteint par ma lettre et par les explications auxquelles elle a donné lieu, et que d'ailleurs ce numéro vient d'être l'objet d'une saisie qui ne me permet pas d'aggraver d'un grief particulier les griefs du ministère public, je déclare que je retire purement et simplement ma plainte.

Dans les premiers jours du mois suivant, un des plus jeunes musiciens de l'orchestre du Palais-Royal, Hector Franchomme, s'empoisonnait avec de la potasse, après avoir écrit à Déjazet une lettre où il déclarait l'amour sans espoir qu'il avait conçu pour elle. La comédienne, désolée de cet acte de folie, s'installa au chevet du malade, lui prodiguant des soins et des consolations jusqu'au jour où les médecins le remirent sur pied. Mais il était trop gravement atteint pour qu'on le sauvât, et il alla mourir à Lille, où sa famille résidait.

L'aventure, banale en somme, devait avoir, quelques années plus tard, une suite imprévue autant que touchante. Déjazet, qui était allée donner des représentations à Lille, voulut rendre visite à la tombe du musicien mort pour elle et la vit, avec étonnement, couverte de ronces et d'herbes. Les parents de Franchomme, gardant rancune de son suicide, l'avaient traité en criminel. Déjazet, indignée, appela le gardien du cimetière et fit nettoyer la tombe sur laquelle ou posait, deux jours après, une pierre tumulaire payée par elle et portant ces mots : *A Franchomme, une amie est venue là.* La famille alors porta plainte, mais les tribunaux approuvèrent l'action pieuse de l'artiste, et Franchomme tint d'une étrangère le monument que ses parents lui refusaient.

Huit ans passèrent, en somme, pour Déjazet en triomphes ininterrompus. Comédies, farces, chansons mises en action, monologues s'étaient succédé sans qu'elle parût en ressentir la moindre fatigue, quand, à la veille de créer *les Premières armes de Richelieu*, elle fut menacée d'une maladie de larynx

— Allez toujours, je réponds de vous, lui dit le docteur Brumnehr, qu'elle avait fait appeler avec inquiétude.

Mais le directeur ne partageait pas la confiance du médecin. On discuta le talent de Déjazet ; on la dit trop vieillie ; il fut même question de lui retirer son rôle pour le confier à une artiste mieux portante. Ces propos injurieux blessaient cruellement Déjazet.

— Vous verrez, vous verrez, disait-elle à ses amis indignés ; le soir de la première, Dormeuil et Bayard seront à mes genoux !

Sa prédiction se réalisa de la façon la plus complète. Elle eut, le premier soir, un succès retentissant et unanime dans cet ouvrage que, pendant plus d'un quart de siècle, elle devait faire applaudir par Paris ou par la province.

— Ce pauvre Dormeuil, dit-elle en frappant sur l'épaule du directeur qui accourait, à la fin de la pièce, lui adresser de chaudes félicitations, le voilà forcé de gagner encore trois ou quatre cent mille francs avec sa vieille actrice !

La perspective n'avait rien de désagréable et l'imprésario s'empressa de la changer en certitude en renouvelant, quinze mois à l'avance, l'engagement de Déjazet. Par ce nouveau traité, qui liait la comédienne au Palais-Royal du 7 avril 1841 au 7 avril 1844, le théâtre lui allouait : 20,000 francs par année, 20 francs de feu pour chaque pièce en un acte, 40 francs pour une pièce en deux actes, 60 francs pour trois actes, 80 francs pour quatre actes, 100 francs pour cinq actes. Elle avait droit, en outre, à quatre mois de congé par an, et à trois représentations à bénéfice, dont le produit devrait être partagé entre la direction et l'artiste, après prélèvement des frais journaliers.

On voit, par ces clauses brillantes, quel chemin ascendant la réputation de Déjazet avait suivi. Son talent lui valait plus que des émoluments flatteurs. Non contents de joncher la scène de fleurs et d'ébranler la salle par leurs bravos frénétiques, les spectateurs attendaient souvent la comédienne à la sortie du théâtre et suivaient sa voiture en poussant des vivats.

Indiana et Charlemagne, pochade écrite par les auteurs de *Richelieu* pour accompagner leur charmante comédie, fit fureur. Le rôle d'Indiana offrait une opposition piquante avec celui du jeune duc, et Déjazet plaisait doublement au public en se montrant, à quelques minutes d'intervalle, gentilhomme de bon ton et grisette délurée. Mais les deux pièces avaient des parties de chant assez importantes, et les efforts qu'y faisait l'actrice n'étaient point sans danger. Partie en congé, le 15 mai 1840, pour aller à Caen, Lyon et Marseille, Déjazet vit, dans cette dernière ville, se déclarer la maladie de voix qu'on avait conjurée à la veille de *Richelieu*. On la ramena à petites journées pour lui prodiguer des soins attentifs, mais ce fut le 26 novembre seulement que la comédienne put reprendre son service. On l'applaudit d'autant plus, ce soir-là, qu'on avait craint, sinon pour ses jours, du moins pour sa raison, sérieusement altérée par le chagrin d'être éloignée du théâtre et la peur d'y reparaître moins brillamment que par le passé.

Ses créations reprirent bientôt leur cours. Signalons, parmi les plus heureuses, *la Lisette de Béranger*, monologue de Frédéric Bérat, qu'elle chanta pour la première fois le 28 janvier 1843 et qui, bien que d'une médiocre facture, fut accueillie avec enthousiasme. Déjazet devait l'interpréter pendant plus de trente années. A force de la lui entendre dire, le public, trompé d'ailleurs par des biographes superficiels, avait fini par voir en elle la compagne véritable du poète national. On demandait *la Lisette* à la fin de tous les programmes de la comédienne, et son titre sur l'affiche correspondit toujours à une augmentation de recette. — « Pauvre *Lisette*, disait philosophiquement Déjazet, elle me sort bien un peu par tous les pores, mais si l'ami Bérat l'entend de là-haut, il doit être si heureux que la pensée de son bonheur m'est une compensation. »

C'est, nous le verrons, dans *la Lisette de Béranger* que Déjazet, âgée de soixante-dix-sept ans et demi, parut pour la dernière fois sur un théâtre.

Après treize ans de production sans trêve, une lassitude compréhensible se manifesta chez les auteurs attitrés de Déjazet ; on pouvait craindre alors que la disette de sujets favorables ou la pauvreté des rôles écrits pour elle s'accentuât encore et compromît la fin de sa carrière. Cette appréhension fut pour beaucoup sans doute dans la résistance que la comédienne rencontra quand il s'agit de renouveler, pour la quatrième fois, son traité avec le Palais-Royal. S'autorisant des succès nombreux et des recettes abondantes que lui devait ce théâtre, Déjazet demanda naturellement une amélioration aux clauses de l'engagement qui expirait le 7 avril 1844. L'amélioration, modeste, consistait dans l'extension à un semestre du congé de quatre mois qu'on lui accordait chaque année ; Dormeuil n'y voulut consentir qu'en réduisant à 60 francs les feux qu'il payait 80 ou 100 francs pour les pièces en quatre ou cinq actes. C'était un dédommagement hors de proportion, et Déjazet refusa de l'accepter. Vainement Mélesville s'interposa-t-il officieusement puis officiellement entre les parties, l'une et l'autre persistèrent dans leurs prétentions. Ce débat ne pouvait aboutir qu'à une rupture : le 30 avril 1844, en effet, Déjazet donnait, au Palais-Royal, sa dernière représentation, composée de *Carlo et Carlin* et de *Mademoiselle Déjazet au sérail*.

VI

Déjazet écrit à Béranger. — Réponse aimable. — Benjamin Antier conduit l'actrice chez le poète. — Une scène émouvante. — Trois hommes bêtes. — Déjazet et Béranger se revirent-ils?

C'était la première fois, depuis 1820, que Déjazet n'avait plus de place sur les scènes parisiennes. Elle se décida, non sans peine, à aller donner des représentations en province ; mais, avant son départ, elle voulut voir le grand poète dont, à son profit, les vaudevillistes s'étaient plusieurs fois inspirés.

Déjazet ne connaissait pas Béranger. Elle lui avait écrit une fois seulement, à propos de *la Lisette*, qu'elle venait de personnifier :

Monsieur,

Je suis heureuse que M. Bérat m'ait choisie pour me faire l'interprète d'une admiration que sa douce mélodie ferait revivre, si jamais elle pouvait s'éteindre. Son cœur d'artiste m'accorde plus d'éloges que je n'en mérite. Le succès est-il douteux quand on chante Béranger? Plus d'une fois déjà j'ai dû le mien à ce grand nom. Aussi est-ce après l'hommage que le monde entier lui rend par ma bouche que j'ose, moi pauvre rien, lui offrir celui de ma sincère reconnaissance.

Et Béranger lui avait répondu :

Non, Mademoiselle, vous ne me devez rien; c'est au contraire moi qui suis votre obligé. Avec des auteurs distingués, à qui je dois des actions de grâce, vous avez travaillé à ressusciter quelques-unes de mes filles chéries, et votre rare talent, adoré du public, a réveillé bien des fois le souvenir du nom de leur père, dans un pays où les noms sont bien vite oubliés. Vous avez été un habile commentateur de mes fugitives productions. Pouvais-je, Mademoiselle, en avoir un plus aimable et plus intelligent? — Les commentaires sont bien souvent au-dessous du texte; le mien s'est enrichi de tout l'esprit qu'on vous reconnaît, et bien des écrivains ont pu me porter envie.

Si je n'avais eu le tort si ridicule de venir au monde trente ans avant vous, Mademoiselle, il me semble que vous eussiez été ma première fée; mais, M. Vanderbuch aidant, vous avez été bien véritablement la seconde. Aujourd'hui qu'à la prière de M. Bérat, votre art enchanteur vient encore rajeunir le cœur d'un vieillard, permettez que, du fond de sa retraite, il vous offre ses hommages et ses remerciements.

Cette lettre charmante inspira à la comédienne le désir de saluer son correspondant. Elle y fut décidée par l'auteur des *Beignets à la cour*, Benjamin Antier, qui était à la fois son admirateur et le plus intime ami du poète.

Béranger demeurait alors chez Mme Béga, rue Vineuse, à Passy. Du Mont-de-Piété, où il occupait un emploi, Antier y conduisit Déjazet, tremblante d'émotion.

M. Génin, chef au ministère de l'instruction publique, était en visite près de Béranger. Le grand homme accueillit la comédienne avec affabilité. Il la remercia d'avoir bien voulu consacrer une de ses heures à visiter un vieillard; il s'excusa de n'avoir pas assisté aux représentations qu'elle donnait, son grand âge, sa retraite éloignée lui interdisaient ce plaisir...

— Je suis arrivé, dit-il, aux jours où chaque heure impose une nouvelle privation, et celle de ne pouvoir vous entendre, Mademoiselle, est certainement une des plus pénibles pour moi.

— Vraiment, s'écria Déjazet, vous auriez du plaisir à m'entendre?

— Pouvez-vous en douter?

— Eh bien ! voulez-vous que je vous chante *la Lisette*, ici, pour vous seul, sans autre accompagnement que les battements de mon cœur, qui n'a jamais battu si fort qu'à cette heure bénie où je puis enfin voir, écouter, admirer Béranger ?...

Et, sans attendre de réponse, elle jeta au loin, dans un élan d'enthousiasme, son chapeau qui l'embarrassait, s'agenouilla entre les genoux de Béranger, prit les mains du poète dans ses mains brûlantes, et se mit à chanter, avec toute son âme, les couplets populaires :

Enfants, c'est moi qui suis Lisette...

— Jamais, nous disait un jour Antier, de qui nous tenons ces détails, jamais Déjazet ne chanta avec plus de naturel, de pureté, de sensibilité pénétrante...

La voix de l'actrice émut vivement Béranger. Il serra dans ses bras Déjazet-Lisette ; puis, son caractère caustique reprenant le dessus, il dit à la chanteuse, en essuyant ses yeux et en lui montrant MM. Génin et Antier qui pleuraient à chaudes larmes :

— Vous le voyez, ma chère, je suis aussi bête que ces messieurs !

On pourrait croire que cette scène touchante fut le point de départ de relations suivies entre le poète et la comédienne. La supposition a tant de vraisemblance que des biographes l'ont prise pour une réalité et affirment que Béranger faisait à Déjazet de fréquentes visites. Il n'en fut rien ; nous en avons pour preuve ces lignes de Déjazet à une amie qui lui offrait un buste du chansonnier, en affirmant que celui-ci veillait sur elle du haut de l'empyrée :

« Je vous remercie du joli Béranger qui m'arrive ; je le garderai précieusement, je vous le promets. Quant à la protection qu'il m'accorde de l'autre monde, permettez-moi d'en douter : n'ayant jamais eu l'honneur d'être de ses amis, à quel titre s'occuperait-il ainsi de moi ?... »

La vérité est donc que Béranger et Déjazet gardèrent le souvenir de leur première entrevue, sans chercher par la suite à la renouveler.

VII

Dormeuil se ravise. — Trop tard! — Déjazet traite avec Nestor Roqueplan. — Un directeur enchanté. — Rôles heureux. — Déjazet voit à Ham Louis Bonaparte prisonnier. — Un porte-bonheur. — Oubli de prince.

Quelques jours après sa visite à Béranger, Déjazet quittait Paris. Elle visita Lyon, Bordeaux, Orléans, Lille, Nantes ; Bruxelles, puis Londres la virent ensuite. Le bruit du succès qui l'accueillit partout, arriva jusqu'à Dormeuil, dont les recettes avaient baissé sensiblement. Des négociations nouvelles s'engagèrent entre le Palais-Royal et la comédienne, et la lettre suivante montre que l'artiste avait eu finalement raison des résistances du directeur :

Ce 26 octobre 1844.

Je ne puis me décider, ma chère enfant, à rompre ainsi, en faveur d'un autre, nos relations de quatorze ans. Reviens donc avec nous, et, puisqu'il le faut, je ratifie les conditions exprimées dans ta dernière lettre : 20,000 francs pour six mois, les feux de ton dernier engagement et les autres avantages qui s'y rattachent.

Envoie-moi ton acceptation, et dis-moi quand tu comptes venir à Paris.

A toi,
C. Dormeuil.

Mais, pendant les tergiversations de l'administrateur

du Palais-Royal, une entreprise rivale avait jeté les yeux sur Déjazet.

Nestor Roqueplan dirigeait alors le théâtre des Variétés. Il venait, en payant un dédit énorme, de s'attacher Bouffé, la poule aux œufs d'or du Gymnase ; mais cet acteur, de santé chancelante, s'inquiétait de porter à lui seul le poids du répertoire, et suggéra à Roqueplan l'idée d'engager Déjazet comme seconde étoile. Roqueplan était spirituel, entreprenant, libéral ; il s'empressa d'écouter l'avis qu'on lui donnait et de faire à Déjazet de pressantes ouvertures. Les conditions acceptées par Dormeuil comprenaient trois ans ; celles offertes par Roqueplan, meilleures encore, portaient sur cinq années ; Déjazet eût commis une double faute en sacrifiant, avec ses intérêts, le plaisir de châtier Dormeuil de son peu de confiance : elle traita donc avec les Variétés.

Une lettre de Roqueplan à Déjazet atteste la satisfaction qu'il ressentit de sa victoire :

Dimanche, 3 novembre 1844.

Votre engagement m'est arrivé hier, ma bonne Virginie, et je veux vous dire combien je suis content de cette conclusion. Je vous en remercie, parce que je sais tout ce qu'il vous en a coûté. J'ai compris vos hésitations et me ferai un devoir de ne pas les justifier.

Lorsqu'il s'agit de rassurer une femme bonne comme vous, une artiste de premier ordre comme vous, qu'il me soit permis de faire un peu mon éloge. Je ne crains pas d'ailleurs d'être démenti en disant que je suis doux, poli et bienveillant pour ceux qui m'entourent. Que ne serai-je pas pour vous en qui je vais retrouver une ancienne amitié et un nouvel élément de fortune ?

Vous regrettez certainement vos camarades et votre ancienne maison; c'est à moi de vous faire aimer la nouvelle. Je ne vous dois que de bons procédés, à vous la pensionnaire la plus dévouée et la plus loyale.

Nous avons fait l'un et l'autre une bonne affaire. C'est l'opinion générale et nous le prouverons. Tout le monde me loue d'avoir su m'attacher les deux seuls artistes à recettes de ce temps-ci, et tout le monde vous félicite d'entrer dans le théâtre aujourd'hui le plus florissant.

S'il plaît à Dieu, dans quelques années ma fortune peut être faite, et, aux deux sentiments que j'ai déjà pour vous, l'affection et l'admiration, j'en ajouterai un troisième : la reconnaissance.

A bientôt, ma bonne Virginie. Je vous embrasse bien cordialement et suis bien impatient de vous tenir.

Votre ami bien dévoué,

NESTOR ROQUEPLAN.

Ces lignes affectueuses récompensaient et justifiaient en même temps l'option de Déjazet. Le 24 février 1845, elle opérait aux Variétés, dans *les Premières armes de Richelieu*, la plus heureuse des rentrées. Quelques reprises furent faites encore, puis vinrent des créations dont la plus importante fut ce *Gentil Bernard* dans lequel Dumanoir et Clairville avaient ingénieusement groupé, en les développant, les effets éprouvés par Déjazet dans ses rôles précédents.

La première année du séjour de Déjazet aux Variétés fut, au total, heureuse, et c'est en lui souhaitant sincèrement un prompt retour que Roqueplan la vit partir en congé. Ce congé conduisit la comédienne dans diverses villes de province ou de l'étranger, à Saint-Quentin, entre autres, où l'attendait une aventure qui mérite d'être conservée.

Il n'était bruit, dans cette ville, que de Louis Bonaparte, prisonnier à Ham, et qui venait de solliciter vainement du roi Louis-Philippe l'autorisation d'aller en Italie embrasser son père mourant. A tort ou à raison Déjazet avait éprouvé, pour Napoléon, une admiration qui rejaillissait en sympathie sur les héritiers du grand capitaine ; emportée par sa bonté d'âme, elle partit donc pour Ham dans la ferme intention de voir le prisonnier. Elle avait compté sans la surveillance exercée autour du prince, mais son projet n'en eut pas moins une demi-réussite. Une lettre de Déjazet, qu'on a publiée comme écrite à Mme Louise Collet, et dont nous possédons le brouillon à l'adresse d'une autre destinataire, donnera, mieux qu'un récit, les détails de cette entrevue à distance :

26 janvier 1847.

Je crois vous avoir dit déjà, ma chère Emma, qu'en allant donner quelques représentations à Saint-Quentin, je m'étais arrêtée trois ou quatre heures chez un vieil ami à moi, M. Lera, alors commissaire central à Ham, et qui, depuis tant d'événements, se trouve, lui et sa famille, dans une position bien peu d'accord avec son caractère et ses besoins. C'est par lui que je fus conduite à la citadelle qui renfermait l'illustre prisonnier.

Là je visitai tout, rien ne passa indifféremment sous mes yeux. Je m'arrêtai avec intérêt devant le petit jardin planté par lui, et dont les fleurs semblaient dire : « Nous aussi nous sommes prisonnières, l'air et la terre nous manquent. » — Plus loin, je fis un gros soupir en mesurant le court espace qu'on accordait à sa promenade à cheval. Enfin, ma pauvre amie, je me disposais à sortir avec toutes mes tristes pensées, lorsque mon obligeant conducteur me fit remarquer le prince Louis qui, d'une fenêtre assez éloignée, nous adressait avec son mouchoir plusieurs signes d'adieu. Je ne pus distinguer ses traits, mais je fus sincèrement touchée de cet acte de politesse, et je cherchais les moyens de le lui faire comprendre lorsque ma main rencontra sur ma poitrine une petite médaille d'or que je tenais d'une amie qui, à Lyon, l'avait fait bénir et présenter à Notre-Dame-de-Fourvières, en lui demandant la grâce de faire de cette médaille un *porte-bonheur*. Vous ignorez sans doute quelle foi les habitants de Lyon attachent à tout ce qui touche cette sainte, je ne puis la comparer qu'à celle que nous avons en Dieu; aussi cette madone est-elle complètement couverte de loques et de bijoux, présents égaux pour elle du pauvre et de l'opulent, car l'un et l'autre l'implorent rarement en vain. — « *Ce porte-bonheur*, me disais-je tout bas, à qui peut-il être plus nécessaire qu'à celui qui semble me dire à travers des barreaux : Vous marchez vers la liberté, que vous êtes heureuse!... »
— Je le détachai d'un mouvement spontané et le confiai au valet de chambre du prince qui, précisément, passait près

de nous en ce moment. Il me promit de ne rien oublier, pas même mon nom, et je quittai cette triste demeure en saluant une dernière fois du geste et de mes vœux Louis Bonaparte.

Quelque temps après, il s'était évadé !... J'appris que mon pauvre ami Lera, suspecté, victime de cet événement, avait perdu sa place et quitté Ham pour aller je ne sais où. Tout le monde ne pouvait pas être heureux, le porte-bonheur n'appartenait qu'à un seul.

Le prince vint à Londres, où j'étais alors; jugez de ma joie lorsqu'un jour on m'annonça Son Altesse en personne; elle n'avait rien oublié, ni ma médaille ni mon nom. Le prince Louis me remercia de la meilleure grâce du monde en me montrant la petite relique, fixée à jamais, me dit-il, à la chaîne de sa montre !...

Nous voudrions, comme dénouement à ce romanesque épisode, montrer Napoléon III fidèle à la promesse du prince Louis, mais ce serait porter à la vérité une trop rude atteinte. Déjazet, qui attribuait à l'influence de sa médaille non seulement l'évasion mais l'avènement au trône du neveu de Napoléon Ier, nourrit longtemps le désir de rappeler à la mémoire du nouveau souverain leur première et caractéristique rencontre. Mandée un jour au palais de Compiègne pour y jouer *Richelieu*, et félicitée par l'empereur à l'issue du spectacle, elle ne put s'empêcher de faire à son *porte-bonheur* une allusion directe : Napoléon III l'écouta sans avoir l'air de rien comprendre à ses paroles : — « Peut-être, disait la comédienne dépitée en racontant le fait à une amie, peut-être a-t-il cru, en raison de mon âge, que je lui parlais de la médaille de Saint-Hélène ! » — Ham n'était pas de ces souvenirs qu'un prince aime à se rappeler, et Déjazet, qui comptait peut-être sur une répétition de la scène de Londres, en fut pour sa démarche. Disons pourtant que ses sentiments bonapartistes reçurent une fois au moins leur récompense. On trouve effectivement, dans les *Papiers et correspondance de la Famille impériale*, mention d'un don de 10,000 francs fait par la liste civile à Hermine Déjazet, sur une demande pressante de sa mère.

VIII

Déjazet quitte les Variétés pour le Vaudeville. — Un engagement flatteur. — *La Dame aux camélias.* — Habileté directoriale. — Deux lettres de Déjazet. — L'artiste jugée par son auteur. — Résiliation forcée. — Déjazet comédienne errante. — Elle reparaît aux Variétés, à la Gaîté, au Palais-Royal, aux Variétés encore.

Neuf pièces avaient attesté, chez Déjazet, une verve inaltérée et une autorité toujours puissante, quand son engagement avec les Variétés arriva à son terme. Il ne fut pas renouvelé. L'actrice n'avait plus affaire au galant homme qui l'avait sollicitée. Nestor Roqueplan s'était retiré, après fortune faite, et avait été remplacé par M. Morin d'abord, par M. Milon-Thibaudeau ensuite. Ce dernier ne crut pas devoir retenir Déjazet qui, après un voyage en province, traita avec M. Paul-Ernest, directeur du Vaudeville.

Elle parut à ce théâtre, le 16 octobre 1850, dans *le Vicomte de Létorières*, qu'elle n'avait pas joué à Paris depuis 1843, et y fut vivement applaudie. Elle établit ensuite plusieurs personnages, *la Douairière de Brionne*, entre autres, dont elle fit une création délicieuse.

Le Vaudeville subit, vers cette date, une faillite que de nombreux procès aggravèrent. Ce ne fut qu'en octobre 1851 qu'il rouvrit ses portes, sous la direction de M. Lecourt. Le nouvel administrateur s'était assuré, six mois à l'avance, le concours de Déjazet. Nous donnerons, dans son entier, le traité fait alors par M. Lecourt et la comédienne ; il contient des chiffres intéressants et des clauses significatives.

Entre les soussignés :

Achille-Théodore Lecourt, directeur privilégié du théâtre du Vaudeville, demeurant à Paris, rue Vivienne, numéro 36, d'une part :

Et Mlle Virginie Déjazet, artiste dramatique, demeurant également à Paris, passage Saulnier, numéro 7, d'autre part;

A été convenu et arrêté ce qui suit :

M. Lecourt engage Mlle Déjazet au théâtre du Vaudeville pour quatre mois, qui commenceront à partir du jour de l'ouverture.

Les conditions de cet engagement sont celles suivantes :

1º Mlle Déjazet devra jouer cinq fois par semaine;

2º Mlle Déjazet se fournira de costumes de ville de nos jours. Tous autres costumes, ainsi que tous les travestis, lui seront fournis par le théâtre;

3º Chaque fois qu'elle jouera, Mlle Déjazet recevra un jeton dont l'importance variera selon le chiffre de la recette :

Pour une recette au-dessous de 900 francs, le jeton sera de 100 francs.
Pour une recette de 900 à 1.200 fr., le jeton sera de 125 fr.
— 1.200 à 1.500 — 150
— 1.500 à 1.600 — 170
— 1.600 à 1.700 — 190
— 1.700 à 1.800 — 210
— 1.800 à 1.900 — 230
— 1.900 à 2.000 — 250
— 2.000 à 2.100 — 270
— 2.100 à 2.200 — 290

et ainsi de suite, dans la même proportion, jusqu'à 375 francs, maximum fixé;

4º Ces jetons seront payés par chaque soirée et après chaque représentation;

5° Pendant le cours ou après l'expiration du présent engagement, à son choix, Mlle Déjazet aura droit à une représentation à son bénéfice, que M. Lecourt lui assure à 2,000 francs, sans préjudice du surplus, auquel elle participera par moitié au-delà de 4,000 francs;

6° Mlle Déjazet recevra, à titre d'indemnité, une somme de 1,000 francs par quinze jours de répétitions, 1,500 francs pour trois semaines, et 2,000 francs pour un mois;

7° Mlle Déjazet recevra un appointement fixe de 1,000 francs par mois, qui sera payé à chaque fin de mois, et ne pourra être suspendu qu'après un mois entier constaté de maladie;

8° Pendant toute la durée de son engagement et à chaque fois qu'elle jouera, Mlle Déjazet aura droit à une loge des premières du premier rang, numérotée;

9° Il est expressément entendu que l'engagement que contracte Mlle Déjazet de jouer cinq fois par semaine fait contracter à M. Lecourt l'obligation de lui fournir l'occasion de jouer ce nombre de fois. Si donc, autrement que par son fait, Mlle Déjazet jouait un nombre de fois moindre, M. Lecourt lui devrait néanmoins un jeton pour chacune des représentations manquant au nombre de cinq, et le chiffre de ces jetons sera calculé sur la base des plus fortes recettes du mois;

10° Mlle Déjazet, pendant la durée du présent engagement, ne pourra jouer à Paris qu'à quatre bénéfices à son choix, à la condition expresse que ces bénéfices auront lieu un des jours de congé par elle réservés.

Fait double à Paris, le 30 mars 1851.

A. Lecourt, V. Déjazet.

En vertu de cet engagement, Déjazet reprit donc son service au théâtre du Vaudeville. Trois rôles nouveaux lui échurent, qui servirent peu sa gloire et les intérêts directoriaux ; son engagement fut néanmoins renouvelé pour deux années, aux conditions stipulées dans l'acte du 30 mars 1851. Une circonstance imprévue devait faire de ce nouveau traité le sujet d'ennuis graves pour la comédienne.

En 1850, Alexandre Dumas fils avait fait à Déjazet lecture d'une pièce tirée par lui de son roman *la Dame aux camélias*. L'actrice ne s'était point trompée sur la valeur de l'œuvre, mais elle avait compris que le rôle principal n'eût pu être interprété par elle qu'au prix de modifications susceptibles d'enlever au drame son cachet particulier. Il eût fallu, par exemple, transporter l'action au dix-huitième siècle, afin que Déjazet gardât la poudre et les costumes qu'elle portait d'habitude ; on risquait en outre de voir les spectateurs refuser de prendre au sérieux l'agonie de celle dont le répertoire n'avait été jusqu'alors qu'un éclat de rire. L'auteur s'inclina devant le refus de la comédienne, sans renoncer, bien entendu, à faire représenter sa pièce. Il y parvint, deux ans plus tard, et c'est au Vaudeville que *la Dame aux camélias* fut donnée pour la première fois, le 2 février 1852, avec un succès dont ce théâtre était peu coutumier.

M. Lecourt venait justement de prendre pour associé certain viveur nommé Bouffé. Le codirecteur du Vaudeville, qu'il ne faut pas confondre avec le créateur de *Michel Perrin*, de *Pauvre Jacques* et de vingt autres rôles inoubliables, crut à l'éternité de la *Dame aux camélias*, jugea Déjazet inutile, et se mit à la taquiner pour lui faire d'elle-même abandonner sa position.

Deux lettres de Déjazet nous donneront, sur cette petite guerre, de précieux renseignements. L'une est adressée au directeur, trop habile pour être bien délicat :

7 août 1852.

Vous ne pensez pas, Monsieur, qu'après les observations que je vous ai faites au sujet d'*Indiana*, je consente à jouer aujourd'hui le *Scandale*, espèce de parade que M. Dormeuil lui-même n'a acceptée qu'après mon avis, ne se reconnaissant pas le droit de m'imposer une chose en dehors de tous les articles de mon engagement, chose que j'ai faite il y a bien des années et qui, aujourd'hui, est indigne de mon âge et de ma position d'artiste.

Je vous l'ai dit hier, je vous le répète, je suis plus désolée que vous de me traîner depuis si longtemps sur la même pièce, mais à qui la faute ? Les seuls auteurs qui savent bien travailler pour moi sont dans l'ignorance de ma misère dramatique. Ainsi, M. Bayard, que j'ai vu ce matin, m'a certifié qu'on lui demandait des pièces pour tout le monde excepté pour moi, et que, s'il en était autrement, depuis plus de deux mois il en aurait terminé une ou deux à mon intention. Parce que je suis victime de l'oubli ou de l'indifférence, faut-il donc m'accabler d'une double peine, celle de me voir compromise dans des ouvrages indignes du théâtre et de moi ? Tout en marchant l'un et l'autre dans notre droit, comme vous me l'avez dit, est-il impossible d'y marcher sans nous heurter sans cesse et aussi brutalement ? L'intérêt du théâtre n'est-il pas le mien, et, si l'on ne m'avait froissée, frustrée même, ne ferais-je pas encore aujourd'hui ce que j'ai fait pour *Lauzun*, *Richelieu* et *la Douairière* ?

Je ne sais dans quel but on vous a fait mille mensonges sur mon compte. Je n'en vois qu'un, celui de me dégoûter de la fausse position où l'on me place et de m'engager ainsi à rompre mon traité avec le Vaudeville. On a tort, je le remplirai jusqu'au bout ; c'est la seule vengeance que je réserve à mes ennemis. Mais, en acceptant la guerre que l'on me fait, je n'en défendrai pas moins mon nom et le rang que j'occupe à votre théâtre, et, si je n'ai pas le droit de refuser les nouvelles mauvaises pièces, j'userai du moins de celui que vous me disputeriez en vain. Le *Scandale* n'a pas été créé par moi à votre théâtre, il ne fait pas partie de mon répertoire, et je le refuse parce que je ne veux pas jouer la comédie dans la salle. Sur ce, croyez que, pour toute autre combinaison raisonnable, vous me trouverez ce qu'une loyale pensionnaire doit être, — ce qui ne nous empêchera pas de marcher l'un et l'autre dans notre droit !

J'ai l'honneur de vous saluer.

DÉJAZET.

L'autre, qui a pour destinataire un auteur plus fécond que brillant, vise une pièce dont le sort malheureux justifia complètement les appréhensions de l'artiste :

4 septembre 1852.

Mon cher Carmouche,

Voici la lettre que j'ai reçue hier, une demi-heure après notre sortie du cabinet directorial. Ne vous semble-t-elle pas la chose la plus comique du monde ? Car, en admettant que l'on se refuse au changement de distribution que vous demandez, nous avons des coupures à faire. Avec ou sans ces coupures, la pièce est-elle en état d'être livrée au jugement d'un orchestre qui, en sortant de la répétition, ira dire partout qu'elle est mauvaise ?

Quant à moi, mon vieil ami, j'en ai fait mon deuil. L'un de nous deux se trompe, c'est certain, mais ce qui ne nous trompe ni l'un ni l'autre, vous le savez aussi bien que moi : je suis, je serai mauvaise ! Que voulez-vous, on n'est pas infaillible ! J'ai vu de plus grands artistes manquer quelques rôles, et, si vous aviez été mon ami, vous ne vous seriez pas entêté à croire que je pourrais être bonne là-dedans. *Lauzun, Colombine, Mathéus* même m'ont-ils trouvée rebelle ? et n'ai-je pas toujours regretté notre pauvre *Cœur d'or ?* C'est donc la première fois que vous me trouverez entre un de vos ouvrages et vous. Croyez-moi, un artiste loyal, comme je me pique de l'être, devrait ne rencontrer aucun obstacle quand il dit : « Je ne sens pas ce rôle, ne me forcez pas à le jouer ». — Entre nous, mon cher Carmouche, le passé et l'avenir pouvaient nous consoler du présent. Vous ne l'avez pas voulu, eh bien ! c'est une grande maladresse. Nous aurons une chute, je vous le prédis, chute d'autant plus honteuse que nous ne tomberons pas d'un seul coup. Nous nous traînerons en second, d'ici à quelques jours, en premier, peut-être, car je suis assez mal avec l'administration pour qu'elle cherche à m'humilier de toutes les manières ! Vous me direz, qu'avec un bon spectacle, vos droits vaudront ceux d'un succès ? Permettez-moi de regretter alors de ne pas trouver plus d'amitié et d'intérêt chez un auteur qui a si souvent et si heureusement marié son talent avec le mien. Guinot a été plus franc hier, lui qui n'a rien connu à la pièce, tandis que vous la suivez depuis plus d'un mois. — Enfin, mon cher Carmouche, le but de cette lettre se trouve dépassé malgré moi, car je ne voulais vous parler que de celle que je vous envoie. Il faut jouer la pièce, n'est-ce pas? Ne souffrez pas, du moins, qu'elle passe ainsi et qu'ainsi surtout on la répète généralement. Ceci est entre nous, bien entendu; je ne veux en rien avoir des explications avec le théâtre. Ma lettre n'est donc que pour vous et Guinot. Croyez que je ferai tout ce qui sera en mon pouvoir pour vous causer le moins de tort possible dans cette fâcheuse circonstance : ma vieille amitié, ma reconnaissance et ma dignité d'artiste en sont un sûr garant.

Déjazet.

En dépit de la prière contenue dans cette épître si digne et si sensée, le malencontreux ouvrage fut donné à la date et avec l'*interprétation* voulues par le directeur. C'était *Scapin*, dans lequel Déjazet n'eut, comme elle l'avait craint, qu'un médiocre succès. Une œuvre intéressante permit à l'actrice de prendre sa revanche. Ce que fut Déjazet dans *les Paniers de la comtesse*, l'auteur va nous le dire, dans un remerciement dont la sincérité ne saurait être suspectée :

Ce 26 décembre 1852.

Madame,

La campagne est finie; je viens remercier le général qui a gagné la bataille, et la victoire n'était pas facile à enlever.

Laissant toutes ces comparaisons militaires, je vous prie d'accepter, madame, l'expression non pas seulement polie, mais bien cordiale de ma gratitude pour le rare talent, l'art infini, le charme suprême que vous avez mis au service d'une pièce qui, sans vous, n'eût pas eu l'éphémère existence d'une soirée. Je vous admire d'autant plus, madame, que je sais les difficultés sur lesquelles vous avez marché pendant ces derniers jours de votre présence au Vaudeville.

Je suis fier, dans ma vie littéraire, d'avoir eu au moins une fois un interprète aussi merveilleux que vous. Cela me console, moi si passionné et si respectueux pour toutes nos gloires, du malheur de n'avoir pas connu Talma et du malheur non moins grand d'avoir vu disparaître Mme Mars.

L'admirateur vous était acquis depuis longtemps, madame, vous ne gagnez qu'un ami.

LÉON GOZLAN.

Cette création de Déjazet, quoique très heureuse, n'était pas assez importante pour amener Bouffé à résipiscence. Au lendemain même des *Paniers de la comtesse*, il convoqua par bulletin Déjazet à la lecture d'une revue de Clairville, dans laquelle il voulait lui faire jouer la Chanson. Or, cette Chanson avait pour tout rôle deux couplets à dire : Déjazet refusa. Bouffé écrivit alors à sa pensionnaire une lettre blessante, dans laquelle il la menaçait d'un procès si elle persistait dans son refus ; la comédienne tint bon, demanda la résiliation de son engagement, et l'obtint.

Dès lors elle passa à l'état d'actrice errante, jouant son répertoire tantôt dans les départements, tantôt à l'étranger, et n'apparaissant à Paris que quand un directeur, par besoin ou caprice, faisait appel à son talent.

La première de ces rentrées eut lieu en 1853, au théâtre des Variétés, dans les *Trois gamins*, pièce nouvelle. Deux ans plus tard l'administration de la Gaîté l'engageait pour cent représentations qu'elle remplit, devant une recette quotidienne de trois mille francs, avec la création du *Sergent Frédéric* et la reprise de *Bonaparte à Brienne*. En 1857 les Variétés lui firent reprendre *Gentil Bernard* et tenir divers rôles dans les *Chants de Béranger*, à-propos écrit en l'honneur du chansonnier que la France venait de perdre. Au mois de janvier 1859, elle rentra au Palais-Royal, avec *les Premières armes de Richelieu*; la même année, enfin, en avril, les Variétés lui confiaient *Chérubin*, la dernière création de son existence voyageuse.

IX

Comment Déjazet devint propriétaire. — Seine-Port. — Une visite intéressée. — *Candide*. — M. Victorien Sardou, filleul de l'artiste. — Une entreprise imprudente. — Le théâtre Déjazet. — L'auteur souffleur. — Succès et chutes. — Difficultés d'exploitation. — *Banque* nécessaire. — Déjazet gagne en province l'argent que son théâtre mange à Paris. — Huit mois de maladie. — C'est toujours Déjazet. — Ses créations dernières. — On vend à perte.

Un article du *Figaro*, paru quelques jours après la mort de Déjazet, attribuait à Lise, femme de chambre de la comédienne, le trait suivant :

On avait proposé à Déjazet d'acheter une petite propriété à Seine-Port. On lui avait fait de tels récits de la maison de campagne, de sa situation, que Déjazet n'avait pu s'empêcher de soupirer en disant : « Oh ! que je voudrais être riche ! »

— Mais combien ça peut-il coûter, madame? demanda Lise.

— Je crois que c'est 40,000 francs.

— Comment va-t-on là?

— On prend le chemin de fer, on s'arrête à la station de Cesson, — et Déjazet lui indiqua la route.

Le lendemain, sans rien dire, Lise allait à Seine-Port, voyait un homme d'affaires et revenait à Paris.

— D'où viens-tu? lui demanda Déjazet.

— De Seine-Port.

— Quoi faire ?
— Vous êtes propriétaire : j'ai acheté la maison et je l'ai payée.
— Mais avec quoi, malheureuse ?
— Avec ce que j'ai placé des économies que je vous ai faites sans que vous vous en doutiez. Voici la clef de la maison.
On juge de la joie de Déjazet.

L'anecdote est jolie, mais elle a le tort d'être absolument inexacte. Lise, dont nous n'entendons point contester le dévouement, ne fut pour rien dans l'acquisition de la maison de Seine-Port, acquisition faite avant même qu'elle entrât chez la comédienne.

C'est en 1838, aux approches de la quarantième année, que Déjazet, cédant aux instances de sa famille et de ses amis, se prit à penser à l'avenir, et mit en réserve une partie de l'argent qu'elle gagnait, et qu'elle avait jusque là dissipé en fantaisies ou risqué en prêts aventureux. M. Louis Lefloch, avoué et journaliste, lui servait alors de banquier et plaçait au mieux les dépôts qu'elle lui faisait, pendant ses congés principalement. L'envie d'être propriétaire vint bientôt à Déjazet. Une maison de l'allée Charles X, près de la barrière de l'Étoile, la tenta d'abord, puis celle de Seine-Port lui fut proposée et la charma.

Mon cher M. Lefloch, — écrivait-elle, en novembre 1840, à son conseil, — j'ai terminé le marché de la maison près de Corbeil, sauf votre avis, pourtant, si vous y trouvez des défauts ; mais je suis sûre que comme moi elle vous séduira. C'est un peu loin ; mais si, pour le moment, cette circonstance est fâcheuse, plus tard j'en apprécierai l'agrément.

M. Lefloch n'ayant fait aucune objection, Déjazet signa, le 24 novembre, devant M° Guyon, notaire, l'acte d'achat de cette propriété, située sur la place publique de Seine-Port, et que le baron Bosio lui cédait moyennant 40,000 francs, à verser en quatre annuités. Déjazet acquitta ces termes successifs avec exactitude. — « Ma maison est payée ! » s'écrie-t-elle joyeusement dans une lettre adressée à M. Lefloch, en date du 17 octobre 1843.

De toutes les personnes aimant Déjazet, celle qui ressentit le plus de joie de cette acquisition fut sa mère. — « Jure-moi que tu ne te déferas jamais de ta maison ! » dit-elle à Virginie, et, pour la contraindre à tenir son serment, c'est à Seine-Port qu'elle voulut dormir son dernier sommeil. La bonne dame avait quatre-vingt-sept ans quand elle mourut, le 20 avril 1844, des suites d'une imprudence. La comédienne, qui avait été la plus tendre des filles, fit bâtir pour sa mère, dans le cimetière voisin de sa propriété, un caveau où Lise, que Déjazet appelait sa seconde mère, fut aussi déposée en 1850.

C'est dans sa maison de Seine-Port, entretenue, embellie à grands frais, que Déjazet aimait à passer le temps qu'elle dérobait au théâtre; c'est là qu'elle reçut, un jour du mois d'octobre 1857, une visite qui devait donner, à la fin de sa carrière, une direction imprévue.

Vêtue d'habits masculins, la comédienne, à cheval sur un des murs entourant son jardin, recrépissait consciencieusement ce mur, quand on la prévint qu'un jeune homme inconnu demandait à la voir. Déjazet ne faisait faire antichambre à personne : quittant sa truelle, elle descendit du mur, et, sans prendre le temps de changer de costume, se rendit au salon où le visiteur, pâle d'une pâleur dénonçant autant de misère que d'émotion, l'attendait. Ce qu'il voulait était bien simple. Conscrit de la littérature dramatique, n'ayant à son actif qu'une chute retentissante et repoussé pour cette raison par tous les directeurs de la capitale, il apportait à Déjazet une lettre dans laquelle une petite actrice de l'Odéon, Laurentine Léon, suppliait la grande comédienne d'être douce à l'auteur malheureux, et d'écouter la lecture d'une pièce qu'il avait composée pour elle.

— Une pièce pour moi ! s'écria Déjazet intéressée ; en combien d'actes ?

— Cinq, Mademoiselle.

— Et vous les avez apportés ? Vous devez être bien fatigué, monsieur... Monsieur ?...

— Victorien Sardou, répondit le jeune homme, consolé de l'épigramme par le sourire qui la tempérait.

L'ouvrage que M. Sardou destinait à Déjazet avait

pour titre *Candide* ; il plut à la comédienne, qui se chargea de le faire représenter sur une des scènes de Paris. Mais en vain l'offrit-elle successivement à tous les directeurs des théâtres de genre, aucun d'eux ne voulut même prendre connaissance du manuscrit.

— J'ai promis que *Candide* serait représenté, je tiendrai parole, dit un jour Déjazet, décidée à tous les sacrifices pour produire un écrivain en l'avenir duquel elle avait foi.

Il y avait alors, sur le boulevard du Temple, une petite salle appelée les Folies-Nouvelles, où l'on donnait des pantomimes, des opérettes et des ballets. Les directeurs, pressentis par Déjazet, se montrèrent disposés à céder leur privilège. Les économies de l'artiste, gérées par M. Cuchetet, comme elles l'avaient été précédemment par M. Lefloch, atteignaient à cette époque 120,000 francs ; c'est ce chiffre même que MM. Huart et Altaroche fixèrent pour la cession des Folies-Nouvelles, cession signée par Déjazet pendant l'été de 1859.

L'imprudence était grande, car une entreprise théâtrale nécessite des frais considérables pour lesquels la comédienne ne devait compter que sur ses recettes ; les recettes manquant pouvaient condamner à une série d'emprunts, à une accumulation de dettes, Déjazet sexagénaire. Grisée par la pensée de la bonne action à accomplir, elle ne pesa point les dangers probables, et, chose singulière, aucun de ses amis ne les lui signala. Les uns étaient heureux de la voir affranchie de l'existence vagabonde qui avait été son lot pendant sept années, les autres espéraient qu'à ce théâtre, où elle serait pour la première fois sa maîtresse, des créations heureuses lui viendraient, tandis qu'elle formerait des élèves capables de continuer le genre aimable que, jusqu'alors, elle avait seule interprété.

L'ancienne salle des Folies-Nouvelles, réparée et rajeunie, prit le nom de Théâtre Déjazet et fut mise sous la direction effective du fils de la comédienne. L'entreprise débuta par un mécompte. Déjazet voulait faire à M. Sardou et à *Candide* les honneurs de l'ouverture, mais elle avait compté sans la censure impériale, que l'œuvre effaroucha. *Candide* seul eut à souffrir de ce *velo*. Déjazet aboucha le jeune M. Sardou avec le vieux Vanderburch, et tous deux écrivirent *les Premières armes de Figaro* assez rapidement pour que cette pièce nouvelle servît à l'inauguration du théâtre transformé. Préoccupée de son protégé plutôt que d'elle-même, Déjazet avait si peur de manquer de mémoire que M. Sardou, pour la rassurer, souffla lui-même une partie de l'ouvrage. L'impression produite ne fut qu'à moitié bonne et le succès alla surtout à l'interprète, merveilleuse de brio, d'esprit et de souplesse.

L'année suivante Déjazet reprit *Lauzun*, *Richelieu*, et présenta à son public deux ouvrages inédits : *P'tit fils, p'tit mignon*, paysannerie quelconque, et *Monsieur Garat*, invraisemblance spirituelle qui attira pendant trois mois la foule.

En 1861, la comédienne rejoua les *Trois Gamins*, où son fils Eugène avait, pour la circonstance, intercalé une *Ronde du Mardi-Gras* qui devint la fortune des représentations à bénéfice. La reprise des *Chants de Béranger* suivit, puis cette nouveauté, payée d'un succès d'estime : *Grain-de-Sable*.

Pendant la saison théâtrale de 1862, elle chanta plusieurs fois la *Lisette*, reprit la *Douairière de Brionne*, et établit un des plus jolis rôles de son répertoire : Conti, dans les *Prés-Saint-Gervais*, de M. Sardou. Jamais Déjazet ne joua mieux que ce soir-là. Son succès fut immense. Les bouquets, les couronnes jonchaient littéralement la scène et la grande artiste, heureuse et fière, sautait comme une enfant au milieu du théâtre en recevant ces témoignages de sympathique admiration. A la chute du rideau, alors que la salle entière la redemandait, elle arriva, tenant M. Sardou par la main, et l'embrassa tendrement, au bruit de mille bravos.

L'année suivante, après une reprise de *Gentil-Bernard*, Déjazet parut dans une pièce mythologique, plus importante que favorable : *l'Argent et l'Amour*.

1864 réservait à la comédienne une création sur laquelle on fondait les plus grandes espérances, Hector de Bassompierre, dans le *Dégel*, de M. Sardou ; le succès attendu ne se produisit point, par la faute de l'auteur plus que par celle de l'interprète.

Deux nouveautés enfin signalèrent l'année 1865, mais n'eurent qu'une demi-réussite : *Lantara* et *Monsieur de Belle-Isle*.

Nous avons énuméré les rôles joués par Déjazet à son théâtre sans raconter les phases diverses de cette entreprise. Ouvert sous les meilleurs auspices, le nouveau théâtre était rapidement entré dans l'ère des difficultés. Difficultés d'argent et de répertoire. Dès 1860, on avait dû, pour payer exactement les artistes, hypothéquer la maison de Seine-Port ; les intérêts et le remboursement de ces emprunts grevaient quotidiennement les recettes qui n'avaient point toujours l'ampleur rêvée. Le public, qu'attiraient les apparitions de Déjazet, se montrait plus rétif vis-à-vis des pièces qu'on donnait dans l'intervalle de ces apparitions, et le produit des comédies interprétées par la grande artiste fondait rapidement dans les frais nécessités par les machines à décors et à femmes, que son fils montait avec plus d'habileté que de chance. Jusqu'en 1864, néanmoins, la situation demeura acceptable; mais, à partir de cette époque, elle s'aggrava d'autant plus rapidement que Déjazet elle-même sembla perdre une partie de l'action qu'elle avait jusque là conservée sur les spectateurs. La lettre suivante, datée du 21 mars 1865, montre que la comédienne ne se faisait, à cet égard, aucune illusion.

Il est fâcheux — écrivait-elle à son fils — que le parti que tu as pris de supprimer tes grandes affiches date précisément de ma rentrée que, selon moi, tu ne fais pas assez valoir. Comme toi, et plus que toi peut-être, je déteste ce qu'on appelle vulgairement la banque, et si, pour tout ce qui touche notre théâtre, il n'en existait pas, je te dirais : Faisons pour moi comme pour tous. Mais tu lances tes revues par tous les moyens possibles, tu inventes des réclames, les spectacles qui me précédaient étaient annoncés de diverses façons dans Paris, je trouve donc presque maladroit de devenir aussi modeste à mon endroit. Lorsque j'étais aux Variétés, certes le succès de *Gentil-Bernard* n'était pas douteux, et pourtant Nestor avait fait faire des affiches énormes avec le Dragon-Déjazet en tête. Aujourd'hui le bon goût se perd, et, pour n'importe qui, il faut battre la grosse caisse. *Lantara* n'est pas une bonne pièce, je le veux bien, mais si l'actrice en a fait le succès à la première représentation aussi brillant qu'il l'a été, l'actrice devrait faire aussi de l'argent. J'ai joué au Palais-Royal des pièces plus médiocres que celle-là. *Sous clef, Voltaire en vacances*, et tant d'autres misérables ouvrages, faisaient de l'argent quand même. C'est qu'alors on n'avait pas faussé le goût du public par toutes les ordures qu'on lui sert à présent. Je suis certaine que la pièce pour Thérésa fera de meilleures recettes que la mienne. Donc, mon cher enfant, il faut me soutenir, me pousser et ne compter en rien sur mon talent qui n'est plus à la hauteur du siècle et surtout de notre théâtre. Il n'y a plus que deux scènes défendant l'art véritable, les Français et le Gymnase, et, comme la partie du monde comme il faut est la moindre, ces deux théâtres l'accaparent. Un troisième peut-être irait encore, mais il faudrait du temps, une troupe et de bons auteurs; nous n'avons rien de tout cela, et forcément, nous suivons le torrent. C'est pourquoi, quand nous tournons à l'eau tranquille, nous dégringolons; c'est pourquoi ta vieille mère, mon pauvre enfant, ne peut plus t'être d'un grand secours. C'est triste, mais c'est vrai.

Donc encore une fois, ne me réduis pas à ma simple valeur. Mets-moi des grelots, des sonnettes, des tambours aux pieds, aux mains, partout enfin; à force de bruit, on saura peut-être que j'existe encore !...

Le mauvais goût public avait, à cette époque, trop d'aliments pour que le talent fin et délicat de Déjazet luttât sans désavantage ; malgré ses efforts, donc, la décadence du théâtre qui portait son nom s'accentua de telle façon qu'elle dut bientôt, par raison d'économie, renoncer à figurer régulièrement en tête du personnel :
— « Allons, écrivait-elle de Vichy, le 8 août 1866, à Eugène, c'est convenu, je ne suis plus au Théâtre Déjazet. Je vais organiser une grande tournée, et ce n'est désormais que de loin que je prierai pour toi. C'est dur, c'est triste, d'aller vivre seule, loin de toute famille, de toute affection ; mais il le faut pour échapper à une catastrophe dont nous ne nous consolerions ni l'un ni

l'autre !... » — La courageuse artiste reprit donc, à cette date, l'existence errante dont elle avait pu se croire délivrée, et on ne la revit, au Théâtre Déjazet, qu'à de longs intervalles, soit dans des rôles déjà connus des habitués de ce théâtre, soit dans des pièces empruntées pour la première fois à son ancien répertoire. C'est ainsi qu'elle reprit, en mai 1867, *le Vicomte de Létorières*, augmenté, pendant quelques soirs, d'une cantate en l'honneur des étrangers attirés à Paris par l'Exposition, et, le 9 octobre de la même année, *Bonaparte à Brienne*, agrémenté d'une musique nouvelle. Quand elle s'était, par quelques représentations, rappelée au souvenir des Parisiens, Déjazet repartait en province, et les cachets qu'elle y gagnait tombaient presque en entier dans la caisse de son fils.

— Que ne vendez-vous ce maudit théâtre ! lui disaient parfois les amis pour qui la raison de ses absences multipliées n'était pas un secret.

— Suivre ce conseil c'était, de gaîté de cœur, sacrifier la moitié au moins des fonds mis dans l'entreprise, c'était risquer surtout de perdre le bénéfice alléchant d'une expropriation qui paraissait imminente ; pour ses enfants plus que pour elle, la comédienne aima mieux continuer la lutte engagée contre le mauvais sort. Le courage ne lui manquait pas, et elle aimait à constater que l'âge n'altérait en rien ses moyens physiques. — « Demain 30 août 1868, écrivait-elle de Lyon à une amie, — j'aurai 70 ans : jolie fête ! Je voulais jouer *Richelieu* à Paris ce jour-là ; je le joue ici ce soir. N'importe, représenter un duc de quinze ans à soixante-dix ans moins un jour, c'est drôle !... » — Drôle peut-être, charmant à coup sûr ; mais, à ces jeunesses miraculeuses, la nature inflige parfois des déconvenues cruelles. Le 2 septembre suivant, Déjazet tomba malade assez gravement pour ne pouvoir ni continuer ses représentations ni quitter Lyon ; ce fut le 14 octobre seulement qu'on put la ramener à Paris, où des soins éclairés l'attendaient. C'est avant ce retour que la comédienne, prenant son mal pour un avertissement, donna libre carrière aux sentiments religieux qu'elle n'avait jusque là manifestés que discrètement; elle communia pour la première fois et reçut la confirmation ; on ne peut qu'être ému de cet acte accompli sans affectation comme sans hypocrisie. Des préoccupations de divers genres prolongèrent le repos forcé de Déjazet au delà des limites que les plus pessimistes des docteurs lui avaient assignées. — « Tant que vous vous tourmenterez, disait-on à la malade, vous ne guérirez pas. » — Comment ne se pas tourmenter, cependant, en présence d'engagements non tenus, de dépenses excessives, des besoins surtout du théâtre qui réclamait chaque jour plus impérieusement le secours de son talent. En vain prépara-t-on des combinaisons la laissant à l'écart, toutes échouèrent, et la comédienne dut reparaître sur la scène plus tôt que ses amis ne l'eussent désiré. Avec quelles appréhensions revit-elle le feu de la rampe ? Le billet suivant, écrit la veille de sa rentrée, le dira mieux que les plus longues phrases :

Quoique vous ayez, mon cher H., laissé ma dernière lettre sans réponse, je croirais manquer au devoir de l'amitié si je ne venais vous dire que, demain lundi, je fais ma rentrée dans *Richelieu*. Donc, priez pour moi, car je ne suis ni forte ni guérie, mais la nécessité parle plus haut que la prudence !

Demain 3 mai 1869, il y aura huit mois et dix-huit jours que je suis tombée malade. Demain, à neuf heures du soir, pensez à votre pauvre amie !...

L'événement, par bonheur, donna tort à toutes les craintes. Applaudie, couverte de fleurs, rappelée plusieurs fois, Déjazet constata avec joie qu'elle n'avait perdu ni en jeunesse ni en autorité.

A *Richelieu* succédèrent plusieurs reprises, parmi lesquelles nous mentionnerons celles de *Vert-Vert* et de *Voltaire en vacances*. Toutes furent heureuses, mais les besoins de l'entreprise eussent eu raison de recettes plus brillantes encore. L'expropriation qu'on espérait s'était faite, en effet, au détriment du théâtre, qu'elle avait isolé et juché à cinq mètres au-dessus de la chaussée ; le public, momentanément attiré par le nom de Déjazet, s'éloignait dès que ce nom disparaissait de l'affiche ; le chiffre des dettes, enfin, augmentait tous les jours, rendant inévitable une cession ruineuse ou une faillite humiliante. Un dernier effort fut tenté, au commencement de l'année suivante, effort qui consistait, pour Déjazet, en trois rôles groupés dans une pièce bizarrement intitulée : *les Pistolets de mon père.*

Tour à tour adolescent aimable, duègne sentimentale et fille batailleuse, lançant le mot avec un art souverain et chantant délicieusement de jolis airs, Déjazet fut acclamée de tous et termina par un triomphe la longue liste de ses créations.

Mais ce succès d'artiste ne fut point un succès d'argent. Le petit théâtre était condamné. On vendit, avec quarante mille francs de perte, à un spéculateur épris de musiquette. Le 31 mai 1870, le Théâtre Déjazet opéra sa clôture. Le 3 juin suivant, la comédienne prit congé de son public par une représentation spéciale des *Prés Saint-Gervais*. Plus d'une larme y coula, de part et d'autre, mais on savait que cet adieu n'était pas définitif, et bien des spectateurs répétaient, au départ, ces vers de l'à-propos écrit par Albert Glatigny :

> Il est d'autres jardins, il est d'autres feuillages
> Où l'ange Fantaisie, en te donnant la main,
> Chassera de ton ciel la bise et les nuages;
> Nous t'y retrouverons, Déjazet : à demain !

X

Villemessant et son compatriote. — Le ruban rouge de Déjazet. — La guerre. — On attend une victoire. — Déjazet à Dieppe, puis à Londres. — Un américain généreux. — Le prince de Galles gêné. — Misères de Déjazet racontées par elle-même. — Elle voudrait rentrer à Paris. — Nos amis les Italiens. — Le 30 août 1872. — Un incendie. — Directeurs, cabotins, musiciens. — La mort de Deburau fils. — Mémoire écrit par Déjazet à l'occasion d'un procès. — Nouvel accident. — Maladie longue et douloureuse.

Le lendemain des adieux faits à son théâtre, Déjazet jouait, à Passy, *le Vicomte de Létorières*, sans qu'on pût trouver, dans sa physionomie ou dans son jeu, trace des émotions de la veille. Elles avaient été vives, pourtant, ces émotions, et nous trouvons la plus poignante d'entre elles consignée dans une lettre écrite, quelques jours après, par la comédienne, à M. de Villemessant.

Voisin de Déjazet à Seine-Port, M. de Villemessant avait récemment quitté cette campagne pour s'installer à Enghien. Dans ce déménagement figurait un colis embarrassant quoique utile, un âne, que son propriétaire déclara ne point vouloir emmener.

— Vendez-le moi, dit alors Déjazet.

— Vendre mon âne ?... Jamais ! répondit M. de Villemessant ; songez donc que c'est mon compatriote : il est né à Chambon, dans mon village. Je refuse de vous le vendre ;... seulement, je vous le donne !

La lettre suivante est le remerciement de Déjazet à l'obligeant publiciste.

28 juin 1870.

Permettez-moi, sitôt revenue à Paris, de vous remercier du bon et beau cadeau que vous me faites, mon cher M. de Villemessant. Soyez sans inquiétude, votre compatriote, comme vous l'appelez, sera soigné et aimé; il n'aura changé que de logement. Encore une fois, merci !

J'ai peu l'habitude de voir mes désirs se réaliser, et lorsque, comme vous, on les comble aussi gracieusement, j'y suis doublement sensible. En ce moment où tout m'échappe, où les regrets, les déceptions et les soucis pèsent sur mon esprit et mon cœur, la joie que je ressens est une bonne action qui vous sera comptée là-haut !

Mon théâtre est vendu ! Voilà, penserez-vous, qui devrait me faire heureuse et tranquille, puisque, pendant ces cinq dernières années, j'ai eu à lutter contre tout ce qui constitue une ruine complète : Abolition des privilèges, réduisant le mien à zéro, — liberté non seulement des théâtres mais encore des cafés-concerts, dont les chansons sont devenues des pièces et les chanteurs des acteurs, — puis enfin les démolitions, qui, pendant dix-huit mois, ont tellement encombré les abords de mon théâtre qu'elles semblaient dire au public : « Je vous défie d'entrer là ! »

Un jour (ceci est de l'histoire) j'arrivais pour jouer *Richelieu.* Devant moi marchaient six personnes qu'à leur empressement et à leur toilette je devinai aller au spectacle. Je souriais à ces braves gens qui peut-être m'apportaient plus que leurs économies, quand ils s'arrêtent tout à coup devant une montagne de sable et de cailloux en s'écriant : « *Tiens, le théâtre est abattu, allons-nous en* ». Et les voilà s'en retournant, tandis que je les regardais s'éloigner sans avoir le courage de les détromper ! — Que de fois, hélas ! pareille chose a dû se renouveler ! — Lorsqu'enfin nous sortîmes des décombres, mon théâtre était changé en belvédère, d'où l'on découvrait une immense plaine impraticable, car pour parvenir jusqu'à nous, s'il pleut, c'est une rivière à franchir, s'il gèle, une Russie à traverser, et, en tout temps, il faut y défendre sa vie, seconde par seconde, contre les voitures qui débouchent de dix côtés différents. Ajoutez-y, le soir, l'insuffisance des lumières, rendue plus sensible par l'exagération de celles venant des nouveaux boulevards!... Aller au théâtre Déjazet dans de pareilles conditions était-il possible? Non!

Tout cela devrait donc aujourd'hui me faire crier : « Merci » à M. Manasse qui a bien voulu prendre ma place. — Eh bien! moquez-vous de moi, mon cher M. de Villemessant, j'ai pleuré, je pleure encore ce malheureux théâtre! L'épreuve que son voisinage me force à subir chaque fois que je sors est au-dessus de mon courage, et mon pauvre cœur se gonfle en passant devant cette porte qui non seulement n'est plus la mienne, mais d'où l'on va effacer jusqu'à mon nom, quand j'osais espérer qu'après moi lui du moins resterait! Pourquoi donc ce monsieur en a-t-il tant exigé la possession? Pour éviter sans doute qu'il pût reparaître ailleurs. Qu'est-ce que cela lui faisait, puisqu'il le méprise? Tenez, le jour où je le verrai disparaître, ce pauvre nom, je me ferai l'effet d'un soldat qu'on dégrade en lui arrachant sa croix d'honneur, car *le Théâtre Déjazet*, c'était mon ruban rouge, à moi!

Enfin, voilà le dernier coup que le sort me réservait. Il faut courber la tête : que la volonté de Dieu soit faite! Il me punit dans mon orgueil, je l'ai mérité sans doute; qu'il me pardonne ma vanité d'artiste!

Les peintres, les poètes laissent après eux des preuves de leur mérite; les siècles passent sur leur réputation, mais leurs ouvrages restent. — De nous, que reste-t-il? Pas même notre nom sur un mur! C'est triste!

Des difficultés d'argent s'ajoutaient à cette peine morale. Les dettes du Théâtre Déjazet étaient si nombreuses que les 79,000 francs du preneur ne pouvaient permettre de donner que 50 0/0 aux créanciers. Ils avaient espéré mieux et se montraient désagréables. Rien n'était versé, d'ailleurs, et Déjazet, pour subvenir aux besoins des siens, dut se mettre en quête d'engagement. Vichy d'abord la demanda, puis le petit théâtre des Folies-Marigny l'invita à passer chez lui son répertoire en revue. Elle y parut, le 18 juillet, dans *Richelieu*, avec un succès qui ne devait pas avoir longue durée. La chaleur était grande, Napoléon III venait de déclarer la guerre à la Prusse, et la population parisienne aimait mieux deviser sur les places que de peiner à l'audition d'un vaudeville.

Marigny est fermé — écrivait, le 22 juillet, la comédienne à une amie — et mon traité est remis à plus tard, avec la condition *signée* que le théâtre ne pourra rouvrir sans moi. Quand? Je l'ignore, puisque cela dépend du soleil et de la guerre. Donc, une bonne pluie, une première victoire, et me voilà sauvée!

Une victoire! On sait que Déjazet eût pu longtemps attendre. La banlieue de Paris lui procura quelques ressources. Nous la vîmes, à Passy, donner, le 30 juillet, une représentation curieuse de *Gentil-Bernard*. Partageant la fièvre patriotique qui brûlait les têtes, elle avait imaginé d'intercaler *la Marseillaise* dans le deuxième acte, et disait, en costume de dragon, le superbe couplet :

Amour sacré de la patrie...

de façon à accélérer le battement de bien des cœurs.

Un certain nombre d'acteurs du Théâtre Déjazet s'étaient alors groupés autour de leur ancienne patronne. C'est avec ces mêmes partenaires que Déjazet partit, le mois suivant, pour Dieppe, où elle était désirée. Cinq lettres adressées à Mᵐᵉ Benderitter, qui ne reçut quatre d'entre elles qu'au mois de mars 1871, racontent la campagne faite par Déjazet dans cette ville, première étape du long exil qui l'attendait.

Dieppe, 27 août 1870.

Il me tarde de vous dire, chère Joséphine, que ma première représentation a été aussi belle et aussi bonne que possible. Succès ébouriffant, salle trop petite. Bref, l'affaire se présente bien, quoique l'annonce d'*une* représentation ait été peut-être pour beaucoup dans l'empressement du public; mais l'effet a été si grand que j'espère en l'avenir. Malheureusement, il est un peu borné; passé le 15 septembre le monde ne reste pas, et, après Dieppe, je ne vois plus de ville possible. Enfin, marchons toujours sur ce qui se présente : qui sait ce que Dieu nous réserve?

Ici, ma bonne amie, on s'occupe peu de politique; c'est au point que, si l'on pouvait perdre la mémoire, on ne se douterait pas qu'il existe de si terribles événements. Cette trop magnifique *Marseillaise*, je ne l'entends plus; un gamin ose à peine la siffler de loin en loin; pourtant, les rues regorgent de volontaires, mais ils sont silencieux, et le bruit seul de leurs pas m'annonce qu'ils passent sous ma fenêtre. Quelle différence avec ceux de Paris qui braillent à qui mieux mieux. Aussi, je vous l'avoue, mon esprit s'est un peu rafraîchi devant cette existence raisonnable qui, si elle n'efface pas toute inquiétude, vous laisse du moins la possibilité de réfléchir et de voir les choses autrement que dans un télescope!...

10 septembre 1870.

Que devenez-vous, mon amie? Comment nous laissez-vous ainsi dans l'inquiétude? On lit dans les journaux que Montmartre servira d'observatoire, qu'il va être miné, que sais-je?... Si cette lettre vous trouve encore chez vous, répondez-moi vite, car on nous annonce aussi l'impossibilité des communications d'ici deux ou trois jours!...

Moi, je suis désolée. On craint les Prussiens, même ici. Cela me semble invraisemblable; qu'y trouveraient-ils? De pauvres pêcheurs, voilà tout. Les paquebots regorgent de gens partant pour l'Angleterre, et le peu qui reste n'a pas le cœur à la joie, d'autant plus que tous les mobiles sont partis pour Paris avant-hier soir. Que de familles dans les larmes!... On fait depuis quelque temps maigre chère à la maison; un pot-au-feu nous fait trois jours; le loyer n'est pas payé et l'on nous menace : voilà où nous en sommes! Que faire, hélas? Retourner à Paris?... J'y mangerais, sans doute, mais mon fils irait se battre... Ah! plutôt demander l'aumône ici!...

25 septembre 1870.

Nous clôturons ici, ce soir, par ordre de M. le maire. Nous faisions bien peu, hélas! puisque, dimanche passé, j'ai eu 17 francs, et jeudi 8; même part, du reste, que tous les acteurs, heureux encore de couvrir les frais et d'avoir de quoi acheter du pain !

Etes-vous toujours à Montmartre ? Espérez-vous dans la défense de Paris ? Ici, l'on dit que nous sommes perdus. Mon Dieu, mon Dieu, quel cataclysme !

Ma fille est, avec tous ses enfants, à Beaulieu, chez la nourrice de l'un d'eux; elle me crie au secours, et je n'ai rien, rien !

Ecrivez-moi, ma pauvre Joséphine, donnez-moi du courage; il m'en reste si peu !...

8 octobre 1870.

Ma bonne Joséphine, je vous écris au hasard, car j'ignore si ma lettre vous parviendra. On me l'a fait espérer à la poste, à cause de la demi-feuille. On dit tant de choses sur Paris; on prétend que les vivres vont vous manquer : jugez de notre inquiétude !...

Nous sommes ici depuis quinze jours, sans jouer. La troupe est allée une fois à Rouen, pour le bénéfice des blessés; on a donné *Richelieu* au Théâtre des Arts. Chaque acteur a eu 20 francs avec voyage payé; moi 100 francs pour tout ce qui était à ma charge; comme nous étions trois, cela m'a fait un cachet de 35 francs, et je vous assure que de longtemps je ne m'étais vue aussi riche. On a mangé mieux qu'à l'ordinaire et laissé reposer le poisson, notre grande ressource, puisque c'est mon fils qui le pêche !... Je suis allée à Rouen une seconde fois chanter *la Lisette* à l'Alcazar, pour un lit de blessé qui portera mon nom. Bref, ma chère Joséphine, tant à Dieppe qu'à Rouen, j'ai versé dans la caisse de nos pauvres martyrs 2,700 francs. J'en ai été doublement récompensée, puisque, pour cela seulement, on m'a donné la permission d'embarquer les dix hommes de la troupe, malgré l'ordre venu depuis huit jours de ne laisser sortir aucun Français de France. Nous partons lundi ou mardi pour Londres, et j'espère ne pas y mourir de faim !...

12 octobre 1870.

Si cette lettre vous parvient un jour, ma chère Joséphine, vous saurez du moins qu'avant de quitter ma pauvre France j'y ai laissé mes vœux et mes dernières prières pour elle et pour vous ! Je ne reçois pas de lettres depuis bien longtemps et ne sais de Paris que ce qui se dit. C'est triste, et nous partons demain pour Londres, bien malheureux et bien inquiets ! Le temps est mauvais pour la mer, je vais être probablement très malade, mais qu'est-ce que la souffrance du corps devant celle de l'âme, et les nôtres sont à l'agonie !

Adieu, n'oubliez pas que je vous aime et que chaque jour je pense à vous !... Ah ! le jour où je reverrai votre écriture, j'en serai *bien, bien* heureuse !

Londres réservait à Déjazet l'ouverture d'un théâtre nouveau, l'Opéra-Comique. Elle y parut pendant un mois, passa ensuite à Charing-Cross, puis dans une troisième salle, sans gagner plus que n'exigeaient son entretien et celui de sa famille. N'oubliant pas la patrie souffrante, elle joua et chanta plus de dix fois pour nos blessés ou réfugiés ; elle reçut pour cela, des corporations de bienfaisance, une médaille d'or qui la toucha profondément.

On connaissait la position embarrassée de la célèbre artiste, et des sympathies venaient parfois spontanément à elle. Nous trouvons, dans ses papiers, cette offre honorable pour celui qui l'avait faite autant que pour celle qui en était l'objet :

27 octobre 1870.

Mademoiselle,

Permettez-moi, à titre d'admirateur, non seulement de la grande comédienne, mais aussi de la femme de cœur, de vous offrir les 25 livres incluses, dont vous pourrez peut-être vous servir aujourd'hui que vous vous trouvez exilée de votre pays.

Croyez, Mademoiselle, qu'en vous envoyant cet argent, je n'ai nullement l'intention de faire une aumône qui pourrait blesser l'orgueil ou la sensibilité de celle qui s'est toujours montrée si bonne envers tous les malheureux. Si jamais, à l'avenir, vous vous trouvez dans des conditions favorables, vous me rendrez ce que je vous prête maintenant; sinon, peu m'importe, pourvu que j'aie pu vous être agréable en un moment difficile.

En vous priant d'accepter l'assurance de mes sentiments distingués et de ma profonde sympathie pour la France, je suis, Mademoiselle, votre serviteur.

ALFRED C. CLARCK,
(de New-York.)

Une lettre de Déjazet relate encore un trait analogue, souligné doublement par une contre-partie fâcheuse :

Lord Dudley m'a donné 2,000 francs à ma dernière représentation, et voici comment.

A Londres, il n'est pas rare que les grands seigneurs se montrent généreux envers ce qu'ils appellent *une étoile*, soit en payant leur loge vingt fois ce qu'elle vaut, soit en faisant un cadeau. Lord Dudley, sachant que nous étions dans de mauvaises affaires, que je quittais parce qu'on ne me payait pas, est venu chez moi et m'a dit, avec une bonté et une franchise dont mon cœur se souviendra toujours : « Madame Déjazet, je voulais vous offrir un bijou, en témoignage de la reconnaissance que je vous dois pour les délicieuses soirées que vous m'avez fait passer, mais je connais vos ennuis et le motif qui vous fait partir, je crois donc devoir convertir en argent le bijou que je voulais vous offrir, sans que cela puisse vous blesser. Acceptez d'aussi bon cœur que j'offre. » — La rédaction est textuelle; je ne l'ai pas oubliée, je ne l'oublierai jamais ! Avec ces 2,000 francs, j'ai pu payer ce que je devais à Londres et partir.

Quant au prince de Galles, son médecin, que j'ai connu à Paris il y a vingt ans, a voulu le faire s'intéresser à moi. S. A. venait très souvent m'applaudir, ne payant que la valeur de sa loge, c'est-à-dire les places, car la décoration coûtait chaque fois 200 francs qui nous restaient pour compte; elle a néanmoins répondu qu'elle était trop gênée pour accueillir la requête de notre ami commun. Un prince de Galles! un roi futur... qui était venu p...... dans ma loge, la seule contenant certain retrait dont un prince même a besoin !...

Après Londres, Déjazet passa en Belgique pour y trouver des déceptions nouvelles. Elle les énumère dans ces lettres à sa fidèle amie :

Liège, 30 avril 1871.

Nous sommes ici depuis quinze jours; je n'y fais pas de très brillantes affaires, la tristesse et l'inquiétude étant partout, mais du moins le peu que je gagne est pour moi. Tâchez de m'écrire encore, mon amie; on dit que la Commune fera sauter Paris plutôt que de se rendre, jugez si nos cerveaux et nos cœurs sont à l'envers! Est-ce que Dieu souffrirait cela? Non, n'est-ce pas? Souvenez-vous que les esprits, un soir, nous ont dit que nous perdrions; hélas! ils avaient dit vrai : consultez-les donc encore, chère amie!...

Liège, 19 mai 1871.

Si vous êtes heureuse de pouvoir correspondre avec moi, ma bonne Joséphine, je ne le suis pas moins, croyez-le bien, car, devant les tristes événements qui se passent, quoi de plus douloureux que d'ignorer le sort de ceux qu'on aime!... L'année est dure pour tout le monde, personne n'a l'esprit au plaisir, on a donné beaucoup pour les blessés, ce qui rend le public plus rare qu'à l'ordinaire. Néanmoins on gagne de quoi manger convenablement, de quoi ne pas coucher dehors, et, par le temps qui court, c'est à se croire heureux. — Heureux! il faudrait, pour l'être, oublier Paris, mon si beau et si massacré Paris! Tenez, Joséphine, si je n'y avais que ma maison, je voudrais n'y revenir jamais. Du moins je le garderais dans ma mémoire tel que je l'ai laissé et me dirais que ce qui s'y passe est un rêve!...

La colonne est tombée!... Ah! les brigands, les sauvages, que ne les a-t-elle écrasés tous!...

Spa, 9 juin 1871.

Hier seulement j'ai quitté Liège. Nous devions commencer à Spa dimanche, mais devant ce temps affreux (huit jours de pluies continuelles), on va, dit-on, remettre les courses, et me voici encore au repos. C'est désolant; depuis plus d'un mois que je ne gagne rien, je suis entièrement à sec, et nous sommes cinq à vivre! De plus, ma fille est toujours à Beaulieu; ne pouvant payer la somme énorme qu'elle doit, on la retient, et sa dette augmente...

Mais comment vous parlé-je de mes ennuis? Que sont-ils, à côté des désolations qui vous entourent? Mes amis vivent, ma maison est debout, ne suis-je donc pas largement privilégiée, et ne devrais-je pas avoir honte de me plaindre? — Vous me dites de revenir à Paris le plus tôt possible; mais y pensez-vous? Avec quoi y vivrais-je? Quêter un engagement n'est point dans mes goûts, et d'ailleurs que va-t-on offrir aux artistes? Puis, une fois à Paris, songez donc à l'arriéré qui me tomberait de tous les côtés : loyers, billets, intérêts de Seine-Port, dettes du théâtre vendu et non payé, etc. Ma pauvre amie, le pétrole a épargné mes meubles, mais les créanciers ne seront pas si généreux. Je ne gagnerais jamais pour sauver mon mobilier, ils sont trop à se le disputer. Je vous l'ai dit, mon projet est d'aller en Russie; là seulement il y a beaucoup d'argent à gagner, et il m'en faut beaucoup! Mais la Russie n'est que pour l'hiver; d'ici là que vais-je trouver? Spa ne m'assure que quelques représentations, quelques, entendez-vous, et après je ne vois, je n'espère rien. Je vous jure, amie, que je suis plus qu'inquiète : j'ai peur!...

Ostende, 13 août 1871.

Je ne vous oublie pas, ma chère Joséphine, mais vous devez savoir, vous qui avez vu de près ma vie de province, combien les heures me sont volées par le travail de ce maudit théâtre, travail qui, à peine terminé dans une ville, recommence de plus belle dans une autre, où je trouve des figures nouvelles, mais la même incapacité.

J'ai fait ici des recettes déplorables, et pourtant il y a un monde fou; mais on va à la mer et non au spectacle : à la mer on respire, au théâtre on étouffe. Je croyais rester un mois, mais je me sauve. Hier, avec ces mots sur l'affiche : « *Pour les adieux et au bénéfice de Mlle Déjazet* », on a fait 220 francs. Enlevez 200 francs pour les frais, partagez et jugez! Seulement, le directeur a été généreux; il

a refusé le partage; j'ai donc eu 20 francs pour moi!...
Je retourne à Bruxelles; j'y joue jeudi au bénéfice d'un
pauvre diable, plus malheureux que moi encore. La location
qui, d'après ce qu'on m'écrit, est énorme, me fait espérer
qu'on me demandera une ou deux représentations en plus,
et alors je gagnerai quelque chose pour pouvoir aller à
Lille, où je suis engagée par M. Bertrand, directeur des
Variétés de Paris, ce qui peut-être m'amènera, en décembre ou janvier, dans cette dernière ville!...

Déjazet avait eu raison de penser que son retour à
Paris ferait d'elle l'objectif de poursuites nombreuses ;
sa rentrée en province suffit à réveiller les créanciers
momentanément assoupis.

Lille, 4 septembre 1871.

Nous voici à Lille, ma chère Joséphine, et par un soleil
de juillet. Les fêtes du pays amènent dans la ville dix ou
douze mille âmes par jour, ce qui, en temps de pluie, eût
fait la fortune du théâtre. C'est le contraire qui se produit.
A ma première représentation, vendredi, j'ai eu comme
part zéro, hier dimanche 100 francs. On se promène, on va
aux baraques de la foire, au cirque en plein air, mais au
théâtre point.
 Cela me désole, mon amie, car, à part les dépenses journalières, il me tombe réclamations sur réclamations. Loyers,
billets, ces arriérés sont effrayants; les frais marchent
pour les grossir, et la fin de tout cela sera la saisie de mes
meubles du boulevard et la vente de Seine-Port, car ceux
par qui je l'ai sauvé une première fois ne me fourniront
pas de quoi le sauver une seconde. J'ai donc l'épée de
Damoclès au-dessus de ma tête, et je suis résignée à la
recevoir!...

Bayonne, 20 octobre 1871.

J'ai débuté hier, chère amie, et, comme il faut que le
diable se glisse toujours où je suis, il a fait tomber, juste
au moment de l'ouverture des bureaux, une ondée à ne
pas mettre un chien dehors. Aussi, pour tout beau sexe,

il y avait six dames dans la salle. Cela n'a pas empêché la recette de s'élever à 500 francs, dont je n'ai rien touché, voici pourquoi. Il a été passé ici un billet de 590 francs qui, comme tant d'autres présentés à Paris, n'a pas été soldé. Donc hier, à midi, une belle et bonne saisie a été remise au directeur, auquel on enjoignait de ne pas me donner même cent sous. C'est tout à l'heure seulement que l'huissier, se montrant bon garçon par exception, a consenti à un arrangement de 50 francs par chacune de mes représentations. Je n'avais pas besoin de cette nouvelle brèche à ma part. Bref, ma bonne Joséphine, je vois mes affaires s'embrouiller de plus en plus. Toutes ces concessions à celui-ci et à celui-là dévorent petit à petit le produit de mon travail, et je me fatigue pour ne faire que reculer le triste dénouement de ce drame en 73 tableaux, c'est-à-dire que, depuis 73 ans que je le joue, il me faudra enfin le finir par une catastrophe complète!... Je vous afflige? Que voulez-vous, c'est le lot de tous ceux qui m'aiment. J'ai cependant bien souvent le courage de me taire, mais, quand tout m'accable à la fois, je suis forcée de plier sous le fardeau!...

Je ne sais si je resterai longtemps ici. Le personnel est non seulement incomplet mais détestable, au point qu'hier on n'a pas laissé finir la dernière pièce. J'ai eu pourtant un magnifique succès dans *Lauzun*. Le directeur est parti ce matin pour recruter à Bordeaux premier et second comiques, premier rôle, ingénue, amoureuse, etc.; il ne manquait que cela pour monter mes pièces!

Bayonne, 4 novembre 1871.

Je n'ai pas joué depuis mercredi, parce que l'on ne me donne que deux représentations par semaine. Il ne m'eût pas été possible de le faire, d'ailleurs; j'avais la voix complètement voilée, et ce ne sera pas trop de trois jours pour qu'elle revienne. Je joue demain *la Douairière* et *Voltaire*, puis, jeudi, *Garat*, pour mon bénéfice. Dimanche 12 clôture, et mardi départ pour Pau. J'espère de toutes façons y être plus heureuse qu'ici. On y dit le climat meilleur, quoique nous n'ayons pas à nous plaindre. Les journées sont claires et douces, mais les soirs et matins plus que frais, ce qui est traître en diable si l'on ne se méfie pas. C'est probablement ma confiance qui m'a valu ce que j'ai attrapé; mais me voilà guérie et sur mes gardes. J'ai payé mon tribut à l'hiver et je lui fais les cornes!...

Bayonne, 13 novembre 1871.

J'ai voulu attendre ma clôture, amie, pour vous écrire. Elle a été splendide. Jamais *Garat* n'a produit un pareil effet, même à Paris. Il est fâcheux de l'avoir donné si tard, on aurait fait, j'en suis sûre, trois ou quatre belles représentations avec. J'ai eu cette fois une part assez convenable, puisqu'elle me permet de payer ce que je dois ici et nos cinq voyages de demain avec bagages : il était temps. Je viens de signer un traité pour Toulouse, après Pau. Je n'y suis allée qu'une fois, il y a bien trente ans, et j'y ai fait merveille. Si l'on ne me trouve pas changée, tout ira bien...

Pau, 19 novembre 1871.

J'ai joué deux fois ici; la première a été, comme argent, bien meilleure que la seconde. Il me tarde d'être à Toulouse. C'est une grande ville, on peut y jouer les pièces deux fois; et puis il y fera moins froid qu'ici. Nous sommes gelés tous. Le voisinage des Pyrénées, que l'on voit parfaitement, nous envoie un vent sibérien. Le ciel est d'un bleu superbe, le soleil splendide, ce qui rend les journées supportables; mais les soirs!... Et j'ai une loge sans cheminée, sans poêle. Ils sont assez rares, ces froids-là, surtout en novembre, mais, comme j'ai toujours de la chance, il en fait pour moi!...

Pau, 3 décembre 1871.

Je pars demain matin pour Toulouse, et je vous écris au milieu des bagages. J'ai clôturé hier par *Gentil-Bernard*, à mon bénéfice : 500 francs de recette! Ah! les crétins, et que je me réjouis de les quitter!

On me promet de belles recettes à Toulouse, mais l'argent viendra trop tard pour sauver mes pauvres meubles.

Et dire qu'à 73 ans, travaillant depuis 68, je vais me trouver sans rien! S'il est vrai que Dieu s'occupe de nous, chère amie, je suis donc bien coupable pour qu'il m'abandonne ainsi!...

Toulouse, 13 décembre 1871.

Je vous écris bien souffrante, mon amie. J'ai attrapé hier dans *les Prés Saint-Gervais*, sur ce théâtre glacial, un affreux rhume de cerveau, et j'y vois à peine. Je souffre affreusement des yeux et de la tête; il me faut pourtant jouer demain *la Douairière* et *Voltaire!*... Somme toute, je n'ai pas trop à me plaindre des recettes et, plutôt que de me déplacer encore, j'accepterai probablement le renouvellement qu'on me propose...

Au début de l'année suivante, Déjazet partit pour l'Italie. Il est intéressant de trouver, dans ses lettres d'alors à Mme Benderitter, les premiers indices de cette antipathie dont les fils de Machiavel nous ont donné depuis des témoignages trop manifestes.

Turin, 5 février 1872.

J'ai joué *la Douairière* avec un grand effet. Je comptais hier dimanche et aujourd'hui lundi sur deux magnifiques recettes. Nous répétions *Gentil-Bernard* depuis huit jours, passant jusqu'à dix heures au théâtre; la pièce était demandée depuis mon arrivée, la salle entièrement louée pour deux représentations, et voilà que samedi, c'est-à-dire la veille de la première, la pièce a été défendue par le Préfet qui, après l'avoir lue, l'a déclarée « digne d'une maison de tolérance ». Et il a autorisé *la Grande Duchesse*, *le Petit Faust*, *la Princesse Georges*, *la Visite de noces*, etc. Je suis allée moi-même le supplier, en m'appuyant sur un fait qui devait lever tous les obstacles : *Gentil-Bernard* a été joué à Turin et dans toute l'Italie, il y a deux ans, par Mmes Honorine et Scriwaneck. Le Préfet est resté inexorable, si bien que, pour hier et aujourd'hui, la recette n'a guère dépassé zéro. Nous nous sommes cramponnés à *M. Garat* qui, je l'espère, pourra passer jeudi! ...

Milan, 28 février 1872.

Me voici à Milan où j'ai débuté hier, par *Richelieu*, avec un immense succès. J'ai été rappelée cinq fois; on trouve cela extraordinaire, car le public est très dur, très froid avec les Français. On ne nous aime guère ici; c'est tout simple, nous sommes les vaincus. En revanche on salue les vainqueurs jusqu'à terre, et ces pourceaux de Prussiens sont fiers et insolents. Ah! que je les hais! Quand j'en rencontre, je crache toujours assez près d'eux pour qu'ils s'en aperçoivent!

La ville est très animée, un presque Paris *d'autrefois*. Des toilettes qui balayent les rues, des coiffures d'un mètre de haut, et je n'exagère pas, entendez-vous : c'est insensé, affreux! La cathédrale est une merveille, le passage Victor-Emmanuel d'une immensité et d'une richesse miraculeuses. Nous n'avons rien de pareil, on est forcé de l'avouer. C'est égal, je préfère notre plus simple église *française* à tout cela!

Milan, 7 mars 1872.

Vous me demandez si mes recettes correspondent à mes succès? Non, et cela par la faute des directeurs qui ont choisi de mauvais jours pour mes représentations. Voici l'histoire. On donne à la Scala un opéra de Verdi, qui a refusé d'aller le monter à Rome, malgré les 50,000 francs qu'on lui offrait pour son voyage seulement, et qui est venu le monter ici pour rien. De là rage, foule, cris, salle comble à chaque audition. On traîne Verdi vingt, trente fois sur le théâtre. Or, ces soirs-là sont précisément ceux de mes représentations; les autres sont donnés à l'opérette qui ne se soutient (vu la pauvre exécution) que par les relâches de la Scala. Moi, je combats les mauvais jours. La Scala est le plus grand théâtre de l'Europe, jugez ce qu'elle m'enlève de monde! J'en suis désolée, et, si j'avais eu un peu d'argent devant moi, j'aurais planté là mes directeurs; mais, à mesure que je gagne je donne, et nous sommes cinq à vivre. Enfin, Verdi va, dit-on, partir, et son opéra avec lui, c'est donc patience à avoir. Les journaux ne tarissent pas sur mon compte; Verdi et moi sommes les deux grands événements de Milan, mais il est Italien, je suis Française : à lui la préférence!...

Milan, 16 mars 1872.

J'ai eu tant de peine pour jouer hier *Gentil-Bernard* et la pièce marche si mal que je me suis fait un sang d'encre. Aussi n'a-t-elle produit qu'un très mince effet. J'ai toujours trouvé la pièce au-dessous de sa réputation et mon rôle plus important que bon; joignez-y de mauvais acteurs, et son échec est certain partout. Voilà donc un espoir de recettes envolé, je n'ai plus à jouer de nouveau que *Létorières*, et la Grévin est malade. L'Amérique me tourmente, elle m'offre au-delà de ce que j'oserais demander, car chaque lettre m'apporte une augmentation; mais ne craignez rien, j'y regarderai à deux fois pour dire oui!... Vous me parlez des Variétés qui, selon M. H., désireraient m'avoir? Voilà plus de deux ans que l'on me berne avec ces paroles. Le directeur Bertrand est même venu à Lille me dire qu'il avait la promesse de Sardou, et vous savez bien qu'il ne faut pas aller chercher un autre auteur pour me faire une pièce. Je veux, il me faut une brillante rentrée, un grand succès enfin. Après une absence aussi longue, je ne dois rien avoir perdu : la grande question est là. Soyez sûre, Joséphine, que la curiosité passera avant l'intérêt porté à l'artiste. Il me faudra payer comptant, et je n'ai pas d'autre caissier à prendre que Sardou... Mais il est inutile de parler aujourd'hui de cela; nous marchons sur l'été, et rentrer en cette saison serait une sottise!...

Milan, 4 avril 1872.

Le théâtre est fini. Nous avons clôturé par mon bénéfice, qui a été plus glorieux que productif. La troupe est à Gênes, où j'irai la rejoindre le 20 seulement. D'ici là, perdant déjà toute la semaine sainte, j'ai accepté Nice pour y donner quatre représentations. Ce n'est pas une bonne affaire, car les voyages, bagages et cachets à mon monde vont me prendre une large part des bénéfices, mais je gagnerai toujours de quoi vivre, ce que, sans cela, je n'aurais su où prendre.

Vous me dites que je pourrais me passer de Sardou et rentrer à Paris par mes anciens rôles. Erreur, ma pauvre amie. Oui, les premières représentations que je donnerais attireraient du monde, des curieux qui voudraient savoir si mes 74 ans montrent le bout de leur nez; mais, après avoir vu, on ne reviendrait pas, parce que mon répertoire est réellement usé. Et puis, j'aurais beau être restée la même, on ne trouverait pas moins le moyen de faire des comparaisons, de dire : « Elle chantait mieux cet air, elle avait plus d'énergie dans telle ou telle scène, etc. ». Avec une pièce nouvelle, pas de souvenirs à braver : si la pièce est bonne, j'aurai vingt ans!...

Nice, 12 avril 1872.

Certainement, ma bonne Joséphine, je veux m'arranger avec tout le monde; mon pauvre Seine-Port en souffrirait, et je désire le conserver, puisque ma mère a emporté avec elle la parole que je lui ai donnée de ne jamais m'en défaire volontairement. Sans doute, dans cette circonstance, ma volonté n'y serait pour rien, mais je dois faire du moins tous mes efforts pour le sauver!

Si je reviens à Paris, ce ne sera toujours que pour deux ou trois mois, le temps enfin d'user une pièce nouvelle, car, quoi que vous en disiez, il est indispensable que je rentre par une nouveauté. Tout le monde, Joséphine, ne me voit pas, comme vous, à travers un prisme. Mon répertoire est très usé, et vieille avec vieux dans notre siècle, au milieu de cette jeunesse pourrie que le pétrole même n'a point purifiée, ne sauraient compter sur un succès *d'estime*. J'aurai toujours 74 ans, c'est vrai, mais qu'importe, si j'arrive à l'illusion. Je vous l'ai dit, je vous le répète, il faut éviter les comparaisons. *Richelieu, Létorières, les Prés*, etc., subiraient une enquête; on leur demanderait même plus que par le passé, voulant trouver quelque chose à dire sur le présent!...

Malgré le succès *idéal* que j'obtiens ici, comme c'est moi qui me suis proposée pour employer le temps entre Milan et Gênes, je subis de très modestes conditions. Si je n'étais, hélas! nécessiteuse, la gloire compenserait largement cet inconvénient. Jamais je n'ai eu semblable triomphe. Il m'est d'autant plus précieux qu'en fait de joie c'est la seule de la pauvre Déjazet!...

Nice, 28 avril 1872.

J'ai eu un tel succès, le jour de ma clôture, que ma loge d'abord, ma maison ensuite ont reçu la visite de tout ce qu'il y a de grand monde ici. Le plancher du théâtre était littéralement jonché de fleurs; bouquets et corbeilles étaient entassés sur les chaises, tables, cheminées, etc. On m'a redemandée six fois pendant le spectacle et trois fois après la chute du rideau. Tout le monde était debout dans la salle, les femmes agitaient leurs mouchoirs... c'était magique, et ma pauvre tête, peu forte depuis quelque temps, croyait à un rêve complet. Me voilà certaine d'une magnifique affaire pour la saison prochaine, et cette fois je ferai mes conditions, car je sais à l'avance que le directeur en passera par où je voudrai!...

Gênes, 6 mai 1872.

Je suis pour bien peu de temps ici, mon amie. J'ai quitté Nice où je pourrais faire un second traité plus avantageux que le premier; mais j'étais engagée ici sur parole, et quoique j'aie fait tout au monde pour me dispenser de ce voyage dont je me défiais, il a fallu comme toujours que ma sotte probité l'emporte sur mes intérêts. Je suis venue, et j'ai débuté devant un public qui ne comprend rien de ce que je lui dis. De plus, les directeurs arriérés vis-à-vis de la troupe vont, je crois, fermer boutique, car ils ne comptaient que sur moi pour se relever, et voici le chiffre de mes trois premières recettes : 650, 450 et 430 francs. Prélevez sur chaque 200 francs de frais, 38 francs de cachets à ma charge, et voyez la belle affaire que j'ai faite. Il faut néanmoins payer cinq voyages, 130 francs de loyer pour quinze jours, une bonne, et la nourriture de quatre personnes dans un pays de voleurs qui vendent le triple aux Français. Tout cela parce que j'ai été honnête; il y a bien de quoi vous en dégoûter, convenez-en. Pour comble de bonheur, il fait un temps affreux : pluie, vent froid... Ah! je m'en souviendrai, de la belle Italie !...

C'est avec une satisfaction compréhensible que Déjazet rentrait en France :

Nice, 22 mai 1872.

Comment se fait-il, ma Joséphine, que j'aie quitté Gênes sans recevoir de vous une lettre d'adieux ? Me voici à Nice, chez un vieil ami qui nous a donné, à sa campagne, l'hospitalité gratis. Heureusement, car ma caisse contient à peine de quoi aller à Marseille, où je débute samedi 25. Ah ! que je serais bien restée un mois ici ! Ma chambre est sur un magnifique jardin, au bout duquel il y a un champ d'orangers, gros comme des marronniers, qui plient sous les fruits et les fleurs ! Mais il faut partir demain, pour aller reprendre le collier de misère. Il sera moins lourd à Marseille, cependant, et j'y espère un bon séjour. J'y serai comprise, du moins, tandis qu'à Gênes les spectateurs avaient l'air d'être empaillés !...

Marseille, 10 juin 1872.

J'ai joué plusieurs fois, amie, avec un très grand succès, mais j'ai eu à braver ici de nouvelles déceptions. Le directeur du théâtre Valette est tombé après mes premières représentations, écrasé par un arriéré que ses artistes n'ont pas eu la patience d'attendre, et j'ai perdu 900 francs avec lui. J'ai fait alors un traité avec le Gymnase Marseillais ; là, je serai sur mon terrain, on y joue tout à fait mon genre. Je commence jeudi par *Létorières* ; puis viendront diverses nouveautés qui fourniront bien six ou sept représentations. Avec quelques redites, voilà mon mois entièrement assuré. C'est un nouvel espoir, sera-t-il déçu comme tant d'autres ?...

Marseille, 2 juillet 1872.

Je clôture ce soir par la *Douairière*, la *Lisette*, et le deuxième acte de *Garat*. Marseille n'a pas été pour moi ce que j'espérais, non comme public, car il est impossible d'être mieux accueillie, mais comme argent. Il fait si chaud (35 degrés en moyenne) et les directeurs sont si peu intelligents ! Je pars dans trois jours et serai à Paris vendredi : préparez votre cœur et vos joues !...

Déjazet ne fit que reprendre haleine à Paris. Pendant dix-huit mois encore, elle devait, soit à l'étranger soit en province, mener la même vie errante. Nous emprunterons les plus intéressants épisodes de cette longue campagne à la correspondance de Déjazet avec son fils, avec Mme Benderitter surtout, sa dévouée confidente. C'est une sorte de nouveau *Roman comique*, cette correspondance où les créanciers âpres, les directeurs fripons, les cabotins ineptes défilent tour à tour, peints d'un trait, châtiés d'un mot par cette femme étonnante dont la méchanceté humaine, les déceptions, les accidents même n'altéraient que passagèrement la philosophie. Nous l'y verrons, toujours généreuse, saisir ou faire naître l'occasion de maint trait charitable ; nous l'y entendrons, toujours artiste, soupirer après le public parisien qu'elle n'oublie pas et dont elle voudrait n'être pas oubliée.

Spa, 15 juillet 1872.

J'ai voulu attendre ma deuxième représentation pour vous écrire, chère Joséphine, espérant, d'après ma première, n'avoir que de bonnes choses à vous dire. Donc, hier dimanche, nous croyions tous à une recette monstre, d'autant qu'il avait plu toute la journée et qu'il faut sortir de la ville pour trouver de grandes promenades ; mais le diable, selon son habitude, a déjoué nos espérances, et je n'ai eu qu'une part infime. La saison ici sera mauvaise, il n'y a pas la moitié du monde que l'on attendait, et pourtant c'est la dernière année de jeu. C'est moi sans doute qui suis venue porter malheur ! Rien n'y manque, d'ailleurs. Un vrai déluge tombe depuis vendredi, et j'ai la chance d'avoir un logement où les voitures ne peuvent aborder ; si bien qu'après le spectacle il faut revenir à tâtons du théâtre qui est assez loin, et entrer dans la terre mouillée jusqu'à la cheville. Tout cela ne serait rien, si le théâtre était plein, mais... mais!...

Après Spa, je n'ai rien de certain. Le correspondant m'a bien écrit, mais il me propose vingt représentations au Théâtre Déjazet !... Accepter, c'est tuer mon entrée dans un autre théâtre, et revenir à Paris pour y jouer du vieux, non, mille fois non !... Donc, à la grâce de Dieu ! J'attends !...

Spa, 19 juillet 1872.

Sans être enchantée de mon séjour ici, je ne me plains pas trop, car, pour une saison manquée, je fais beaucoup d'argent. C'est ce qu'on dit, mais des recettes relatives ne me suffisent pas. La vie est chère ici, nous sommes huit à manger, notre loyer est de 350 francs ; j'ai 40 francs par jour de cachets à donner ; avec des recettes de 400 et 500 francs sur lesquelles on prélève 100 francs chaque soirée, voyez ce qui me reste !...

Je ne joue que trois fois par semaine, ce qui ne m'empêche pas de fatiguer horriblement. L'absence de mon fils, qui répétait pour moi toutes mes musiques, se fait rudement sentir. Je reste des huit heures au théâtre. La troupe est honteuse, ce qui double mon travail. Ce sont des morceaux de bois qu'il faut remuer au dehors et à l'intérieur !... Enfin, le soleil a l'air de vouloir nous rester, et l'on espère une augmentation de monde. Qu'il en soit, ainsi, mon Dieu : j'en ai besoin, et tant d'autres aussi !...

Spa, 27 juillet 1872.

Ma position vous inquiétait, chère amie, je viens vous rassurer. Je vais à Bruxelles, dans un théâtre d'été où j'ai joué il y a un an, à un bénéfice d'abord et ensuite deux fois pour moi. Ce théâtre n'est pas en première ligne, c'est vrai, mais je ne pouvais pas rester sans rien faire. Je termine ici dans quelques jours ; j'aurais même avancé ma clôture si j'avais pu, car les résultats obtenus sont déplorables. Avec *Garat*, qu'on demandait à grands cris, 200 francs de recette, 100 francs pour moi. Un si pénible travail pour si peu, car, par 41 degrés de chaleur et une cravate jusqu'au nez, la gloire est chère à gagner ! Je dis la gloire, parce que j'ai eu un immense succès. On ne parle que de cette représentation dans la ville et, si le temps pouvait changer, je ferais salle comble. Mais il ne changera pas de sitôt, hélas ! Il est six heures, et déjà le soleil me force à fermer ma fenêtre. Pourquoi faut-il que ce sale argent m'oblige à le regretter, moi qui l'aime tant ! Quand donc, mon Dieu, pourrai-je lui dire : « Brille, chauffe à ton aise, bel astre qui me représente si bien notre Dieu ; je n'ai plus rien à faire qu'à te sentir et à t'admirer ! » — Ah ! ma pauvre amie, ce jour-là ne luira jamais pour moi : il me faudra mourir dans un bec de gaz !...

Bruxelles, 23 août 1872.

J'ai une bien mauvaise chance ici, ma chère Joséphine. Je m'y fatigue plus qu'ailleurs, car je joue quatre fois par semaine pour compenser ce que le directeur me vole; mais je ne sors pas de ces pauvres chiffres : 140, 160 francs pour ma part. Il faut avaler la pilule, puisque, malgré notre surveillance, nous ne pouvons prendre ce Monsieur sur le fait. C'est dommage, car j'ai un succès merveilleux, et, malgré le triste résultat que je prévois toujours, j'ai vraiment du plaisir à jouer devant ce chaud public ; oui, chaud, plus chaud encore qu'à Marseille, et ce ne sont pourtant que des buveurs de bière !...

Mon théâtre rouvre le 30, et on lui a rendu mon nom. J'aurais voulu m'y montrer ce jour-là ; cela ne se peut, n'y pensons plus. Puisse cette date porter bonheur à M. Daiglemont, et puisse-t-il vivre, ce cher théâtre, autant d'années que son ancienne maîtresse en comptera ce jour-là. Le 30 août 1872 j'aurai 74 ans, puisque je suis de 1798, et non 97, comme Pierron l'a écrit dans ma biographie !...

J'ai traité à Lyon ; à bientôt donc pour vous voir !...

Lyon, 15 septembre 1872.

Me trouvant à court d'argent, j'avais adressé une partie de mes costumes de Bruxelles à Lyon en grande vitesse ; un sot d'employé a mis le tout en petite vitesse et rien n'est arrivé encore. Trois journées et deux représentations perdues ! Vous jugez de la position du directeur. Quel effet ! Quelle perte pour lui, et pour moi qui suis arrivée ici avec vingt sous ! Vrai, mon amie, il y a des moments où j'ai peur de devenir folle, et, n'étaient mes enfants qui mourraient de faim, je vous jure que je serais heureuse de le devenir. Peut-être me croirais-je riche, et alors que d'heureux je croirais faire !...

Lyon, 17 septembre 1872.

Enfin, j'ai pu jouer hier : beau succès, 800 francs de recette, sans compter les 150 que nous a pris la presse, et par plus de 30 degrés de chaleur ! Juge, mon enfant, de ce que j'espère lorsqu'il pleuvra et fera froid comme tu dis qu'il fait à Paris ; les flâneurs de l'exposition ne sauront que faire le soir et nous arriveront...

Lyon, 18 septembre 1872.

J'ai écrit et déchiré trois lettres pour M. de Leuven. D'abord je sais mal *demander*, et je n'écris facilement que sous une impression sincère. Je me souviens peu de cette lettre que tu prétends m'avoir été envoyée, lors de son avènement au trône de l'Opéra-Comique ; mais, ce que malheureusement je n'ai pas oublié, c'est ce que nous a rapporté Deslandes à ton sujet, plus la façon fort peu gracieuse avec laquelle il m'a reçue et parlé à l'époque de ma demande de *Vert-Vert ;* tout cela ne m'encourage pas à tourner une lettre aimable et câline. Quand je pense autrement que je n'écris, j'écris mal ; aussi, je te le répète, j'ai déchiré trois lettres. J'ai perdu ma soirée à cela, je la regrette doublement. Je vais recommencer ce soir ; peut-être pourrai-je mieux mentir ?...

Je joue toujours *Garat*. Je ne sais si, avec un meilleur temps (il pleut à verse), la pièce ferait plus d'argent, mais on crie au miracle de ce qu'elle fait. Je répète *Richelieu*, mon cauchemar ; moins que jamais je suis en voix pour chanter *Pitié, Madame*, et le public pourra plutôt le chanter en me l'adressant !...

Lyon, 7 novembre 1872.

Ne m'accusez pas d'oubli, ma chère Joséphine, ces tristes jours passés ont été rudes pour moi, comme travail. Il a fallu les combattre avec des spectacles monstres et jouer quatre fois de suite, puis répéter, au milieu de tout cela, *les Pistolets* qui passent ce soir, *Vert-Vert* qui passe samedi. Je suis au théâtre vers midi, j'en reviens à quatre heures sinon plus tard, et je me couche souvent à trois heures parce que ce brave Gandon, que vous connaissez, vient, chaque fois que je joue, souper avec nous. Le pauvre ami n'est pas heureux, il a éprouvé de grandes pertes par l'incendie du théâtre des Célestins, il est resté longtemps sans place, et depuis un mois seulement il a un emploi qui lui donne à peine de quoi manger. Aussi est-ce fête pour son estomac et pour son cœur chaque fois qu'il s'assied à notre table. Là, on cause un peu, et j'oublie ma fatigue en l'écoutant : il est si bon et si brave ! Ce retard à me mettre au lit m'y fait rester un peu plus le matin, et, lorsque je me lève, l'heure de la répétition arrive vite ; j'en reviens souvent après celle de la poste ; enfin, tout en me disant : demain, j'écrirai, demain passe dans les mêmes conditions que la veille. Mais croyez que ma pensée du moins ne vous fait pas faute !

Euphémie partira demain pour Paris. Deux motifs décident ce voyage : des costumes à chercher, d'abord, car mon répertoire ordinaire tire à sa fin et il me faut fouiller dans mes vieilleries. Elle vous expliquera le second motif, qui est assez sérieux. Ah ! s'il réussissait, quelle joie pour moi, pour vous ! Mais j'ai si peu de chance ! Enfin, ce moment d'espoir aura toujours été un peu de bonheur !...

Lyon, 27 novembre 1872.

Je ne t'ai pas écrit hier, cher fils, parce que je n'avais guère à te parler que de ma clôture, ce qui est toujours à peu près la même chose. J'ai reçu trois couronnes, dix bouquets et une palme en or. On m'a redemandé une représentation pour aujourd'hui, mais je ne me laisse plus prendre à cela ; on finit en queue de poisson, et, comme mes adieux ont été magnifiques, je pars là-dessus. C'est me réserver la possibilité de rejouer une ou deux pièces lorsque je repasserai par Lyon, ce qui va m'arriver quelquefois.

Je ne joue à Saint-Etienne que jeudi. D'ici là repos, sauf lundi, où je vais au camp de Sathonay. Le général est venu me prier de participer à la représentation qui a lieu tous les ans, pour les jeunes filles des militaires qu'on instruit dans une maison spéciale, afin qu'elles puissent devenir autre chose que vivandières. J'y joue *les Pistolets !...*

Lyon, 3 décembre 1872.

J'arrive du camp. Il a fallu y coucher, car il a fait un ouragan terrible et, tout en tenant sa voiture à ma disposition, le général me conseillait de ne pas me mettre en route. Les chemins étaient détrempés au point que le voyage eût duré peut-être trois heures au lieu d'une, et, comme j'ai dû accepter après le spectacle un repas splendide, lequel repas n'a fini qu'à deux heures, je serais rentrée vers six heures du matin. J'ai donc préféré coucher à l'hôtel pour partir par le train de 8 heures, et me voici t'écrivant au coin du feu que j'ai trouvé avec plaisir. Enfin, c'est fait et bien fait. Tout a marché merveilleusement. C'était comble. Les soldats payaient 4 sous, les officiers 25 sous, et les gros bonnets 4 francs. Pas une femme d'officier n'a manqué à l'appel, et il leur a fallu du courage, car de quatre heures à minuit il est tombé un vrai déluge, sans préjudice d'un vent effrayant qui a emporté les trois quarts des tentes ! J'ai reçu un bouquet de violettes gros comme deux fois ta tête, et une couronne artificielle très belle : bref, tout le monde a été content !...

Saint-Etienne, 6 décembre 1872.

J'ai débuté hier par *Lauzun*, avec un quatuor pour tout orchestre. La troupe ne vaut pas celle du petit Gymnase de Lyon, qui pourtant n'était pas forte, ce qui ne m'empêche pas de la regretter. En deux mois, on arrive à une espèce d'ensemble qui souvent passe pour du talent. La représentation, néanmoins, a été très brillante, bien que la recette n'ait atteint que 900 francs dans une salle qui peut faire 2,000 francs et qui paraissait pleine. Les abonnés et entrées de droit en sont cause, dit-on. Je rejoue la même pièce demain, avec *la Lisette*, et le directeur espère mieux, d'après le grand effet produit. Mais il y a un cirque à côté du théâtre, et les Peaux-Rouges y font des exercices effrayants ; ils travaillent sans filet, et, si l'un d'eux tombait, il se broierait infailliblement. Voilà, j'en conviens, un spectacle plus intéressant que le mien et à la portée de tous les esprits ; je ne serais donc pas surprise qu'il fît tort à nos recettes ! Enfin, courage et patience, c'est ma nouvelle devise : j'ai assez *bien fait et laissé dire* pour la renouveler !

Mâcon, 17 janvier 1873.

Me voici à Mâcon, où j'ai débuté hier avec grand succès. La ville me paraît charmante, mais on n'y peut jouer que deux fois par semaine. C'est l'usage, et Talma ressuscité ne parviendrait pas lui-même à l'ébranler. Nous irons donc demander à Bourg ce que nous ne pouvons avoir ici.

Je loge hôtel du Sauvage, où Napoléon Ier a logé, et j'ai couché, la première nuit, dans la chambre et le lit du général Bertrand. Cette chambre étant trop grande, j'ai monté deux étages, et je possède une terrasse donnant en plein sur la Saône. La vue est splendide, le temps assez doux, et, si je n'étais obligée d'aller et de venir si souvent, je me serais bien plu à Mâcon.

Je joue demain *Lauzun* à Bourg ; dimanche, ici, même pièce, *la Lisette* en plus... Et avec quel orchestre !...

Mâcon, 2 février 1873.

Pourquoi t'inquiètes-tu, cher enfant, de mon incendie ? Puisque je t'ai dit : « Pas de blessé » et que depuis je suis allée à Lyon, c'est que rien de grave ne m'était arrivé. Le feu a pris à ma cheminée. Tu sais que je n'en ai pas très peur ; mais, en voyant la flamme sortir par le haut de la glace, comme la chambre est toute en boiserie et l'hôtel un château très vieux, j'ai compris que, le plafond gagné, tout allait flamber comme des allumettes. J'ai appelé, crié ; je ne pouvais parvenir à ouvrir ma porte, très difficile ; enfin j'entendais derrière moi la glace se fendre et la fumée m'aveuglait déjà. Cela ne m'a pas empêchée de rentrer et de décrocher à tâtons vos portraits qui étaient contre la cheminée. Euphémie me tirait par ma robe en disant : « La glace va vous tomber sur la tête ». Je n'écoutais rien, je voulais mes portraits. Au moment où je les tenais, mon régisseur est venu m'enlever comme une plume et m'enfermer dans ma chambre. Lui et Euphémie ont alors tout déménagé, pendant que l'on tâchait, à force d'eau, d'éteindre le feu. Bref, tout a été sauvé, jusqu'à Minet qu'on ne trouvait pas, tant la fumée était épaisse ; la pauvre bête s'était cachée sous le secrétaire, il a fallu l'en arracher. Je n'ai perdu, dans la bagarre, que des boutons d'oreilles d'une vingtaine de francs, et ma petite bague bretonne que je regrette. N'en parlons donc plus, et remercions Dieu que cela ne soit pas arrivé la nuit : j'aurais été asphyxiée !...

Mâcon, 8 février 1872.

Nous vivons plus dans les chemins de fer que dans nos chambres, ma bonne Joséphine. Nous allons constamment de Mâcon à Châlon, de Châlon à Lons-le-Saulnier, puis à Bourg quatre fois par semaine. Voilà notre existence ; elle est à ne pas croire !

Vous croyez Seine-Port sauvé, mon amie ? Vous ne savez donc pas, au contraire, qu'il n'a jamais été plus compromis. La première hypothèque se retire ; si, le 20, je n'ai pas remboursé ces 15,000 francs, c'est fini, et certes je ne les rembourserai pas. Enfin, que voulez-vous, le bonheur n'est pas fait pour moi ! Pauvre Seine-Port ! Pauvres tombes qui le défendez depuis si longtemps, m'y refuserez-vous une place, parce que j'aurai manqué à mon serment ? Vous savez bien, mères chéries, que cela n'aura pas été ma faute, car je lutte depuis assez longtemps !...

Vous semblez, Joséphine, m'espérer bientôt à Paris. Comment, et pourquoi ? Rien n'y fait présumer mon retour. J'avais eu le projet de me faufiler dans un bénéfice sérieux, et d'y jouer la *Douairière*. Cette pièce me mettait à l'abri des observations physiques ; l'opposition de la grand'mère avec le petit garçon désarmait la critique, on ne s'occupait pas de mon âge, mais seulement de l'artiste, et je me trouvais être de retour sans avoir vieilli aux yeux du public. Alors, s'il y avait succès, on me demandait quelques représentations qui, je crois, auraient décidé Sardou à tenir sa promesse. Toutes les chances étaient donc pour moi ; ma rentrée sous le couvert d'une bonne action n'était pas une rentrée, on venait pour me remercier et non pour me juger, le rôle de vieille évitait les comparaisons, et le succès signait mon engagement. Mais il faudrait d'abord un bénéfice sympathique, solennel, et dans un théâtre de mon genre, voilà le difficile. Je roule depuis plusieurs mois ce rêve dans mon esprit ; quelque chose ne cesse de me dire que c'est là le salut : qu'en pensez-vous, amie ?

Lyon, 20 février 1873.

Tu seras étonné, cher fils, de me savoir à Lyon. Hélas ! m'y voici de retour avec regret, car j'y suis sans engagement et presque sans argent. Mon aimable directeur de Châlon, Mâcon, etc., me devant 380 francs, n'a voulu en reconnaître que 300 ; j'ai tenu bon, ce qui fait, qu'après son refus bien net, nous avons rompu. Je devais faire cependant Mâcon hier et Lons-le-Saulnier demain, mais la recette de dimanche à Châlon ayant été mauvaise, ce cher directeur m'écrit, le lundi matin, que, craignant de ne pas faire d'argent dans ces deux villes, il y renonce et me rend libre à dater de ce jour. Tu vois d'ici ma figure, me sachant affichée à Mâcon et à Lons ? Que va-t-on penser de moi ? J'écris au directeur : « Monsieur, je tiens tellement à remplir mes engagements vis-à-vis du public que voici ce que je vous offre : vous prélèverez tous vos frais d'abord, et je toucherai ce qui restera jusqu'à concurrence de mon cachet ; s'il ne reste rien, vous ne me devrez rien ! » — Croirais-tu que ce crétin a refusé ? Je décide alors d'envoyer mon régisseur, le soir même, parler au maire de Mâcon et de prendre, mardi matin, la route de Lyon, où, du moins, je n'ai à payer qu'un logement et une même nourriture. Nous partons, en effet. Nous devions prendre le régisseur à la station de Mâcon ; je l'y trouve, rouge comme un coq, m'apprenant qu'on avait écrit de Châlon que j'étais malade. — « Il faut que vous restiez ici, me dit-il, il faut qu'on vous voie ! » — Je reste, et me rends au café du théâtre, qui était plein de monde. C'est là que se fait la location, et il y en avait déjà pour 500 francs. En me voyant, tu juges l'effet ! Le commissaire était là, exaspéré, voulant envoyer chercher la troupe par les gendarmes. Les uns demandaient des places, les autres leur expliquaient ce qui se passait, et chacun de venir me regarder sous le nez : à ma sortie, j'étais suivie comme une impératrice ! Enfin, me voilà devant M. le Maire, que je trouve plus pacifique parce que les bandes de relâche portaient que la représentation était remise au 27. — « Mais cela n'est pas vrai, lui dis-je, puisque j'ai rompu ! » — Bref, après bien des pourparlers inutiles, j'ai pris le train et suis arrivée à Lyon, trop tard pour la poste. Voilà, cher enfant, ma ou plutôt mes mésaventures. Si j'étais en fonds et avec un traité devant moi, je ne serais pas fâchée, je l'avoue, de prendre ces quelques jours de repos auxquels je ne m'attendais guère ; mais, quand l'esprit s'inquiète, le corps ne se repose pas !...

Lyon, 5 mars 1873.

Ne m'en veuillez pas, chère Joséphine, d'être restée si longtemps sans vous donner de mes nouvelles, mais, quand je n'en ai que de mauvaises à vous apprendre, j'en recule le récit autant que possible.

L'article ci-joint vous mettra au courant de mes infortunes. Vous y verrez comment j'en ai fini avec la direction Châlon, Mâcon et autres villes. Mais, ce qui n'y figure pas, c'est la perte d'argent que j'ai subie : 3,000 francs, c'est-à-dire 5 représentations assurées à 300 francs, et mon bénéfice, qui devait me rapporter au moins 1,000 francs. Ajoutez deux billets de 300 francs chaque, dont le premier déjà n'a pas été payé, ce qui ne me fait pas douter du même sort pour le second ; vous voyez qu'en disant 3,000 francs, je suis trop modeste !

Je suis arrivée ici avec 150 francs dans ma bourse, et, si le hasard n'avait fait que la féerie en répétition au Gymnase ne fût pas prête, je n'ose penser à la position dans laquelle nous nous trouvions. Le hasard a voulu, par extraordinaire, me venir en aide et me donner le moyen de jouer encore quelques représentations, qui ne pouvaient être que modestes après les quarante que j'ai données il y a si peu de temps et avec des redites. N'importe, la question était brûlante, j'ai tenté la chance et n'ai pas eu à m'en repentir car j'ai gagné pour le plus pressé !...

Lyon, 9 mars 1873.

J'ai clôturé hier, cher enfant, avec *la Douairière, Voltaire* et *le Scandale !* Oui, *le Scandale !* Cela va bien t'étonner, mais je n'avais plus rien, tout était usé, il fallait une excentricité, et je crois avoir mis la main de dessus (comme on dit ici). La pièce, autrefois, avait produit un effet énorme aux Célestins, et, s'il n'en a pas été de même au Gymnase, les recettes, du moins, n'ont pas été mauvaises. Croirais-tu qu'après avoir lu une seule fois *le Scandale*, j'ai dit mon rôle à la lettre ? On n'a pas compris du tout l'histoire des perdreaux; la pièce d'ailleurs a vieilli pas mal, et puis le rôle de Fromageot, mon mari, a besoin d'être bien tenu et l'acteur n'était pas drôle. Le directeur voulait me faire recommencer demain, mais nous venions déjà de jouer gros jeu, j'ai craint un fiasco et préféré partir avec les honneurs de la guerre.

Lyon, 1ᵉʳ mai 1873.

Je viens, cher fils, de signer un traité avec le directeur du Mans. Nous allons faire une grande tournée, exploiter vingt-cinq villes, et particulièrement celles d'eaux et de bains de mer. Nous jouerons une ou deux fois dans chaque, avec la même troupe, et presque le même spectacle. Ce traité est de trois mois et part du 15 mai ; je me suis réservée le droit, chaque mois, de pouvoir rompre. J'ai moitié de la recette brute et mes voyages payés. Cela me semble une assez bonne affaire, surtout l'été où les grandes villes même ne valent rien.

Je n'ai pas pu organiser mon bénéfice ici, et, le lendemain de celui dans lequel j'avais joué pour mettre 400 francs dans la poche du bénéficiaire, ce même... Monsieur rendait un rôle qu'il m'avait promis de jouer dans *Létorières !...*

Laval, 20 juin 1873.

Tu t'étonnes de mon mécontentement au sujet des recettes, mon cher fils ? Oui, mon traité est bien comme tu me l'écris ; mais, si je ne partage pas les frais, il ne faut pas moins les payer avant tout. Gaz, location de salle, orchestre, contrôleur que l'on vous impose ; ajoutez à cela droits des pauvres, droits d'auteurs, affiches, et vois où l'on va. Sur ce que j'ai touché à Angers, il m'a fallu prêter au directeur de quoi payer nos voyages d'Angers ici et donner des à-comptes aux artistes qui, déjà arriérés, ne pouvaient ni ne voulaient continuer. Bref, il m'est dû 1,500 francs ; mais je sais avoir affaire à un honnête homme, quatre ou cinq belles recettes le libéreront avec moi. D'ailleurs, je n'ai point d'autre à qui donner la préférence, et, comme dit le vieux proverbe : Où la chèvre est attachée, il faut qu'elle broute. Donc, comme, où je suis, je trouve assez d'herbe pour vous et pour moi, jusqu'à nouvel ordre j'y brouterai !

Le bénéfice de Frédérick-Lemaître passe demain. Ce n'est plus Mme Carvalho, mais Mme Ugalde, qui joue Maritana ; la grande cantatrice aura procédé avec lui comme avec moi. Puisque tu es si peu instruit sur ce bénéfice, tu ne sais sans doute pas cette anecdote. On devait y donner un acte de *Madame Angot* ; mais messieurs les musiciens du Grand-Opéra ont protesté, c'est-à-dire qu'ils ont demandé au ministre d'empêcher cette profanation, et le ministre, en homme d'infiniment d'esprit, a consenti ! Combien je regrette que tu fasses partie de cette corporation : Ah ! les vilains messieurs !...

Rennes, 25 juin 1873.

Ne me grondez pas, chère amie, et gardez pour vous ce que je vais vous dire. Au moment où je vous écris, la troupe est en révolte. Mon début de mardi a été splendide, avec une recette de 1,100 francs. Le directeur étant parti pour organiser nos représentations dans une autre ville, les cabotins profitent de son absence pour essayer de me faire chanter, c'est-à-dire qu'ils veulent que je réponde de leur arriéré, autrement ils refusent de jouer dans la représentation qui est affichée et pour laquelle il y a déjà 500 francs de location. Cette canaille se dit : « Déjazet va faire de l'argent ici, elle ne voudra pas lâcher la ville et passera par où nous voudrons. » — Je suis donc bien tourmentée, ma pauvre Joséphine, car, depuis ce traité sur lequel je comptais, nous n'avons eu que deux bonnes villes, qu'il a fallu quitter quand même pour aller dans de mauvaises où j'étais annoncée. Le directeur est endetté de 1,500 francs avec moi, je me voyais presque sûre de les rattraper ici et voilà que, comme toujours, le diable vient se mêler de mes affaires ! Là, vraiment, je n'ai pas de chance, et pourtant je me donne assez de mal ! Il faut, je vous le jure, une grande force de volonté pour supporter la triste existence que je mène !

Je croyais le bénéfice de Frédérick-Lemaître enfin décidé, mais il paraît que Tamberlick a pris à cœur le coup de patte donné à l'Opéra, et qu'après avoir promis il a retiré sa parole. Allons, Frédérick n'est guère plus heureux que moi ; cela me console un peu !

Savez-vous l'incendie de Fourvières ? On annonce que la chapelle a été dévorée par le feu. Mon cher Fourvières que j'aimais tant, je ne le verrai donc plus !...

Caen, 7 août 1873.

Voici le billet que vous me demandez, chère amie ; vous savez que je suis toujours heureuse lorsque j'oblige n'importe qui, je le suis donc doublement lorsque, comme aujourd'hui, je sais qui j'oblige. Merci, et serrez bien affectueusement la main dans laquelle vous mettrez mon modeste présent.

Vous avez été voir la pauvre Mme B..., et vous me dites que mon envoi l'a faite heureuse. C'est moi qui le suis, ma bonne amie ; seulement je ne le suis pas complètement, puisque cet argent n'est pas le mien. Vous devez bien penser que, dans ma position plus que gênée, je n'aurais pu distraire 200 francs de ma caisse ; j'ai fait plusieurs quêtes, voilà tout. Le Croisic m'a fourni 150 francs, Nantes le reste ; vous voyez que j'ai bien peu de mérite dans cette bonne action qui m'a coûté si peu !

Je cherche à la continuer et à compléter 300 francs ; avec cela, ces braves gens pourraient faire quelque chose. Mon plus vif désir serait d'empêcher la pauvre femme d'aller à l'hôpital, où le mauvais air moissonne la moitié des malades. Je me souviens toujours du malheureux puisatier d'Ecully, dont la blessure au pied était guérissable et qui n'est mort, suivant l'expression des médecins, que de la pourriture de l'hôpital. Je voudrais la faire mettre chez Dubois, ou, si l'on n'y fait pas d'opérations, dans une maison de santé. Voilà à quoi Sardou devrait nous aider. Il avait tout promis. Ah ! ça ne lui coûte rien, les promesses ! Il en avait fait de belles pour Seine-Port, et, au dernier moment il vient d'écrire à mon fils : « Impossible ! » — Donc, mon pauvre Seine-Port va être vendu !...

Bordeaux, 6 novembre 1873.

Parlons des Variétés, ma Joséphine. Hélas ! je n'y fais rien. Il est vrai que, jusqu'à présent, j'ai eu contre moi le Cirque, la foire, un temps affreux, enfin la politique. Voilà surtout, je crois, ce qui paralyse à peu près tout, car les autres établissements se plaignent aussi. Le Cirque prétend qu'il perd 1,200 francs par jour, et il a 4,000 francs de frais ; vous voyez que c'est toujours un grand tort qu'il cause. Enfin il clôture ce soir, dit-on, et la foire aussi, mais la politique reste, plus triste que jamais. Bref, 400, 500, voilà le chiffre de nos recettes. Prélevez là-dessus droits des pauvres, d'auteurs, etc., et voyez ce qui me reste après partage. Quant au succès il est ébouriffant, ce qui fait croire à l'avenir. On monte *Garat,* inconnu ici ; le directeur y compte : espérons avec lui !...

Bordeaux, 28 novembre 1873.

Je doute, chère Joséphine, pouvoir m'entendre avec le directeur du Théâtre Cluny. Votre lettre renferme deux points trop difficiles à résoudre : le chiffre et la question de tous les jours. Vous deviez croire qu'il serait de mon intérêt de n'en perdre aucun, mais cela m'est impossible. Toutes les pièces de mon répertoire exigent du chant, et vous savez que c'est là une importante partie de mon succès ; or, je vous le répète, bien chanter tous les jours me serait impossible ! Une circonstance imprévue m'a forcée de jouer mercredi et jeudi ; eh bien ! ce matin on ne m'entend plus parler. Cependant j'ai passé quelques morceaux hier, ce que je ne pourrais faire à Paris sans risquer d'entendre dire : « Elle n'a plus de voix, elle ne peut plus aller » — et je vous prie de croire que *je vais* encore assez bien, mais à la condition de ne jouer que quatre fois par semaine. Voilà pour le premier point de votre lettre. Quant au second, j'ai sous mes yeux une lettre de Laferrière, qui dit : « J'ai 150 francs par soirée et dix pour cent au-dessus de 1,200 francs de recette, plus 500 francs pour mes répétitions. » — Vous voyez, amie, qu'en acceptant les chiffres de votre lettre, je ne traiterais pas, comme on vous l'a dit, aux mêmes conditions que Laferrière. Enfin le directeur va m'écrire, paraît-il, j'attends : puisse l'affaire tourner selon vos vœux et les miens !

Je fais de pauvres recettes ici. Lafontaine et sa femme sont au Français ; ils nous causent du tort, tout en ne faisant pas d'argent pour ce qu'ils ont : 800 francs par représentation ! Qu'est-ce que vous dites de cela, quand moi j'en ai à peine 100 ?

Bordeaux, 30 novembre 1873.

On jouait hier *Garat*, cher fils ; on a fait 900 francs, la veille 640. Tu vois que tout cela n'a pas l'air de répondre au succès qui, je te l'affirme, est ébouriffant. Mais on dit qu'il faut attendre quelques jours avant de poser un jugement : attendons !

Charles Deburau, beau-frère de mon directeur, M. Goby, est bien malade. Il a acheté l'Alcazar, il y a deux ans, il en est le drapeau naturellement, et, à peine rentré depuis quinze jours, voilà que les médecins lui défendent de continuer. Il se désole, car, chaque matin en se levant, il a 650 francs de frais à payer. Il y a eu une espèce de consultation ce matin ; on a dit la moelle épinière attaquée, avant on déclarait une hydropisie du cœur : lequel croire ? Ce pauvre homme a deux filles, sa femme et son théâtre ! Il est vraiment frappé, d'autant qu'il a l'esprit du geste sans rien de plus !...

Bordeaux, 17 décembre 1873.

La dépêche que tu m'as adressée, cher enfant, devait me servir à demander l'argent de mon voyage que je n'ai pas encore reçu ; malheureusement elle est arrivée juste au moment de l'agonie de ce pauvre Deburau, agonie qui dure encore à l'heure où je t'écris. Toute la famille est au pied de son lit ; c'est navrant. Je voudrais être à cent lieues d'ici, et cela depuis longtemps, mais je suis restée par humanité. Puis-je m'en aller dans un pareil moment ?... Pauvre Deburau, avec lequel, il y a trois semaines, je dînais encore ! Un si fort garçon, fait comme un Apollon, quarante-cinq ans, aucun organe attaqué, et il meurt !... Ce n'est pas de la moelle épinière comme je te l'avais dit d'abord ; je t'expliquerai sa maladie, elle devrait servir d'exemple, car, prise au début, rien n'est moins grave. Il mourra sans doute cette nuit ! On fera relâche demain. Cela n'engraisse pas ma caisse ; si peu que nous faisions, c'était toujours quelques dépenses couvertes, mais rien, quand l'hôtel va toujours, c'est triste ! Et cependant, comment oser relancer ces malheureux dans la chambre d'un mourant ? Ta dépêche est donc restée sans effet. J'attends l'événement; ce sera affreux, car ils seront frappés de tous les côtés !

La vente de Seine-Port est faite (1) ; ce n'est pas gai non plus, mais il ne faudrait que de l'argent pour tout réparer, tandis que la vie ne se rachète pas !...

Bordeaux, 20 décembre 1873.

Est-ce que je ne t'ai pas annoncé la mort de ce pauvre Deburau ? Je n'en suis pas encore remise. Le service a eu lieu hier, et, à minuit, sa femme accompagnée de M. Goby, son frère, est partie avec le corps pour Anet, sa campagne, dans laquelle il a désiré être déposé. Lorsque je suis arrivée ici, il en venait et avait fait planter pour 500 francs d'arbres !... Sans être en parfaite santé, il paraissait assez bien puisque, peu de jours après, il a fait sa rentrée. Je ne l'ai pas vu ; les samedi, dimanche et mardi qu'il a joué étaient mes jours de représentations. Enfin, il ne souffre plus, et il a tant souffert qu'il faut puiser là les consolations. On le regrette généralement ; c'était un directeur

---

(1) La maison que Déjazet avait payée 40,000 francs fut vendue 23,100 francs, sur une mise à prix de 23,000 francs : ce n'était pas le montant des prêts hypothécaires consentis par diverses personnes.

sévère, mais loyal et juste ! — Tu conçois que nos théâtres ont fermé ; j'en suis à mon cinquième relâche, et, gagnant déjà si peu les soirs où l'on joue, je suis loin d'être à mon aise !...

Interrompons ici le dépouillement de la correspondance de Déjazet, pour donner place à un document typique. Le séjour de la comédienne à Bordeaux devait se terminer par un dissentiment entre le directeur des Variétés et elle, dissentiment que la justice seule put régler. C'est pour l'édification de son avoué que Déjazet écrivit le mémoire suivant, où elle fait preuve de logique autant que de droiture :

Janvier 1874.

Mon traité avec M. Goby était de quinze jours, à quatre représentations par semaine ; cela faisait huit représentations que je lui devais : j'en ai donné trente. Ce surplus a eu lieu sans conditions ni promesses écrites, j'ajouterai même ni verbales, car nous vivions, sa famille et moi, dans des rapports tellement intimes que jamais nous n'avons eu l'idée d'en fixer le terme qui dépendait seul de nos intérêts mutuels, et je crois avoir prouvé que je savais oublier les miens pour ne me souvenir que de ceux des gens que je croyais mes amis. Le chiffre des recettes est là pour justifier la sincérité de mes paroles.

M. Goby dira peut-être que, si les recettes étaient mauvaises pour moi, elles n'étaient pas meilleures pour lui, et que, dans ce cas, sa générosité égalait la mienne ; je puis lui donner un démenti. Plusieurs fois je lui montrai des lettres de M. Blandin, directeur des théâtres de Tours et de Reims, qui m'assuraient un fixe de 300 francs par soirée, lequel directeur se mettait complètement à mes ordres pour l'époque qu'il me plairait de choisir ; c'est alors, il me semble, que M. Goby aurait pu se montrer généreux à son tour, en me disant : « Ma chère Déjazet, la différence de ce qu'on vous offre avec ce que vous gagnez ici est trop grande pour que je vous retienne plus longtemps, partez ! » M. Goby m'a dit au contraire : « Restez ! Ce que vous faites à chacune de vos représentations est beaucoup *pour moi*, vous tenez mon théâtre ouvert, sans vous il serait déjà fermé. Je vais partir bientôt pour Paris, afin d'obtenir de M. Sardou *l'Oncle Sam*, donnez-moi une lettre pour lui, lettre devant laquelle il ne refusera pas, j'en suis sûr. Une fois muni de son ouvrage, je vous laisserai libre de me quitter. » — Je promis la lettre et je restai.

Les progrès de la maladie du beau-frère de M. Goby, Charles Deburau, dont un des premiers médecins de Bordeaux ne m'avait que trop prédit le dénouement, achevèrent d'effacer entièrement le regret que je pouvais avoir de rester dans de pareilles conditions. Pouvais-je, devais-je abandonner cette famille au milieu d'une douleur qui n'était que le prélude d'une plus grande encore ? Non ! et je puis fournir une nouvelle preuve de mon dévouement par ces quelques lignes d'une lettre de ma fille en réponse à la mienne : — « Ce que tu m'as dit au sujet de Deburau m'a
« navrée ! Pauvre garçon ! et surtout pauvre femme ! Oui,
« tu as raison, quelque mauvaise que soit ta position, comme
« affaires, tu ne peux les quitter en ce moment, ce serait
« faillir aux habitudes de ton exquise bonté. »

J'arrive au motif de notre brouille. Un billet égaré depuis cinq ans, que je croyais payé, et que l'on m'annonça retrouvé sans pourtant le produire, donna lieu à une opposition sur ma part des recettes ; je protestai, et M. Goby, qui alla consulter son huissier, acquit la certitude que, ne courant aucun danger à cause des poursuites qui n'étaient point en règle, il pouvait me laisser prendre ma part comme à l'ordinaire. Tout en resta là, et M. Goby partit pour Paris avec ma lettre qui, de son propre aveu, lui ouvrit les portes du cabinet de M. Sardou, ce qui n'est pas facile, je le certifie. De plus, il obtint sans difficulté la primeur de *l'Oncle Sam*, spécialement pour son théâtre, revint triomphant, joyeux, et profondément reconnaissant (disait-il !).

J'étais donc assez tranquillisée sur son avenir, pour avoir le droit de penser aussi un peu au mien, ce que je ne fis pas, cependant, en raison du triste état de M. Deburau, dont la fin approchait à grands pas, triste moment que j'aurais voulu éviter pour ma santé, qui souffre toujours devant les grandes émotions. Mais qu'importe, puisque je pouvais être utile à ce pauvre monde qui allait être frappé d'un coup si cruel !

M. Deburau mourut ; sa veuve, sœur de M. Goby, après la cérémonie qui se fit à Bordeaux, et où chacun a pu me voir, partit avec son frère accompagner le corps jusqu'à Anet, où se trouve la propriété de M. Deburau. C'est pendant ce voyage que Mme Goby mère, sans rime ni raison, et sans me prévenir surtout, refusa de remettre à mon régisseur, comme à l'ordinaire, la recette du dimanche avec une autre somme de 200 francs, spécifiée sur mon traité comme indemnité de voyage, et que, par respect pour l'événement qui venait d'avoir lieu, j'avais laissée entre ses mains, confiance qu'elle s'est empressée de reconnaître en joignant un mauvais procédé à une mauvaise action. A quoi bon alors ses protestations d'amitié, de dévouement même, devant certaine confidence que je lui avais faite de mes peines personnelles, peines qu'elle savait augmenter en agissant ainsi ! Je fus profondément blessée, et c'est alors que je lui écrivis la lettre dont on prétend aujourd'hui se faire une arme contre moi, lettre à laquelle Mme Goby ne répondit que verbalement (car elle n'écrit pas, elle !). Voici donc ce qu'elle me fit dire : « Avertissez Mlle Déjazet que je l'affiche quand même pour demain 23 décembre 1873. » — Il était trop tard pour faire légaliser mon refus de jouer ; je remplis donc la promesse de l'affiche, tenant à n'être jamais dans mon tort vis-à-vis du public, et, le mardi 23 décembre 1873, je jouai *les Chants de Béranger !*
— J'observerai que l'affiche portait ces mots : *Avant-dernière représentation de Mlle Déjazet*. — Le lendemain, Mme Goby insista (toujours par ambassade) pour obtenir de moi cinq ou six représentations *avec promesse signée*, disant qu'aussitôt cet engagement pris, elle me remettrait en possession de mon argent. Alors, pourquoi l'avoir retenu, si, devant ce nouveau traité qu'elle me proposait, elle croyait sans danger pouvoir le rendre ? Le mauvais procédé restant bien clair pour moi, je refusai tout !

M. Goby revint trois jours après cette rupture, et j'avoue que je l'attendis, persuadée qu'au débotté il allait accourir chez moi, me dire ces paroles bien simples : « Je ne suis pour rien dans le grief que vous avez contre ma mère, il serait injuste de m'en punir ; ce n'est point avec

Mme Goby que vous avez traité, sa signature n'a paru dans aucune de nos conventions ; je n'accepte donc point votre désistement, je crois pouvoir exiger la continuation de votre service, et si, malgré ma démarche tout amicale, vous persistez dans votre refus, je me verrai forcé, à regret, de faire valoir les droits que je crois avoir. » — Bien certainement, si M. Goby s'était présenté chez moi et m'avait dit seulement les trois premières lignes de ce que j'écris là, je ne l'aurais pas laissé aller plus loin, et lui aurais tendu la main sans en entendre davantage. Mais M. Goby n'est point venu, ne m'a point écrit, bref, ne s'est occupé de moi que pour aller dix ou onze jours plus tard chez M. le Préfet, afin d'obtenir l'interdiction de *Gentil-Bernard*, annoncé sur l'affiche des Folies-Bordelaises, théâtre qui n'a pas de permission pour des ouvrages de plus d'un acte, mais cette permission m'avait été accordée pour deux représentations. M. Goby, ou plutôt *sa mère*, à force de prières, obtint à son tour que le différend serait partagé et que *Gentil-Bernard* ne serait joué qu'une fois. — Puisque M. Goby prétend avoir le droit de me poursuivre pour avoir quitté son théâtre et joué ailleurs, pourquoi ne m'a-t-il pas attaquée le lendemain de son retour à Bordeaux, ou tout au moins le jour de ma première représentation aux Folies-Bordelaises ? Il m'accuse d'avoir combiné une concurrence préjudiciable à ses intérêts ; je jure que le hasard seul a tout fait.

Une ancienne pensionnaire de mon théâtre à Paris, amie intime de la famille de M. Goby, est venue me demander mon concours pour son bénéfice ; cette représentation ayant été très brillante a donné lieu aux propositions qui m'ont été faites, que j'ai acceptées, et qui, je le répète, n'ont rencontré aucun obstacle du côté de M. Goby, dont le silence devait me faire croire à mon entière liberté. C'est seulement aussitôt l'opposition levée et présentée à M. Goby en réclamation de l'argent retenu, argent qu'il refusa de rendre, que tout à coup il s'avisa de me poursuivre, et cela en vertu de ma lettre adressée non à lui, mais à sa mère ? Si la lettre est à ses yeux sans valeur pour justifier ma cessation de service, elle doit, il me semble, l'être aussi dans tout ce qu'elle renferme. — D'ailleurs, que dit-elle, cette lettre ? Que je comptais faire encore une semaine au théâtre des Variétés. Alors, pourquoi ne l'avoir pas réclamée, cette semaine que j'ai perdue volontairement à attendre la démarche que j'espérais de M. Goby ? — Ma lettre rappelle simplement une promesse en rien régularisée, promesse due à de bons procédés et que je me suis crue en droit de retirer devant les mauvais. Je devais huit représentations à M. Goby, je lui en ai donné trente. Depuis la fin de mon traité de huit représentations, je n'ai rien signé que la lettre à Mme Goby, et je me permets de poser une question :

Si M. Goby, dans un excès d'amitié, avait, par simples paroles, promis de me donner 500 francs par représentation, et que plus tard il m'eût écrit : « Je regrette de ne pouvoir remplir ma promesse, etc. » — aurais-je le droit de le poursuivre, et cela serait-il suffisant pour l'amener devant un tribunal, comme il le fait à mon égard ?

Voilà ce que je demande à la justice des hommes.

Le tribunal donna gain de cause à Déjazet, mais ce fut une satisfaction toute platonique : le directeur se mit en faillite, et l'artiste ne toucha rien des 600 francs en litige.

De Bordeaux, Déjazet se dirigea vers Tours, où une compensation l'attendait. Ses recettes y furent brillantes, et le directeur s'empressa d'accorder le bénéfice que lui demandait la lettre suivante :

Tours, 2 février 1874.

Mon cher Blandin,

Je vous ai raconté une partie de mes ennuis parce que je crois à votre vieille amitié pour moi ; aussi viens-je vous en demander une nouvelle preuve.

Lorsque nous avons traité ensemble, la question d'intérêt a promptement été vidée, car ce que vous m'avez offert, je l'ai accepté sans la plus petite observation, et pourtant mes conditions ordinaires sont loin de ressembler à celles qui existent entre nous, puisque je suis toujours à moitié recette, sans frais prélevés. S'il en avait été ainsi entre nous, voyez où j'en serais. Vous avez bien fait 9 ou

10,000 francs dans mes sept représentations, j'aurais donc en caisse aujourd'hui 4 à 5,000 francs : j'en ai touché 2,100 ! J'étais engagé pour trois représentations, et certes, après la troisième, je pouvais augurer des autres assez favorablement pour vous demander une petite augmentation, sans, je crois, manquer à la délicatesse et à ma longue amitié. Je n'ai rien fait de cela, et me voici demain à la huitième soirée.

Voyons, mon cher Blandin, devant mon travail et l'argent que je vous ai fait faire, me laisserez-vous partir sans m'accorder une récompense, et ne pensez-vous pas qu'un bénéfice dans mes conditions ordinaires serait chose juste ? Je joue jeudi *Gentil-Bernard*, il fera bien aussi samedi, quant au dimanche, je le crois sûr. En vous demandant un de ces trois jours, vous m'accorderiez peut-être le samedi, mais ce serait une mauvaise combinaison pour moi qui perdrais une représentation. Voulez-vous me donner mardi ? Qu'en ferez-vous sans moi ? La première peut-être de la *Jolie Parfumeuse* : elle vous resterait alors pour jeudi. Je ferai ce qu'on appelle une macédoine de certains actes de mes pièces, et, l'annonce de mon bénéfice aidant, j'espère un chiffre raisonnable pour la part de chacun.

Allons, mon bon Blandin, j'ai bien mérité cette gracieuseté en raison des recettes passées et à venir encore. Répondez-moi vite ces mots : « J'accorde à ma vieille amie Déjazet un bénéfice pour mardi 10 février, aux conditions de moitié recette brute. » — J'attends votre réponse, et l'espère bonne et juste comme vous.

A Tours cependant, le mauvais sort guettait encore la comédienne. Ses représentations terminées, elle présidait, dans un appartement de l'hôtel du Faisan, aux préparatifs de son départ, quand une armoire à glace, dont elle avait dérangé l'équilibre, tomba sur le parquet. On accourut au bruit, et l'on délivra l'imprudente emprisonnée, pour ainsi dire, dans un compartiment du meuble. Déjazet n'était point blessée, mais l'émotion qu'elle avait ressentie lui causa une révolution du sang très grave. Elle s'en remit néanmoins assez promptement pour pouvoir exécuter les clauses de la dernière convention qui la retint en province.

Reims, 15 mars 1874.

Je n'ai voulu vous écrire, chère Joséphine, qu'après les deux premières représentations, afin de mieux vous fixer sur mon état de force et de santé. C'est ce soir ma troisième, et je crois pouvoir vous assurer qu'elle sera pour le moins aussi bonne et aussi brillante que les autres. Je me remets de jour en jour, Dieu merci, mais j'ai été bien malade, allez, et j'ai eu bien peur! Peur, non pour moi, mais pour ceux que j'aurais laissés derrière! Enfin, me voilà sur pied, et le travail est devenu une joie depuis que j'ai craint de le voir m'échapper!

Je fais ici autant de recette que d'effet, mais, vu ma chance, j'y suis au cachet. Ce soir, redite de *Lauzun* avec *la Lisette* (tout est loué!) et je clôture mardi par *la Douairière* et *Voltaire*. Je pars mercredi pour Charleville, j'y joue *Lauzun* jeudi; le dimanche à Sedan probablement, puis une seconde à Charleville, puis, en repassant ici, une représentation peut-être, mais ce sera tout. Il est donc bien certain que je serai à Paris à la fin du mois, si ce n'est plus tôt!...

A la date fixée, Déjazet rentrait à Paris, pour y commencer, hélas! une douloureuse et longue maladie!

XI

Paris apprend, par Albéric Second, la position de Déjazet. — Emotion générale. — Le Journal *le Gaulois* émet l'idée d'une représentation en l'honneur de l'artiste. — Un comité. — Offres et concours. — Un merveilleux programme. — Ses très beaux résultats. — Placement mal raisonné. — Un joli bénéfice.

Quand Déjazet gardait le lit, sa porte restait invariablement close. — « J'ai trop à cœur, disait-elle, de faire bonne mine à mes amis, pour leur ouvrir alors ma triste chambre ; là, du moins, je ne fais la grimace qu'à ceux qui ont la corvée de me soigner. » — Que cette détermination fût dictée par la coquetterie ou par la pudeur, elle avait ce bon résultat d'épargner à la malade les curiosités gênantes. Elle éloignait, par contre, les sympathies sincères. Ce ne fut que le 30 août que Paris apprit, par un article d'Albéric Second publié dans *Paris-Journal*, la maladie de Déjazet et la détresse qui en était la conséquence.

Pauvre Déjazet! — concluait cet article. — Alors qu'elle était riche, fêtée par la presse, acclamée par la foule, quel camarade dans la détresse sonna jamais vainement à sa porte hospitalière? Soit qu'elle le secourût de sa bourse, soit qu'elle mît son talent à la disposition du solliciteur, il partait toujours consolé. Maintenant qu'elle est pauvre,

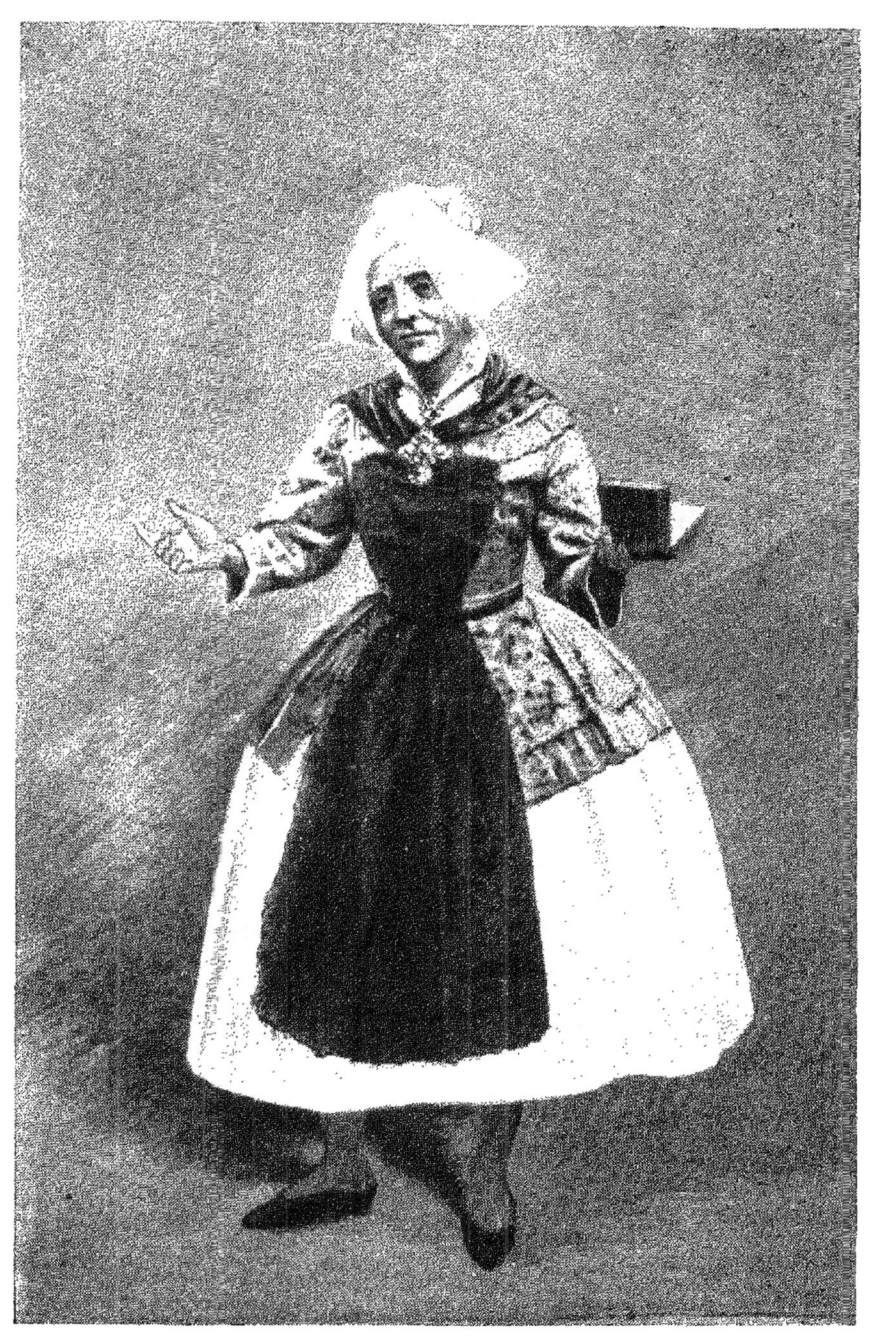

DÉJAZET EN 1843
DANS "LA LISETTE" DE BÉRANGER

est-ce que les théâtres de Paris ne vont pas à leur tour organiser des représentations pour elle?

Il y eut, à la révélation du célèbre chroniqueur, un cri de surprise, bientôt suivi d'un élan de pitié. Le café-concert de la Scala annonça aussitôt qu'il réservait à la comédienne le produit d'une de ses soirées. L'intention était bonne, mais un peu humiliante. Déjazet protesta; elle ne demandait pas l'aumône, et croyait mériter qu'on la secourût d'une façon plus délicate. Ce fut l'avis de la presse, du journal *le Gaulois* surtout, qui prit la direction du mouvement qui se dessinait, en formulant le programme d'une manifestation qui pût servir les intérêts de la comédienne sans porter atteinte à sa dignité.

Que Virginie Déjazet soit pauvre, qu'elle soit riche, — écrivait, à la date du 7 septembre, le directeur du *Gaulois*, — nous n'avons pas à le rechercher, nous ne voulons pas le savoir. Déjazet semble vouloir aujourd'hui prendre une retraite que tant d'artistes moins parfaits ont méritée moins qu'elle; il nous faut une soirée où Déjazet paraîtra pour la dernière fois en public, où tout ce qu'il y a de grands artistes à Paris viendra rendre hommage à celle dont la silhouette est si bien marquée sur les pages de notre histoire dramatique contemporaine. Cette fête, nous la demandons, et Déjazet l'aura.

Huit jours plus tard, en effet, un comité composé de MM. Halanzier, directeur de l'Opéra, Victorien Sardou, représentant des auteurs, Ismaël, artiste lyrique, et Emile Blavet, rédacteur en chef du *Gaulois*, fut formé, par acte authentique, pour réunir les éléments de la représentation, dont l'idée avait été accueillie avec enthousiasme. Le mot peut sembler fort, il n'est qu'exact. On pourra s'en convaincre en lisant *le Gaulois*, constitué moniteur du mouvement provoqué par lui. Pendant un grand mois, pas de numéro qui ne contînt les adhésions les plus diverses et les plus chaleureuses. Sur la solennité théâtrale s'était bientôt greffée une tombola ; tandis que les comédiens célèbres s'offraient pour figurer dans la première, les artistes peintres, sculpteurs, musiciens, les commerçants même envoyaient pour la seconde les plus belles de leurs œuvres ou les meilleurs de leurs produits. Jamais la solidarité artistique ne s'était si hautement affirmée, jamais non plus la presse n'avait montré tant d'unanimité. Parmi les contributions littéraires, celle de M. de Villemessant fut à la fois la plus large et la plus ingénieuse. — « *Le Figaro*, écrivait-il le 19 septembre, *le Figaro* prend une loge moyennant une pension de cent francs par mois, qu'il souhaite payer le plus longtemps possible à Déjazet. » — Cela, bien entendu, sans préjudice d'une publicité quotidienne et des plus alléchantes.

Chassé de la rue Le Peletier par un épouvantable incendie, l'Opéra occupait alors, conjointement avec le Théâtre Italien, la salle Ventadour. C'est dans ce local, spontanément offert par le directeur, que fut fêtée la comédienne. Nous reproduisons ci-contre l'intéressant programme de cette représentation unique.

Elle était bien émue, la pauvre Déjazet, à l'idée de paraître devant une salle dont toutes les places, mises aux enchères, étaient occupées par l'élite de la société parisienne, si émue que les acteurs jouant dans *Monsieur Garat* crurent devoir la rassurer en lui faisant une ovation au sortir de sa loge. Elle passa entre deux haies de gardes nationaux lui présentant les armes, tandis que le tambour battait aux champs.

— Mes amis, dit-elle avec un sourire, je vous décorerai tous ce soir.

Mais ses dernières appréhensions se dissipèrent au bruit des applaudissements qui accueillirent son entrée. Elle chanta et joua comme en son plus beau temps. Quel succès la récompensa, ou plutôt quel triomphe ! Mais ce n'était rien comparativement à ce que lui valut *la Lisette*, au défilé surtout terminant le spectacle et qui fut pour elle une longue apothéose.

Un chiffre dira éloquemment la réussite des efforts sympathiques groupés autour de Déjazet. La représentation de l'Opéra et la tombola tirée le 4 octobre suivant produisirent une somme totale de 79,279 fr. 50.

— Comme l'argent a du cœur, maintenant ! s'écria Déjazet, à la constatation de ce beau résultat.

THÉATRE NATIONAL DE L'OPÉRA (SALLE VENTADOUR)

Dimanche 27 Septembre 1874
SOLENNITÉ ARTISTIQUE
Organisée par le journal LE GAULOIS

EN L'HONNEUR DE

MLLE DÉJAZET

(1er ACTE) MONSIEUR GARAT
Comédie-Vaudeville de M. VICTORIEN SARDOU

Garat	Mlle DÉJAZET	Petit Violoneux	
Vestris	CALVIN		Mmes PAOLA-MARIÉ
Maxime	BERTON	Julie	LEGAULT
Léonidas	LHÉRITIER	Amarante	CÉL. MONTALAND
Catilina	GRENIER	Femme de la	
Cincinnatus	GRIVOT	Halle	SUZANNE LAGIER
Thémistocle	GIL-PÉREZ		SILLY
Potiron	DESRIEUX		VAN-GHELL
Porteur d'Eau	DUMAINE	Grisettes	JUDIC
Deux Gardes	{ LAFERRIÈRE		MARIE LEROUX
nationaux	{ L. ACHARD		

Invités, Gardes nationaux, Hommes du peuple, etc., etc.

MM. CHOLLET, HENRI MONNIER, FRÉDÉRICK-LEMAITRE, ROGER, BOUFFÉ, PAULIN MÉNIER, DELANNOY, MONTJAUZE, LES FRÈRES LIONNET, LÉONCE, MILHER, EMMANUEL, GIRODET, RINALDI.

Mmes ULGADE, MARIE CABEL, H. SCHNEIDER, ROUSSEIL, DICA-PETIT, SCRIWANECK, MARIE PÉRIER, MARIE GRANDET, THÈSE, JEANNE EYRE, MARIANNI, GOUVION, BARATAUD, HÉLÈNE THERVAL, BARBIERI.

3e ACTE DE TARTUFFE
Comédie de MOLIÈRE

Tartuffe	GOT	Elmire	Mlle FAVART
Damis	DELAUNAY	Dorine	Mme PROVOST-PONSIN
Orgon	TALBOT		

TRIO DU 2e ACTE DE
GUILLAUME TELL
Opéra de JOUY et H. BIS, musique de ROSSINI

Arnold	TAMBERLICK	Guillaume Tell FAURE	Walter	BELVAL

DUO DU 4e ACTE DE
LES HUGUENOTS
Opéra de SCRIBE, musique de G. MEYERBEER

Valentine	Mme GUEYMARD-LAUTERS	Raoul	VILLARET

INTERMÈDES :
TRIO POUR PIANO, ORGUE ET VIOLON

Par M. Jules Cohen, sur la Messe de G. Verdi
(1re audition) Exécuté par MM. Th. Ritter, J. Garcin et J. Cohen

SI C'ÉTAIT MOI	TARENTELLE
Chansonnette, paroles et musique de G. Lefort	(INÉDITE) De Th. Ritter
Chantée par Mme Judic	Exécutée par M. Th. Ritter

2° ACTE DE COPPELIA

Ballet de Nuitter et Saint-Léon. — Musique de Léo Delibes

Swanilda, Mlle Beaugrand. — Frantz, Mlle Eugénie Fiocre. —
Coppelius, M. Cornet

Mlles Mérante, Parent, Pallier, Valain, Piron, Lamy, Lapy, Aline, Bussy, Laurent. — MM. Montfallet, Poncot, Ganforin.

LES JURONS DE CADILLAC

Comédie en un acte, de Pierre Berton

Le Capitaine, Landrol. | La comtesse, Mlle Céline Montaland

LA LISETTE DE BÉRANGER

Paroles et musique de Frédéric Bérat

Chantée par Mlle DÉJAZET

Entourée par Mmes :

Croizette, Sarah Bernhardt, Lloyd, Tholer (Comédie-Française); Pasca (théâtre de Saint-Pétersbourg); Chapuy, Lina-Bell, Zina-Dalti, Ducasse (Opéra-Comique); Léonide Leblanc, Antonine, Hélène Petit, Blanche Baretta (Odéon); Jane Essler, H. Neveux, Mélita, Bartet (Vaudeville); Doche, Marie Laurent, M. Colombier, A. Page, Duverger, A. Moreau, Fayolle, Berthe Girardin, H. Dupont (Porte-Saint-Martin); Marie Delaporte, Bl. Pierson, Angelo, Fromentin, Lody, Othon (Gymnase); Chaumont, Berthe Legrand, Berthal, Julia Georges (Variétés); Victoria Lafontaine, Dartaux, Perret, Matz-Ferrare, Elvire Gilbert (Gaîté); Georgette Olivier, A. Regnault, Valérie, Reynold (Palais-Royal); Peschard, Théo, Grivot (Bouffes-Parisiens); Thérésa, Noémie Panseron, Bl. Miroir, Jeanne Eyre (Renaissance); Desclauzas, Rose Marie, Toudouze (Folies-Dramatiques); Marie Vannoy, Daney (Ambigu); Bressolles, Suzanne-Thal (Château-d'Eau); Lacressonnière, Ch. Raynard (Cluny); Eudoxie Laurent, Colbrun (Déjazet); Gaspari (Folies-Marigny); Rosine Bloch, Mauduit, Ferrucci, Marie Belval, Arnaud, Thibault, Fouquet, Nivet-Grenier, Geismar, Hustache, Marquet, Fonta, Montaubry, Stoikoff, A. Parent, Ribet, Millie (Opéra).

Hommage de la Chanson à Déjazet

Par la Société du Caveau, couplets composés par M. Eugène Grancé
sur l'air de la *Bonne Vieille* de Béranger

Chantés par M. Anatole Lionnet

Cérémonie dans laquelle défileront tous les Théâtres de Paris

Ouverture de la MUETTE DE PORTICI, d'Auber

Elle en exprima sa juste gratitude dans cette lettre charmante :

> Mon cher *Gaulois*,
>
> Ma raison faiblit devant le souvenir du 27 septembre, elle se noie avec mon esprit dans le trop plein de mon cœur.
>
> Vous, qui me donnez à croire que vous en avez plusieurs à votre service, demandez donc à l'un d'eux le mot que je cherche en vain pour remplacer ce banal merci que l'on adresse aux plus petites choses comme aux plus grandes actions.
>
> Brisée sous le poids de celle que je vous dois, à laquelle public et artistes ont répondu si généreusement, je ne trouve rien qui puisse même esquisser ce que j'ai ressenti dimanche, ce que je ressens encore aujourd'hui. Venez donc une seconde fois à mon secours, mon cher *Gaulois*, et, de votre voix qui porte si *loin*, chantez à tous et sur *tous* les tons la profonde reconnaissance de
>
> VIRGINIE DÉJAZET.

Sur les recettes centralisées par *le Gaulois*, — défalcation faite de 7,521 fr. 34 remis directement à Déjazet, et des frais montant à 6,741 fr. 41 — 65,016 fr. 75 restaient disponibles. Les organisateurs du bénéfice consacrèrent 35,016 fr. 75 à l'achat d'un titre de 1,750 francs de rente 5 0/0, immatriculé pour l'usufruit au nom de la comédienne, et, pour la nue-propriété, au nom de ses deux enfants ; *le solde (30,000 francs), fut déposé dans* la caisse de *l'Atlas*, compagnie d'assurances sur la vie, qui s'engagea, en échange, à servir à Déjazet une rente annuelle de 4.038 francs. Nous transcrivons, sur l'acte même, les conditions de ce dernier placement :

Entre la Compagnie *L'Atlas*, d'une part :

Et, d'autre part :

1º M. Hyacinthe-Olivier-Henri Halanzier, directeur du Théâtre national de l'Opéra, chevalier de l'ordre de la Légion d'honneur, demeurant à Paris, rue Drouot, nº 3;

2º M. Victorien Sardou, homme de lettres, officier de la

Légion d'honneur, demeurant à Marly-le-Roi (Seine-et-Oise);

3° M. Mathieu Jammes, dit Ismaël, artiste lyrique, demeurant à Paris, rue de Châteaudun, n° 4;

Et 4° M. Emile Blavet, rédacteur en chef du journal *Le Gaulois*, demeurant à Paris, rue Grange-Batelière, n° 12;

Lesquels, agissant comme membres de la société formée sous le nom de *Comité pour la représentation en l'honneur de Mlle Déjazet*, par acte en date du 15 septembre 1874, enregistré, ont déclaré que *Mlle DÉJAZET, Pauline-Virginie*, artiste dramatique, demeurant à Paris, rue de Clignancourt, 36, est née à Paris, le 13 fructidor an 6 (30 août 1798).

Il a été convenu et arrêté ce qui suit :

La Compagnie *L'Atlas*, moyennant la somme de *trente mille francs*, s'engage à servir à Mlle Déjazet sus-nommée, sur sa tête et à son profit, une rente viagère de *quatre mille trente-huit francs* par an, en douze paiements de *trois cent trente-six francs cinquante centimes* chacun, dont le premier aura lieu le 30 octobre 1874, le second le 30 novembre suivant, et ainsi de suite de mois en mois, jusqu'au décès de Mlle Pauline-Virginie Déjazet.

Par dérogation au droit commun, il est convenu entre les parties que la Compagnie n'aura pas d'arrérages à payer pour le mois dans lequel aura lieu le décès de Mlle Déjazet sus-nommée.

MM. Halanzier, Sardou, Jammes, dit Ismaël, et Blavet ont versé la somme de 30,000 francs à la Compagnie *L'Atlas* qui leur en a délivré quittance séparée.

Et les mêmes, déclarant que la présente rente viagère est constituée par eux au profit de Mlle Déjazet pour lui assurer les moyens de vivre, c'est-à-dire à titre de pension alimentaire, stipulent expressément qu'elle sera incessible et insaisissable jusqu'à son extinction.

Fait triple à Paris, le 30 septembre 1874.

Les souscripteurs,	*Pour la Compagnie,*
HALANZIER, EMILE BLAVET,	Le Directeur,
JAMMES ISMAEL, VICT. SARDOU.	E. REBOUL.

Un article du *Gaulois*, publié lors du décès de Déjazet, affirme qu'en plaçant à fonds perdus une importante partie de la somme encaissée pour elle, les organisateurs de son bénéfice avaient satisfait au vœu de l'opinion publique. La prétention est discutable. Aucun spectateur de la représentation, aucun adhérent à la tombola n'avait, à ce sujet, émis le moindre avis. Seul M. de Villemessant, motivant sa souscription viagère, avait exprimé la crainte que Déjazet, par faiblesse ou par bonté, ne sût point garder la petite fortune que le public allait lui constituer. Cette appréhension partait d'un bon naturel, mais devait-on, pour une simple hypothèse, déposséder la comédienne d'un argent dont elle était, en somme, la seule propriétaire ? Qu'une partie, que la totalité même de cet argent allât aux enfants de Déjazet ou à ses créanciers, cela n'était-il pas plus logique que d'en grossir les profits d'une société financière ?

Et qu'on ne dise pas que Déjazet avait librement consenti à l'opération décidée par le Comité de sa représentation, nous répondrions par cette lettre, dans laquelle la comédienne apprécie les inconvénients du placement fait sans elle et à ses dépens :

D'après ce que vous avez appris par les journaux, — écrivait Déjazet à une personne qui était en même temps son amie et sa créancière, — comme tout le monde vous me croyez riche. Hélas! il n'en est rien. On m'a placé 30,000 francs en viager, ce qui me fait 336 francs par mois, et le reste sur l'Etat au nom de mes enfants, ce qui fait 850 francs de rente à chacun. Croyez-vous que cela suffise pour vivre quatre, plus une petite famille de sept, huit et dix ans ? Ces 30,000 francs, à mon grand regret, ont été mal placés, car non seulement mon grand âge s'oppose à ce que j'en jouisse longtemps, mais, depuis ma longue maladie, il s'en est déclaré une au cœur qui, d'une minute à l'autre, m'enverra dans l'autre monde : ce sera alors 30,000 francs bien perdus. Mieux valait les placer sur l'Etat, ils seraient revenus à mes chers enfants ! La rente qu'on me sert étant insuffisante à mes charges et besoins, il me faudra rejouer de plus belle pour satisfaire mes créanciers qui ne me laissent ni paix ni trêve, car, depuis ce brillant bénéfice, ils me croient 100,000 francs dans mon secrétaire, et les dettes de mon théâtre me tombent sur le dos chaque jour, avec menaces et poursuites à l'appui, — si bien, ma chère Rose, que je suis mille fois plus tourmentée qu'avant!...

Etait-ce là, vraiment, ce que demandait l'opinion publique, et n'eût-il pas été préférable de laisser Déjazet acheter, au prix de sacrifices pécuniaires, le repos de sa dernière année ? — Le résultat final de l'opération suffit, du reste, pour la faire juger. Tandis que Déjazet mourait, chargée de dettes, et laissant ses enfants dans un état plus voisin de la misère que de la gêne, la Compagnie l'*Atlas*, qui lui avait versé quatorze mois d'intérêts, encaissait, au bas mot, 25,000 francs de bénéfice!

XII

Déjazet au Caveau. — Son apologie en chanson. — Elle court la province et paraît au Vaudeville. — Chagrin d'artiste. — Une jolie lettre. — Blessée au champ d'honneur. — Une chute fatale. — Derniers moments de Déjazet. — On veut lui faire de grandes funérailles. — La Trinité. — Obsèques et discours. — Triste épilogue. — Le monument de Déjazet au Père-Lachaise.

Dans le programme de la représentation de l'Opéra figurait, on l'a vu, un hommage de la société lyrique du Caveau ; ce bouquet poétique avait particulièrement touché la comédienne qui voulut faire, en guise de remerciement, une visite à l'académie chansonnière. Le règlement du Caveau excluait les femmes de ses réunions, mais les titres de Déjazet étaient trop brillants pour qu'une exception ne fût pas faite en sa faveur. On la reçut solennellement au banquet du 2 octobre 1874. Le Caveau, qui n'existe aujourd'hui que de nom, comptait alors, parmi ses membres ou ses visiteurs, des poètes délicats comme Charles Coligny, des chansonniers de race comme Clairville, Grangé et Charles Vincent. C'est dire que Déjazet fut célébrée là comme le méritaient son talent et sa gloire. Le salut de Clairville, maître des cérémonies, fut surtout remarqué ; nous le donnerons ici, comme le plus aimable éloge qu'on ait jamais fait du mérite et des qualités de la grande comédienne.

Se peut-il bien, quoi ! parmi nous, Lisette !
Lisette ici, Lisette nos amours !
Vous voilà donc, immortelle grisette,
Grisette encore et, malgré vos atours,
Comme autrefois, simple et jeune toujours !
Vous voilà donc ! laissez qu'on vous contemple,
Et le front haut, de votre air sans façon,
En souriant, visitez votre temple :
Entrez chez nous, fille de la chanson !

Ceux qui sont là sont des amis sincères;
Ils ont connu votre amant... votre époux,
Le chansonnier dont les chants populaires
Vous illustraient, en nous inspirant tous;
Ne dites point que ce n'était pas vous !
Car sa Lisette avait votre visage,
Votre bon cœur et votre esprit léger;
En calculant, même elle aurait votre âge :
Entrez chez nous, muse de Béranger !

Aux grands seigneurs quand nous crions : Arrière !
Quoi, vers ces lieux vous dirigez vos pas ?
C'est vous Lauzun, Richelieu, Létorière;
Ignorez-vous que nous sommes, hélas !
Républicains... mais comme on ne l'est pas ?
Républicains farouches... Bah ! qu'importe !
Venez jouir de vos droits bien acquis;
C'est Déjazet qui vous ouvre la porte :
Entrez chez nous, ducs, comtes et marquis !

Sans croire l'or une vaine chimère,
Mais plus sensible à de nobles penchants,
Dans votre sein battait un cœur de mère
Et, même au bruit de bravos triomphants,
Vous ne pensiez d'abord qu'à vos enfants;
Mais vous pensiez aux malheureux ensuite,
Et, sans chercher la popularité,
Vous accouriez où l'infortune habite :
Entrez chez nous, ange de charité !

Vous partirez, et loin de nous sans doute,
A Londre, à Rome, en Chine vous irez :
De quelqu'endroit que vous preniez la route,
A ce banquet toujours vous resterez,
Oui, c'est toujours ici que vous serez !
Les souvenirs d'une telle soirée
Y règneront en maîtres absolus;
Chez nous, un jour, vous vous serez montrée,
Et désormais vous n'en sortirez plus !

On décerna, ce soir-là même, à Déjazet la présidence honoraire du Caveau, vacante depuis la mort de Jules Janin, et on la pria d'assister le plus souvent possible aux banquets de la société. Elle y alla plusieurs fois, payant son écot en couplets finement dits, et toujours traitée en reine par les adeptes du flonflon. Mais son temps ne lui appartenait guère, car le théâtre qu'elle avait semblé vouloir quitter l'avait bientôt ressaisie. Quelques villes d'abord s'étaient empressées de suivre l'exemple de Paris, en organisant à son profit des représentations dans lesquelles elle tint à honneur de paraître. Nantes, Soissons, etc., la virent donc, après la capitale, dans le premier acte de *Monsieur Garat* et dans *la Lisette;* puis des artistes besogneux demandèrent à leur tour l'aide de *la Lisette* et de son nom ; le Vaudeville ensuite l'engagea pour une série de représentations qui commencèrent, le 24 décembre, par *la Douairière de Brionne*, et finirent, en février 1875, par *Monsieur Garat ;* cette campagne terminée, elle se mit enfin à courir la province, s'abandonnant, sous la conduite d'un régisseur, aux hasards d'une tournée d'adieux.

Elle n'était plus forte, cependant, se fatiguait vite et s'en désolait, au point de vue de l'art, qu'elle aimait comme au temps de sa robuste jeunesse.

Hélas ! ma chère amie, — écrivait-elle, le 3 juin 1875, à Mme Benderitter, — je n'ai pas grand mieux à vous signaler. Je mange un peu plus qu'à Paris, voilà tout; quant au reste, c'est toujours la même chose, et ma mine, que vous espérez trouver rose, tire plutôt au jaune serin qu'à la couleur que vous aimez. Donc je vous avoue que mon pauvre esprit broie du noir, car je ne vois pas la fin de cet affaiblissement de mes forces et de mes moyens, si solides autrefois. Je crois que mes représentations au Vaudeville ont été le chant du cygne, et, je vous l'avoue, ma chère Joséphine, l'idée que j'en ai fini avec le théâtre est une seconde maladie qui aidera la première à me faire mourir. C'est celle qui a emporté Mlle Mars et notre cher Mélingue : je ferai le trio !...

Ce n'était pas seulement pour l'amour de la gloire que Déjazet persistait à monter sur les planches ; elle s'inspirait, en outre, comme elle l'avait fait toute sa vie, de l'intérêt des siens. On le savait dans le monde des lettres, et ce n'était qu'avec des précautions infinies qu'on y blâmait parfois l'obstination de son labeur. Mais la comédienne n'acceptait sur ce point ni critique ni conseils. La lettre suivante — une des plus jolies que l'on ait d'elle — fut écrite, deux mois avant sa mort, à M. de Villemessant, au sujet de l'annonce, faite sympathiquement mais non sans réticence, d'une représentation organisée par Déjazet au bénéfice de son régisseur, et dans laquelle figura le premier acte de *Voltaire en vacances* :

27 septembre 1875.

Et d'abord, cher maître, laissez-moi vous remercier du coup d'épaule en question. Il n'a pas manqué son effet; artiste et bénéficiaire ont eu chacun leur part de succès et d'argent, et cela grâce à vous qui pouvez tout ce que vous voulez. Je ne saurais donc trop vous remercier, puisque vous avez bien voulu joindre au fameux coup d'épaule votre présence qui m'a, je vous l'avoue, un peu intimidée. La pièce n'est pas bonne, mon rôle non plus, et encore en avez-vous vu la partie la plus faible. Je suis moins insignifiante dans le second acte. Vous l'a-t-on dit ? J'y tiendrais pour mon honneur.

Maintenant, cher maître, prenez votre courage et votre patience à deux mains, parce que, moi, j'en ai long à vous dire. Il s'agit de la persistance que vous mettez à vouloir que la représentation du 27 septembre 1874 ait été ma représentation de retraite. Jamais pareille question ne fut mise en jeu, puisque l'on s'est creusé l'esprit, au contraire, pour ne pas laisser supposer au public que mon retour sur la scène avait pour but de lui faire mes adieux. Ne l'ai-je pas prouvé d'ailleurs, en signant, quelques jours après, un traité de deux mois avec le Vaudeville, traité que j'ai rempli en alternant mes représentations avec *la Douairière* et *Garat*.

Ceci est la vérité, rien que la vérité.

Je ne pense pas alors mériter le petit reproche caché sous les flatteurs éloges de votre article. Bien des artistes ont affiché leur représentation d'adieux, mon camarade Bouffé tout le premier. J'ai même eu l'honneur d'y paraître, et justement aussi à l'Opéra. Combien de fois après, cependant, n'a-t-il pas joué au Gymnase où, malgré l'annonce de sa retraite, le public lui a prouvé qu'il était heureux de le revoir. Pourquoi tenez-vous donc tant, cher maître, à ce que je disparaisse de la scène? Bien des raisons s'y opposent : ma gloire, mon honneur, mes intérêts. Pourquoi voulez-vous, lorsque je puis encore augmenter le petit bien-être qui m'a été fait, que je préfère une vie plus que modeste, inutile et inoccupée, à celle qui a été mienne pendant soixante-douze ans.

Si j'étais riche, peut-être pourrais-je me procurer les distractions et les joies que donne la fortune, peut-être essaierais-je de me reposer. Je vous ai dit le chiffre de mes revenus (1). Ils suffisent sans doute aux exigences du corps et de l'estomac, mais ne faut-il plus vivre que pour manger et dormir? Faut-il oublier que l'on s'est cru quelque chose, et se souvenir seulement que l'on n'est plus rien? Vous, cher maître, vous êtes riche, heureux; vous pourriez vous reposer, et pourtant vous travaillez toujours. Pourquoi? Parce que votre journal est la nourriture de votre esprit. Mon théâtre est celle du mien; de plus il me donne l'espérance de pouvoir acquitter mes dettes et de laisser quelque

---

(1) Déjazet touchait alors par année : 5,788 francs provenant de son bénéfice, 2,000 francs de l'Etat, 1,200 francs du *Figaro*, 500 francs de M. Sardou, 500 francs de l'Association des artistes dramatiques ; soit, au total, 9,988 francs.

chose après moi, bien à moi, puisque ce que je possède ne revient à personne.

Je sais bien que vous allez me dire : *C'est pour donner que vous voulez gagner.* Hé bien, quoi de plus juste vis-à-vis de qui l'on doit et de plus naturel envers sa famille! N'avez-vous pas donné, vous? Ne donnez-vous pas encore? J'aime mes enfants, vous aimez les vôtres; seulement vous les avez dotés. Moi, n'ayant pas su amasser, j'ai donné en détail ce que vous avez donné en gros, voilà toute la différence, et, si vous me trouvez coupable, j'ose vous répondre que vous ne valez pas mieux que moi.

Allons, cher maître, laissez-moi mourir artiste si Dieu me fait la grâce de m'en laisser les moyens, et soutenez-moi de votre plume, comme lui de sa bonté.

J'ai dit. Merci.

Ces lignes sont à la fois très dignes et très nettes. Le vœu qui les termine devait être exaucé plus rapidement que l'état physique de la comédienne n'eût pu le faire supposer. Le lendemain du jour où elle le formulait (28 septembre), Déjazet prit part à la représentation organisée par le théâtre des Variétés au bénéfice de Mme Grenier mère ; elle y chanta *la Lisette de Béranger* avec son talent et son succès accoutumés, mais elle ressentit, à sa rentrée dans les coulisses, une douleur soudaine et dont la gravité ne lui échappa point. — « J'aurai, dit-elle, gagné la mort sur le champ de bataille ! » — Une pleurésie se déclara presque aussitôt, on la combattit avec énergie, et la malade se fût peut-être tirée d'affaire sans un accident qu'on tut alors et qui donna au mal une vigueur nouvelle.

Déjazet demeurait, avec son fils, rue Clavel, 23, à Belleville. Une nuit que, trouvant la patiente en meilleur état, ses gardiens harassés prenaient quelque repos, Déjazet eut besoin de se lever, ne voulut déranger personne, et tomba de son lit sur le parquet, où elle resta plusieurs heures. La chambre était humide, le foyer éteint. Quand on la releva, la pauvre femme était condamnée. Elle ne s'abandonna point et défendit courageusement une existence à laquelle l'avenir des siens lui faisait attacher un prix inestimable. Un jour vint, cependant, où elle se sentit perdue. Ce jour-là, 30 novembre, obéissant à sa seule conscience, elle fit demander un prêtre. L'abbé Carré, vicaire de la paroisse de Saint-Jean-Baptiste, accourut. Sur la demande expresse de la comédienne, il retourna chercher le viatique, qu'il lui administra en présence d'Eugène Déjazet, de sa femme, et d'un ami, M. d'Anthoine. L'attitude de Déjazet fut telle que l'abbé, prenant à part M. d'Anthoine, lui dit, avec une émotion sincère : « Mon ministère m'appelle souvent, hélas ! au chevet des mourants ; eh bien, monsieur, il m'a été rarement donné d'assister à une fin aussi édifiante! » — Après cette touchante cérémonie, Déjazet éprouva un grand calme. Au bout d'une heure elle fit signe à son fils, qui sanglotait, d'approcher, et lui dit, sur un ton solennel : « Calme-toi, mon enfant, je suis avec Dieu!... Pas de haine entre vous !... » Le lendemain 1er décembre, l'agonie commença vers cinq heures du matin ; à neuf heures, Déjazet rendit le dernier soupir. Etaient près d'elle, à ce moment suprême, Eugène, son fils, Claire, sa belle-fille, Mme Joséphine Benderitter et M. Louis d'Anthoine.

Bien que les journaux publiassent quotidiennement le bulletin de la santé de Déjazet, et que, depuis deux jours au moins, son état fût tenu pour désespéré, la nouvelle de sa mort n'en produisit pas moins une sensation de surprise. A constater l'éternité de sa jeunesse, chacun s'était accoutumé à cette idée que des années nombreuses s'écouleraient encore avant que disparût son art si français. Un élan de sympathie succéda à la stupéfaction, et Paris s'apprêta à rendre un dernier hommage à la comédienne que trois générations avaient applaudie.

Sous le coup de la douleur qui le frappait, Eugène Déjazet n'eut pas eu le courage d'organiser les obsèques de sa mère ; *le Gaulois*, sollicité de lui rendre ce bon office, accepta de s'occuper de la triste cérémonie, à laquelle le directeur de la compagnie *l'Atlas* déclara vouloir contribuer pour une somme correspondant au prix d'un convoi de quatrième classe. Le chiffre parut mesquin aux rédacteurs du *Gaulois*, qui décidèrent de l'amplifier pour faire à Déjazet des funérailles dignes d'elle. De même l'église de Belleville, jugée trop exiguë et trop lointaine, fut dédaignée pour la Trinité, plus vaste, plus accessible surtout. On imprima 4,500 cartes, destinées aux admirateurs et anciens camarades de la comédienne qui les réclamèrent avec empressement.

Le samedi 4 décembre, dès dix heures du matin, des amis nombreux se groupaient dans la rue Clavel, pour accompagner à l'église le corps de la grande artiste. Incessamment grossi pendant ce parcours, le cortège tait trente mille personnes en arrivant à la chaussée d'Antin. On remarquait, au premier rang, l'abbé Petit, qui avait voulu remplir jusqu'au bout sa mission de pasteur (1). Après la messe, superbement chantée et écoutée avec le plus profond recueillement, le char funèbre, couvert de fleurs et de couronnes, se remit en marche, entre deux haies de curieux attendris. Une foule considérable l'attendait au Père-Lachaise, où deux orateurs devaient dire à la morte un adieu solennel. M. Emile Blavet, le premier, prononça, au nom du *Gaulois*, les paroles suivantes :

Messieurs,

Je n'aurais aucun droit à prendre ici la parole s'il ne me fallait obéir à l'un des derniers vœux de la grande artiste à qui nous venons de rendre les derniers devoirs.

Le lendemain de son bénéfice, elle me dit gravement, ce qui n'était pas, vous le savez, sa note habituelle :

— C'est une autre vie qui commence pour moi. Vous en avez écrit la préface, il me sera doux que vous en disiez l'épilogue !

Et, comme je la plaisantais sur cet étrange caprice :

— Baste ! ajouta-t-elle avec ce sourire où s'étaient réfugiés toute la fraîcheur et tout le charme de sa jeunesse disparue, vous aurez le temps d'écrire mon oraison funèbre, car je viens de signer un long bail, et je n'ai plus de goût, comme autrefois, pour les déménagements avant terme !

(1) On s'indigna, en haut lieu, de cette présence d'un prêtre à l'enterrement d'une comédienne. Blâmé, persécuté, l'abbé Petit resta grand devant ces petitesses d'un autre âge, et quitta sa cure de Belleville.

Rien ne prévalut contre son obstination enfantine; il fallut donner parole. Aujourd'hui, après un an à peine, l'heure est venue de la tenir.

Peut-être, messieurs, trouverez-vous que j'avais quelque droit à cette suprême tristesse. J'avais eu la fortune d'entrer dans le cœur de Déjazet, à l'âge où il ne s'ouvre plus qu'à bon escient et où il n'y a plus de place pour les affections banales. On peut dire qu'à sa naissance notre amitié avait des cheveux blancs; et, depuis lors, elle avait poussé si profondément ses racines, que, pour moi, ce deuil public est presque un deuil de famille.

Depuis qu'elle n'est plus, je me demande, en me rappelant ma promesse, ce que la chère morte attendait de moi lorsqu'elle me l'a, pour ainsi dire, imposée. Espérait-elle que je vous conterais son histoire? Elle n'avait pas de ces vanités puériles. Cette histoire, d'autres vous la diront, et en meilleurs termes, qui l'ont mieux et plus longuement connue. Elle tient, du reste, tout entière, en sept lettres, les sept lettres de son nom glorieux : Déjazet. Ce nom résume en lui deux grandes époques, l'une à son déclin, l'autre à son aurore : le dix-huitième siècle, avec son ironie spirituelle, son scepticisme aimable et son déhanchement cavalier; le dix-neuvième, avec sa surface rêveuse et sa mélancolie à fleur de peau. Ce nom résume les jouissances artistiques de plusieurs générations successives qui, plus favorisées que la nôtre, ont savouré ce beau talent dans sa fleur et dans sa plénitude. Il est comme le symbole euphonique d'un art sans rival qui, né le même jour qu'elle, s'est éteint le même jour, et qui s'est incarné si longtemps dans ce merveilleux androgyne, homme par le costume, par l'allure, par la fatalité de son génie dramatique, mais femme par l'accent, par le regard, par le sourire, par l'âme, femme avant tout, malgré tout, en dépit de tout!... Tellement femme, messieurs, qu'en étudiant de près l'infinie variété de ses créations on sent que Richelieu, Lauzun, Létorières, Gentil-Bernard, Garat et Figaro doivent infailliblement aboutir à Lisette, l'expression la plus vraie et la plus originale de ce talent si original et si vrai.

Cette Déjazet, messieurs, vous la connaissez tous. Celle qu'on connaît moins, c'est l'autre, et c'est celle-là sans doute dont elle voulait que je vous dévoile le secret. Ce secret est de ceux qui se peuvent dire sur une tombe, car ils l'ennoblissent et la sanctifient. Quand elle me disait : « C'est une vie nouvelle qui commence pour moi! » cette phrase avait dans sa bouche la portée des dernières paroles dites sur un cadavre. Ce cadavre qu'elle enterrait, non sans une pointe de tristesse, c'était sa gloire artistique, toute parée de ses radieux souvenirs et de ses espérances encore légitimes; et elle jetait courageusement dans cette fosse creusée de ses mains tous les dons merveilleux qu'elle avait reçus d'en haut, et que l'âge n'avait point amoindris, ne laissant le droit de survivre qu'à un seul : le sentiment de la maternité !

Ces paroles, messieurs, n'étonneront personne parmi ceux qui m'entendent. Elles provoqueront peut-être un sourire dans les sévères régions où fleurit encore ce préjugé, de jour en jour moins vivace, que l'existence fiévreuse de l'artiste est incompatible avec les vertus du foyer. Grâce à Dieu, ce préjugé reçoit quotidiennement de nombreux et consolants démentis, et il n'est pas besoin de feuilleter vos annales mortuaires pour y chercher d'éloquentes protestations.

Hier encore, Déjazet était, avec bien d'autres, à cet égard, une protestation vivante. De même que, dans son talent, voué par sa nature au travesti, le côté féminin primait le côté viril, de même dans sa vie la mère primait l'artiste. Et ce sera sa plus belle gloire qu'on ait pu dire d'elle que, sous le fichu de Lisette, battait le cœur de Cornélie.

Il est des choses, messieurs, qu'on ne doit dire qu'à demi-mot. Mais, celle-là, il fallait la dire, ne fût-ce que pour expliquer certaine contradiction apparente qu'on a peut-être un peu cruellement reprochée à Déjazet dans ces derniers temps. En donnant sa représentation d'adieu, elle avait pris, en quelque sorte, l'engagement moral de ne plus reparaître en public. Et pourtant, au bout de quelques mois, on revoyait son nom sur les affiches. — Folie des planches! s'écria-t-on. — C'est « folie du cœur! » qu'il eût fallu dire, et faire à cette admirable « folie » l'aumône du silence !

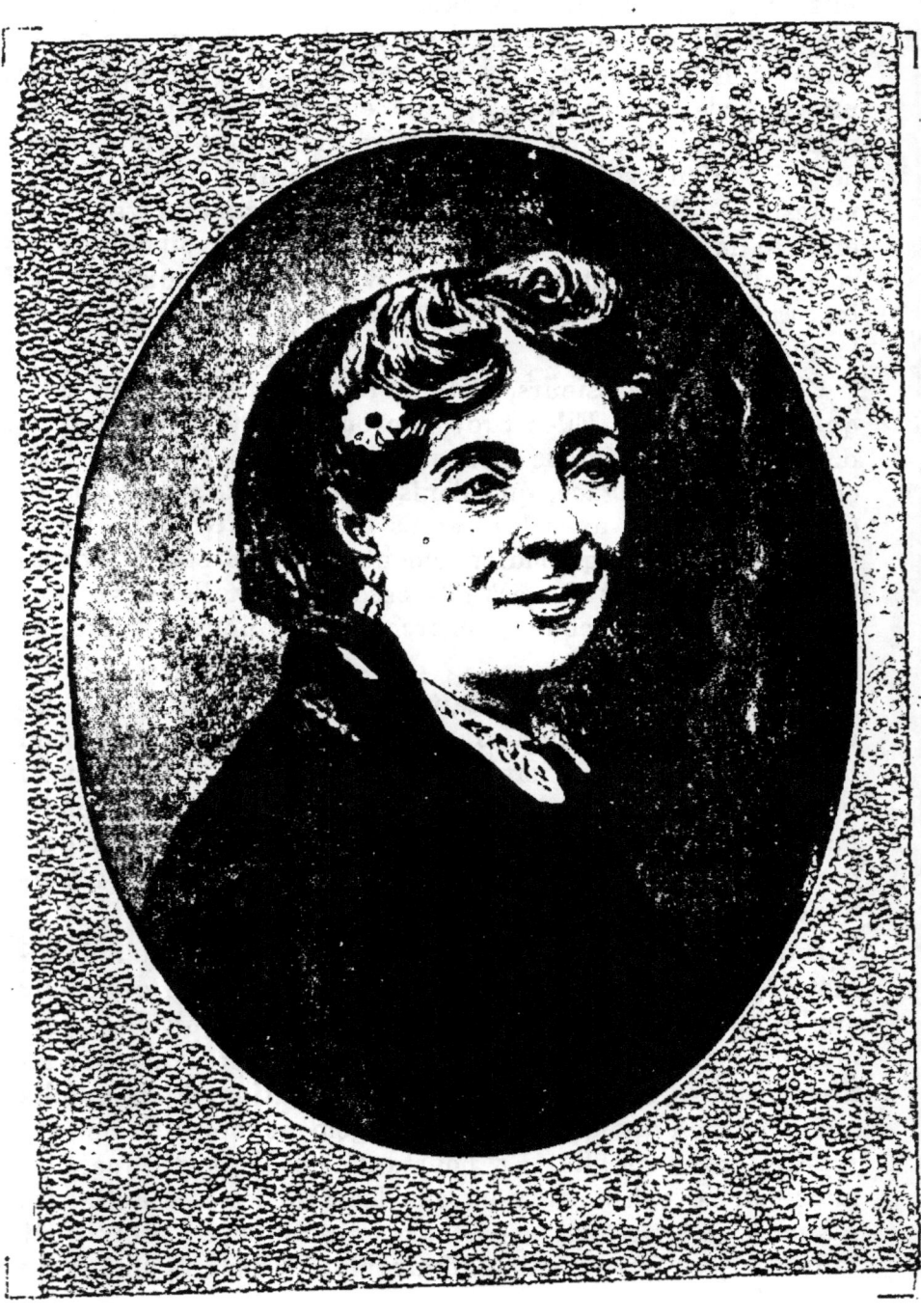

Photoglyptie LEMERCIER et Cie Paris.   Cliché COURTIN aîné

Car ce fut le dernier et peut-être le plus cruel chagrin de la chère morte qu'on ait pu douter de sa sincérité. La sincérité fut la marque distinctive de son talent comme de son caractère. C'est par là que l'artiste conquit la gloire et que la femme gagna l'estime de tous ceux qui l'ont connue. Aussi, de tous les jugements qui, depuis trois jours, ont été portés sur elle, le plus exact est assurément celui-ci :

« Jamais elle n'a voulu tromper personne, pas même le bon Dieu, à qui elle s'est donnée avant de mourir! »

Après ce discours, applaudi comme il le méritait, Eugène Moreau, secrétaire de l'Association des artistes dramatiques, rappela succinctement les créations brillantes de Déjazet ; puis les parents de la comédienne jetèrent l'eau bénite sur son corps, tandis que des amis couvraient son cercueil d'une avalanche fleurie.

Cette émouvante apothéose devait malheureusement avoir un affligeant épilogue. Vingt mois après les obsèques de Déjazet, ses restes attendaient encore l'inhumation définitive, dans le caveau provisoire prêté par un entrepreneur des pompes funèbres, et cet homme, qu'on n'avait pas payé, était contraint de réclamer devant les tribunaux les frais des funérailles et l'enlèvement du cercueil de la grande artiste. Seul, en effet, le directeur de *l'Atlas* avait acquitté sa part, montant à 984 francs ; les 1,233 francs complémentaires que, suivant *le Gaulois*, MM. Sardou, Halanzier et Tarbé devaient verser par portions égales, restaient en litige, M. Halanzier déclarant qu'il ne devait pas ce qu'il n'avait point commandé, M. Tarbé se refusant positivement à payer, et M. Sardou ayant congédié l'entrepreneur sans vouloir l'entendre. Mis en cause devant la 6ᵉ chambre du tribunal civil, M. Tarbé, directeur du *Gaulois*, eut beau déclarer n'avoir jamais entendu contribuer pécuniairement aux funérailles de Déjazet, les juges le condamnèrent à verser au réclamant le solde de ses déboursés.

Déjazet, par bonheur, n'était pas oubliée de ceux qui l'avaient sincèrement aimée. Une souscription ouverte au mois de février 1877, par le journal *les Nouvelles de Paris*, permit, à l'issue même du procès fait au *Gaulois*, de transporter le corps de la comédienne dans un caveau définitif, sur lequel un tombeau devait être élevé. La construction du monument fut lente, si lente que les enfants de Déjazet rejoignirent leur mère avant que ce suprême hommage lui eût été rendu. Au mois d'avril 1880 seulement, le tombeau fut inauguré sans bruit, en présence de quelques fidèles. Il occupe la quatorzième place de l'avenue transversale n° 2 (81me division), et se compose d'une croix de pierre rustique, enfouie dans un amas de rocailles. Près d'un masque et d'une lyre, une fauvette morte figure le corps inanimé de l'artiste, tandis que, sur la branche droite de la croix, une seconde fauvette, symbole de son âme immortelle, adresse au ciel une triomphante chanson. Sur une plaque de marbre est l'épitaphe de la comédienne, sur deux pierres agrestes se lisent celles de sa fille Hermine et de son fils Eugène. Le monument, clos d'une grille légère, est complété par un petit jardin.

Il est, au Père-Lachaise, nombre de tombes plus éclatantes ; il n'en est pas une que les visiteurs saluent de commentaires plus sympathiques.

DEUXIÈME PARTIE

DÉJAZET ET SES CONTEMPORAINS

XIII

Le Perroquet de Déjazet. — Pensées. — Bons mots et reparties. — *Frétillon* sans chemise. — Un cachet encadré. — Chez le préfet. — Une vieille chanson. — La *Lisette* au cabaret. — Dernière fredaine. — Confession. — Déjazet-Favart. — Poésie du cœur. — A-propos rimés. — Les *Mémoires* de Déjazet.

On a comparé maintes fois Déjazet à Ninon de Lenclos, et, plus souvent encore, à Sophie Arnould. Il est certain que son caractère n'était pas sans analogie avec celui de la reine des Tournelles, et que ses traits d'esprit font à *l'Arnoldiana* une suite naturelle. Cela était si bien indiqué qu'en 1837 déjà, l'acteur Raucourt publia, en livraisons anonymes, *le Perroquet de Déjazet, recueil authentique de bons mots, reparties, saillies, etc., de cette actrice.* Nous emprunterons à Raucourt les plus intéressantes pensées ou répliques de son recueil ; elles justifieront d'une façon complète l'assimilation faite par les biographes. Disons-le même, l'esprit de Déjazet semble là préférable à celui de Sophie Arnould ; il dénote, effectivement, une verve sans parti pris, une malice sans cruauté, une indépendance sans cynisme.

PENSÉES

La modestie est une parure que l'on ajoute à la toilette.

Un bon amour tient lieu de cent caprices.

Chaque parole qui tombe de la bouche d'une méchante femme rompt un des fils qui l'attachent à la société.

Je crois peu au talent de ceux qui s'avisent à trente ans de jouer la comédie : de même que l'on naît poète, il faut naître comédien.

Je ne crains pas la vieillesse : un attrait perdu se remplace par un peu de raison.

Il faut écouter cent mensonges pour entendre une vérité.

La femme à la mode est celle qui vit de faux besoins.

L'opinion publique est un bruit qui frappe l'imagination sans blesser l'oreille.

Brouiller deux amants, c'est casser un anneau de la chaîne qui les lie : ils se rapprochent.

La Comédie-Française est une mère qui a beaucoup d'enfants *gâtés*.

Un grain d'espérance est un calmant qui prépare à la sécheresse du refus.

Celui qui nous aime est plus à regretter que celui que nous aimons.

L'ambition est un mât de cocagne : l'homme commence par grimper sur les épaules de ses rivaux, puis, s'abandonnant à ses propres forces, n'arrive au sommet que sali et peu soucieux de la risée publique.

Plus on a de miroirs, plus on se voit de défauts.

Les partisans de l'homéopathie sont comme ces architectes qui, après un tremblement de terre, montrent avec orgueil les édifices qui sont restés debout, sans s'informer du nombre de ceux qui n'ont pu résister à la commotion.

Voir tout en beau, c'est ne savoir rien apprécier.

Tant qu'un artiste fait des envieux, c'est une preuve qu'il ne redescend pas au-dessous de lui-même.

Le feu est comme les jolies femmes; si on l'abandonne un instant, il n'y faut plus compter.

Un misanthrope est un homme qui se suicide lentement.

BONS MOTS ET REPARTIES

On parlait devant Mlle Déjazet d'une dame dévote qui n'allait jamais à l'église. — *C'est qu'elle s'adore chez elle*, répondit-elle.

Vous paraissez toujours gaie. — *Parce que j'ai le bon esprit d'être triste chez moi.*

Quand je veux réussir à faire quelque chose, lui disait la femme d'un diplomate, il faut que je sois seule. — *Alors, vous ne faites pas d'enfants?*

Un libraire l'engageait à écrire ses *Mémoires*. Ce serait notre fortune à tous deux, disait-il. Déjazet refusa. — Mais encore, pour quel motif? lui demandait-il sans cesse. Est-ce le travail qui vous semble ingrat? j'écrirai pour vous. — *Monsieur*, répondit l'actrice, lasse de l'importun, *à tort ou à raison on m'a fait une réputation d'esprit, vous ne voudriez pas me la faire perdre.*

Une fausse prude disait devant elle, et d'un ton d'épigramme : Moi, je tiens à ma réputation. — *Vous vous attachez toujours à des petitesses*, répondit la caustique actrice.

A votre place, lui disait une de ses camarades, j'aurais déjà fait ma fortune. — *C'est que du plaisir vous auriez fait un vice.*

Un futur auteur était venu solliciter d'elle une audience pour la lecture d'un vaudeville. Soit l'effet de la température, soit la vertu soporifique de l'ouvrage, elle s'endormit. Après avoir longtemps attendu son réveil, le jeune homme se décida à le provoquer afin de prendre congé d'elle. — *Ah! Monsieur,* s'écria Déjazet en ouvrant les yeux, *c'est pousser trop loin la modestie, je rêvais qu'on vous applaudissait.*

A l'ouverture des églises françaises, elle s'écria : *A la bonne heure, le ciel et la terre vont se comprendre.*

Vous êtes un ingrat envers un tel qui vous a rendu service. — *Il s'en est vanté, nous sommes quittes.*

Quelqu'un disait du mal de lui-même. — *Il se donne de petits coups de badine pour s'éviter des coups de bâton,* dit Déjazet.

Un feuilletoniste, faisant l'éloge de Mlle Déjazet, était remonté jusqu'à l'art dramatique primitif. — *Il me croit donc bien vieille,* dit-elle, *il me confond avec l'antiquité.*

Elle embellit tout ce qu'elle porte, disait quelqu'un, et pourtant elle n'est pas jolie. — *Oh! Monsieur, que n'ai-je la force de vous porter,* répliqua Déjazet, qui l'avait entendu.

Après la chute d'une pièce, l'auteur *sifflotait* pour se donner une contenance. — *Ah!* dit Déjazet, *il commence à s'identifier avec son public.*

Pourquoi voit-on tant de filles trompées? — *Parce qu'elles se font un plaisir du danger.*

En recevant un pâté gâté, elle s'écria : *Voyez ce que c'est qu'une bonne action, lorsqu'elle se fait attendre!*

Un jour, les yeux fixés sur un martinet qu'elle avait redouté dans son enfance, elle disait : *On nous punit trop tôt.*

Avec de l'argent on peut tout faire, objectait quelqu'un. —*Alors vous feriez tout pour de l'argent ?* dit Déjazet.

Qu'il est fâcheux d'appartenir au public, lui disait une dame. — *Je me trouve moins à plaindre, répondit Déjazet, quand je vois tant de femmes qui ne s'appartiennent pas.*

Comment me trouves-tu dans mon rôle? lui demandait, à un de ces repas d'artistes où la critique joyeuse et juste est à l'ordre du jour, un acteur en renom. — *Comme ce champagne, excellent!* — Oh! tu me flattes. — *Excellent! mais pas naturel.*

Un écrivain avait la rage de lui demander son avis sur des couplets qu'il faisait fort mal. Un jour qu'il lui en présentait deux, Déjazet n'en lut qu'un, et, lui rendant le papier : *J'aime mieux l'autre*, dit-elle.

Vous auriez dû naître la fille de Béranger. — *Je suis sa contemporaine.*

Un auteur lui lisait une pièce dans laquelle l'amant parlait ainsi de sa maîtresse : « Eh! comment ne l'aimerais-je pas? Elle a de la beauté, de la grâce, de l'esprit, de la vertu, de la... » *Arrêtez-vous à la vertu*, lui dit Déjazet, *c'est le plus beau mot de la phrase.*

A la nuit tombante une personne racontait, dans une société, un mensonge assez vraisemblable. Un domestique arrivant avec les flambeaux, elle laisse échapper ces mots : *Quel dommage!* Une dame la prend à part et lui demande le motif de cette exclamation imprévue. — *Le récit me plaisait*, répondit-elle, *et je regrette de m'être aperçue de la rougeur de ce Monsieur.*

Un enfant faisait devant elle ronfler un sabot. — *Ce joujou*, dit Déjazet, *ressemble à un vieux mari; plus on le fouette, plus il dort.*

Dans une de ses promenades aux environs de Lyon, elle s'arrêta pour faire l'aumône à un pauvre, et chacun de la louer sur sa bonne action. « Vous avez bien des admirateurs et peu d'imitateurs », dit l'aveugle. — *Prenez garde, mon bon ami*, répliqua l'actrice, *on en dit autant de la vertu.*

On lui disait que, de tous ses portraits, pas un ne se ressemblait. — *C'est*, répondit-elle, *que je tâche autant que possible de ne pas me laisser attraper.*

Quelqu'un lui disait : « Je vais voir l'homme à la **poupée** (M. Valentin, le ventriloque), j'ai un billet d'auteur. — *Un billet d'auteur?* demanda Déjazet; *c'est donc son père qui vous l'a donné?*

Quelqu'un lui demanda, en province : « Vous n'avez jamais essayé de jouer du Molière? — *C'est bien assez de le voir jouer.*

« Vous ne grondez jamais vos domestiques? » — *Je me trouve plus heureuse d'être entourée de reconnaissance que de repentir.*

« Presque tous les enfants sont bavards ». — *Presque tous sont élevés par des femmes.*

« Entre le public et vous il y a sympathie ». — *Oui, mais c'est toujours moi qui fais les avances.*

« Tu vois ce Monsieur, lui disait un de ses camarades en lui désignant un parasite, depuis deux jours il est sur mes talons ». — *Il croit sans doute que tu as du foin dans tes bottes.*

M. X... était venu l'inviter à participer à une quête au profit d'un vieil artiste. Mme X..., atteinte d'un accès de jalousie, avait suivi son mari; à peine était-il sorti, qu'elle entre furieuse chez Mlle Déjazet et l'accable de reproches. Celle-ci la crut folle et se prit à rire. Mme X... jette une pièce de cinq francs sur la table, et dans sa rage s'écrie : « Voilà le prix que l'on donne à une prostituée! » — *Vous me l'apprenez,* répliqua Déjazet. — « Mon mari ne sort-il pas d'ici? » — *Je vous engage à doubler la somme, car il doit revenir ce soir.* — En effet, M. X... vint chercher le montant d'une collecte que Mlle Déjazet avait faite parmi ses camarades et à laquelle elle joignit les cinq francs de la femme jalouse.

Quelqu'un qui s'était fait attendre à un repas dit en entrant : « Ah! personne n'a pris ma place! » — *Vous occupez toujours des places vacantes,* dit Déjazet.

Sa mère lui reprochait de donner toujours aux pauvres. — *Tu me disais que je ne savais pas placer mon argent,* répondit-elle.

Au foyer quelqu'un parlait chaleureusement contre la belle réputation de Talma. — *Les naturalistes ont raison,* dit à part Déjazet : *la foudre vient souvent se briser contre les plus hautes montagnes.*

« Je ne dis jamais de mal de Déjazet, disait au théâtre un journaliste, ses défauts mêmes plaisent à tout le monde ». — *Je remercie bien tout le monde,* répondit Déjazet, qui l'avait entendu.

A l'époque où l'on jouait les *Petites Danaïdes*, tout le monde se souvient de quel acabit étaient les figurantes, ce qui avait même fait donner certaine dénomination au théâtre où l'on représentait cette pièce. Un soir, Mlle Déjazet était dans la coulisse; quelqu'un lui prend la taille. Elle se retourne, et, avec sang-froid : *Vous vous trompez, Monsieur,* dit-elle, *je ne suis pas de la maison.*

Un jeune auteur venait la remercier d'avoir contribué à son début. — *Je vous l'avais promis; aussi dira-t-on maintenant que vous êtes un homme de lettres et moi une femme de parole.*

« Quelle pièce! s'écriait quelqu'un en voyant *Tartuffe*; décidément, c'est rococo, cela me fait l'effet d'une vieille tapisserie. — *Oui,* dit Déjazet, *mais les vieilles tapisseries servent aux grandes fêtes.*

On discutait sur le point d'honneur; quelqu'un dit à Mlle Déjazet : « Si vous étiez un homme, que diriez-vous ? » — *Et vous, Monsieur, si vous étiez un homme, que feriez-vous ?*

On présentait à Mlle Déjazet un jeune homme nouvellement sorti du collège. Il eut le malheur de débiter plusieurs niaiseries. Son chaperon, pour l'excuser, dit à l'actrice : « Ce garçon-là est si studieux, qu'il mêle à tout de la science : c'est un gaillard *ferré*. » — *S'il ne l'est pas, il devrait l'être,* répondit Déjazet.

On avait posé cette question : « Comment tel directeur, dont les jugements sont si justes, s'explique-t-il le succès de la pièce de X... quand telle autre, qui lui est supérieure, n'a pas réussi; que dit-il, enfin ? » — Déjazet répondit : *Homme d'esprit, il sait se taire; homme d'argent, il sait compter.*

Un parasite, qu'elle avait la complaisance de recevoir, obtint une place assez lucrative. — *Enfin*, dit Déjazet, *je vais donc pouvoir le mettre à la porte!*

— Je ne puis comprendre, disait quelqu'un, que l'on séduise une femme laide ». — *Il paraît*, répliqua Déjazet, *que vous mangez le fruit sans le peler.*

« Dieu! que ce jeune homme a l'air bête! » disait-on. — *C'est pour avoir une contenance*, repartit Déjazet.

« M^(lle) Mars semble ne pas vieillir », disait quelqu'un. — *C'est qu'elle vous montre toujours de nouvelles beautés.*

« Vous n'êtes pas malade et vous payez le médecin? — *Il me vend de l'espérance.*

Le Perroquet de Déjazet n'eut que deux fascicules, mais, pour n'être plus recueilli d'une façon périodique, l'esprit de la comédienne n'en ralentit point son essor. Il suffirait de compulser les journaux postérieurs à 1837 pour trouver la matière d'un répertoire plus considérable que celui de Raucourt. Ce n'est ni notre désir ni notre but. Nous nous bornerons donc à consigner ici diverses anecdotes témoignant de la spontanéité de Déjazet ou de son espièglerie.

Un soir, au foyer des Nouveautés, Volnys parut, tenant un journal et donnant les signes d'une consternation profonde.

— Qu'as-tu donc? demanda Déjazet.

Volnys lut à haute voix, sous la rubrique de Vienne, un article annonçant que Marie-Louise venait de se remarier.

Déjazet prit le journal, s'assura de l'authenticité de la nouvelle, et s'écria :

— Quelle honte! Après avoir été la femme de César!... Autrichienne, va!

Puis, se tournant vers ses camarades qui partageaient son indignation :

— Si j'avais eu l'honneur, ajouta-t-elle, de toucher une

seule fois la main de Napoléon, je n'aurais plus de ma vie lavé les miennes !

Un adorateur lui demandait, un jour, l'aumône d'un baiser.

— Non pas, non pas, dit l'artiste, j'ai mes pauvres.

Elle arrivait à Caen pour y jouer *Frétillon*, quand le maire de la ville sollicita d'elle une audience.

— Mon Dieu, Mademoiselle, commença le magistrat, je suis fort embarrassé pour vous exprimer la nature de mes craintes. Il y a des gens qui s'imaginent, qui soutiennent même... En vérité, je n'ose trop vous dire cela !

— Qu'est-ce donc? fit Déjazet inquiète.

— Ma foi, je me risque. Il paraît, Mademoiselle, que vous jouez *Frétillon*, à Paris, sans le moindre vêtement.

— Qui a pu dire cela?

— Notre curé lui-même.

— Est-ce qu'il m'a vue?

— Peut-être bien, car tout son sermon dernier a roulé sur vous. Dans la capitale, ces petites excentricités peuvent se tolérer, mais en Normandie... Bref, vous seriez bien aimable d'y mettre de l'obligeance, et de jouer le rôle..., c'est-à-dire de ne pas le jouer toute nue, comme à Paris.

— Comment donc, monsieur le maire, répondit Déjazet, riant aux larmes, je vous jure, avant d'entrer en scène, de passer pour le moins une chemise.

Elle allait, un jour, rendre visite à la femme d'un auteur, que rongeait un mal incurable. Frappée par le mauvais air qui régnait dans la chambre, elle laisse échapper cette exclamation : « Oh! quelle odeur! » — Un regard triste de la pauvre femme l'avertit aussitôt du mal qu'elle vient de faire involontairement.

— Comment, reprend Déjazet en riant, vous sentez l'oignon?

Stupéfaite, la malade la regarde sans répondre.

— Parbleu, s'écrie l'actrice toujours gaie, voilà une drôle de malade; elle fait la soupe à l'oignon chez elle, et elle ne veut même pas me permettre de détester cette odeur-là!

Et, après une conversation soutenue sur ce ton, elle laissa son amie à demi-consolée.

Son imagination lui suggéra parfois des moyens piquants de faire le bien.

Elle avait organisé une représentation au bénéfice d'un malade. Un acteur du Palais-Royal, dont le nom n'était pas sans prestige, accorda volontiers son concours à cette solennité, mais le soir il réclama un cachet d'une certaine importance. Déjazet surprise se fit d'abord prier, mais, devant l'insistance du comédien, elle paya la somme demandée, contre un reçu motivé. Elle se garda bien de faire mauvaise mine à son camarade, et l'invita à déjeuner pour le surlendemain. Au jour dit, l'homme au cachet arrive. Il est introduit dans le salon; mais, après quelques regards indifféremment jetés autour de lui, qu'aperçoit-il ? Son reçu de l'avant-veille, entouré d'un joli cadre et exposé à l'endroit le mieux éclairé de la pièce. Le pauvre garçon rougit, balbutie, supplie pour que le funeste papier lui soit rendu; Déjazet consent à se défaire de sa pièce justificative en échange d'une somme double de celle qui y est mentionnée, et le cachet doublé est aussitôt transmis à l'heureux bénéficiaire.

Le père Caillat, doyen des garçons du Grand-Théâtre de Lyon, se casse la jambe un jour et reste deux mois à l'hôpital. Aussitôt rétabli, il veut reprendre son service, mais la place était occupée, et le malheureux se trouve dans la rue, sans pain, presque sans gîte.

Que faire? Qui implorer, sinon Déjazet? L'actrice reconnaît le pauvre vieux, se fait conter son histoire. Elle n'a point d'argent, mais elle descend au restaurant qui est en bas du théâtre et donne l'ordre de faire manger le père Caillat deux fois par jour. Puis elle met son chapeau des dimanches et se rend chez le préfet de Lyon, à qui elle expose la situation.

— Je me charge de votre protégé, dit avec amabilité le préfet, je fais le faire entrer aux Petites-Sœurs des pauvres.

— Prenez garde, Monsieur, reprend Déjazet, si vous êtes si bon pour moi, je vous préviens que je vais être horriblement indiscrète. J'ai les poches pleines de pétitions, qui toutes réclament un service.

— Eh bien !... videz vos poches.

La comédienne ne se le fit pas dire deux fois, et rentra chez elle heureuse des libéralités qu'elle avait provoquées.

Déjazet était allée consulter un docteur qui, l'ordonnance rédigée, descendit avec elle.
Passe devant la porte un employé des pompes funèbres, portant une bière sur son épaule. Lors la comédienne, poussant le coude de son compagnon : — « Dites donc, docteur... est-ce que c'est de vous ? »

Débarquant un jour dans une petite ville de province, elle fut sollicitée d'y paraître dans une représentation à bénéfice. Mais ses malles ne devaient arriver que le lendemain. Que faire ? Une chose bien simple : chanter en tenue de ville une romance quelconque.
Avant le lever du rideau elle fait appeler les musiciens et leur fredonne l'air écrit sur les paroles qu'elle se propose de dire, afin qu'on puisse lui improviser un accompagnement.
Comme toujours son succès fut grand. La salle entière la couvrit de bravos, mais ce fut bien autre chose quand le rideau fut baissé. A peine avait-elle quitté la scène qu'un vieillard se précipita vers elle.
— Ah! Madame, dit-il d'une voix affaiblie par l'émotion, quelle joie vous m'avez causée. La romance que vous venez de chanter, où donc l'avez-vous apprise ?
— C'est ma mère qui la disait, et je ne sais pourquoi j'ai eu l'idée de la chanter ce soir.
— Eh bien, cette chanson, Madame, c'est moi qui l'ai écrite, moi, pauvre vieux poète ignoré. Ah ! jamais je n'aurais pensé qu'elle pût être interprétée un jour par Déjazet.
Elle avait fait deux heureux : le bénéficiaire et l'auteur.

Se rendant au théâtre du Vaudeville, alors place de la Bourse, Déjazet entendit, un soir, des ouvriers chanter en chœur, au premier étage d'un débit de vins de la rue des Filles Saint-Thomas, le refrain de *la Lisette*. Résolument elle s'aventure dans le cabaret, ouvre la porte des virtuoses et s'écrie :
— Ah ! mes amis, pouvez-vous estropier de la sorte une si jolie chose !

Les buveurs reconnaissant leur visiteuse.

— C'est Déjazet, murmurent-ils, un peu intimidés.

— Oui, Déjazet, qui va chanter pour vous seuls la chanson que vous aimez.

Et elle leur dit, avec toute son âme, les couplets populaires. Quand elle eut fini, l'auditoire ravi voulut la retenir. On lui offrit du vin qu'elle refusa, des cerises à l'eau-de-vie, qu'elle n'accepta pas davantage, du punch, du raspail, de l'anisette, tout ce que le débitant possédait de plus exquis.

— Vous m'avez entendue, contentez-vous de cela et laissez-moi partir, dit-elle à ses nouveaux amis, on m'attend au théâtre.

— Oh ! alors, le devoir avant tout, répondirent les buveurs. — Mais leur enthousiasme grandissant fit craindre à l'actrice qu'ils ne voulussent l'accompagner.

— Adieu, dit-elle en sortant, et surtout pas de bruit.

Ils jurèrent de se contenir, mais quand Déjazet, de la rue, jeta les yeux sur l'entresol qu'elle quittait, elle vit ses auditeurs penchés à la fenêtre, silencieux, et mimant avec leurs grosses mains de travailleurs d'énergiques bravos.

Un chroniqueur ayant, au printemps de 1859, annoncé que Déjazet avait fait un héritage considérable, reçut de la comédienne la protestation suivante :

« Mais, en vérité, Monsieur, avez-vous quelque raison particulière de m'être nuisible ? Un héritage, bon Dieu ! Un héritage à moi !... J'ai déjà beaucoup de peine à ne point me faire trop d'ennemis des gens qui viennent me demander jusqu'à mon cotillon ; que sera-ce donc lorsqu'on va savoir, se dire et croire que j'ai hérité ? Tenez, on sonne à ma porte ; c'est, je gage, une miette de l'héritage qu'on vient me demander. Ah ! Monsieur, Monsieur !... Hier, je n'étais pas riche ; mais aujourd'hui, grâce à vous, me voilà ruinée ».

Le 1er janvier 1875, Déjazet jouait, au théâtre du Vaudeville, *la Douairière de Brionne*. Quand elle voulut retourner chez elle... impossible ! Il avait neigé, puis le verglas était venu ; les voitures refusaient d'avancer ; c'était même, devant le théâtre, un encombrement de passants qui s'étalaient sur le trottoir, à l'amusement de ceux qui regardaient, si bien que Déjazet dit à M. Gaudemar, secrétaire général du Vaudeville :

— Je ris trop, je ne passerai pas l'année !

Cependant le temps s'écoulait, et la comédienne ne pouvait songer à regagner à pied les hauteurs de Montmartre.

— Couchez au théâtre, lui dit le régisseur.

— Impossible.

— Pourquoi ?

— Parce que j'ai l'habitude de souper en rentrant... Je ne dîne pas quand je joue, et, vous comprenez...

— Remontez à votre loge, et attendez-moi.

On sait qu'un restaurant est attenant au Vaudeville, et qu'un couloir les réunit. Dix minutes après, M. Gaudemar faisait entrer Déjazet dans un cabinet particulier. Un gai sourire illumina alors le visage de la comédienne ; elle regarda avec une joie d'enfant les fleurs qui couvraient la table, la caisse d'argent où gelait le champagne, les viandes froides, et s'écria :

— J'ai cinquante ans de moins, ce soir !

Elle se mit à table et mangea de bon appétit. Au dessert, elle ouvrit le piano pour chanter :

Enfants, c'est moi qui suis Lisette...

Elle n'avait qu'un auditeur, son hôte, mais elle le gâta comme un vrai public. Pendant ce temps-là, on avait dressé un lit dans sa loge ; avant de quitter M. Gaudemar, elle lui dit, avec une mélancolie charmante :

— J'ai soupé en cabinet particulier... je découche... mon ami, c'est la dernière fredaine de Frétillon !

Tous les mots, toutes les anecdotes que nous venons de grouper portent bien le cachet de l'esprit particulier de Déjazet, esprit original, *mouillé*, fait en majeure partie de bonté.

On a d'elle une *Confession*, datée de février 1872, et qui la peint mieux que ne le pourrait faire le meilleur portraitiste. Une grande dame de Turin, la baronne Olympia Savio, avait, par curiosité ou sympathie, soumis à Déjazet un assez long questionnaire auquel la comédienne répondit avec complaisance. Voici ce document, intéressant à divers titres :

Quelle est la vertu que vous préférez ?
L'humanité.
La plus belle qualité chez les hommes ?
La probité.
La plus belle chez les femmes ?
La bonté.
Votre occupation favorite ?
L'ordre dans mon intérieur.
Le trait principal de votre caractère ?
D'en manquer.
Votre idée du bonheur ?
La famille.
Votre idée du malheur ?
La mort de ceux que nous aimons.
La couleur et la fleur que vous aimez ?
Le bleu, — la pâquerette, le lilas.
Votre poète favori ?
Victor Hugo.
Quelles sont vos créations de rôles que vous préférez ?
Richelieu, Létorières, la Douairière, les Prés Saint-Gervais, Monsieur Garat, la Lisette de Béranger.
Pour quelles erreurs êtes-vous plus indulgente ?
Je le suis pour toutes, ayant besoin qu'on le soit pour les miennes.
Quels sont vos auteurs préférés ?
Alexandre Dumas, Balzac.
Que voudriez-vous être ?
Plus jeune de vingt ans.
Où aimeriez-vous vivre ?
Où il y a toujours du soleil et des fleurs.
Quels sont vos mets et vos boissons préférés ?
Les petits pois, les haricots verts, les asperges, le poulet, le mouton, tous les poissons, — le bordeaux, le chambertin, le madère.
Votre plus grande aversion ?
L'avarice.

Quel est l'animal que vous aimez ?
Le chien, le cheval.
Celui que vous détestez ?
L'araignée.
Quelle est l'émotion la plus douloureuse pour votre cœur ?
Voir un enfant malheureux.
Votre condition d'esprit actuelle ?
L'inquiétude.
Quels sont vos héros et vos héroïnes dans l'histoire ?
Napoléon, Jeanne d'Arc.
Vos héros et vos héroïnes dans le roman ?
D'Artagnan, Adrienne de Cardoville.
Vos héros et vos héroïnes au théâtre ?
Talma, Potier, Mars, Rachel, Dorval.
Vos peintres et vos compositeurs ?
Ceux qui font vrai, ceux que l'on retient.
Qu'est-ce qui, dans la vie, charme le plus votre imagination ?
L'espoir et le souvenir.
Vos noms favoris ?
Ceux de mes enfants.
Quel est le courage de la femme ?
Savoir souffrir.
Où prenez-vous celui de l'homme ?
Un peu dans sa force, beaucoup dans son amour-propre.
Quelle serait votre ambition ?
Pouvoir venger mon pays.
Votre opinion politique ?
L'égalité... de l'estomac.
Votre devise ?
Bien faire, et laisser dire.

Où l'esprit de Déjazet brille du plus vif éclat, c'est évidemment dans sa correspondance. Le présent livre abonde en lettres que signerait sans hésitation l'épistolier le plus expert. Déjazet écrivait beaucoup. Nous n'exagérons pas, en évaluant à deux mille le nombre des autographes intéressants qu'on pourrait publier d'elle. Souvent éloignée de Paris, elle avait plaisir à faire, à ses enfants ou à quelque amie, le récit des ovations que lui décernait la province ou la confidence des misères inhérentes à sa profession. Elle le faisait en style limpide, enjoué ou mélancolique, toujours alerte. Parfois même, dans les grandes circonstances, elle se hasardait à parler la langue des poètes. C'était pour témoigner d'une affection particulière ou pour répondre dignement à quelque galanterie rimée. Nous donnerons ici divers spécimens des poésies écrites par Déjazet, en indiquant la date et la raison de leur éclosion.

Elle jouait *Madame Favart* au Palais-Royal, quand elle reçut la visite du fils de cette actrice. Il était âgé, pauvre, et pria Déjazet d'intéresser à son sort les auteurs du vaudeville qu'elle interprétait. Elle y consentit et formula sa requête dans ces deux couplets :

DÉJAZET-FAVART

A MM. Masson et Saintine.

Gentil Masson, joyeux Saintine,
Vous dont l'esprit est opulent,
A la vieillesse qui s'incline
Donnez l'obole du talent.
Vous qui m'avez faite quêteuse
Par le prestige de votre art...
Que ma demande soit heureuse :
Donnez au fils de Madame Favart !

Quand, par votre plume légère,
Leurs noms sont encore ennoblis,
Que le triomphe de la mère
Soulage les malheurs du fils !...
Et, chaque soir, plus courageuse,
Cent fois je bénirai mon art
Qui m'aura faite la quêteuse
Des deux auteurs de *Madame Favart !*

Favart fils reçut de Masson et Saintine une généreuse offrande.

Nous contons, à la fin de ce volume, le dernier amour

de Déjazet. Voici des vers adressés par la comédienne au héros de ce roman, à l'occasion d'un anniversaire :

Ami, depuis un an, combien de jours de fêtes,
    Ont fleuri sous tes pas ?
Dans les sentiers de l'art, le bruit de tes conquêtes,
Et dans celui du cœur, que de palmes discrètes
    T'ont salué tout bas ?

Moi, qui n'ai pour orgueil, pour trésor et pour joie,
    Rien que ton seul amour,
Ne vivant que pour l'heure où Dieu vers moi t'envoie,
A craindre, à t'espérer, mon pauvre cœur se broie,
    Tout un an, pour un jour !

Ah ! c'est qu'il peut tenir bien des siècles de vie
    Dans un jour de bonheur !...
Celui que je te dois aux anges fait envie ;
Ils ont des ailes d'or et les cieux pour patrie,
    Mais ils n'ont pas ton cœur.

Voilà pourquoi souvent, oui, trop souvent je doute ;
    Pardon, pardon, j'ai tort
De jeter un nuage en ta joyeuse route :
A toi la coupe pleine, à moi rien qu'une goutte,
    Et je suis riche encor !

D'autres plus que la mort redoutent la vieillesse ;
    Quand je suis loin de toi,
Je ne veux que vieillir pour que ce jour renaisse,
Car mon constant amour, nos amis, ta tendresse,
    C'est ma jeunesse, à moi !

Après cet élan de passion, écoutons un cri de tendresse maternelle :

A mon fils, le jour de la 1re représentation de son 1er opéra : Le Mariage en l'air :

Attendu si longtemps, enfin Dieu nous l'envoie,
Ce succès dont je veux fixer le souvenir,
En datant de ma main, tremblante encor de joie,
    Ton premier pas vers l'avenir !
                      27 janvier 1852.

Citons enfin trois dédicaces, dont Déjazet elle-même indiquera les destinataires.

A George Sand, en lui offrant mon portrait.

Depuis un mois et plus je cherche un impromptu,
Qui, pour moi, reste encore à l'état de problème :
S'il vous faut de l'esprit fin, délicat, qui n'aime
Ni le pénible effort, ni le sentier battu,
    Adressez-vous à vous-même.

1867.

Au docteur Ricord, qui avait guéri un petit garçon adopté par moi.

L'enfant qui vous doit l'existence,
Quel tambour-major ça ferait,
Si son petit corps grandissait
Autant que ma reconnaissance !

1868.

Aux artistes du Vaudeville, en leur donnant mon portrait pour une loterie de charité.

Dans mes jours de succès, de fortune et de gloire,
Si j'ai fait du soleil pour quelques malheureux,
J'ose espérer encore un doux rayon pour eux,
Ce sera de par vous ma plus chère victoire :
Mettez ma tête à prix pour quelques malheureux !

4 mars 1875.

Il faut juger avec indulgence ces à-propos faits pour l'intimité. Les vers de Déjazet valent assurément moins que sa prose, cette prose charmante dont elle était assez prodigue pour que le monde théâtral conçût l'espoir de lire un jour des *Mémoires* écrits par elle. Pressentie à ce sujet par divers libraires ou entrepreneurs de biographies, Déjazet refusa toujours de donner en pâture au public ses pensées ou ses actes intimes. Entre les refus que les spéculateurs s'attirèrent de la part de la comédienne, deux méritent d'être recueillis en raison de leur verve, de la raison incontestable et de la délicatesse de vues qu'ils affirment.

La première de ces fins de non-recevoir, fut opposée, vers 1850, à un auteur qui voulait attacher son nom à des souvenirs soi-disant authentiques sur la vie de la comédienne.

Il y aurait folie — répondit Déjazet — à vouloir publier une histoire qui, d'après ce qu'on dit et d'après ce qu'on croit, ne pourrait espérer la vogue que dans les récits plus ou moins scandaleux que le public compterait y trouver. Ma vie est beaucoup plus simple qu'on ne le suppose; l'écrire avec franchise n'offrirait donc rien de bien intéressant, car je n'ai ni assez de vices pour piquer la curiosité, ni assez de vertus pour prétendre à l'admiration.

Quinze ans plus tard, un éditeur, revenant à la charge, s'attirait cette lettre remarquable :

3 mai 1865.

Mon cher Monsieur,

Vous me proposez de faire écrire ma vie par une plume habile qui se mettrait à ma disposition pour recueillir, sous forme de *Mémoires*, ce qu'elle peut avoir d'intéressant pour le public, et aussi, tout naturellement, pour donner à mon style ce qui doit lui manquer à l'effet de mériter les honneurs de votre publicité. Je cherche en vain ce que, en dehors de ses rôles et de ses créations, la vie d'une comédienne peut offrir d'attraits pour un lecteur. Je ne sache pas que « mon privé » appartienne à un autre que moi, et je suis d'ailleurs bien décidée à ne l'exploiter jamais, si piquant qu'il puisse paraître à première vue pour ceux qui ne le connaissent que par le bruit public.

Vous savez mieux que personne, mon cher Monsieur, ce que vaut ce bruit même fabriqué avec les cancans du jour et les histoires vraies et fausses du présent et du passé, où la calomnie se mêle à la vérité, et où il est bien difficile surtout de démêler ce qu'il serait bon d'en garder. Pour mon compte, cela se réduirait à peu de chose; la plupart de certains récits anecdotiques qu'on a faits sur moi sont exagérés ou tout à fait mensongers; je n'ai jamais, il est vrai, trouvé le temps de les rectifier ou de les démentir, et je veux m'en applaudir, puisque je crois ainsi m'être fait le moins d'ennemis possible.

Je vous remercie donc de votre offre bienveillante et du prix que vous semblez attacher à des indiscrétions dont le résultat n'eût probablement pas, d'ailleurs, répondu à votre attente. Je ne comprends — pour finir — qu'une seule manière d'écrire sérieusement la vie d'un artiste, c'est de rappeler au public ce qui doit lui être déjà connu, c'est-à-dire notre vie des planches, si brillante et si décevante à la fois, et qui se résume le plus souvent pour nous par autant de douleurs que de gloire! Quant au reste, que lui importe? Notre vie privée, celle qui est à nous seuls, je vous le répète, ressemble, en somme, à celle de tout le monde; car, je vous prie, qui donc pourrait se vanter, à sa dernière heure, de n'avoir connu ou désiré ni le plaisir ni l'amour, et quelle triste idée ne faudrait-il pas avoir de celui qui renierait publiquement ces adorables sensations du cœur et de l'esprit qui n'ont pour nous qu'une si éphémère durée? Qu'on jette plutôt la pierre à celui-là — s'il s'en trouve un seul — car sa vie aura été sans doute inutile et à coup sûr ennuyée et absurde.

Recevez toutefois mes regrets, mon cher Monsieur, et faites imprimer, si bon vous semble, tout ce qui regarde mon passé de théâtre, tout ce que les journaux en ont dit, tout ce que le public en a su et pensé; tout cela est à vous et à tous, et, croyez-moi, c'est cent fois plus intéressant et surtout plus vrai que tout le reste.

Il est donc avéré que Déjazet n'a jamais écrit ni dicté de *Mémoires*. On peut dire cependant qu'elle se préoccupa toujours de ce que pensaient d'elle ses contemporains et qu'elle n'eût pas été fâchée de paraître devant la postérité sous un aspect aimable. Ce désir bien naturel motiva sa collaboration au livre d'Eugène Pierron (1), qu'on peut considérer comme une auto-bio-

---

(1) *Virginie Déjazet*, publié chez Bolle-Lasalle, en 1855.

graphie, et dicta les professions de foi semées dans sa correspondance avec l'espoir secret de les voir un jour recueillies. Nous l'avons fait très largement, et telle était la sincérité de la grande artiste que ce livre, où nous lui donnons fréquemment la parole, devient, par cela même, le meilleur panégyrique qu'on puisse rêver d'elle.

XIV

Déjazet et les littérateurs. — Lettres à Dormeuil, à Carmouche, à Victor Koning, à Villemessant, à L.-Henry Lecomte, à Albéric Second. — George Sand et Déjazet. — Déjazet et M. Victorien Sardou. — Un nouveau Chérubin. — Spiritisme. — D'une mansarde. — Hyménée. — Premier succès. — *Monsieur Garat*. — Marraine... — Bronze et bois animés. — *Les Prés Saint-Gervais*. — Photographies originales. — Un billet à ordre. — Parti! — Marly contre Seine-Port. — Un ruban rouge. — La fée bienfaisante. — Colère et dignité. — Qui s'est échiné? — *Le Dégel*. — Le théâtre et la critique appréciés par M. Sardou. — Un homme d'affaires. — Promesses oubliées. — Seine-Port est vendu. — Pages amères. — Prière inutile. — Pour la galerie. — Les pièces parlent.

Les comédiennes en renom sont en butte à des sollicitations aussi variées que nombreuses; elles doivent y répondre avec assez de discernement pour ne se point compromettre, avec assez d'aménité pour ne fâcher personne : l'esprit les sauve de ce double péril. Écoutons Déjazet renvoyant à un inconnu certain vaudeville où le rôle de sylphe lui était destiné :

3 avril 1832.

Voici, Monsieur, votre *Petit Diable* qui m'a tenue éveillée toute la nuit. Si je devais le jouer, je vous demanderais de changer le dénouement : que nous fassions damner les hommes sur la terre, bien, mais au delà permettez-moi de n'en rien faire. Malheureusement, je ne pourrai profiter de votre soumission à mes vœux, car un de nos régisseurs, voyant votre manuscrit sur ma table, m'a dit ce matin que Dormeuil venait de recevoir une pièce sur le même sujet et avec le même titre. J'ignore si je suis destinée au même rôle, mais en tout cas vous arrivez trop tard, et je n'aurai pour me consoler de l'inutilité de votre démarche que le souvenir de ma rencontre avec un homme aussi spirituel qu'aimable...

Facile à faire à l'égard d'un indifférent, le refus d'un rôle devient beaucoup plus pénible quand il s'adresse à des amis éprouvés ; Déjazet vainc cette difficulté dans la lettre suivante :

14 février 1836.

Mon cher Dormeuil,

Notre conversation d'hier m'a trotté toute la nuit dans la tête, et, pour n'avoir rien à me reprocher vis-à-vis de toi et de deux auteurs que je serais désolée de désobliger, j'ai fait une seconde lecture de la pièce en question. Je me suis convaincue de nouveau que le rôle de Delphine ne me convient nullement. Lorsqu'on veut sortir de son genre, il faut au moins aborder un personnage à effet; celui-là est important et voilà tout. Je me trouve dans une position qui m'oblige à ne plus agir légèrement. Rien n'est moins juste que le public, tu le sais; il me pardonnerait d'être détestable dans un rôle de mon emploi et ne me saurait aucun gré d'être passable dans celui qui m'en sortirait; au contraire, on me taxerait d'amour-propre, et il ne faut pas risquer sa réputation lorsque le temps de la refaire n'est plus devant nous. Je t'écris cela, mon ami, parce que je veux éviter une explication entre les auteurs et moi. Je suis faible, surtout avec ceux que j'aime; il m'en coûterait donc horriblement de me débattre avec eux, et, s'ils ont en portefeuille la plus légère bluette qui puisse avoir besoin de mon petit mérite, je l'accepte d'avance. J'aime mieux afficher une complaisance qu'une maladroite prétention, ainsi seulement il est permis d'espérer l'indulgence de tout le monde. Arrange donc cette affaire, mon ami, elle ne peut t'être plus pénible qu'à moi.

Les relations entre auteurs et artistes dramatiques ne consistent pas uniquement dans l'acceptation ou le rejet d'ouvrages ; un rôle établi, l'auteur a le droit de le désirer sur le plus grand nombre d'affiches possible, et l'artiste a le devoir de ne porter en rien atteinte aux intérêts de l'écrivain. Sur ce point de délicatesse, Déjazet, qui se savait inattaquable, prétendait ne se laisser attaquer par personne.

Vous semblez me demander avis sur votre réclamation, mon cher Carmouche, — écrivait-elle en janvier 1851 — et ne pas comprendre pourquoi je chante dimanche *le Postillon* sans costume? Je vous répondrai avec ma franchise ordinaire que si, partout ailleurs que dans un concert, c'est-à-dire sur n'importe quel théâtre, je chantais la romance de Bérat isolée du dialogue, cela deviendrait une question de délicatesse, et que je me regarderais comme bien coupable de prêter les mains à une si misérable action. Mais je n'ai pas voulu, et vous devez le comprendre, jouer la comédie en plein jour, sur une estrade, et je chante *le Postillon* en robe de ville, comme vingt fois j'ai chanté *le Petit marchand de chansons*, *le Trompette*, etc. Mon avis est donc que vous vous blessez à tort et que vous réclamez une chose injuste. Vous savez bien, mon ami, que je suis incapable de vous faire un méchant trait; ma vieille amitié pour vous et Guinot devrait, il me semble, vous convaincre assez. On est venu me demander pour divers bénéfices, j'ai signalé à tous *Jean le postillon*, vous le verrez donc paraître très prochainement sur plusieurs affiches. Sans rancune, n'est-ce pas? Prouvez-le moi en venant me faire une bonne visite.

Nous avons vu Déjazet repoussant deux rôles ; voyons-la concédant un autographe plus gracieux que le solliciteur n'avait dû l'espérer.

Rien n'est plus difficile à faire qu'une lettre devant passer à l'état d'autographe; c'est pourquoi, cher Monsieur Cochi-

nat, je me suis réservé l'occasion d'avoir quelque chose à vous écrire. Votre dernier article sur *la Comtesse du Tonneau*, quoique beaucoup trop louangeur, n'en a pas moins caressé fort agréablement ma petite vanité de femme. À mon âge, on sourit à la flatterie bien plus qu'à la franchise, et si, caché dans un coin, vous aviez pu voir mon visage en lisant vos jolis mensonges, vous vous seriez dit tout bas : « Voilà une pauvre créature que j'ai faite bien joyeuse! »
— Permettez-moi donc de croire que mes amis suivront mon exemple, et donnez-moi les moyens de les rendre heureux aussi en m'envoyant plusieurs numéros du journal dont je m'empresserai de les gratifier.

Voilà, cher Monsieur Cochinat, le motif de ma discrétion d'hier : elle assurait un but à ma lettre d'aujourd'hui. Vous vouliez un autographe, en voici un; mais croyez-moi, déchirez cette page indigne de votre collection et n'en gardez que ces mots étrangers à l'esprit mais qui partent du cœur : « Votre meilleure amie, si vous le voulez bien! »

On demande autre chose que des autographes aux actrices, même vieillies, et certain journaliste intime, pour avoir écrit ces mots dépités : « Je vous déteste bien », s'attira, de Déjazet sexagénaire, cette réplique, pleine à la fois de bon sens et de mordante ironie :

17 mai 1861.

Et que vous ai-je fait, mon cher Monsieur Koning, pour que vous me détestiez? Moi qui vous croyais mon obligé!... Nous avons commencé notre connaissance d'une façon toute gracieuse. Vous étiez brouillé avec mon fils; je vous ai reçu chez moi en vous tendant la main; je vous ai donné des conseils que votre âge et le mien rendaient presque maternels, et je vous ai sauvé d'un ridicule qui, s'il avait pu être ignoré du monde, eût fini par ne pas échapper à votre esprit et à votre raison. Qu'en serait-il alors advenu pour moi? Bien plus que votre haine, votre mépris!

Loin de m'aveugler sur l'espèce de victoire que je remportais à mon âge, j'ai cherché à vous ouvrir les yeux, et j'ai repoussé un hommage qui, je le répète, vous donnait un ridicule. Chacune de mes lettres a été plus que convenable, toutes portaient la preuve d'un intérêt sincère, vous me les avez renvoyées assez sèchement et m'en avez écrit certaines qui n'étaient pas toujours à la hauteur de la politesse que toute femme mérite quand elle s'est conduite comme moi : je ne m'en suis pas fâchée. Quant à vos entrées chez moi, si vous m'eussiez dit : « Merci, Madame, et de vos conseils et de votre intérêt pour moi; je reconnais ma folie et vous demande de me recevoir comme ami »; certes, mon cher Monsieur Victor, ma porte que je vous avais ouverte serait restée telle. Mais convenez que devant votre humeur et des reproches qui devaient me laisser croire que vous persistiez à vous moquer de moi ou à poursuivre une fantaisie qui avait ce côté original de vous permettre de dire un jour à votre fils: « J'ai été l'amant de Déjazet », convenez, dis-je, qu'en continuant à vous recevoir, je vous eusse donné le droit de m'accuser d'une coquetterie d'autant plus coupable que je ne pouvais, d'après vos lettres, douter de vos intentions. Notre pauvre humanité veut que le désir augmente par les obstacles; je ne suis ni jeune ni jolie, mais l'habitude rend les yeux indulgents; joignez à cela quelques qualités de cœur que je crois posséder, et peut-être deveniez-vous réellement amoureux: jugez alors si le ridicule eût été complet!

Depuis quelques jours je vous rencontre à notre foyer, d'où je conclus que mon fils vous a donné vos entrées dans les coulisses. J'espère que les complaisances que vous y trouverez vous dédommageront amplement de mes rigueurs, et que, jugeant par comparaison, vous comprendrez que, loin de me détester, vous devez venir me tendre la main en me remerciant.

Habile à formuler les refus, Déjazet ne l'était pas moins à rédiger des requêtes. Transcrivons, comme spécimens, un reproche discret à la plus influente de nos feuilles littéraires et une prière bien nette au directeur de la même publication.

Janvier 1860.

Mon fils m'apprend, cher *Figaro*, que vous désirez mon portrait pour lui faire l'honneur de votre galerie, et je m'empresse d'accepter ce bon mouvement qui me console de votre oubli passé. Un peu vôtre par le nom, depuis l'ouverture de mon théâtre (1), j'espérais non des éloges mais du moins l'appui que le plus fort doit toujours au plus faible. Au lieu de cela, vous m'avez dédaignée, méprisée même, jusqu'à m'exclure souvent de votre feuille d'annonces; c'est dur, convenez-en. Aussi ne viens-je pas réclamer au nom d'une parenté qui m'a fait, je crois, plus de tort que de bien : dépouillant le petit bâtard que j'étais, j'arrive à vous sous ma véritable forme, et, puisque le parent m'a repoussé, peut-être l'homme aimable se souviendra-t-il quelquefois de — *Virginie Déjazet!*

Seine-Port, 6 avril 1864.

Je pouvais vous écrire ce matin, avant de quitter Paris, mon cher Villemessant; je ne l'ai pas fait parce qu'il m'a semblé qu'ici je serais plus près de vous. Voilà qui vous paraît étrange, ou plutôt non, car vous avez trop d'esprit pour ne pas deviner ma pensée. Du passage Saulnier à votre bureau, c'est la directrice qui écrit au journaliste, c'est une lieue entre notre amitié; à Seine-Port, au contraire, et quoique vous soyez à Paris, je me persuade que vous êtes encore mon voisin, et que vous allez me lire avec autant de bonté que vous me receviez. — Donc, mon cher voisin, je viens au fait et je vous dis : « Si vous vous êtes ennuyé hier, gardez-le pour vous, et ne le prônez pas à toute la France qui vous lit. Vous m'avez donné le droit de croire que vous m'aimiez un peu, prouvez-le moi en me soutenant quand même. Deux lignes de votre main peuvent remplir ou vider notre caisse, et, en cas de vide, nous n'aurions rien à y remettre : toute la question est là. Je laisse à votre cœur le soin de la décider. Qu'est-ce qu'un petit mensonge, caché sous une bonne action? Une vertu, selon moi. Mentez donc, mon cher voisin, et ce mensonge vous rapportera plus que la vérité ! »

Qu'elles sont charmantes, les épîtres que nous venons de produire, qu'elles vont bien à leur but, et

---

(1) Ouverture faite avec *les Premières armes de Figaro.*

comme on comprend la préférence que déclare ce billet d'un expert en subtilité :

Seine-Port, octobre 1864.

Ma chère voisine,

On m'envoie une loge pour aller voir lundi *les Pommes du voisin*, mais j'aime mieux l'esprit et le cœur de ma voisine. A lundi, six heures et demie, n'est-ce pas ? — Bien à vous,

E. Legouvé.

On nous permettra d'imprimer ici deux lettres de Déjazet à notre adresse ; en même temps qu'elles apporteront une preuve nouvelle de sa facilité à varier les formules de remerciement ou de simple politesse, elles témoigneront de ce fait que notre sympathie pour la comédienne se manifesta, en 1866 déjà, par la publication d'un opuscule dont le présent livre est la paraphrase naturelle.

9 avril 1866.

Monsieur,

... J'ai trouvé chez mon concierge, il y a quelques jours, plusieurs volumes avec votre carte, envoi auquel je ne voulais répondre qu'en vous envoyant la mienne ; mais la femme propose et les photographes disposent. Je n'ai pu, à mon grand regret, vous prouver combien je suis sensible aux éloges renfermés dans votre ouvrage ; mais si je puis être fière de quelques-uns, il en est beaucoup que je suis loin de mériter !

J'aurais aussi à signaler quelques erreurs de dates et de créations, que vous eussiez évitées en me faisant l'honneur d'une visite ; mais il m'eût fallu, en même temps, diminuer de plus de moitié le mérite que vous m'accordez, et, ma foi, puisque, grâce à vous, mon nom laissera quelques sympathies, quelques regrets, je me bornerai à vous dire : « Merci ! »

1er mai 1868.

Monsieur,

Je possède chez moi à peu près trois cents manuscrits, et forcée, comme je le suis, d'être souvent absente de Paris, je trouve rarement le temps de répondre aux réclamations qui me sont faites pendant les courts instants que je passe ici, car, au bout de ces réclamations, il me faut chercher parmi tous les ouvrages les titres réclamés par chaque auteur. Vous voudrez donc bien m'excuser, je l'espère, vous que j'ai toujours trouvé si indulgent à mon égard.

Voici votre *Chérubin*. Je l'ai lu il y a si longtemps que je n'oserais me prononcer définitivement sur ses qualités ou défauts; mais je vous le rends seulement jusqu'à nouvel ordre, ce qui veut dire qu'à mon retour je vous demanderai la permission de renouveler connaissance avec lui. Jusque là, Monsieur, veuillez me garder les mêmes sympathies dont vous avez bien voulu m'honorer jusqu'à ce jour...

Déjazet fut, pendant sa vie entière, l'enfant gâtée de la presse. Dans les chroniques théâtrales d'un demi-siècle, on relèverait à peine quatre brutalités contre elle, brutalités que le dépit ou l'intérêt dictait visiblement. La critique aimait cette femme aimable, qui la payait en sincère gratitude. Jamais la comédienne, respectueuse des traditions d'urbanité, ne commit sciemment le péché d'impolitesse; nous ne connaissons, à son actif, qu'une faute de ce genre, faute involontaire, confessée et réparée dans la curieuse page suivante :

Vichy, 12 août 1866.

Que dire, hélas! qui puisse vous persuader de l'erreur dans laquelle je me suis trouvée hier? Elle a pourtant été bien sincère, je vous le jure; MM. C... peuvent l'affirmer, car ils ont été témoins non seulement de mon étonnement, mais encore de mes chaleureux regrets en apprenant, après votre départ, qui vous étiez : Albéric Second! Oh! oui, voilà un nom qui, comme vous me l'avez dit, a souvent signé des éloges à Déjazet, et ce nom — je puis l'avouer maintenant que je n'ai plus de sexe — ce nom, qui a si profondément touché le cœur de l'artiste, a fait aussi plus d'une fois rêver la femme ! Jugez alors si mes sottes paroles devant le souvenir que vous invoquiez hier pouvaient s'adresser à celui qui s'appelle Albéric Second ! — « Je ne vous ai peut-être pas lu », ai-je répondu. En vous parlant ainsi, je vous croyais un homme du monde s'étant autrefois amusé à écrire dans quelques journaux. Mais vous, ne soupçonnant pas mon erreur, combien j'ai dû vous paraître ingrate et grossière !... Tenez, vous avez bien fait de ne pas vouloir rentrer; mon embarras, ma honte, mes souvenirs, m'eussent rendue si impuissante à m'excuser qu'à cette heure encore vous douteriez de la vérité. J'espère donc davantage en ma lettre qui vous la dit tout entière : riez de ma déclaration, je le veux bien, mais qu'elle serve à vous prouver du moins que je ne savais pas être devant Albéric Second !

Les vaudevilles et les chroniques n'absorbaient pas l'attention de Déjazet au point de la rendre indifférente à la littérature de haut vol. Elle connaissait dès leur apparition les livres à idées, collectionnait les autographes d'écrivains, et passait des heures à transcrire ou à commenter les pages qui l'avaient émue. Victor Hugo tenait le premier rang dans ses affections littéraires ; George Sand venait ensuite, et c'est chose à l'honneur de l'artiste que cette admiration partagée entre la poésie la plus haute et la prose la plus belle de son temps.

Nous ne croyons pas que Victor Hugo ait jamais connu et récompensé le culte ardent de Déjazet ; il n'en fut pas ainsi de George Sand qui, plus d'une fois, applaudit la comédienne des mains et de la plume. Au dernier, seul, de ces témoignages sympathiques, Déjazet osa répondre, et sa lettre peint bien la naïveté de son enthousiasme, la sincérité de sa joie :

28 juin 1867.

Très bonne et très grande Madame,

Votre lettre m'apporte le bonheur et l'orgueil. Oui, je suis heureuse et fière de ce précieux autographe; mais je me demande si je l'ai bien mérité, car jouant tous les soirs, sous le poids de mes soixante-neuf ans, le *jeune* vicomte de Létorières, il m'arrive quelquefois de céder à la fatigue, et, dois-je le dire, à l'ennui.

Si vous saviez ce qu'il y a d'énervant à venir débiter chaque jour, à la même heure, les mêmes phrases, et à s'entendre applaudir par les mêmes mains, car, hélas! le public aujourd'hui accepte cette machine qui frappe à tort, à travers et quand même!... Aussi la présence d'un artiste sur le visage duquel nous pouvons lire ce qu'il pense, ce qu'il sent, dont les deux mains se joignent sans bruit pour nous faire comprendre qu'il est content, cette présence, dans une salle presque vide, vaut à mes yeux la plus forte recette. Et, lorsque j'aurais pu mettre à cette place le nom de George Sand, que n'aurais-je pas cherché à faire, à être! C'est donc bien mal à vous de m'avoir empêchée de mériter votre visite et de n'être pas venue, comme vous l'aviez fait déjà, illustrer ma pauvre petite loge après le spectacle.

Depuis ce jour, j'ai toujours dû vous écrire, d'abord pour vous remercier, et ensuite pour vous recommander certain photographe de mes amis, qui depuis longtemps doit vous remettre un portrait que j'ai pris la liberté de vous offrir. Il y a bien des mois de cela, — la date vous le prouverait, — mais il n'a jamais osé se présenter sans une lettre de moi, et moi je n'ai jamais osé vous écrire. Je le fais en tremblant aujourd'hui, devant votre lettre que je ne pouvais laisser sans réponse, sous peine de passer à vos yeux pour une ingrate : j'aime mieux vous laisser voir que je suis bête, d'abord de douter de votre indulgence, et ensuite d'avoir la prétention d'*écrire* à George Sand. Pardonnez-moi, très bonne, très grande Madame, et réduisez tout mon griffonnage à ce seul mot : « Merci! ».

Le goût de Virginie Déjazet pour les choses de l'esprit, sa déférence pour les gens de lettres, la prédisposaient à jouer, auprès de quelque écrivain méconnu, le rôle d'une fée bienfaisante. Les chroniqueurs littéraires, qui ont remercié Ninon de Lenclos d'avoir guidé les premiers pas d'Arouet, devront féliciter aussi Déjazet du dévouement qu'elle dépensa au profit d'un auteur qui, pour n'égaler point Voltaire, n'en obtint pas moins, par la suite, fortune et renommée.

Nous avons raconté, dans un précédent chapitre, la première entrevue de la comédienne avec M. Victorien Sardou. Des documents certains nous donnent la possibilité de donner ici l'histoire de leurs relations ultérieures. Nous l'écrirons effectivement d'après un dossier formé par Déjazet elle-même, dossier dont nous écarterons les pages trop intimes en n'utilisant que les pièces indispensables à la connaissance de la vérité.

C'est, on se le rappelle, pour présenter une pièce intitulée *Candide*, que M. Victorien Sardou franchit pour la première fois les portes de la maison de campagne que Déjazet possédait à Seine-Port. Tandis que l'artiste multipliait les démarches pour faire représenter, à Paris, l'œuvre qui l'avait séduite, l'auteur s'ingéniait pour que l'intérêt éveillé par sa position augmentât encore. Le spiritisme était, à cette époque, la préoccupation des Parisiens intelligents ; M. Sardou, jouant de cette note avec l'habileté qu'il devait mettre plus tard à jouer de plusieurs autres, posa devant Déjazet en *médium* de premier ordre. De véritables conférences tombaient alors de sa plume en réponse aux interrogations de celle que, nouveau Chérubin, il appelait sa marraine et que possédait la curiosité de l'au-delà. A ces théories, longues sinon claires, succédaient le récit d'évocations plus ou moins sérieuses et l'envoi de dessins originaux, troublants, que le jeune spirite donnait comme représentant les maisons habitées, dans la planète Jupiter, par Élie, par Saint-Paul, par Mozart, par Molière même.

« Je mets — écrivait-il à Déjazet, le 18 janvier 1858 — je mets ces précieux dessins sous la garde de votre bon, de votre excellent esprit. Si celui-là manquait de cœur dans une vie antérieure, il peut se vanter d'en avoir fait bonne provision dans celle-ci (sans préjudice du reste), et sa place est marquée d'avance dans un monde meilleur. Que ces demeures de Jupiter vous donnent un avant-goût de celle qui vous attend quelque part par là, et où j'espère bien que nous nous retrouverons un jour à la même table... »

Au cours de chacune de ses lettres, M. Sardou ne manquait jamais de glisser un paragraphe rappelant à la comédienne qu'elle s'était constituée sa protectrice et que *Candide* et lui attendaient les effets de ses bonnes promesses. Déjazet répondait par des exhortations à la patience, des encouragements au travail, des promesses nouvelles qui donnaient à son filleul courage et bonne humeur. Citons partie d'une lettre où cette bonne humeur et ce courage s'affirment, en même temps qu'une affection raisonnée s'y déclare.

30 mai 1859.

Chère Madame,

J'achève mon déménagement et je vous écris entre un balai et un seau d'eau que je viens d'aller puiser moi-même, ce qui m'a paru assez drôle, car j'en avais perdu l'habitude depuis les premières années de ma vie d'étudiant.

J'habite une espèce de mansarde très laide, qui m'aurait semblé charmante il y a quatre ans et dont je ne me console aujourd'hui que par la pensée qu'elle est provisoire. Je n'ai pas le droit de planter des fleurs sur ma fenêtre, ce qui gâte toute la poésie de la chose. J'ai vue sur des toits, sur des cordes à linge et sur des camisoles. A droite une vieille femme qui se mouche, crache et tousse toute la nuit; sur la tête une espèce d'original qui rentre à une heure du matin, déplace les meubles, fait craquer ses bottes, et me laisse à décider s'il est fou ou poète, ou tous les deux à la fois. Ce nid charmant est perché au quatrième étage du numéro 42 de la rue Meslay, un numéro que je vous prie de ne pas oublier.

Je n'y suis pas encore fait, mais je m'y ferai, et il est temps, car je suis en retard de toutes choses. J'ai à travailler pour *le Bossu* de Mélingue, avec la triple difficulté d'accorder mes idées avec celles de Féval, celles de Mélingue avec les miennes et celles de Féval avec celles de Mélingue, ce qui nous amène dans chaque séance à démolir un peu plus qu'à bâtir. Il en sera ce qui pourra, de ce côté je n'ai pas grande espérance. Pour *Candide*, c'est une autre affaire et votre lettre m'a fait un grand plaisir. Je vois entre-bâillée une porte que nous pouvions croire fermée; je ne vous demande que de me garder cette courageuse amitié dont je suis si fier et si heureux et j'espère beaucoup.

...Adieu, chère Madame, je vous aime de tout mon cœur. Je retourne à mes clous et à mes rideaux, à mon seau et à mon balai; ne m'écrirez-vous pas un mot, si petit qu'il soit ?...

Un instinct sûr avertissait évidemment M. Sardou qu'en Déjazet, en elle seule, était le salut espéré. Il était d'ailleurs à l'âge où la reconnaissance paraît si naturelle qu'elle devance souvent le bienfait. M. Sardou avait, comme tous les malheureux, le cœur sensible ; il le prouva en donnant à la première femme qui lui eût témoigné une vraie sympathie, Mlle Laurentine Léon, la seule chose qu'il possédât alors : son nom. Voici comment M. Sardou fit part à Déjazet de ce mariage, à la conclusion duquel la comédienne n'avait pas été étrangère :

Chère Madame,

Je vous écris à la hâte, comme un homme que les apprêts du mariage rendent fou. C'est le notaire, c'est le maire, c'est l'église, ce sont des histoires à n'en plus finir, des bans à deux églises, des billets de confession, des erreurs à rectifier, des achats, un logement à meubler, enfin une pièce à terminer avec tout cela et une jolie migraine dont je suis très content, d'ailleurs, parce qu'elle me promet la sécurité pour le jour du mariage. Nous y sommes presque, puisque c'est après-demain samedi, à onze heures à la mairie, à midi à l'église, que la chose sera irrévocablement faite. Je vous écris suivant promesse, avec l'espoir que cette malheureuse lettre, retardée forcément jusqu'ici, n'arrivera pas trop tard, et que vous pourrez prier pour nous à l'heure où l'on nous bénira. Ce serait être doublement séparés que de ne pas vous savoir à genoux comme nous, à la même heure. Les cœurs et les esprits peuvent se venger des corps que les nécessités matérielles de ce monde séparent, et s'embrasser dans l'espace, en dépit des frontières et des lieues. Nous évoquerons le vôtre, si charmant et si bon, et pour nous vous ne serez pas tout à fait absente... A samedi donc, à midi, et jusque-là laissez-vous embrasser de tout cœur, comme on vous aime.

Dix-huit mois cependant s'étaient écoulés depuis la visite de M. Sardou à Seine-Port, sans qu'un directeur parisien eût consenti même à prendre connaissance de son œuvre. Décidée à tenir sa promesse de faire représenter *Candide*, Déjazet acquit un jour, dans ce but, le privilège du petit théâtre des Folies-Nouvelles, situé boulevard du Temple. Toutes ses économies — 120,000 francs — furent employées à cet achat, qui devait être pour elle la cause d'ennuis graves et la condamner finalement à la plus pénible existence. Interdit par la censure, *Candide* ne devait jamais voir les feux de la rampe, mais M. Sardou souffrit peu de ce mécompte : Déjazet l'associa avec son vieil ami Vanderburch, et tous deux écrivirent *les Premières armes de Figaro* qui furent accueillies avec faveur le 27 septembre 1859, jour de l'ouverture du Théâtre Déjazet. Lisons, en tête de la brochure, ces lignes émues du jeune auteur, pour la première fois applaudi :

A Virginie Déjazet.

A qui dédier cette œuvre, si ce n'est à vous, Madame, à vous qui en êtes l'âme et la vie ? — Comme l'enfant des contes de fées, j'ai trouvé, sur ma route, une marraine dont la baguette enchantée m'ouvre la porte obstinément fermée, et je veux que son nom magique, écrit en tête de ce livre, fascine encore mon lecteur et désarme sa critique. — Parmi tant de couronnes tombées à vos pieds, acceptez donc la mienne, Madame, elle vous rappellera sans cesse un bienfait que vous oublieriez, dans le nombre, si je n'écrivais ici, pour mémoire, ce nom très obscur et trop heureux de se faire lire à la lueur du vôtre :

VICTORIEN SARDOU.

Par Déjazet, sinon chez elle, M. Sardou connut Théodore Barrière qui devint son collaborateur pour *les Gens nerveux*, représentés au Palais-Royal le 4 novembre suivant. Mais *Figaro* et *les Gens nerveux* ne valurent à M. Sardou qu'un demi-renom ; c'est *Monsieur Garat* qui devait le poser définitivement, et ce *Garat*, qui le joue ? Déjazet encore. Désensorcelé, l'auteur a pris de l'aplomb ; il conseille l'artiste qu'il n'osait primitivement qu'applaudir, dans cette lettre qui le montre metteur en scène habile, trouveur d'effets heureux, homme de théâtre, enfin, dans l'acception complète du mot :

Ma chère Déjazet,

La répétition d'hier m'a beaucoup plus satisfait que celle de la veille; je parle seulement du premier acte, car je n'ai rien à dire du second qui ne me paraît faible qu'en un seul point, la cravate de Bache, où je ne vois pas l'effet, par sa faute évidemment. Remarquez bien que je ne demandais pas plus de gaîté, je trouve que vous tenez le bonhomme admirablement, et, à mon avis, c'est aussi fort que Richelieu en étant plus difficile; je désirais seulement un peu plus de vivacité dans le débit, parce que tous ceux qui vous entourent sont si froids, si lents, qu'il faut bien vous considérer comme forcée de jouer pour eux. A l'égard du chant, je n'ai jamais eu la pensée de changer quoi que ce soit à notre final; le *Rataplan* est bon, et le morceau qui précède à effet *comme chant*. Je me borne seulement à vous faire remarquer combien cet acte est pauvre en couplets gais, et surtout gaillards, où vous excellez, et à constater que mon but n'est pas rempli complètement, puisque l'un ne fait pas positivement pleurer et puisque l'autre ne fait pas rire, contraste d'où j'attendais tout l'effet de cette fin d'acte. Je suis bien sûr que votre talent me fera oublier cet accroc à ma pensée première, mais je n'en regretterai pas moins l'absence de chansons gaies : Garat chantait tout, jusqu'aux charges, et Déjazet chante si bien le couplet, le vrai couplet français, gaulois, gaillard, qu'on l'attend toujours, et qu'il y a déception à ne pas le voir venir.

A l'égard du récit de Bordeaux, c'est simplement un essai que je vous demande. En écrivant ce récit, je le rêvais un peu ému à la fin, et je crois vous l'avoir indiqué comme cela. Je voudrais, au moment où vous dites : *Je chante en le regardant*, que votre voix exprimât un peu d'anxiété, car après tout c'est votre père ! — *il s'émeut...* je voudrais que vous fussiez un peu émue vous-même! — *Je chante en-*

core... la voix légèrement troublée, — *il me tend les bras et j'y vole!...* avec beaucoup d'élan et de cœur! Je crois que le récit y gagnerait, d'autant qu'il passe tout de suite au comique, sans s'appesantir sur le sentiment.

Ne donnez pas à ma lettre plus d'importance qu'il ne le faut, et surtout ne vous découragez pas, puisque mon impression d'hier était déjà différente...

Monsieur Garat eut, le 30 avril 1860, un succès véritable, et le Gymnase représenta, le 15 mai de la même année, les *Pattes de mouche*, qui mirent enfin M. Sardou hors de pair. Avec cette dernière pièce, l'auteur abordait seul une scène importante ; rien de plus naturel donc que son émotion fût grande et qu'il cherchât réconfort auprès de sa protectrice.

Ma chère marraine, — écrivait-il, quelques heures avant que commençât cette grande partie, — je meurs de peur. Je sais bien que ce n'est pas de nature à faire le sou, mais au moins je voudrais une belle première : j'ai tant d'amis comme Meilhac qui seraient heureux de siffler. Ah! marraine,

Que mon cœur, mon cœur a de peine!

Enfin, je vous embrasse bien; j'ai besoin de me rappeler *Garat*. Si encore vous étiez là, vous feriez tant de bruit qu'on n'entendrait que vous...

Ah! que j'ai peur, marraine!...

Un an s'écoule, pendant lequel M. Sardou voit s'ouvrir devant lui des portes nouvelles. Son assurance grandit avec sa réputation et il adresse non plus des conseils, mais des critiques très nettes, à celle dont l'appui lui devient de moins en moins nécessaire :

...Vous avez adorablement joué et chanté *les Trois gamins*, ma chère Déjazet, mais je n'en étais que plus triste de vous voir dépenser votre talent à une création que je trouve indigne de vous. La pièce me paraît exécrable, et ce que vous faites et dites dans ce bal de barrière est peut-être bon pour une revue, un *Carnaval de Gavarni* et roustissures pareilles; mais, si j'étais Déjazet, je mettrais ma vanité à hausser mon théâtre jusqu'à moi, et je ne consentirais pas à me baisser au niveau de ce théâtre, qui n'est pas celui que nous avions tous rêvé... Et là-dessus, ma chère Déjazet, répondez-moi que vous ne me savez aucun mauvais gré de ce que je vous dis là, car j'ai la franchise que n'aura peut-être aucun de vos amis; c'est en cela que je suis peut-être le plus sincère et le plus dévoué de tous. Et je ne vous permets pas de douter de mon affection plus que je ne doute de la vôtre.

Cette affection, M. Sardou en donne une preuve, le 30 août suivant. Ce jour-là Déjazet reçoit, pour sa fête, le portrait-médaillon en bronze de son protégé, médaillon entouré d'un cadre de bois. Les vers suivants, moins bien formulés que sentis, accompagnent ce présent :

> Le bronze du portrait, c'est ma reconnaissance,
> Et le cadre de bois un emblème bien doux
> Du jour où, le cœur plein de timide espérance,
>   Je fis mon premier pas chez vous !
> Ce bronze est orgueilleux, il faut qu'on le surveille,
> Et, si l'on doit un jour corriger son maintien,
> Le cadre est toujours là pour lui dire à l'oreille
>   Que sans vous je ne serais rien !

L'amitié de l'artiste et de l'écrivain s'épanouit davantage encore en 1862. C'est l'année des *Prés Saint-Gervais*, le plus grand et le dernier de leurs succès communs. On a de cette date trois photographies faites à Seine-Port et vraiment curieuses. La première représente Déjazet, en costume de Conti, fleurissant de lilas le médaillon dont il a été question plus haut ; la seconde montre, assis à une table de jardin, dans une attitude béate, M. Sardou, auprès de qui s'empressent plusieurs dames conduites par Déjazet; la troisième enfin groupe autour de la comédienne, costumée en Lisette, M. Sardou en jardinier, Mme Sardou et divers intimes ; au-dessous des personnages, Déjazet a écrit ce *desideratum* : Vivre où il y a toujours du soleil et des fleurs ! — « Avec M. Sardou » aurait-elle pu ajouter. Il avait à Seine-Port une chambre superbe, et c'était pour la marraine une si grande joie d'y recevoir son filleul qu'elle ne reculait devant rien pour obtenir sa présence.

Le 22 août prochain, — écrit-elle, par exemple, en style de billet à ordre, — *M. Sardou viendra, lui, sa femme et sa belle-mère, à Seine-Port, jusqu'au 1er septembre.*

Et M. Sardou poursuit, de la même encre et dans la même forme :

Accepté pour la somme de mille francs, si je ne remplis pas les conditions ci-dessus.

10 mai 1862.

Reçu, désiré même par les directeurs qui, antérieurement, l'éconduisaient avec unanimité, M. Sardou connut bientôt les succès retentissants. Déjazet suivait ses pas avec d'autant plus d'intérêt qu'il était convenu qu'aux premiers gros droits touchés, le ménage Sardou achèterait ou bâtirait une maison près de la sienne.

Elle crut son rêve réalisé quand triomphèrent *les Ganaches*, et en manifesta sa joie dans cette jolie page :

30 octobre 1862.

Hier, après le succès, je suis allée comme à l'ordinaire vous attendre dans le cabinet de Montigny. J'y suis restée jusqu'à une heure moins un quart, vous espérant toujours, et lui me répétant sans cesse : « Il va venir ! » Enfin, lasse d'attendre et, comme sœur Anne, ne voyant rien paraître, j'envoie à votre rencontre : Parti ! Pour la première fois mon baiser de marraine, hier, n'a pas trouvé place à côté de la nouvelle couronne tombée sur votre front ; mais elle était si touffue qu'aucun vide ne se sera fait sentir, même dans votre cœur, car autrement vous ne seriez pas passé si près de moi sans vous dire : « Elle est là, elle manque à mon bonheur, entrons ! »

Tant de mains ont pressé les vôtres, tant de bouches vous ont dit les mêmes mots que vous deviez être fatigué d'entendre et d'écouter. Que me restait-il donc, à moi ? Rien que mes larmes, car j'ai pleuré ! Oui, pleuré de votre bonheur et du mien ! J'ai pensé au Seine-Port d'autrefois, à celui de l'avenir, que chaque bravo assurait, et je suis rentrée avec vous, malgré vous. J'ai passé la nuit au milieu de votre parc, de vos belles allées, j'ai vu des fruits, des fleurs, et je me suis éveillée sans regrets, car je me suis dit : « Je n'ai pas rêvé, la *Villa des Ganaches* a reçu son baptême hier. »

« Merci, et tout mon cœur dans ce seul mot ». — répondit M. Sardou, que Déjazet dut trouver un peu laconique.

Ce n'est pas d'une villa à Seine-Port, mais d'un château à Marly-le-Roi que l'auteur arrivé devint propriétaire. La déception de Déjazet fut grande, mais elle se vengea en artiste : sur ses instances et sur celles d'amis bien en cour, M. Sardou reçut, quelque temps après, la croix de la Légion d'honneur. Le nouveau chevalier reconnut aisément là l'intervention de sa fée bienfaisante et c'est à elle que ses remerciements allèrent d'abord :

Samedi, 15 août 1863.

Ma chère Virginie,

Je reçois à l'instant une lettre du Maréchal Vaillant qui m'apprend que je suis décoré. Vous êtes naturellement la première à qui je l'écris, et, si Marly n'était pas si loin de Seine-Port et si inabordable, je vous dirais que j'attends que ma marraine attache ce ruban à ma boutonnière...

Déjazet n'avait garde de se faire répéter cette invitation ; elle courut à Marly, fleurit le vêtement de son protégé, et retourna joyeuse à Seine-Port, où M. Sardou devait lui rendre sa visite. Il se fit attendre, paraît-il :

Enfin, chevalier, quand viendrez-vous ? — écrivait, le 24 août, l'impatiente comédienne. — Il me semble, si j'ai bonne mémoire, que l'année passée, à pareille époque, vous étiez ici. Mais, depuis un an, vous avez tellement grandi en toutes choses que ma pauvre maison est devenue bien petite pour vous recevoir. N'importe, venez toujours, car, à défaut du local matériel, je connais certain cœur vous gardant certain coin qui, croyez-le, vaut bien les quarante-deux mille mètres dont vous êtes devenu propriétaire. Venez donc vite, ce petit domaine qui vous attend a soif de votre présence comme vos terres ont besoin d'eau !...

Le châtelain de Marly comble enfin le désir de son amie. A Seine-Port, disons-le, il rachète amplement son hésitation en écrivant les vers alertes qu'on a plusieurs fois publiés, et qui recommencent en la complétant la dédicace des *Premières armes de Figaro* :

> Epuisé par un long voyage
> Dont le but fuyait devant moi,
> Aveuglé par le vent, l'orage,
> Et découragé dans ma foi...
> J'errais la nuit... Le ciel sans doute,
> Eut pitié de mon long tourment,
> Car il mit enfin sur ma route
> Une fée au regard charmant...

Cette fée donne au malheureux un fil trempé dans une larme et qui, précieux talisman, devient successivement l'attache d'un grelot de *Figaro*, la faveur du rouleau de musique de *Garat*, la jarretière de Friquette, des *Prés Saint-Gervais*, enfin un éclatant ruban rouge que la fée attache sur la poitrine de son protégé en disant : « Je ne mentais pas ! » — Ah ! conclut le filleul décoré :

> Ah ! si de ce petit trophée
> Mon cœur est fier... pourquoi l'est-il,
> Sinon à cause de la fée
> Qui me l'a tissé fil à fil.

> De ce talisman que je porte
> Elle sait bien que, désormais,
> La puissance sera plus forte,
> Car il nous lie à tout jamais.

> Voilà bien sa vertu suprême !
> Il va droit de mon cœur au sien,
> L'un ne saurait éprouver rien
> Que l'autre n'éprouve de même,
> Et quand le mien dit : « Je vous aime ! »
> Le sien répond : « Je le sens bien ! »

Que de modestie ! que de tendresse ! Rien d'étonnant à ce que Déjazet ait cru, pour répondre, devoir employer aussi le langage des dieux. Le 5 septembre suivant, elle offre à M. Sardou, dont c'est le trente-deuxième anniversaire, un bouquet de porcelaine orné de ce distique :

> Quand mon bouquet se fanera,
> Mon affection passera !

M. Sardou quitte Seine-Port, et de Marly adresse encore à Déjazet ces lignes affectueuses :

Ah ! quel dommage qu'il n'y ait plus d'enchanteur pour prendre votre maison de là-bas entre le pouce et l'index et la poser à deux pas d'ici, dans un endroit que je vois de ma fenêtre, et où elle ferait joliment bien... Je vous embrasse de loin, autant que je le peux...

L'amitié, comme l'amour, a ses heures mauvaises. L'hommage poétique si spontanément offert par M. Sardou, si joyeusement accueilli par Déjazet, fut la cause du premier différend sérieux entre la comédienne et l'auteur. Une indiscrétion, à laquelle Déjazet était étrangère, porta les vers de M. Sardou à la connaissance d'un journaliste qui s'empressa de les communiquer au public. D'où cette verte lettre du poète imprimé malgré lui :

5 janvier 1864.

Ma chère Déjazet,

Si c'est M. D... qui a remis à Gabriel Ferry les vers de Seine-Port il a fait une jolie chose. Le journal *la Comédie* les a publiés hier, ce qui m'a valu toutes sortes de mauvais compliments, et cette phrase de l'un de mes interprètes du Vaudeville : « C'est bien la peine de s'échiner pour que Sardou n'en sache gré qu'à Déjazet ! Ne dirait-on pas qu'il n'y a qu'elle qui joue ses pièces et qui ait travaillé à son ruban ? » — C'était pour éviter ces désagréments que j'avais tant refusé les vers à P***, qui jurait pourtant de ne les pas imprimer. C'est fait maintenant, sans qu'on sache seulement à quel propos ils ont été composés et lus, sans un mot d'avis, enfin c'est idiot ! Je suis furieux et je jure bien de ne plus jamais parler qu'en prose, même à vous. Je vous embrasse donc sans rime...

Le style de cette épître contraste singulièrement avec celui de la précédente. Ce changement de ton n'était pas pour plaire à Déjazet ; la réponse qu'elle fit témoigne de l'émotion douloureuse ressentie par elle, avec d'autant plus de violence qu'elle n'avait, nous le répétons, aucun tort dans l'affaire :

5 janvier 1864, 8 heures du soir.

Mon cher Sardou,

Depuis l'arrivée de votre lettre, je fais courir après M. Ferry. Je reçois sa réponse à l'instant, mais, n'ayant ni commissionnaire ni domestique à cette heure, je ne pourrai vous l'envoyer que demain.

Ne recevant pas le journal *la Comédie*, j'ignorais, je vous le jure, l'apparition de vos vers. Quant à M. D..., le pauvre homme, que vous accusez, ne les connaît même pas. Vous devez vous souvenir que je vous ai dit les avoir égarés, à quoi vous avez répondu gentiment : « Certes, je ne vous les récrirai pas ! » — Depuis, je les ai retrouvés, griffonné dessus les prenant pour un papier ordinaire, et enfin égarés de nouveau. M. D... n'a donc pu en prendre connaissance, puisqu'il n'est à Paris que depuis huit jours, et que je les cherche depuis plus de trois semaines. Je suis sûre de les avoir posés sous la main de bronze de mon bureau de salon. M'ont-ils été volés ? C'est possible, et j'en suis doublement désolée, puisqu'ils étaient écrits de votre main et que vous paraissez si furieux de leur publication.

Avouez pourtant qu'ils avaient été lus devant une réunion assez nombreuse pour que je pusse croire que vous ne teniez pas au secret. Ils ont été copiés par plusieurs personnes à Seine-Port, de plus photographiés par Tourtin qui, dans son déménagement forcé, a bien pu en laisser au moins une épreuve à la merci de messieurs les huissiers. Enfin, je vous le répète, personne n'y voyant aucun mystère, tout le monde a pu être indiscret. Moi seule vous avais sans doute deviné, *senti*, comme vous le dites si bien, car malgré toutes les prières de M. D... (à Besançon) et celles de P***, je n'ai jamais voulu les envoyer à l'un ni les prêter à l'autre. Quant à les avoir lus et laissé lire chez moi, oh! cela, je l'avoue, et si là est ma faute, pardonnez à l'orgueil de mon cœur, il est assez puni par vos reproches.

Pour ce qui est des mauvais compliments que vous recevez, permettez-moi de croire qu'ils ne peuvent venir que d'artistes sans valeur. Fargueil et Berton ne sauraient jalouser votre amitié pour moi, elle date d'un temps où ils eussent trop douté de votre talent pour consentir à l'interpréter, et moins encore à *s'échiner* au profit de vous seul. Aujourd'hui que Sardou veut dire gloire, succès, on doit être fier d'avoir été choisi pour son interprète, et l'on y trouve assez son compte pour ne pas appeler *s'échiner* ce qui soutient ou grandit la réputation. Fargueil est couronnée de vos couronnes et Berton n'a jamais été à la hauteur où vous venez de le placer; laissez-moi donc croire que l'un et l'autre ne sont pour rien dans ces misérables criailleries. Sans doute les bons rôles veulent de bons acteurs, mais les bons acteurs ont besoin de bons auteurs. Combien en compte-t-on? D'un trait ma plume l'aurait bientôt dit.

Quant à ces mots que vous me rapportez : « Ne dirait-on pas qu'il n'y ait qu'elle qui ait travaillé à son ruban? » je suis du moins la seule qui s'en soit inquiétée; voilà tout mon mérite. Que pouvais-je de plus, lorsque le vôtre a fait le reste? Vous n'aviez besoin du *travail* de personne; donc, ce que j'ai fait, d'autres pouvaient le faire : pourquoi ne l'ont-ils pas fait?

Je regrette, mon cher Sardou, que l'envie trouble ainsi la sérieuse affection qui nous lie l'un à l'autre. Il est heureux pour vous que nous soyons à une si grande distance d'âge ; vous aurez moins longtemps à supporter ces coups d'épingle qui finiraient peut-être un jour par devenir des coups de poignard. Comme toujours, après ma mort, j'aurais toutes les qualités, — je ne gênerai plus personne, — et l'on vous permettra alors de mettre sur ma tombe des vers... que je vous prie de me faire le plus tard possible.

La première de ces lettres est évidemment inférieure à la seconde. C'est que M. Sardou parle sur le ton de la vanité blessée, tandis que la tendresse méconnue trouve en Déjazet l'avocat le plus digne. S'il y eut querelle, il ne s'en suivit cependant point rancune ; le 5 avril de la même année, M. Sardou donnait au Théâtre Déjazet sa quatrième comédie-vaudeville, *le Dégel*. Peut-être néanmoins trouverait-on quelque aigreur dans les avis donnés, au sujet de cette pièce, par l'auteur à son interprète :

2 avril 1864.

Ma chère Virginie,

Puisque je vous fais de la peine quand je vous fais des observations sur telle ou telle partie du rôle qui ne me semble pas à la hauteur du reste, je ne veux plus vous rien dire, surtout à la veille de la représentation. D'ailleurs, tout ce que j'aurais à critiquer, dans ce rôle qui n'est pas loin de la perfection, serait à propos de *la Grande Fauconnière*. Ceux à qui vous avez chanté cela ne sont pas assez artistes pour trouver la raison des effets réussis ou manqués, et c'est mon métier, à moi, de trouver ces vraies causes. Or, croyez-moi bien, l'effet sera énorme quand vous ferez deux choses. D'abord et avant tout varier le mouvement tour à tour vif et lent des couplets, car l'effet de tous les pots-pourris est dans ce contraste (ceci est une règle de l'art). Secundo quand vous jouerez ces mêmes couplets en comique, très comique, tout comme *la Belle Bourbonnaise*. Je sais bien que cela est très difficile avec des airs différents; mais je sais bien aussi que, si j'étais Déjazet, je voudrais avoir raison des choses difficiles, et je sais bien surtout que vous venez toujours à bout de ce que vous concevez bien : c'est pour cela que j'insiste.

... Vous me trouvez bien ennuyeux, bien difficile, bien méticuleux, bien entêté? Hélas! oui; mais si je n'étais pas tout cela avec vous, ce ne serait vraiment pas la peine que vous fussiez la seule actrice à Paris que j'aime à voir jouer mes rôles, et que je fusse, moi, de tous ceux qui vous aiment et vous admirent, le seul qui vous admire et vous aime autant que vous le méritez!...

En dépit des conseils de M. Sardou et de la docilité de Déjazet à les suivre, le public ne fit au *Dégel* qu'un accueil très médiocre. Cet insuccès, naturel pour qui connaît la pièce, incolore et diffuse, creusa entre l'écrivain et l'artiste un fossé dont le temps devait faire un abîme. Les visites d'abord se firent plus rares, les lettres ensuite s'espacèrent, pour devenir de moins en moins affectueuses. Exceptons-en celle-ci, presque amicale, et dans laquelle M. Sardou porte, sur le théâtre et la critique, des jugements bons à recueillir :

Marly, 2 juillet 1864.

Vous ne vous êtes pas trompée jusqu'ici, ma chère amie, *Don Quichotte* a eu un très grand succès le jour de la deuxième, et Montigny m'écrit qu'il fait tous les jours beaucoup d'effet. Malgré la chaleur on a fait de très belles recettes, et la presse n'est pas trop mauvaise, quoique profondément bête, comme toujours.

Tout cela ne fait pas que je ne trouve idiot le métier auquel je suis condamné, et que je ne me confirme de plus en plus dans cette idée. Aussi n'aurai-je point de cesse que je n'en aie fini, et pour cela je travaille à force...

Donc, Marly ne vous aura pas vue cette année, et vous aurez laissé fleurir puis se faner mes roses. Maintenant tout est grillé, mais qu'on y est bien et que je voudrais passer ici la plus grande partie de l'année, sans savoir qu'il y a un théâtre et qu'il faut y gagner sa vie!...

Des lignes qui précèdent, il ressort que M. Sardou ne voyait dans la littérature dramatique qu'un moyen d'arriver à la fortune. Rien d'étonnant donc à ce qu'il accueillit plus que froidement la demande d'un cinquième ouvrage pour le théâtre Déjazet :

Une pièce chez vous — écrit-il nettement à la comédienne — eût-elle le plus grand succès du monde, ne me rapporterait jamais que 4 à 5,000 francs. Le lendemain d'un très gros succès d'argent, bon; autrement il est injuste de me le demander, car je ferais vos affaires mais pas les miennes.

Déjazet et son théâtre avaient grand besoin d'un ouvrage sensationnel, mais que faire en présence d'une volonté exprimée de la sorte, sinon attendre l'événement productif que l'auteur à recettes fixait lui-même comme signal de son retour. Ce très gros succès d'argent, M. Sardou le rencontra en 1865, avec *les Vieux Garçons* et *la Famille Benoiton*, en 1866 avec *Nos bons villageois*, en 1868 avec *Séraphine*, en 1869 avec *Patrie !*, sans que l'idée lui vînt de tenir sa promesse. Non que Déjazet se fît faute de la lui remettre en mémoire :

Les artistes de vrai talent sont chers et nous sommes pauvres — écrivait par exemple l'actrice, en réponse à M. Sardou critiquant une reprise de *Monsieur Garat*, faite en novembre 1869. — Depuis à peu près cinq ans que vous nous avez abandonnés, nous marchons avec des béquilles ; elles commencent à s'user, et, si votre main ne vient pas nous soutenir, il est bien certain qu'avant peu nous allons tomber tout à fait. Soyez donc plus juste et moins dur dans vos reproches, car nous sommes malheureux par vous.

Mais les droits énormes, les primes élevées que touchait journellement le pratique M. Sardou ne faisaient, par comparaison, que l'éloigner davantage de l'entreprise modeste qui le sollicitait. Le Théâtre Déjazet sombra au commencement de 1870, avant que fût arrêté le plan de l'ouvrage sauveur, et la comédienne partit pour un long et douloureux exil. Il semble que M. Sardou ait alors éprouvé quelque regret de son abstention prolongée; on le voit, vers cette date, répondre pour Déjazet d'une somme de 10,000 francs, prêtée par un agent d'affaires sur la maison de Seine-Port, dont la vente fut ainsi retardée de trois ans.

De 1870 à 1874 Déjazet dut mener, en province et à l'étranger, la vie la plus pénible et la plus misérable. Une seule chose la soutenait au milieu de ses épreuves, l'espoir de rentrer à Paris et d'y reparaître dans une pièce signée de son ancien protégé, devenu, par le jeu des événements, son protecteur efficace. Mais le sacrifice d'argent entrevu par M. Sardou avait épuisé sans doute sa générosité ; les instances de l'artiste pour avoir un nouveau rôle n'obtenaient de lui que le silence ou de vagues promesses. Il n'est pas surprenant que Déjazet, franche, libérale et sensible à l'excès, ait ressenti, de cette façon d'agir, un réel chagrin d'abord, une certaine colère ensuite.

Rentrer à Paris, — écrivait-elle, en novembre 1871, à Mme Benderitter, son amie, — rentrer à Paris ne m'est pas possible sans ce passe-port qui s'appelle Sardou. Aucun théâtre ne me recevra, entendez-vous bien, sans une pièce signée de lui. Ceci n'est même pas un doute, puisqu'avant de partir j'ai vu les directeurs du Vaudeville et des Variétés, et que tous deux m'ont dit : « Apportez-nous Sardou et votre engagement est fait ». — Sardou ! je l'ai vu, je lui ai parlé vingt fois, je me suis humiliée jusqu'à prier et pleurer; comme toujours il m'a promis, mais voilà tout. Que j'aille donc le trouver aujourd'hui, au milieu de son *Roi Carotte* qui va coûter de quoi débarrasser un département des Prussiens, je serais joliment reçue ! Pourtant, je vous le répète, aucun directeur ne m'offrira de création sans le nom de Sardou. C'est son histoire, à lui. Ne vous ai-je pas lu ce que j'ai écrit là-dessus. J'ai acheté un théâtre pour le produire, sa gloire me coûte ma fortune et celle de mes enfants; c'est assez, je crois : je ne pourrais ni ne voudrais recommencer pour un autre !...

La comédienne cependant avait cinq enfants ou petits-enfants à sa charge ; elle supportait plus difficilement pour les siens que pour elle-même l'existence affligeante que lui avaient faite les circonstances et persistait à voir le salut de tous dans sa réapparition sur une scène parisienne. C'est dans les lettres adressées à son fils que nous trouverons désormais l'expression de ses désirs et la confidence de ses déceptions.

Lyon, 27 novembre 1872.

Je n'ai pas rêvé que Plunkett m'avait promis de parler à Sardou. Paris lui a fait oublier cela, puisqu'il m'écrit de me charger de cette démarche dont je ne me soucie guère.

Peut-être *le grand homme*, déjà si peu obligeant avant son second mariage, le sera-t-il encore moins, et je ne me sens pas d'humeur à supporter les airs qu'il pourrait prendre avec moi. Ma rentrée dans un bénéfice sympathique était, je crois, un biais très adroit; un succès obtenu par moi sans le secours de Sardou aurait chatouillé son amour-propre en me donnant une importance qui m'eût fait arriver à lui la tête haute. Et puis Plunkett ne croit l'affaire possible que pour la fin de l'hiver, et Sardou, tu le sais, ne me donnera jamais une pièce pour cette époque. Je comprenais le bénéfice en question pour le courant de février, alors j'avais ma pièce en mars, ce qui donnait un mois et demi ou deux mois pour l'ouvrage de Sardou. Ce qui chiffonne toujours ce dernier, c'est le choix d'un sujet; or il en a un tout trouvé, *Piron*, et où sera-t-il jamais mieux placé qu'au Palais-Royal?...

Eugène Déjazet se charge de la démarche devant laquelle recule sa mère, mais celle-ci doute du succès :

Un Monsieur qui n'a pas daigné répondre un seul mot à six lettres que je lui ai écrites, plus des vers envoyés à l'occasion de son mariage que j'ai su par les journaux seulement, ce Monsieur-là ne se fera pas plus aimable pour toi que pour moi, pour toi qui vas lui demander quelque chose, tandis que moi je ne demandais rien...

L'entrevue de M. Sardou et du fils Déjazet se passe

de façon à contenter l'ambassadeur ; la comédienne pourtant reste en défiance :

31 décembre 1872.

Eh bien ! j'ai le temps de mourir avant de jouer la pièce de Sardou ! Dix mois à attendre ! On voit bien qu'il est jeune, lui ! A son âge les mois sont des jours, au mien ce sont des années. Je vais lui écrire, puisqu'il t'a si bien reçu, quoique je croie peu à la franchise de son accueil et au témoignage de sa grande affection pour moi... Point d'illusion, mon cher enfant, je n'aurai pas plus de *Piron* en octobre 1873 qu'en décembre 1872 !

Une question d'argent se posa, quelque temps plus tard, entre l'artiste et l'écrivain. La maison de Seine-Port, que la garantie de M. Sardou avait préservée d'une vente en 1870, fut menacée de nouveau par les prêteurs qui avaient hypothèque sur elle. En cette occurrence Eugène Déjazet crut bien faire en s'adressant encore à celui qui, une fois déjà, avait sauvé la situation. Il le fit de lui-même, presque contre le gré de sa mère, édifiée par une expérience assez longue :

Oui, compte sur Sardou, — écrivait-elle de Caen, le 5 août 1873, — il fera pour nous, comme il a fait pour d'autres, des promesses, voilà tout. Crois-moi donc, laisse-là ton rêve de Seine-Port, réveille-toi et dis : « Il est vendu ! »

De fait M. Sardou, accueillant la requête d'Eugène, promit d'acheter la maison qui lui avait porté bonheur « afin que Déjazet y pût vivre, en dame et maîtresse, ses dernières années. » — Au moment de tenir sa parole, il la retira, donnant, pour raison de son oubli du passé, l'obligation où il était d'assurer l'avenir, et Seine-Port fut vendu. Il se vendit dans des conditions si déplorables que les hypothèques ne furent point remboursées et, qu'à défaut de Déjazet, M. Sardou dut payer les 10,000 francs prêtés sous sa garantie. Du coup il crut avoir suffisamment reconnu les services lointains de sa marraine et s'affranchit, à son égard, des devoirs même de politesse. Cela explique suffisamment le ton sur lequel, dans la lettre suivante, l'oubliée parle de l'oublieux. Elles sont amères, ces pages, mais instructives et d'une sincérité convaincante :

Bordeaux, 19 décembre 1873.

Tu te réjouis de l'insuccès des *Merveilleuses?* Si tu avais lu le livre de Wolff (1), tu serais persuadé comme moi que la pièce fera beaucoup d'argent quand même. Comme Sardou ne vise qu'à cela, il se moquera des sifflets, donc tu n'es pas vengé. Mais tu feras bien de ne pas te brouiller avec lui : qui sait si, une fois dans sa vie, il n'aura pas un bon moment pour nous?

Si j'avais su que Wolff faisait ce livre, je lui aurais donné de plus vrais et de plus intéressants détails sur la visite de Sardou à Seine-Port, et l'aurais empêché surtout de mettre cette phrase dans ma bouche : « Donc, vous avez une pièce pour moi dont on ne veut plus nulle part! »
— C'est faux d'abord, puisqu'à ce moment j'étais aux Variétés, y jouant *les Chants de Béranger.* La preuve, c'est que, lorsque Cogniard lut *Candide,* il dit : « A quoi bon monter cinq actes à costumes et à décors, quand, avec une pièce qui n'en a aucun et dure quarante minutes, Déjazet fait 4,000 francs tous les soirs? » — C'est sans doute notre ami Sardou qui aura soufflé ce compliment à Wolff. Comme j'aurais été assez sotte pour dire cela, de moi, à un petit Monsieur, tout timide et tremblant que je voyais pour la première fois!

C'est comme Vanderburch lui proposant de collaborer avec lui, lorsqu'au contraire c'est moi qui en ai eu l'idée et tant de peine à arracher le manuscrit de *Figaro* à Vanderburch qui, tout en rendant justice à l'esprit de Sardou, n'avait pas confiance en son savoir-faire. C'est encore moi qui, triomphante et heureuse, allai porter *l'ours* dans la tanière de Sardou, une mansarde de bonne que la mère de Laurentine lui avait donnée, car il ne savait où aller coucher. Je la vois encore, cette mansarde : une espèce de lit de camp, deux chaises et une table couverte de papiers sur lesquels *le grand homme,* si petit alors, avait les deux

(1) *Victorien Sardou et l'Oncle Sam,* par Albert Wolff.

coudes, avec sa tête dans les mains. Il ne m'entendit même pas entrer. Je lui jetai le manuscrit en lui disant : « Réveillez-vous, voici du travail! » — J'ai écrit cette histoire, jusqu'à l'ouverture du Théâtre Déjazet, ouverture faite par *Figaro*, dont un acte fut soufflé par M. Victorien Sardou, et je la publierai peut-être...

Elle eut la générosité de n'en rien faire, mais non la philosophie de se taire, quand une éclatante preuve d'indifférence lui fut donnée par M. Sardou. La protestation qui suit est une des meilleures pages qu'ait signées Déjazet.

1er mai 1874.

Mon cher fils,

Un journal dit : « Victorien Sardou fait mettre en opérette, par Lecocq, *les Prés Saint-Gervais*. » — Je ne puis croire à cette nouvelle.

Déjà, il y a quelques mois, je vis une pareille annonce au sujet des *Premières armes de Figaro*. Je m'en affligeai, en raison surtout du peu de cas que l'on faisait de mon consentement. On n'en avait pas besoin, sans doute, mais il me semblait que la créatrice du premier ouvrage de Victorien Sardou avait au moins droit à quelques lignes de l'auteur à l'artiste, je dirai même de l'ami à l'amie, pour qu'elle apprît autrement que par un journal qu'il la dépossédait de son premier don. Je ne reçus rien, tout en resta là, et je me plus à croire que cette nouvelle, comme tant d'autres, était une invention de journaliste.

Mais voici qu'aujourd'hui elle renaît sous une autre forme. Ce n'est plus de *Figaro* qu'il s'agit, mais des *Prés Saint-Gervais*, d'une des pierres les plus brillantes de ma couronne d'artiste! — *les Prés Saint-Gervais*, qu'il y a un mois à peine je jouais à Reims, Charleville et Sedan; que, depuis sept ans, je joue constamment à Lyon, Marseille, Bordeaux, Nantes, etc., etc., et dont plus de cent articles peuvent affirmer le succès! L'opérette a tué mon genre, dit-on; qu'on les lise donc, ces articles, et l'on verra s'ils ne me donnent pas le droit de répondre à l'opérette qu'elle en a menti! — « Oui, mais Lyon, Marseille, etc., ce n'est pas

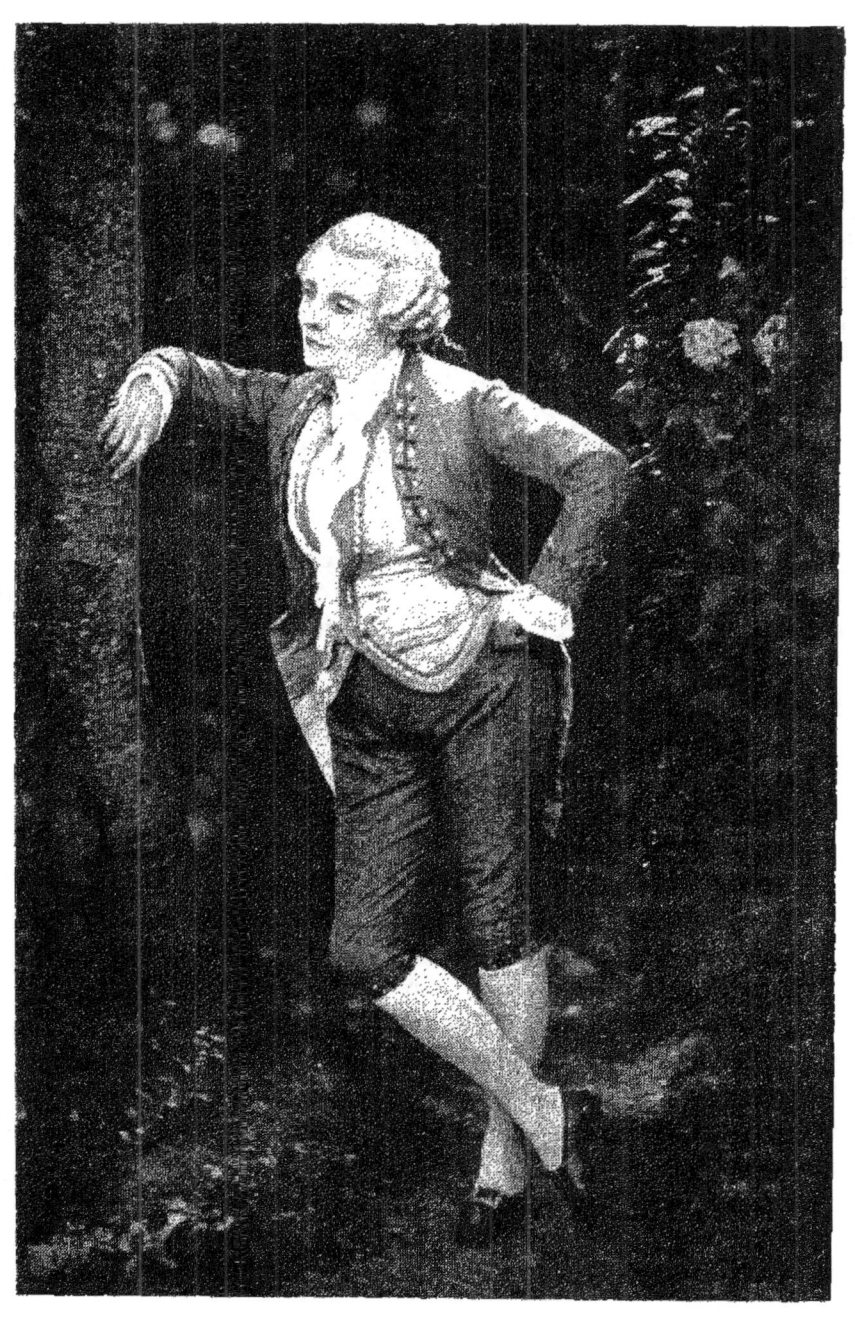

DÉJAZET EN 1862
RÔLE DU PRINCE DE CONTI DANS "LES PRÉS SAINT-GERVAIS"

Paris, et c'est là que le vaudeville a dit son dernier mot. »
— Qu'en savez-vous, puisque depuis sept ans je suis absente ? Laissez-moi reparaître, et ne m'enterrez pas vivante pour m'empêcher de chanter !

Cette confiance en moi trouve son excuse dans le souvenir de mon passage à Cabourg. Le public parisien n'est pas toujours à Paris, Cabourg n'est pas une province; j'ai trouvé là tout ce que la grande ville lui envoie de noblesse élégante, et l'ovation qu'elle m'a faite peut me permettre d'espérer qu'à Paris je retrouverai les mêmes sympathies, la même indulgence, enfin le même succès. Ce que je raconte de Cabourg peut être certifié, d'ailleurs, par MM. Claudin, Chollet, Mmes Pasca et Doche, qui assistaient à cette représentation.

Me voici loin du sujet qui me fait t'écrire cette lettre; j'y reviens pour te prier de t'assurer d'abord si la nouvelle est vraie, et, dans ce cas, d'aller trouver Sardou pour lui dire que j'ose espérer qu'en apprenant la peine qu'il me cause, il renoncera, pour le moment du moins, à son projet. Lecocq et lui sont assez riches et assez jeunes pour n'être pas forcés de prendre ainsi l'avenir à la gorge. Moi, je suis pauvre et vieille; qu'ils attendent donc... un peu, et me laissent ma seule richesse, à moi, mes chansons !

Cette prière émue n'eut pas le don de toucher M. Sardou. Qu'était, pour l'auteur riche et adulé, l'actrice indigente, exilée, que rien sans doute ne devait rejeter dans le courant parisien? Mais, au mois de septembre 1874, tandis que M. Lecocq écrivait la musique nouvelle des *Prés-Saint-Gervais*, un chroniqueur faisant ce que la pitié, à défaut de tendresse, eût dû inspirer à M. Sardou, révéla au public la situation déplorable de Déjazet échouée, malade et sans ressources, dans une maison modeste de Montmartre. Paris s'émut à cette nouvelle, et le journal *le Gaulois* prit l'initiative d'une manifestation réparatrice. M. Sardou accourut au bruit, se fit nommer membre de la commission du bénéfice, déclara faire à Déjazet une rente viagère de cinq cents francs, et, comme on l'invitait à écrire un à-propos pour la solennité projetée : — « Cela va sans dire, répondit-il, mais j'ai mieux que ça ! j'ai offert à Déjazet non pas une scène... une pièce. Et Bertrand lui a proposé son théâtre. Il vous dira, comme moi, qu'à ce traité signé par nous depuis longtemps déjà, la signature de Déjazet est la seule qui se fasse attendre... » — La comédienne eût pu témoigner quelque surprise de cette affirmation, et montrer cette réponse de l'auteur à une lettre d'elle demandant un rôle ou de l'argent : « Tout ce que vous voudrez, excepté de l'argent et un rôle » ; mais, au milieu des témoignages de sympathie qui la pressaient, un mot de colère eût fâcheusement détonné : elle se tut. Le bénéfice donné (sans le moindre à-propos de M. Sardou), il ne fut plus question, pour Déjazet, de la pièce soi-disant prête — et les Variétés jouèrent, sans hésitation aucune, *les Prés-Saint-Gervais* de M. Lecocq, avec Mme Peschard dans le rôle de Conti.

Rentrée dans le silence, Déjazet n'avait plus à compter sur M. Sardou. Ce qu'il fit par la suite fut pour le public et non pour la comédienne. Il n'alla point voir Déjazet pendant sa dernière maladie, mais il tint un des cordons de son char funèbre ; il communiqua aux journaux quelques autographes de la défunte, mais il marchanda son obole à la souscription ouverte pour lui élever un tombeau et s'abstint d'assister à l'inauguration de ce monument. Pourquoi se serait-il soucié de la morte, quand la vivante n'avait, pendant des années, pu triompher de son indifférence ?

Si, dans l'intérêt de l'histoire littéraire, nous avons précisé les relations établies, de 1857 à 1875, entre Déjazet et M. Victorien Sardou, ce n'est point pour le vulgaire plaisir de rappeler les difficultés éprouvées par l'écrivain, au début de sa carrière. Ces difficultés, dont il n'a jamais fait mystère, soulignent ses succès postérieurs en donnant de sa volonté et de son talent la plus flatteuse idée. Mais M. Sardou n'a pas vaincu seul les obstacles. Qui sollicite le secours d'autrui prend, suivant une loi naturelle, l'engagement tacite de garder la mémoire du service rendu et d'acquitter largement, quand les circonstances le permettent, la dette contractée. M. Sardou a-t-il accompli ce double devoir ? — Les lecteurs répondront pour nous.

XV

Déjazet pensionnaire. — L'amie. — Lettres à M. Lefebvre et à Rachel. — Billets de Rachel et de Marie Dorval. — Une folle. — Sans jalousie. — Lettres à Derval, Bouffé et Deburau. — Un outrage. — Lettres à Vanderburch et à Louis d'Anthoine. — Deux amis véritables. — M. Lagneau et Mme Benderitter. — Echange de bienfaits. — Poésie et prose.

Si Déjazet peut être considérée comme une des plus spirituelles comédiennes du dix-neuvième siècle, elle a non moins de droits à figurer parmi les plus charitables femmes de tous les temps. Sa bonté n'était point seulement inépuisable, elle n'avait besoin ni de stimulant ni de récompense. Que de misères elle sut découvrir, que d'ingratitude elle subit sans en témoigner même de surprise !

L'amour de la probité, l'horreur de toute injustice étaient les traits dominants de son caractère. Chose promise devenait pour elle chose due, sa parole équivalant à la meilleure des signatures. — « C'est un honnête homme ! » avait dit d'elle le fondateur du Gymnase, et les directeurs auxquels Déjazet eut affaire après lui ne purent que confirmer ce jugement. Trois lettres à M. Lefebvre, administrateur des théâtres de Lyon, attesteront victorieusement la conscience que la comédienne mettait à tenir ses engagements, aux dépens même de ses intérêts les plus graves.

Déjazet avait promis à M. Lefebvre d'aller donner

des représentations à Lyon, quand les Variétés de Paris lui firent des offres alléchantes ; d'où cette démarche amicale auprès du directeur lyonnais.

Paris, 28 janvier 1856.

Mon cher Lefebvre,

Voici ce qui m'arrive : un engagement superbe avec les Variétés, et une pièce en quatre actes pour mon début. Maintenant vient la question d'époque. Il faut passer le 1er mai au plus tard, car vous comprenez qu'en juin ce serait un succès perdu, tandis qu'en l'établissant un mois avant, le beau temps n'y peut plus rien. Le moins que je puisse répéter, c'est vingt-cinq jours; il faut, cher ami, m'aider à conclure une si belle affaire, car les Variétés, voyez-vous, c'est le seul théâtre qui me convienne, et, si j'y produis dans le nouveau rôle l'effet que j'espère, un engagement de trois ans est au bout. Je viens donc vous demander, mon ami, de changer ou plutôt d'améliorer notre traité. Prenez-moi du 15 février à la fin de mars, ainsi je vous donnerais un mois et demi et il m'en resterait un pour répéter, ou, si cela vous gêne trop, du 1er mars au 1er avril, ainsi je ne resterais qu'un mois. Ou enfin, si vous l'aimez mieux, remettons l'affaire en septembre, et je vous arriverai avec cette pièce qui, par une gracieuseté des auteurs, sera ma propriété, c'est-à-dire qu'elle ne sera pas imprimée et que moi seule en aurai le manuscrit.

Voyons, cher Lefebvre, j'en appelle à votre vieille amitié. Songez qu'une pareille occasion, c'est l'avenir assuré pour la fin de ma carrière; si je la manque, je ne la retrouverai plus; c'est donc à vous de décider mon sort : j'attends!...

Le directeur répond par un refus et Déjazet s'incline ; mais, si elle se résout à tenir sa parole, elle entend que l'impresario tienne également la sienne :

Moulins, 28 mars 1856.

On me dit, mon cher Monsieur Lefebvre, que Mélingue est engagé chez vous pour le mois de mai. J'ai répondu hardiment que cela n'était pas, que j'avais une lettre portant votre signature et qui dit : « Il est bien convenu que le mois de mai reste en suspens, c'est-à-dire que M. Lefebvre ne peut en disposer et que Mlle Déjazet se réserve le droit de l'exploiter ou de l'abandonner. » — Voilà nos conventions par écrit, mais ne seraient-elles que verbales que, de mon côté comme du vôtre, il y a entière confiance, car vous avez dit vrai à Camille Doucet, mon ami : *je ne suis qu'un honnête homme!* Je ne vous signale donc le propos sur Mélingue que pour bien vous assurer que je n'en crois pas un mot; nous en rirons bientôt ensemble, puisque je compte être à Lyon jeudi pour débuter samedi et continuer dimanche : 1re représentation, *la Comtesse*, et *la Lisette;* dimanche, même spectacle; mardi, *Richelieu;* jeudi, *Colombine;* puis *Lauzun;* nous nous entendrons pour le reste. Je vous serre la main.

Déjazet n'eut pas lieu de rire ; M. Lefebvre, moins scrupuleux qu'elle, avait réellement modifié le traité à sa guise. La protestation de Déjazet informée est un chef-d'œuvre de limpidité, d'étonnement douloureux et de dignité vraie :

Moulins, 1er avril 1856.

Procédons par ordre. D'abord, votre réponse télégraphique m'a semblé singulière. Vous me dites que, ne m'attendant que le 5, vous avez fixé mon début au 8. Vous avez dans les mains, mon cher Lefebvre, une lettre de Moulins trop explicite pour avoir pu penser que je n'arriverais que le 5, car j'y donnais la composition de cinq spectacles, du samedi 5 au samedi 12. Cette lettre, vous l'avez eue avant de me répondre, puisque vous combattez la composition de mon premier spectacle en demandant *Colombine* au lieu de *la Comtesse*, ce à quoi je consens volontiers. Quelle bonne inspiration j'ai eue de vous écrire! Arrivant vendredi 4 avril, je restais les bras croisés jusqu'au mardi, et je perdais beaucoup d'argent ici. Enfin, tout est convenu pour le 8, et je serai à Lyon dimanche soir.

Arrivons maintenant à l'affaire de mai, qui est autrement sérieuse. J'ai pour habitude, mon ami, de vouloir toujours marcher dans la route la plus droite, et, quand je ne le fais pas, je m'en trouve toujours mal. C'est ce qui m'arrive aujourd'hui, non par ma faute, mais par celle de M. F... Je prends les faits et votre lettre par le commencement. Lorsque je vous demandai de changer mon mois d'avril pour celui de mars, vous me répondîtes : « Cela ne dépend pas de moi, j'écris à F... pour qu'il s'entende avec l'artiste qui doit venir en mars. » — J'ignorais alors que ce fût Mélingue. J'étais au lit, malade; j'écrivis donc à M. F... de vouloir bien passer chez moi, ce qu'il fit le jour même. En apprenant que c'était à Mélingue que j'avais à demander un service, voici mes premières paroles : « J'en suis enchantée, Mélingue est un excellent homme; il a, je crois, pour moi, la même sympathie que j'ai pour lui, il ne me refusera pas : je vais lui écrire. » — F... s'y opposa. Me nommer était, selon lui, le moyen de ne pas réussir : « Je sais, ajouta-t-il, que Mélingue a l'envie de rester deux mois à Lyon; je vais faire le contraire de ce que vous voulez en lui proposant une démarche afin d'obtenir que la personne engagée pour avril change pour mars, et cela sans vous avoir nommés ni l'un ni l'autre. » — Cette façon d'agir me souriait peu, car elle manquait de franchise; mais F... m'assurait qu'il avait ses raisons pour se conduire ainsi, et je le laissai faire. Le lendemain, M. F... revint; Mélingue était enchanté, si le changement pouvait lui assurer avril et mai; il lui fallait réponse le soir même, dans sa loge. Persuadée, d'après votre lettre, que vous feriez l'échange de mon traité avec le sien, je regardai l'affaire comme faite et j'écrivis à Cogniard la presque nécessité de ma démarche, en le priant de passer chez moi de suite. Cogniard avait une affaire qui le retenait à son théâtre; il m'écrivit que, puisqu'il fallait terminer si vite, n'ayant pas le travail des auteurs de ma pièce dans les mains, il n'osait traiter pour avril, dans la crainte de me payer ce mois à rien faire. Mon parti fut bientôt pris, j'envoyai les Variétés au diable, je fis dire à Mélingue, toujours par F..., que la personne gardait son traité tel quel, et le jour même je vous écrivis : « Notre traité, mon cher Lefebvre, n'a rien de changé ». — Deux ou trois semaines plus tard, on vint me lire le plan de la pièce en question; alors Cogniard sentit qu'il avait fait une sottise, et il m'engagea à faire une démarche vis-à-vis de Mélingue.

Je la fis sans espoir de réussite, et, cette fois, je demandai moi-même l'échange à Mélingue qui répondit : « Impossible, mes malles sont parties pour Lyon ». — Tout en resta donc là, et, malgré les instances de Cogniard pour me faire revenir en mai, ce mois étant à ma volonté, j'ai toujours dit *non*, car je ne pouvais débuter qu'en juin : c'était trop tard pour ma gloire, non pour l'argent puisque j'étais assurée. Vous vîntes à Paris, je vous fis dire par tous ceux qui vous voyaient de venir me voir; vous étiez accablé d'affaires, je le comprends, mais, en trouvant le temps d'en faire une nouvelle avec Mélingue, vous eussiez pu trouver celui de m'en prévenir et de vous assurer si j'étais consentante à livrer mon mois de mai : « Vous deviez bien cette réparation à Mélingue », dites-vous. Et en quoi donc, s'il vous plaît, a-t-il souffert d'une demande qui n'est pas restée en question plus de vingt-quatre heures! Quel sacrifice, quel mal lui a causés cette affaire? De quoi l'indemnisez-vous, et qu'ai-je fait ou dit pour devenir la victime de tout cela?

Tenez, mon cher Lefebvre, j'ai horreur des détours et des mensonges. Pourquoi, si vous avez cru bien agir, ne m'avoir rien dit lorsque, chez moi, profondément affectée de votre position, de vos craintes sur l'avenir, je vous disais, les larmes aux yeux : « Quelle singulière coïncidence, mon pauvre ami, vous aurez commencé et fini par moi. » — J'entendais parler de la fin de mai que Camille Doucet vous avait assurée, disiez-vous. — Pourquoi, devant ce langage, ne m'avez-vous pas répondu que le mois de mai était donné à un autre? Mieux encore, pourquoi avez-vous dit à Plunkett : « J'ai contracté avec Mélingue pour mai, cela va me causer bien des ennuis avec Déjazet! » — Si ce propos m'avait été rapporté avant votre départ, j'aurais remué ciel et terre pour vous trouver. Vous l'avouerai-je, je n'y ai pas cru, voyant chez Plunkett le désir de m'avoir à Lille au moyen de cette histoire que je vous ai tue dans la crainte de vous offenser. Nos rapports d'amitié si anciens, votre loyauté si connue, tout me criait : « On te trompe, et c'est mal de douter! »

La lettre que je reçois me confond! Je l'ai lue deux fois avant d'y croire! Moi qui, pour tenir une simple promesse, ai fait le sacrifice d'une rentrée à Paris, dans le seul théâtre qui puisse me convenir! Une pareille occasion manquée, pour un mois à Lyon!... Que d'autres, à ma place, auraient dit à M. Lefebvre : « Voyons, une question aussi grave peut-elle rester entre le directeur et l'ami ? » — Et, si l'ami avait fait place au directeur, ne pouvais-je, à mon tour et à votre exemple, faire bon marché d'un engagement aussi peu en règle ?... Mais non, une pareille idée ne m'est pas même venue! Argent, gloire, avenir, j'ai tout brisé pour tenir ma parole, et à mon âge, Lefebvre, l'avenir, c'est demain! A mon âge, cette vie errante est plus pénible que je ne puis le dire; aussi, je le répète, c'est un grand sacrifice que j'ai accompli!...

Je n'ai jamais su m'imposer à qui ne se soucie pas de moi. Je ferai donc place à Mélingue, aussitôt mon mois accompli. Mais j'eusse préféré une action franche de votre part, car vous eussiez trouvé l'amie avant l'artiste. Adieu!...

Déjazet subit, en province surtout, mainte déconvenue de ce genre, sans se départir, pour cela, de ses procédés honnêtes. Jamais, par un de ces caprices familiers aux gens de théâtre, elle ne fit mutiler un rôle ou retarder une représentation; jamais, par quelque intrigue malveillante, elle ne chercha à effacer un camarade ou à faire manquer un bénéfice. Constamment, au contraire, les talents naissants eurent en elle une protectrice zélée et la plus franche des conseillères.

On sait que Déjazet a deviné Rachel, et des biographes ont dit que la tragédienne reconnaissante lui avait envoyé ses remerciements avec cette suscription incorrecte : « *A la meilleur des femmes !* » — Nous n'avons pas vu ce curieux autographe, mais nous possédons deux lettres ne laissant aucun doute sur le sentiment affectueux que ces actrices célèbres éprouvaient l'une pour l'autre. Dans la première, datée du 28 décembre 1839, Déjazet, après avoir rappelé à son « illustre et bonne amie » la journée qu'elles doivent passer ensemble, ajoute :

Je suis si heureuse de votre amitié et crains tant de la perdre, que je n'ose aller souvent près de vous. Tant de gens vous fatiguent de leurs protestations! Votre cœur saura-t-il me mettre à part? Hélas! à votre âge, au milieu de toutes vos gloires et de vos grandeurs, il est presque impossible de ne pas *confondre*, et nous vivons dans un siècle où l'on n'apprécie ses amis que dans le malheur. A ce prix, je préfère votre injustice, ma bonne Rachel, et je resterai dans la foule sans me plaindre en voyant vos plaisirs et vos joies!...

De son côté Rachel, sollicitée de prêter son concours à un bénéfice pour Déjazet, acquiesçait comme il suit :

Ce 19 février 1840.

Assurément, ma chère et bonne amie, je suis toute prête, toute disposée à faire ce que vous me demandez. Ma réponse à votre lettre, c'est que je jouerai pour le bénéfice de celle qui est venue si noblement en aide à ma sœur dans son infortune. Trop heureuse de pouvoir vous témoigner ainsi ma reconnaissance et mes sentiments les plus dévoués. Je jouerai donc lundi un acte dans une tragédie. Mais vous savez, ma bonne Mlle Déjazet, que je ne suis pas libre de paraître quand je veux : il me faut l'autorisation. Voyez ce bon M. Cavé qui vous témoigne tant d'intérêt, qui a pour moi tant de bienveillance; il ne refusera ni à vous ni à moi une chose à laquelle l'une et l'autre nous mettons tant de prix.

Ainsi, ma chère et bonne amie, à vous de tout mon cœur et en toute occasion.

RACHEL.

De même que la reine tragique, la reine du drame possédait les sympathies de Déjazet et lui en avait gratitude. Elle répondait, le lendemain de *Marie-Jeanne*, à une demande de loge :

Avec bien de la joie, Madame et chère camarade, quoique bien fatiguée d'hier. Soyez indulgente, *on vous en dit plus qu'il n'y en a*. Mais à charge de revanche, je vous en prie : je ne vous ai pas vue non plus dans votre dernière création.

Mille tendresses.

MARIE DORVAL.

Déjazet n'avait point d'attentions que pour les célébrités de la rampe ; la lettre suivante nous dira ce qu'elle fit pour une humble pensionnaire du Palais-Royal :

7 avril 1846.

J'ai une triste nouvelle à vous apprendre, mon ami, la pauvre Adeline est devenue folle. Depuis un mois je remarquais un décousu très prononcé dans toute sa personne, et aujourd'hui elle a été ramassée, poursuivie par les petits garçons. La pauvre créature s'est réclamée de moi et m'a été amenée dans un état à fendre le cœur. Mouillée, crottée, elle avait passé la nuit dans la rue. Une fois seule avec moi, elle m'a dit que le prince de Joinville venait de lui placer 3,000 francs, qu'on lui avait loué un appartement de 1,000 francs sur le boulevard, que le prince se chargeait du loyer, qu'il lui donne en y entrant 90,000 francs comptant, 300 chemises, autant de bas, 42 corsets, 3 cachemires, et qu'elle allait faire venir sa mère. Enfin, mon ami, voilà cette pauvre fille perdue, et je vais courir demain toute la journée pour tâcher de la placer dans une maison qui ne soit ni Bicêtre, ni la Salpêtrière, car elle n'est pas méchante, elle peut guérir peut-être, et là il n'y a plus d'espoir. Je ferai à sa vieille mère une petite pension de 20 francs par mois et tâcherai de faire écrire Adeline pour qu'elle croie que l'argent vient d'elle. Le secret surtout sur l'état de cette pauvre fille, sa mère en mourrait de douleur, et elle est si près de sa tombe !...

Incapable de mesquines jalousies, Déjazet savait rendre justice à celles-là mêmes qui étaient ou avaient été ses rivales.

Je vous l'ai déjà dit, mon cher Carmouche, — écrivait-elle en janvier 1861 — je n'oserais aborder un rôle de femme et surtout un rôle aussi sérieux que celui que vous me proposez. Mais, puisque Fargueil l'a répété et que le Vaudeville change de genre, que ne portez-vous la pièce à Dormeuil ? Le talent de Fargueil a beaucoup gagné. Allez voir *les Femmes fortes*, et vous serez convaincu qu'elle a tout ce qu'il lui faut pour jouer votre *Françoise*. Mais, pour le croire, il faut aller voir. Je ne lui savais pas cette souplesse de moyens. Vous serez tout étonné que celle qui a joué Marco, Madeleine, etc., puisse aborder un sentiment si simple et si vrai. Croyez-moi, c'est un bon conseil que je vous donne !...

Affable et complaisante pour les artistes de son sexe, Déjazet ne l'était pas moins pour ceux du sexe différent. Ecoutons-là se défendre d'une mauvaise volonté dont elle est injustement soupçonnée :

22 avril 1863.

Mon cher Derval,

Mon fils me dit que vous avez témoigné un grand étonnement en me voyant, après mon refus vis-à-vis de Samson, affichée hier au théâtre Beaumarchais. Heureusement, mon ami, j'ai plusieurs moyens de me justifier, les preuves au bout !
Sachez d'abord que Samson me demandait pour le 18 de ce mois, ensuite que j'écrivais à Ferville, le 13 ou le 14, que si son bénéfice ne passait pas exactement le 16, il me serait impossible d'y paraître, quittant Paris le 17. Donc, je suis partie, le lendemain du bénéfice, pour Nantes. J'allais y négocier une représentation dont le produit est destiné à sauver de la conscription un jeune pensionnaire à nous, que j'ai amené de Nantes il y a deux ans et qui vient de tirer le n° 23. Je suis revenue pour jouer hier au bénéfice de notre régisseur qui, lui aussi, a un fils prêt à partir. Samedi, autres bénéfices aux Variétés et chez nous, dans lesquels je chante encore...
Vous voyez, mon cher Derval, que je ne marchande ni ma fatigue ni ma bonne volonté. Comment, alors, pouvez-vous supposer qu'il en serait autrement pour un artiste du mérite de Samson, qui est de plus mon ancien camarade ? J'ose espérer que, devant toutes ces dates précises, vous comprendrez qu'il n'y a pas eu refus mais impossibilité de ma part, et que dans le cas où Samson, ne s'en rendant pas compte, viendrait à suspecter mon bon vouloir, vous voudrez bien être mon interprète et mon défenseur auprès

de lui. C'est à votre vieille amitié que je demande ce service, persuadée que votre esprit ne faiblira pas plus que votre cœur.

Il me faut retourner à Nantes dans quelques jours ; je serais heureuse de pouvoir emporter la certitude que ni l'un ni l'autre ne doutez plus de moi.

Je vous serre la main, mon cher Derval.

Lisons encore ce billet relatif au costume de Chérubin, nécessaire au rôle du *Mariage de Figaro* que Déjazet remplit, à l'Opéra, dans la représentation de retraite de Bouffé.

29 octobre 1864.

Mon cher ami,

J'ai bien couru sans rien trouver ni chez Mme Baron ni chez Babin, pas même la volonté de faire un costume ; Nonnon seul a consenti à en confectionner un pour l'époque de ta représentation, mais il ne veut pas le louer à moins de 100 francs, plus les souliers. Reste le maillot, dont je me charge, pouvant ou m'en servir plus tard ou l'utiliser à mon théâtre, ce que j'aurais voulu pouvoir faire pour le reste, mais du Louis XIII c'est difficile à placer, et le tout, revenant à plus de 300 francs, faisait une dépense trop forte pour ma position, peu brillante après deux mois de fermeture. Voilà, cher ami, l'exacte vérité. Si elle me coûte à te dire, ce n'est pas mon amour-propre qui en souffre, mais bien seulement mon cœur qui aurait voulu faire *seul* tous les frais.

Du moins t'apportera-t-il une part bien sincère de sa vieille amitié, et tous ses vœux pour que cette soirée te donne autant d'argent que de gloire !...

Rendons à Bouffé cette justice qu'il répondit aussitôt :

Tout ce que tu feras sera bien fait. Cent francs ! mais j'en donnerais mile et vingt paires de souliers pour avoir ma Déjazet dans cette soirée !

Citons enfin la félicitation suivante à un mime dont Déjazet nous a conté, précédemment, la fin prématurée :

Bordeaux, 9 novembre 1873.

Eh bien ! cher Monsieur Deburau, comment vous trouvez-vous de votre succès d'hier ? Il a été grand, m'a-t-on dit. Je m'y attendais, et je regrette doublement de n'avoir pu joindre ma si sincère admiration à celle de votre public. Ah ! vilain que vous êtes, vous m'avez joué un bien mauvais tour en me privant de cette bonne soirée que vous m'aviez promise ! Mais je m'y suis associée en pensée, je vous le jure, car hier j'étais bien plus chez vous que chez moi !

Allons, cher Monsieur, vous voilà rendu à l'art, aux succès, et bientôt à la santé qui se ressentira, n'en doutez pas, des joies de votre esprit !

Un trait, entre cent, prouvera que les artistes n'avaient point seuls droit à l'obligeance de Déjazet. En 1845, jouant sur la scène Graslin, de Nantes, elle s'intéressa à la souffleuse, Mme Beaugé, et promit de racheter son fils du service militaire. Ce fils avait huit ans à peine ; il grandit, tira au sort et amena un mauvais numéro. La comédienne aussitôt partit pour Nantes, et y donna une représentation magnifique au profit de son protégé. Quelque temps après, ce dernier fut réformé par le conseil de révision ; la mère voulut rendre l'argent du bénéfice, mais Déjazet répondit que chose donnée ne se reprenait pas. Alors Mme Beaugé acheta, aux portes de Nantes, une petite maison qu'elle baptisa *Villa Déjazet* en souvenir de sa bienfaitrice ; c'est là que par la suite descendit la comédienne, quand le théâtre de Nantes lui demanda des représentations.

On ferait une ample brochure avec les dates des représentations extraordinaires auxquelles Déjazet contribua, au profit de simples camarades, d'étrangers même. Si des indifférents avaient ainsi part à ses bienfaits, quels soins tendres, quelle sollicitude affectueuse ne devaient pas attendre ceux qu'elle honorait de son amitié. Ceux-là n'ont jamais été qu'en petit nombre, car le cœur de Déjazet, point banal, s'ouvrait difficilement et se reprenait à tout soupçon d'indélicatesse. Citons, à ce sujet, une épître dont la destinataire eût malaisément tiré vanité :

Nantes, 5 août 1867.

Madame,

Si vous n'aviez attaqué que mes faiblesses ou mes ridicules, je me serais bornée à dire que vous étiez une amie sans indulgence, et ne vous aurais pas tenu rigueur devant votre repentir. Mais vous avez écrit — et j'ai cette lettre — que je ne vous avais attirée chez moi que pour spolier votre petite fortune à mon profit ; cela, je ne l'oublierai jamais ! Vous m'offrez pour excuse l'entraînement d'une mauvaise femme que, sous vos yeux, je comblais d'égards et de bontés. Son ingratitude aurait dû, selon moi, vous dicter une conduite et des sentiments tout contraires, car l'exemple d'une fausseté si grande devait révolter la femme que je croyais si loyale et l'amie que je croyais si dévouée ! Mme Th. aurait joué vis-à-vis de moi le rôle qu'elle a rempli vis-à-vis de vous, que je vous aurais défendue avec toute la force de cette amitié que vous me juriez sans cesse, ce qui, vous le voyez, eût été loin de vous charger et de vous salir comme vous l'avez fait à mon égard. Croyez-moi donc, restons toutes deux où nous en sommes depuis trois ans : ce qui est écrit est écrit, et toutes vos larmes n'effaceront jamais cette boue dans laquelle vous avez trempé votre plume ! Seulement, si mon pardon est nécessaire à votre repos, je vous l'envoie avec toute la franchise de ce cœur que vous avez méconnu. Mais ne me demandez rien de plus : je ne vous hais point, c'est tout ce que je puis vous dire !...

Qu'elle dut soupirer, l'impressionnable femme, en libellant cet arrêt sévère ! Combien plus naturellement venaient sous sa plume les pensées aimables et les mots consolants ! Reproduisons, comme contraste, l'exhortation adressée par elle à la fille de son vieil ami Vanderburch :

1er avril 1862.

Ma pauvre Lili,

Comment vont les amis qui te restent, ta mère, ton frère ? J'ai été forcée de partir après le service, et n'ai pu accompagner mon pauvre ami jusqu'à sa dernière demeure. Hélas ! le voilà au repos, après avoir travaillé toute sa vie ! Que Dieu le lui accorde, et la récompense de tout ce qu'il emporte avec lui : bonté, science, labeur, probité ; cela, je l'espère, comptera aux yeux de l'Eternel. Puisse son exemple, chers enfants, vous soutenir et vous guider dans la longue route qu'il vous reste à parcourir ! C'était son inquiétude incessante depuis qu'il avait perdu la santé. Heureusement, il est mort sans avoir eu le temps de comprendre qu'il vous quittait pour toujours ! Honorez sa mémoire en devenant ce qu'il voulait que vous fussiez ; que Charles et toi puissiez lui envoyer là-haut la joie qu'il n'a pas eue ici-bas, l'assurance de votre bonheur ! Une sage et honnête conduite peut seule vous le donner ; que le souvenir de votre brave père vous suive partout : avec un tel compagnon vous ne devez pas faillir !

Embrasse ta mère et le pauvre Charles pour moi. Dans quelques jours, je prévois un peu de liberté ; j'en profiterai pour aller vous serrer les mains, quoi qu'il m'en coûte plus que je ne puis dire de rentrer dans cette maison où je ne dois plus le trouver. N'importe ; pour vous et pour lui je surmonterai ce pénible sentiment qui, pour moi, est une seconde douleur !

Adieu donc, mes pauvres enfants, à bientôt pour vous voir, et à toujours pour vous aimer.

Transcrivons, dans le même ordre d'idées, une lettre à M. d'Anthoine, peintre et littérateur de talent, qui fut, pendant trente ans, un des intimes de Déjazet.

25 janvier 1870.

Vous m'aviez dit ces bonnes paroles, mon cher d'Anthoine : « Je veux vous voir souvent ! » J'étais si heureuse de cette promesse que, depuis, je vous attends chaque jour ; mais, hélas ! comme sœur Anne, je ne vois rien venir. Certes, mon cher d'Anthoine, vous ne manquez pas d'amis qui, pour calmer votre douleur, vous entourent d'affection ; eh bien ! j'ose croire, moi, qu'aucun d'eux ne sait vous comprendre comme je vous comprends, et il me semble qu'en nous trouvant ensemble plus souvent vous vous sentirez moins éloigné de votre bonne mère.

Et puis, vous m'aviez promis aussi de venir me prendre pour me mener à sa tombe. Ce rendez-vous que nous nous sommes donné, mon ami, j'y tiens plus que je ne puis vous le dire. Il sera le baptême d'une seconde amitié que ni l'un ni l'autre n'auront crainte de voir cesser jamais, car elle aura pour marraine la sainte absente. Venez donc le plus tôt possible, je vous en conjure !...

La femme qu'attirait ainsi toute douleur ou toute infortune n'était pas de celle que l'isolement frappe au déclin de la vie. Non seulement les anciennes amitiés de Déjazet lui restèrent — à une exception près — fidèles quand sonnèrent les heures pénibles, mais il lui vint alors deux dévouements qui, pour s'affirmer diversement, n'en étaient pas moins égaux en sincérité.

Le premier de ces amis, M Louis Lagneau, avait volontairement pris la direction des affaires embrouillées de la comédienne. C'est lui qui, selon les cas, rectifiait les mémoires, versait les à-comptes, sollicitait des délais, tenant, au prix d'ennuis et de dangers, le pénible emploi de débiteur gêné vis-à-vis de créanciers aussi impitoyables que nombreux; c'est à lui que Déjazet dut de sauver quantité de souvenirs auxquels son cœur attachait plus de prix qu'à la fortune même. Elle appréciait, à leur juste valeur, l'homme et ses services. Lisons cette page où, sous une forme enjouée, la gratitude de l'artiste s'affirme de la façon la plus persuasive :

Que voulez-vous que je réponde à votre lettre ? Que vous êtes bon comme... comme quoi ? Ma foi, je ne sais rien d'aussi bon ; j'en reste là, et je vous dis tout simplement merci, en attendant la douce causerie pendant la quelle je vous paierai tous les baisers que je vous dois. Ah ! si je n'avais que cette monnaie-là à vous donner !... mais vous n'en trouveriez pas le placement. Il fut un temps cependant où plus d'un créancier l'aurait acceptée ! Ce genre de commerce n'entra jamais dans mes principes, mais j'ai tellement à cœur de n'être pas en arrière avec vous que, si autrefois pouvait prendre la place d'aujourd'hui, je me mettrais à la hauteur du *progrès*. Alors, mon brave ami, avant la fin du mois vous ne devriez rien à personne; alors Déjazet pourrait mettre son dévouement à côté du vôtre, car, pour la première et seule fois de sa vie, elle se serait vendue ! — Inutiles regrets ! Si, du moins, le diable existait, je lui offrirais mon âme et pourrais bien souffrir là-haut ce que vous aurez souffert ici-bas pour moi... mais ni âme ni corps ne sont de défaite. Alors, quoi donc me liquidera vis-à-vis de vous ? Mon pauvre petit talent ? on en parle beaucoup, mais il rapporte si peu !...

Vous me rappelez mes cris de détresse, — écrivait encore Déjazet au même — comme si j'oubliais que vous y avez répondu : c'est mal ! Le cœur de Déjazet serait donc bien changé ? Eh quoi ! quand, depuis plus de soixante ans, on l'a chanté sur tous les tons, ce pauvre cœur, voilà qu'aujourd'hui il viendrait donner un démenti au proverbe qui dit : « Le cœur ne vieillit pas ? » Ah ! c'est bien vrai, allez, le mien est resté jeune, et c'est pour cela que je suis pauvre tandis qu'il est trop riche ! Ne lui enlevez donc pas sa fortune ; toute grande qu'elle est, elle ne paierait pas encore ce que je vous dois !...

La seconde amitié dont bénéficia la vieillesse de Déjazet fut celle de Mme Joséphine Benderitter. On a lu ce nom dans maint chapitre de notre livre; on l'aurait lu plus souvent encore, si un sentiment de discrétion ne nous avait empêché de trop puiser dans la correspondance obligeamment mise à notre disposition. Cette correspondance, très suivie, comprend huit années. Il faut la compulser, comme nous l'avons fait, pour savoir ce qu'une femme de talent peut témoigner de confiante tendresse à la femme de cœur dont elle sait être comprise.

L'amitié de Mme Benderitter pour Déjazet avait commencé, comme la plupart des amitiés intelligentes, par l'admiration. Assidue aux représentations de la comédienne, elle applaudit, jeta des fleurs, écrivit, sans recevoir d'abord la moindre réponse ; au bout de deux ans seulement, Déjazet, enfin touchée, s'invita d'elle-même à un repas intime, qui fut le point de départ d'une liaison au cours de laquelle les services s'échangèrent en même temps que les idées.

La réserve primitive de Déjazet avait pour raison ce fait que la plus grande partie des lettres de Mme Benderitter traitaient à nouveau le sujet dont M. Sardou s'était servi jadis pour éveiller son intérêt, le spiritisme. Or, si indépendante que fût la comédienne, si désireuse quelle fût de connaître l' « au-delà » de la vie, elle ne pouvait se défendre d'éprouver sinon de la défiance, du moins quelque peur de ce ridicule qui punissait alors les spirites. A quelles manifestations assista-t-elle par la suite ? Nous l'ignorons, mais il est certain que, loin de redouter l'extraordinaire, elle y chercha volontiers l'aliment de son mysticisme natif. Nous trouvons, en effet, dans les papiers de Mme Benderitter, ces lignes significatives, datées de Bayonne, 4 novembre 1871 :

Aujourd'hui, fête de ma mère, je suis allée à l'église, chère Joséphine, et, comme j'en avais le projet, j'ai emporté votre carte du Calvaire, sur laquelle j'avais écrit ce qui suit : « *Oui, mon amie, je jure, si Dieu me rappelle avant vous, de venir vous dire, de l'autre monde, si l'on y est plus heureux que dans celui-ci.* » — Je l'ai posée aux pieds du Christ, où elle est restée tout le temps de ma prière, que j'ai terminée par ces paroles : « Mon Dieu, accordez-moi la grâce de tenir ma promesse, si elle ne vous offense pas ! » — J'ai repris ma carte, et la voici !...

Nous avons dit que Déjazet et sa dernière amie faisaient échange de services. A l'époque où Mme Benderitter essayait d'alléger le fardeau d'ennuis porté par la comédienne, elle n'était, hélas ! guère plus fortunée qu'elle, et Déjazet, qui le savait, eût rougi de ne point soutenir son renom de délicatesse :

Milan, 5 mars 1872.

Que je vous gronde, chère Joséphine, pour tous les mercis que vous m'envoyez au sujet de votre propriétaire ! Et que fais-je là, je vous le demande, de plus que ce que vous avez fait pour moi, vous, pauvre amie, qui avez presque dépouillé votre chère sœur pour me venir en aide ? Tenez, laissons nos mutuels *bienfaits* de côté, je vous en prie, et disons tout bonnement que chacun devrait toujours agir ainsi. S'entr'aider, n'est-ce pas le précepte de Dieu ? Si nous l'avons suivi, nous avons fait notre devoir, et celui du cœur est si doux à remplir ! Allons, allons, plus je vis et plus je me vois forcée de reconnaître qu'un certain Monsieur, dont je crois vous avoir parlé quelquefois, avait vraiment raison quand il disait que nos bonnes actions étaient un égoïsme du cœur, et que, si nous n'y trouvions pas notre compte de joie, nous ne les ferions pas. Voilà un raisonnement bien profond et bien triste, n'est-ce pas, mon amie, et qui prouve que nous ne valons pas grand'chose. Enfin le bien est toujours le bien, et, plus il fait d'heureux, plus il faut dire : « Tant mieux ! »

Si quelque doute pouvait exister sur la nature du sentiment qui unissait Déjazet à Mme Benderitter, la lettre suivante les dissiperait, en révélant la conception que la comédienne s'était faite de l'amitié. Elles sont exquises, ces pages, et termineront de la façon la plus intéressante un chapitre où le cœur de Déjazet agit et s'exprime avec une égale éloquence.

7 février 1873.

Votre lettre m'a profondément affligée, ma bonne et bien chère amie. Eh quoi ! devant mes ennuis, mes fatigues et mes déceptions, que je ne vous cache pas, moi, vous manquez de courage, je ne dirai pas pour peu de chose, car je sais tout ce que peut faire éprouver la crainte de voir vendre ce que l'on possède ; mais vous qui me souteniez, qui vouliez me prouver que j'avais tort de donner tant de regrets à *des choses*, voilà qu'aujourd'hui il faut que ce soit moi qui vous remonte et vous dise : « Courage, Joséphine, ne pleurez pas des meubles quand les cœurs de ceux que vous aimez vous restent ! » Si vraiment je suis quelque chose de sérieux dans le vôtre, pourquoi diminuer la valeur de notre amitié par la seule raison de mon absence ? Les corps ont-ils besoin d'être si près l'un de l'autre, quand les âmes sont unies ? Laissons à l'amour ces faiblesses que les sens excusent ; mais, dans une affection sincère et pure comme la nôtre, ne nous croyons jamais séparées !... Hélas ! ma pauvre Joséphine, vous, la femme de cœur et de croyance, si vous étiez à ma place, que diriez-vous alors ? Ne plus voir à mes côtés que dissimulation, grimaces, fausseté complète enfin, et faire semblant à mon tour de ne pas me douter de tout cela, me sentir honteuse de cette comédie de toutes les heures, humiliée d'en avoir absolument besoin, allez, c'est alors que je vous permettrais de vous dire malheureuse ! Pensez donc à moi, à tout ce que je souffre, et la force de supporter vos chagrins vous viendra, car, en regardant autour de vous, vous pourrez tendre la main à qui vous la prendra franchement; moi, je pleure seule et ne vis plus que de défiance !...

Vous avez tort de me croire prosaïque, et vous êtes la première qui m'ayez dit ce mot. J'ai voulu m'en rendre compte, tellement il a peu marqué dans ma vie, et je l'ai cherché dans un dictionnaire pour en bien connaître le sens. Voici ce qu'il explique : « *Contraire de poétique, qui tient de la prose.* » — Vous qui connaissez ma biographie, Joséphine, je m'étonne que vous me jugiez ainsi. J'avoue qu'en amitié la poésie échappe à mon esprit ; elle me semble venir de l'imagination et, par conséquent, appartenir presque exclusivement à l'amour. J'ai, par amour, composé quelques mauvais vers qui n'ont laissé, à *lui* et à moi, que le souvenir d'un sentiment éphémère. La prose que je vous adresse, pour être moins poétique, voudra toujours dire ce qu'elle vous dit aujourd'hui : que Déjazet vous aime et vous aimera aussi longtemps qu'elle pourra vous le dire et vous l'écrire !...

XVI

La mère. — Eugène Déjazet. — Un cœur admirable. — Tendresse et conseils. — Mariage tardif. — Déjazet colporteuse. — Une plaisanterie mal comprise. — Ingratitude filiale. — Hermine Déjazet. — De l'argent, encore de l'argent! — Dissensions de famille. — Un viveur. — Mère quand même.

Déjazet avait un fils, Eugène-Joseph, né à Lyon, le 11 février 1819, d'un père non désigné sur le registre communal, et une fille, Hermine-Léonide, née à Senlis, le 23 juillet 1822, reconnue le même jour par M. Adolphe Charpentier. Ces deux enfants furent en même temps la joie et le tourment de sa vie. C'est pour eux qu'elle était fière de son renom et désireuse de l'accroître sans cesse, c'est par leur faute aussi que le besoin d'argent attrista ses dernières années.

Eugène Déjazet aimait évidemment sa mère ; mais, égoïste autant que frivole, il la considérait surtout comme un banquier contraint de subvenir à ses besoins et à ses caprices. Musicien adroit, mais sans originalité propre, il composait des airs de danse, des chansons, des pièces même, sans tirer de tout cela grande gloire ni grands profits. Indulgente en sa qualité de mère extralégale, Déjazet adorait son fils, tremblait à la nouvelle d'une indisposition légère, et s'affolait littéralement à l'idée d'une querelle pouvant dégénérer en rencontre. Nous trouvons la preuve de cet affolement dans deux requêtes émouvantes par leur exagération même. La première est adressée à Arthur Bertrand, qu'on sait avoir été en relations intimes avec la comédienne ; la seconde, au régisseur du Théâtre Déjazet :

26 novembre 1864.

On m'a dit, Arthur, que vous aviez été heureux du désir que j'avais eu de vous voir gagner mon portrait; s'il est vrai que vous m'en gardiez une sincère obligation, je viens vous mettre à même de vous acquitter envers moi. Si vous réussissez dans ce que je demande, si vous m'épargnez la plus cruelle douleur de ma vie, mon cœur vous en gardera une reconnaissance éternelle, et ne se souviendra plus, Arthur, que de vos dix-sept ans et de la rue des Pyramides.

Le procès de mon fils avec Bache me tourmente plus que je ne puis le dire ; si je suis malade en ce moment, je le dois à mes heures d'inquiétude, à mes nuits sans sommeil. Je fais des vœux pour que mon fils perde, parce qu'alors je n'aurais plus à redouter la vengeance de son ennemi, vengeance qui, dans le cas contraire, s'exercerait tôt ou tard. Mais une autre frayeur me poursuit. Bache a pris pour avocat un homme capable de tout pour gagner ses causes, fouillant dans la vie des familles, et s'emparant de tout ce qui peut nuire à son adversaire. Comprenez-vous si je dois craindre les paroles de cet homme, que mon fils a promis de souffleter si l'un de nous est insulté? Voilà, Arthur, voilà ce que je vous supplie d'empêcher. Vous avez beaucoup de pouvoir sur l'esprit d'Eugène, il fera ce que vous lui direz de faire. Faites-lui comprendre qu'un avocat est un comédien chargé suivant les circonstances de rôles plus ou moins sympathiques, et qu'il serait aussi injuste de l'en punir qu'il serait ridicule, au sortir d'un drame, d'attaquer ou de battre l'acteur qui vient de représenter un voleur ou un traître. Parlez ainsi, Arthur, quand même vous penseriez tout le contraire. Songez que deux existences sont dans vos mains, la mienne et celle de mon fils. Je mets la mienne avant, parce que, lors même qu'Eugène échapperait aux dangers d'un duel, j'aurais cessé de vivre avant de connaître ce résultat, car je me tuerais pour ne pas savoir que mon fils est mort!

Vous voyez, Arthur, combien votre mission est grave.

Songez-y bien, et remplissez-la sous l'influence de votre mère qui vous aimait comme j'aime mon fils. C'est elle qui m'a soufflé la pensée de venir à vous ; aussi ai-je confiance en elle, en vous ! Que sa douce âme vienne se placer à vos côtés au jour voulu ; elle protégera mon enfant, elle vous aidera à le sauver !

14 avril 1867.

Mon cher régisseur,

Je viens vous prier, en cachette de mon fils, d'être présent, ce matin, aux débats qui vont avoir lieu entre lui et M. O..... Il y a longtemps que ce dernier exerce sa patience, et je crains sérieusement qu'il ne finisse par en manquer. Je connais mon fils ; dans la colère, la parole souvent ne suffit pas, et le directeur pourrait bien disparaître devant l'homme emporté. C'est ce que, pour tout le monde, je voudrais éviter, car ce serait un affreux chagrin pour moi, et, pour le théâtre, un fâcheux précédent. Avec un mauvais pensionnaire, je ne vois que le tribunal ou la rupture de son engagement. Ce dernier moyen m'a toujours paru le meilleur, même avec un artiste de mérite : l'exemple est dangereux tôt ou tard, et moi, je ne saurais vivre avec de malhonnêtes gens. Enfin, je compte sur vous, n'est-ce pas, pour éviter toute querelle sérieuse entre mon fils et cet homme qui, je crois, n'a pas à se plaindre ni de sa position ni de nous. Les amendes qu'il va trouver au tableau peuvent l'entraîner à s'oublier vis-à-vis d'Eugène ; c'est alors que mon fils ne connaîtrait plus rien. Soyez donc là, je vous en prie, pour conjurer l'orage. O..... a vraiment l'esprit malade ; j'ai besoin de le croire ; persuadez bien cela à mon fils pour l'obliger à être calme, dites-lui que vous en avez la preuve, inventez enfin pour éviter à tout prix ce que je crains. Ne les laissez pas seuls, surtout.

Je mets mon cher enfant sous votre responsabilité; vous en avez un, vous devez donc me comprendre. Merci d'avance ; mon cœur, dans l'avenir, vous tiendra compte de ce service, et le cœur n'oublie jamais, croyez-le bien.

Bien qu'ayant essayé vainement de placer Eugène dans un théâtre parisien comme secrétaire, chef d'orchestre ou régisseur, Déjazet avait confiance dans les facultés administratives de son fils. C'est avec une satisfaction profonde qu'elle le mit d'abord, pendant une année (1852-1853), à la tête du Vaudeville de Bruxelles, loué par elle ; puis, son théâtre acquis, qu'elle l'en fit directeur de nom, ce qui était beaucoup, et de fait, ce qui était trop. Eugène avait effectivement, en matière d'administration théâtrale, des principes d'une élasticité dangereuse. Son procédé favori consistait à imposer sa collaboration, conséquemment le partage des droits, à tous les auteurs travaillant pour son théâtre. Cette mesure indélicate qui, depuis près d'un siècle, enrichit les entrepreneurs dramatiques au détriment des gens de lettres, devait avoir, au Théâtre Déjazet, un résultat moins favorable : les écrivains soucieux de leur dignité s'éloignèrent successivement, laissant le champ à des faiseurs qui conduisirent à la ruine le directeur et l'entreprise. Le directeur n'avait rien, et Déjazet, qui professait au plus haut point le respect des engagements pris, fut la première victime d'Eugène. Elle ne lui en garda point rancune, et quelques lettres, écrites après la catastrophe dont les suites l'écrasaient, la montreront libérale, affectionnée, soucieuse de la réputation de son fils, désireuse surtout de lui assurer le bien-être matériel qu'elle n'avait pas elle-même.

Lyon, 20 octobre 1872.

Je ne lis pas tes lettres, dis-tu ? je n'y réponds pas ? Mais je ne fais que cela ; toi et ta sœur prenez le peu de temps que je ne passe pas au théâtre et je ne m'occupe que de vous ! C'est bien plutôt toi qui ne lis pas attentivement toutes mes lettres, car tu oublies quantité de choses ; en revanche tu rêves celles qui n'y sont pas. Qu'entends-tu par les 50 francs que je devais te donner ? Il y a longtemps que tu les as reçus, ceux-là, ils ont fait des petits depuis, et ils en feront encore, mon cher enfant, car me voici à Lyon jusqu'à la fin de novembre, sans voyages à payer conséquemment, et je tâcherai de reporter sur toi cette économie. Tu me demandes avis pour le piano à 25 francs par mois ; au bout de trois ans, cela fait

900 francs ; dame, c'est beaucoup d'argent, mais du moins celui que l'on donne n'est pas perdu, et, puisque le piano que tu voulais louer coûtait 15 francs par mois, c'est donc seulement 10 francs à donner pour l'avoir en toute propriété, c'est-à-dire qu'il aura coûté 360 francs, ce qui serait plus intelligent que d'en jeter 540 par la fenêtre. Voilà mon avis. Avec les petites gratifications que je t'enverrai et dans lesquelles le souvenir du piano entrera quelquefois, tu peux, je crois, faire cela. Mais auras-tu le choix d'un bon piano pour 900 francs ? Prends bien garde d'être dupé : quand on s'appelle Déjazet, c'est presque de rigueur !...

Lyon, 22 novembre 1872.

J'ai ta pièce, ton enfant, comme tu dis. Diable, tu as fait là un vilain monsieur ; je te conseille de ne pas lui donner de frères, je n'en voudrais pour rien au monde dans ma famille !

Sans avoir, mon ami, la prétention de redresser le siècle, on peut du moins ne pas aider à le pourrir tout à fait, et, sans tomber dans l'austère vertu, il n'est pas impossible de faire rire avec d'autres moyens et sujets que celui-là. Cet intérieur de fille qui n'a que des vices fait mal. Tu parles de *la Dame aux Camélias ?* Mais elle renferme, comme cœur et comme esprit, de quoi l'excuser aux yeux du public. Ta Marguerite à toi n'a, je te le répète, que des vices, pas une action ne l'excuse, c'est une catin qui n'aime rien ni personne. *La Dame aux Camélias* aime, elle se sacrifie pour Armand... Et enfin, cher fils, c'est malheureusement cette pièce qui a ouvert la porte à toutes les autres et amené les théâtres où ils en sont. Je ne chercherai donc rien pour approprier ton enfant ; il est né sale, sale il restera quand même. Refais-en un autre, tu en es bien capable, et n'use pas ton esprit, presque ton cœur, à élever le petit monstre dont tu finiras par rougir un jour !...

Saint-Etienne, 6 décembre 1872.

Tu espères, dis-tu, quelques bonnes parties de pêche et de chasse ; je ne m'en réjouis pas tant que toi. Tu vas attraper encore des rhumes que tu me cacheras, bien entendu, comme tu viens de le faire, et il faudra que cette pauvre Claire, non seulement te soigne, mais encore qu'elle se fâche pour que tu te laisses soigner. Ce que tu viens d'avoir ne peut être que la suite de tes imprudences ordinaires, de ta rage à te lever de grand matin pour promener ton chien. Tu sors d'un lit bien chaud, et il est certain que le mal n'a pas alors grande besogne pour t'empoigner. C'est comme cela que ma pauvre mère a trouvé celui qui devait l'emporter, et elle n'ouvrait que sa fenêtre. Toi, tu fais mieux les choses, grâce à ton jardin, dont tu t'inquiètes et t'occupes aussi beaucoup trop. Fais donc comme tout le monde, couvre le plus possible ce qui craint, et attends que l'hiver te livre la place sans chercher à lui disputer ses droits, car tu en seras toujours pour tes frais de fatigue et de santé !

Ces recommandations un peu puériles sembleront touchantes quand on réfléchira qu'elles s'adressaient à un homme âgé de cinquante ans passés. Pour Déjazet, Eugène était resté le petit garçon imprudent qu'elle avait veillé jadis avec l'attention minutieuse des mères passionnées. Elle exprime des craintes encore dans la lettre qui suit, et que termine un jugement littéraire intéressant à rapprocher de celui qu'on a lu déjà.

Lyon, 30 mars 1873.

Je pars demain, donc rien à craindre pour moi au cas où il y aurait mardi du bruit dans cette ville ce que je ne crois pas. Je m'inquiète bien plus des enterrements auxquels tu assistes et où tu finiras par attraper une de ces insolations dont, selon les journaux, plusieurs personnes ont été fappées. Tiens ton chapeau au-dessus de ta tête, et ne va pas dans ton jardin sans coiffure, je t'en prie!

Je profiterai de mon premier relâche pour écrire aux Variétés, mais je ne te conseille pas de leur proposer ton *Curé*. Comment peux-tu penser que, par le temps qui court, un pareil sujet soit non seulement accepté mais même compris ? De la vertu, mot inconnu, à la place duquel on a mis celui que contient en toutes lettres la réponse déjà reçue : *berquinade!...* Ils sont passés, ces jours... honnêtes!

Reviendront-ils ?. J'en doute ; en tous cas, ce n'est pas moi qui les verrai. Serre ta pièce, mon pauvre enfant, comme si tu l'avais écrite en latin !...

Vers cette époque, Eugène manifesta l'intention d'épouser la personne avec laquelle il vivait depuis plusieurs années. Elle se nommait Claire Thévenin, avait été pensionnaire du Théâtre Déjazet, était encore jeune, mais pauvre, point belle, et de santé fragile. Déjazet qui, de son enfance à sa mort, a constamment rêvé la vie de famille sans en jouir jamais, applaudit des deux mains au projet de son fils :

Tu vas te marier, — écrit-elle en avril 1873, — tant mieux ! Tu as consolé Claire de la perte de sa mère ; ce que tu as fait, elle le fera, et je mourrai plus tranquille puisque je ne te laisserai pas seul. Remercie-la donc pour moi et rends-la heureuse : ce sera payer ma dette !

C'est la mère qui, naturellement, doit subvenir aux frais de la cérémonie, et celle-ci se trouve retardée par les circonstances :

Saumur, 11 juin 1873.

Le temps se gâte, cher fils et je vais jouer cinq jours de suite, ici, puis à Angers. Cela doit mettre, paraît-il, plus de 2,000 francs dans ma poche ; je vous arriverai avec le sac comme on dit, et alors en avant la noce ! Dis à Claire de faire une prière pour que la force ne me manque pas et tenez-vous prêts à tout événement !
Je suis allée chez un horticulteur qui m'a donné de quoi faire des roses plus grosses que des pivoines, des camélias, d'autres fleurs encore ; je te rapporterai tout cela, tu auras un jardin superbe l'année prochaine. Et, comme dans une vieille pièce du vieux Vaudeville appelée *le Nécessaire et le Superflu*, où le personnage, après avoir désiré une chaumière, arrive au palais qui ne le satisfait pas encore, si Claire gagne son procès vous quitterez la rue Clavel, ses jolies chambres, son gentil jardin, pour une belle propriété où vous serez peut-être moins heureux. C'est si

bon de désirer et de voir petit à petit ses désirs réalisés ! Quand tu n'auras qu'à dire à tes gens : « Allez m'acheter cela ! » ta joie ne sera pas si douce !...

Le mariage enfin se célèbre, et Déjazet en profite pour essayer de stimuler le courage d'Eugène :

Paris, 7 septembre 1873.

Te voilà marié ! Il ne faut pas t'enfermer dans ton bonheur comme un égoïste, il faut penser que je ne suis pas immortelle et que, si je venais à te manquer, soit par la mort soit par la maladie, tu te trouverais avec ta femme devant rien ! Ce que je te dis là est triste, mon enfant, mais sérieux. Depuis ta nouvelle position, tu as un devoir sacré à remplir, car tu viens de répondre devant Dieu et le monde d'être le soutien et le protecteur de Claire. Tant que je pourrai travailler, vous ne manquerez que de ce que je n'aurais pas ; mais je vieillis, ma santé commence à se ressentir de mon âge et de mes fatigues : il faut donc, cher fils, penser à *notre* avenir !...

Déjazet avait raison et son fils le comprenait sans doute, mais il lui semblait naturel et doux de vivre indolemment des subsides en argent ou en nature que l'artiste envoyait chaque semaine de province. Le seul effort d'Eugène fut de faire éditer quelques morceaux, dont sa mère s'établit bénévolement vendeuse.

Bordeaux, 3 novembre 1873.

Cher enfant,

J'ai reçu tes romances et voudrais que tu m'en envoyasses un cent en me disant combien je puis les vendre. Je te règlerai par 25 ou 50 après la vente, comme tu voudras. Tu devrais décider ton éditeur à faire un recueil plus complet, par exemple un album de six morceaux, soit en comprenant les trois déjà parus, soit six autres dans mon large répertoire, où ton nom figure assez souvent. J'en emporterais partout où je vais, pour les faire crier et vendre dans la salle. Voici le jour de l'an qui approche, ce serait une double chance. Il faudrait mettre en tête mon portrait de ville, entouré de quelques cartes dans mes créations les plus connues, telles que *Richelieu, Garat, les Prés Saint-Gervais, la Douairière*, etc.; cela formerait une espèce de cadre autour de moi, ce qui, je crois, serait assez original et contribuerait beaucoup à la vente. Je mettrais pour titre : *les Chansons de Déjazet;* cela rappellerait *les Chansons de Béranger*, ce serait un second mariage avec lui, dont le nom a été si souvent marié au mien...

Adieu, cher enfant, je t'embrasse sur les joues de ta femme !...

Consignons ici un amusant épisode. Un directeur de Bordeaux faisant le voyage de Paris, Déjazet, dont la gaîté narguait la misère, avait eu l'idée d'adresser ce monsieur à son fils comme un futur beau-père. Eugène prit le mot au sérieux, et, tremblant peut-être de voir sa mère lui échapper, écrivit une lettre courroucée, à laquelle répliquèrent bientôt ces lignes narquoises :

Bordeaux, 15 novembre 1873.

Tu as bien fait de boire à ma santé tant que cela, car il faudrait que je fusse bien malade pour avoir écrit sérieusement la lettre apportée par G... Comment ne t'en a-t-il point parlé ? Je la lui avais remise non cachetée pour qu'il s'en amusât en route d'abord, avec vous ensuite. Ce que je comprends encore moins, c'est que les plaisanteries qu'elle renferme sur le chapitre *héritier* et *grande fortune* ne t'aient pas suffisamment éclairé ? Ah ! mon cher fils, tu baisses !

Il y a quinze ou vingt ans, un ami me disait : « Pourquoi donc ne prenez-vous pas un théâtre pour votre compte ? » — Je lui répondis : « Mon cher ami, il n'y a que deux sottises que je n'aie point faites dans ma vie : devenir directrice et m'être mariée ! » — J'ai commis depuis la première; tu en connais assez les résultats pour croire qu'ils ne m'ont pas engagée à faire la seconde, bien plus grave que l'autre, car je n'y perdrais pas seulement mon argent, mais encore ma liberté. Et pour qui ? Pour un homme que je n'aimerais pas, parce que je saurais n'être pas aimée ! Donc, cet homme ne m'épouserait que pour l'argent que j'ai encore à gagner, et je lui abandonnerais votre bien ! Comment une pareille idée a-t-elle pu te venir ?... Si je bravais la risée publique en me mariant, si j'aliénais ma liberté qui m'est si chère, ce serait pour acheter votre bonheur, mes enfants, en épousant un homme riche qui consentirait à vous laisser une partie de sa fortune après ma mort et le reste après la sienne ! Mais G... n'est guère plus riche que moi et n'a nullement l'envie de m'épouser ; prends donc ma lettre pour ce qu'elle vaut, et riez-en autant que la tienne m'a fait rire. Ne l'aurais-tu écrite que pour cela que ton but serait encore dépassé, car il y a longtemps, je te jure, que je n'avais ri de si bon cœur : j'en ai une douleur au côté !

Comment Eugène payait-il l'amour ardent, les libéralités incessantes de sa mère ? Les lignes suivantes de Déjazet à sa belle-fille nous le diront :

Bordeaux, 20 novembre 1873.

Tâchez donc, ma bonne Claire, qu'Eugène ne m'écrive pas comme il le fait ; cela me tourmente au point de me rendre malade, et j'ai besoin de ma santé pour travailler. Je viens d'avoir un grand mal d'yeux ; le médecin m'assure que cela vient d'une espèce de coup de sang, j'en suis certaine aussi, car après la lecture d'une lettre de mon fils, je suis devenue pourpre, j'ai eu une violente migraine qui m'a forcée de me mettre au lit, et, le lendemain, j'avais les yeux enflés et j'y voyais à peine. Eugène n'est vraiment pas raisonnable ! Travailler comme je le fais et ne recevoir que des reproches ou des menaces, c'est trop ! Mon courage s'use avec mon corps, et, si je succombe, ce ne sera pas ma faute ! Calmez-le donc, sans le gronder trop fort cependant. Je compte sur votre amour pour lui et sur votre amitié pour moi !...

Exploitée, méconnue par son fils, Déjazet était, avec sa fille, plus malheureuse encore. Point sotte, mais brutale, dépensière, exigeante, Hermine n'appréciait sa mère que dans le rôle de poule aux œufs d'or. Nous avons quatre cents lettres d'elle ; pas une qui ne contienne des plaintes couronnées par une demande d'argent, demande toujours satisfaite et constamment renouvelée.

Hermine n'était pas seule. D'une liaison avec le baron Frédéric de Bazancourt, elle avait eu : le 6 mars 1850, une fille baptisée Jeanne ; le 20 juillet 1860, un fils nommé Maxime; le 8 janvier 1863, un autre fils nommé Stéphan. M. de Bazancourt mort (1865), ces enfants étaient, ainsi que leur mère, tombés à la charge absolue de Déjazet. Trois lettres, choisies à diverses dates, nous apprendront les sacrifices principaux faits par la comédienne et la reconnaissance qu'en éprouvait Hermine.

Bruxelles, 7 décembre 1866.

J'ai soixante-huit ans, je travaille comme si j'en avais vingt; je suis privée de tout ce qui soutient la vie, mal couchée, mal nourrie, pas le plus petit confortable : voilà pour le corps. N'est-ce donc pas assez, faut-il briser le cœur en plus ? Tes lettres sont désolantes, chaque ligne m'ôte un jour, et je suis tombée devant les dernières. Tu te trouves malheureuse, abandonnée, et tu me dis cela après tout ce que j'ai fait ? Est-ce ma faute si tu n'as pas réussi ? T'ai-je refusé les moyens de te soutenir, d'arriver ? Ton établissement de modes m'a coûté plus de 30,000 francs, et maintenant qu'il est perdu et que je viens te dire : « Attends, vis tranquille dans une bonne maison où tout le monde est à tes ordres, je t'enverrai 500 francs par mois » — tu te dis abandonnée, sacrifiée ! La position que tu laisses est grave, il faut la débrouiller, il faut pour notre honneur à tous que tu en sortes sans scandale, sans inquiétude pour l'avenir, il faut que je prenne des engagements nouveaux quand les anciens m'écrasent encore... eh bien ! tu ne vois, tu ne dis qu'une chose : « De l'argent de l'argent, pour que je recommence ! » — et, sans t'inquiéter de ce qui sera, tu me mets le couteau sur la gorge !...

24 juin 1869.

Tu te plains de ton sort, ma chère enfant, et compares toujours ta position à la mienne que tu trouves préférable.

Mon Dieu, pauvre fille, faut-il te répéter ce que je t'ai dit cent fois : que ta position, c'est toi qui te l'es faite, et que si tes enfants augmentent tes ennuis, c'est bien encore parce que tu l'as voulu. Si, comme dans presque toutes les familles, tu avais mis Jeanne en pension, il est probable que ce qui est ne serait pas, car tout au moins l'occasion de mal faire se rencontre là plus difficilement qu'ailleurs. Si, lorsque cette pauvre Mme de Bazancourt vivait, tu avais consenti à ce qu'elle mît l'un de tes deux garçons au collège, comme elle m'a dit avoir voulu le faire, Maxime aujourd'hui serait corrigé de bien des défauts, saurait aussi bien des choses, et t'aurait épargné bien des colères et des chagrins; de plus Stéphan seul ne serait pas si diable qu'il l'est; bref, tout le monde y aurait gagné. Mais tu recules toujours devant l'idée de te séparer de tes enfants, mauvais calcul qui fait les aimer pour soi et non pour eux. Hélas! ma pauvre Hermine, cette façon de les élever ne les attache pas davantage à nous. Nous avons beau les vouloir et les garder, tôt ou tard ils s'envolent vers d'autres qui ne les ont pas soignés et qui ne les aimeront jamais comme nous!

Oui, sans doute, ta vie est tourmentée, mais la mienne est encore plus triste. Je puis gagner ma vie, c'est vrai, mais d'un jour à l'autre je puis aussi manquer de forces, et alors, ma pauvre Hermine, que deviendrions-nous? Les 6,000 livres que je dépense par an pour toi et qui ne te suffisent pas, où les prendrais-je, si je perdais mon état? Est-ce avec les 2,000 francs de pension que l'on me fait que nous pourrions vivre? Crois-tu qu'à part le présent qui n'est pas gai, l'avenir ne me torture pas l'esprit et le cœur? Allons, allons, ne me fais pas moins à plaindre que toi : tant que j'aurai de l'argent, tu es sûre d'en avoir; moi, quand je n'en ai plus, qui m'en donne?...

16 juin 1873.

Tu crois donc, ma pauvre Hermine, que je n'ai qu'à puiser dans un coffre pour t'envoyer de l'argent? Tu me dis toujours que tu souffres de m'en demander et tu m'en demandes sans cesse. Tu devrais pourtant être bien persuadée que, si je ne t'en envoie pas, c'est que je n'en ai pas. Je fais un métier affreux, doublement fatigant par cette chaleur, et, à mesure que je gagne je donne, ne gardant rien pour moi. Je t'en prie donc bien, ne me tourmente pas, car je fais plus que je ne devrais faire. J'ai payé ce mois-ci 600 francs pour toi, tant en billets arriérés qu'en frais, je suis à bout d'efforts et de sacrifices !...

Egalement avides, les enfants de Déjazet, jaloux l'un de l'autre, vivaient en complet désaccord. Leurs dissensions avaient commencé de bonne heure ; nous en trouvons trace, en effet, dans une lettre datée de Strasbourg, 2 février 1845.

N'est-il pas désolant — écrivait alors Déjazet à son fils — n'est-il pas désolant pour moi, qui n'ai plus que mes enfants pour affection, de vous voir sans cesse en querelle et de me trouver presque dénigrée par ceux qui devraient me défendre et me respecter ? Combien je me félicite d'avoir abrégé, dans mon nouvel engagement, le temps qu'il me faudra passer à Paris, car si, en province, je subis quelques privations d'intérieur et travaille souvent au-dessus de mes forces, du moins ai-je la paix en rentrant chez moi et ne vois-je pas sous mes yeux d'aussi misérables choses !...

Ce dissentiment, né dans la jeunesse, ne fit que s'aggraver dans l'âge mûr. Hermine surtout se croyait lésée et le disait amèrement, bien que Déjazet lui fît, dans ses bienfaits et dans sa tendresse, une part égale à celle d'Eugène. Dans ses bienfaits ? les lettres citées plus haut l'ont démontré ; dans sa tendresse ? l'anecdote suivante en fournira la preuve.

Agée de soixante-dix-sept ans et demi, Déjazet interprétait *Monsieur Garat* au Vaudeville, quand un soir, en sortant du théâtre, elle apprit que sa fille, alors à Dieppe, était souffrante. Bien qu'on fût en hiver, la comédienne partit aussitôt, sans même emporter une valise, et débarqua, vers quatre heures du matin, dans la cité normande. La maison occupée par Hermine était située sur la plage, assez loin des autres habitations ; Déjazet s'y fit conduire par un employé de la gare, sonna quatre fois à la grille, et, n'obtenant pas de réponse, se réfugia dans un hôtel en recommandant au garçon de l'éveiller dès le lever du jour. Quelques heures plus tard, elle était près de sa fille, et, comme celle-ci lui reprochait d'avoir renoncé à se faire ouvrir la porte de sa maison : — « Si tu ne m'as point entendue, répondit Déjazet, c'est que tu dormais d'un profond sommeil ; je ne me serais pas pardonné d'avoir troublé ton repos. » — La comédienne déjeuna avec Hermine, reprit le train vers trois heures, arriva au théâtre assez tôt pour entrer en scène, et personne ne se douta que la courageuse femme venait d'accomplir, entre deux représentations, un réel tour de force.

C'est d'Hermine, au total, que Déjazet subit le plus d'exigences ; c'est d'elle que lui vinrent ses plus grands chagrin intimes ; d'elle et de sa fille Jeanne, coupable d'écarts sur lesquels nous n'avons pas à insister. Les ascendants de cette dernière lui avaient transmis, en guise d'héritage, l'appétit des plaisirs et l'habitude du désordre. — « Tout marche chez toi comme ta tête, sans réflexion, sans prudence », écrivait Déjazet à Hermine. Quant au grand-père de Jeanne, Adolphe Charpentier, recueilli dans ses dernières années par la comédienne, pas d'incartade, pas de vilain tour dont il ne payât l'hospitalité de sa vieille amie. — « Je lui ai tant pardonné, disait Déjazet, que je conçois que les autres ne puissent être à la hauteur de mon indulgence. » — Epuisé par les excès, ce peu intéressant viveur s'éteignit comme un sage, et la bonne Déjazet eut pour lui des regrets sincères :

28 novembre 1869.

Depuis mercredi, chère fille, je remets toujours au lendemain la triste nouvelle que tu devais prévoir; mais Eugène t'écrit, me dit-il, je ne puis donc me taire plus longtemps. Hélas! oui, ton père, mon pauvre Adolphe, n'est plus, et, quels qu'aient été ses torts, je te jure que sa mort me cause un profond chagrin. Mais il n'y avait aucun espoir de le sauver ; tout était usé, la tête comme le corps, et il a quitté ce monde sans s'en apercevoir. Ton frère lui a rendu les derniers devoirs jusqu'à sa tombe, personne ne l'a touché que lui. Quel courage ! Cela me serait impossible. Je n'ai pas même eu celui d'aller l'embrasser après sa mort. Il en a été de même pour ma mère et pour Lise. Je ne puis trouver la force de voir sans vie ce que j'ai tant aimé, et cette faiblesse laisse du moins dans mes souvenirs ces chers êtres animés : il me semble ainsi que je les reverrai un jour !

Je n'avais pas besoin de ce nouveau chagrin, et je ne sais vraiment quand le sort se lassera de m'en envoyer. Ah ! quelle erreur de pleurer les morts, ils sont si heureux !...

Attristés de la vie besogneuse que menait Déjazet, indignés du sans-gêne avec lequel ses enfants acceptaient ou provoquaient ses sacrifices, les amis de la comédienne l'invitèrent, plus d'une fois, à laisser ces ingrats se tirer seuls d'affaire. C'était tenir à Déjazet l'unique langage qu'elle ne pût comprendre. Il faut lire la réponse faite par elle à une exhortation semblable de Mme Benderitter. Rien de touchant comme l'humilité avec laquelle Déjazet dissimule les torts de ses enfants sous les siens propres, rien d'héroïque comme la résolution qu'affirme la pauvre femme de n'abandonner jamais ceux qu'elle aime :

Je lis ces mots dans votre lettre, chère Joséphine : « Pensez à vous, à vous *seule !* » — Est-ce bien un cœur comme le vôtre qui dicte de semblables paroles, et, pour n'avoir pas été mère, ignorez-vous à ce point la force de l'amour maternel ? Sans doute, mes enfants auraient pu me seconder davantage, mais n'aurais-je pas dû, moi, les élever autrement ? Les rendre entièrement responsables de ma faute serait injuste, et trop m'accuser le serait aussi. Une mère peut bien faiblir lorsque Bazancourt, homme d'esprit et sérieux, a gâté sa fille Jeanne au point de la faire ce qu'elle est aujourd'hui. Lorsque j'ai eu mes enfants, j'étais trop jeune pour comprendre la tâche que la maternité impose. De plus mon état, qui occupe les trois quarts de la vie, m'a forcée de les confier aux pensions, et les pensions, hélas ! vous devez savoir ce qu'on y apprend ! Ne les ayant pas toujours avec moi, leurs visites étaient des jours de fête, la sévérité en était donc bannie; et puis ils venaient au théâtre !... Le goût d'artiste leur est venu, mais ni l'un ni l'autre n'avait ce qu'il faut pour être acteur comme je l'entends, excepté ma fille, dont la voix eût été notre fortune, si elle avait pu vaincre sa peur... Enfin, ma bonne Joséphine, les années ont marché avec les événements que vous connaissez aussi bien que moi, et nous avons tous vieilli sans songer à ce grand fantôme (comme l'appelle Victor Hugo) qui a nom *Demain!* Est-ce donc lorsque ces pauvres êtres sont vieux et incapables, moins par faute de moyens qu'en raison du mauvais sort qui s'est toujours attaché à nous, est-ce donc aujourd'hui qu'ils sont abattus et profondément découragés, que moi je dois dire : « Tirez-vous de là comme vous pourrez, mon talent me suffit pour vivre, je le garde pour moi, pour moi *seule!* » — Allons, allons, vous n'avez pas réfléchi en m'écrivant ces mots-là. N'en parlons plus, je vous en prie; autrement, je douterais de vous !...

Si indignes qu'ils fussent, Déjazet adorait ses enfants, et Dieu, qui l'éprouva de tant de façons, lui épargna du moins la douleur de les perdre. Elle partie, chose étrange, la mort frappa coup sur coup ceux que son amour ne protégeait plus. Claire, qui avait fait preuve d'un dévouement complet pendant la dernière maladie de sa belle-mère, ouvrit, le 6 janvier 1876, la marche funèbre. Hermine suivit, le 13 décembre 1877 ; puis Eugène, le 19 février 1880. Le jour même des obsèques de ce dernier, arrivait à Paris la nouvelle du décès des fils d'Hermine. Maxime et Stéphan, tués en Amérique par la fièvre jaune. Survivaient seules alors, — vivent encore aujourd'hui, dans une contrée lointaine, — Jeanne Charpentier et sa fille Andrée.

Eugène et sa sœur Hermine reposent, nous l'avons dit, dans la tombe de leur mère. Morte, Déjazet préserve de l'oubli les enfants que, vivante, elle défendit contre la misère !...

TROISIÈME PARTIE

L'AMOUREUSE

XVII

Les comédiennes galantes. — *Petits papiers*. — Comment Déjazet connut Charles Fechter. — Premier baiser. — Tristesses et joies. — Un journal intime. — Exil. — L'étoile. — Conseils d'amie. — Amante et mère. — Mlle Nathalie. — 6,000 francs de rentes. — Retour à Paris. — Découragement. — Encore éloignée. — Infidélité. — Rupture. — *Felix culpâ*.

Les noms des comédiennes célèbres figurent, pour la plupart, sur le livre d'or de la galanterie. Il faudrait, pour s'en étonner, ne rien connaître des conditions particulières où se trouve la femme de théâtre. Adulée par les uns, méprisée par les autres, objet des louanges délicates comme des désirs brutaux, qui la défendrait contre l'envie naturelle d'éprouver elle-même les sentiments qu'elle exprime pour le compte de personnages fictifs? L'actrice vertueuse est donc un mythe. Mais, au milieu d'erreurs que l'isolement ou le mauvais exemple excuse, il est des femmes privilégiées qui savent conserver la dignité, la franchise, le désintéressement et les plus belles qualités du cœur : Déjazet fut de celles-là.

Les catalogues d'autographes qui, à notre époque de « petits papiers », constituent un élément prisé d'informations, ont fait connaître au public les noms de divers personnages aimés successivement par Déjazet : Adolphe Charpentier, Hector Bossange, le comte Louis Germain, Laferrière, Arthur Bertrand, d'autres encore. Les notices publiées sont curieuses, et peut-être eussions-nous recueilli ces correspondances, si fragmentées qu'elles soient, si le hasard ne nous avait mis en possession de pièces nombreuses, inédites, et contenant, dans toutes ses péripéties, le dernier roman que vécut la grande artiste. Roman sincère, passionné, charmant, dont Déjazet se plaisait à évoquer le souvenir au temps de sa vieillesse, et que personne n'a dit encore.

Les relations de la comédienne avec celui que nous appellerons Charles se nouèrent, en 1850, dans des circonstances singulières. Ecoutons le récit que Déjazet en fit, un jour, à sa meilleure amie :

Par une après-midi de liberté, je vis entrer chez moi un camarade qui m'apportait une avant-scène pour l'Ambigu, où l'on devait représenter *Notre-Dame de Paris*. Je m'y rendis avec Lise qui était, depuis plusieurs années, ma gouvernante ou plutôt ma seconde mère. La pièce commença; rien de marquant jusqu'à l'entrée en scène de Phœbus. L'interprète de ce rôle était un beau jeune homme, au visage mélancolique et doux; sa voix, sa grâce aimable firent une vive impression dans la salle. Tout à coup ses yeux se fixèrent sur moi, qui déjà me sentais attirée par une force mystérieuse. Où trouver des mots pour peindre la magie de ce regard qui ne me quitta qu'au baisser du rideau? Phœbus fut acclamé, redemandé, et moi, clouée au bord de ma loge, vaincue par le magnétisme émanant de tout son être, je compris que je lui appartenais.

J'étais l'automne alors qu'il était le printemps; l'aimer était folie, mais, dans la lutte qui s'engagea entre mon cœur et ma raison, cette dernière devait être battue. Après une nuit sans sommeil, je résolus de revoir Phœbus le soir même. Chose étrange, je n'aurais, pour une fortune, avoué ce désir à ma gouvernante, et j'eus recours à la ruse pour le satisfaire. Je sortis, louai la loge que j'avais occupée la veille et me la fis envoyer par le camarade de qui m'était venu le premier coupon; puis je retournai au théâtre, non sans avoir essuyé quelques railleries voilées de Lise. Même scène se passa, provoquant en moi la même extase, et cela se renouvela pendant une semaine entière. Le neuvième jour, je reçus de celui qui était déjà mon maître une lettre me demandant un entretien pour le lendemain, deux heures. Il allait venir, j'allais voir de près mon rêve; était-ce possible!... Le jour tant désiré arrive, deux heures sonnent, tout mon être tressaille, mais personne ne se présente!... Trois heures, quatre heures retentissent à leur tour, il ne vient pas!... La fièvre brûle mon sang! Que fait-il? Quelle est son intention? Elle ne saurait être malveillante, et pourtant cette impolitesse est sans excuse!... Mes meubles tromperont mon impatience. J'entreprends le déménagement complet de mon salon, mettant à droite ce qui était à gauche; je fais surtout une guerre affreuse à ma bibliothèque, brouillant les auteurs, les époques et les genres; j'instruis enfin Lise, par ce remue-ménage, de l'état véritable de mon cœur!...

Trois jours après, Phœbus-Charles apparut, pour m'offrir de dessiner les costumes d'un rôle que je répétais. Je m'empressai d'y consentir et lui donnai des séances fréquentes. Un matin qu'il vint de bonne heure et que j'étais obligée de sortir, il offrit obligeamment de m'accompagner chez le docteur Blanche, où j'allais. Le docteur était absent, et nous nous promenâmes, en l'attendant, dans son jardin, que je n'aurais pas échangé pour le paradis terrestre. On était au milieu d'avril, et la nature semblait se mettre de la partie pour augmenter notre bonheur. Je mets ce mot au pluriel, car j'avais senti le cœur de mon compagnon battre aussi précipitamment que le mien. Muets, délicieusement troublés, nous marchions, appuyés l'un à l'autre. Aucun mot d'amour n'avait été prononcé par nous, lorsqu'au détour d'un chemin s'offrit à nos regards une pâquerette, la première de l'année. Elle émergeait, immaculée, d'un tapis de gazon. Obéissant à la même pensée, nous nous penchâmes tous deux pour la cueillir, et, dans ce brusque mouvement, nos lèvres se rencontrèrent!...

L'aveu fait, cet amour partagé suivit sa marche naturelle, bien que Lise y mît obstacle par des objections quotidiennes. C'était pressentiment, sans doute, car le bonheur de Déjazet devait coûter la vie à sa compagne. La première nuit que les deux amants passèrent à Seine-Port, Lise, indisposée, appela vainement à son aide ; on ne l'entendit pas, et elle gagna une maladie qui l'emporta en peu de jours. C'était la plus grande perte que pût faire la comédienne, au début d'une liaison qui lui réservait autant de douleurs que de joies.

Comment en eût-il été différemment ? Déjazet comptait cinquante-deux ans; Charles, qui en avait vingt-cinq, était de plus marié, père, et bien résolu à ne point sacrifier ses devoirs à sa fantaisie. De là des pleurs, des doutes, des jalousies, mille incidents qui ne rendaient que plus doux les rendez-vous furtifs, et que plus nombreuses les lettres échangées sous le couvert d'amis complaisants (1). Cette correspondance, religieusement conservée par Déjazet, est aujourd'hui entre nos mains, et nous y puiserons avec d'autant moins de scrupules que sa publication ne peut que gagner des sympathies à notre héroïne. Ses lettres — les seules qu'il convienne de reproduire ici — sont, en effet, délicieuses de jeunesse, de sentiment et de sincérité.

C'est pendant l'été de 1850 que s'établit, entre les deux amants, un commerce épistolaire suivi. Leur passion, jusque là, s'était dépensée dans le tête-à-tête; mais Déjazet alors avait rompu avec les Variétés et courait la province, tandis que Charles entrait au Théâtre-Historique. L'exil de Déjazet, tout volontaire, lui avait été dicté par son amour même ; elle en donne le motif dans les lignes suivantes :

Rouen, 7 août 1850.

Ta lettre est bien sérieuse, mon pauvre Charles. Merci cependant de ce qu'elle renferme; crois que s'il n'est pas en mon pouvoir de mériter ton indulgence, tu n'auras pas

---

(1) Citons, parmi ces obligeants, Emile Vanderburch et Louise Leroux, jeune actrice poitrinaire, dont le nom revient fréquemment sous la plume de Déjazet.

à rougir de mon amour. Les explications que tu me donnes sur la vie que tu t'es faite vont me soutenir plus que jamais dans la conduite que mon instinct de femme m'a dictée. Oui, Paris est fini pour moi, c'est-à-dire pour mon nom. Ce sacrifice à ton repos est le seul digne de la tendresse et de l'estime que tu veux bien me donner. Je ne regrette que le trop peu d'avenir que je brise en ton honneur, et, de ma gloire, que ce que je pouvais encore t'en offrir. A ton tour, Charles, accepte avec la même franchise que je te les offre ces quelques années qui ne frappent que mon petit orgueil d'artiste. Ma bourse n'en souffrira pas, au contraire, j'arriverai plus vite à cette situation qu'on appelle le bien-être parce que l'on n'est et l'on ne fait plus rien. Pendant ce temps, toi, tu grandiras. Rien n'aura entravé la marche de tes succès; ni mensonge, ni querelles, ni reproches, ni surprises ne seront venus troubler ton cœur et appauvrir ton imagination. Tu seras heureux enfin, et par moi, qui ne serai point à plaindre, car Dieu m'aura exaucée. Alors Charles, bien loin, bien vieille peut-être, je ne t'écrirai plus que ce mot : « *Remember!* »

Le sacrifice est grand ; si Charles a quelque bonté d'âme, il l'acceptera difficilement. Déjazet le comprend et insiste, le lendemain encore, en présentant comme arguments de généreux mensonges :

Rouen, 8 août 1850.

Il faut bien, l'un et l'autre, accepter les conséquences de nos caractères et de notre position. Ne cherche donc pas à combattre mon projet; il est bien arrêté et a même reçu un commencement d'exécution. Le plus difficile, pour moi, sera de repousser les observations que tu vas me faire. Je connais tes scrupules à l'endroit de ma carrière d'artiste; avec ton indulgence ordinaire pour ma petite personne, tu vas grossir en raison d'elle le sacrifice que je m'impose. Tu auras tort, pauvre ami. Rien n'est éternel ici-bas, et je sens bien que je suis moins loin de la fin que le public ne le croit. Mon absence d'un an, les sots rapports des journaux qui me faisaient morte ou folle, ont énormément amélioré l'esprit de ce monde, qui d'ordinaire sait si bien nous tuer avant le temps. On m'a donc revue et reçue comme une ressuscitée, et l'on a crié au miracle en me retrouvant ce que j'avais été. Mais, Charles, si pour le public je ne suis pas changée, je ne puis nier, moi, que je souffre et que mon courage seul me soutient. Je ne joue ici que trois fois par semaine, et à peine une fois bien; ma voix me trahit souvent, l'adresse seule me sauve. A Paris, c'est trente fois dans un mois qu'il faut jouer, tu le sais. Ne serait-il pas bien affreux d'y retourner pour détruire ce que j'y ai laissé et faire dire à tous les bons camarades que je me traîne sur ma vieille réputation? Non, non, ne me blâme point. C'est Dieu qui m'inspire et qui t'a mis sur mon passage pour m'éclairer et me soutenir. Ne refuse donc pas la mission qu'il t'a donnée, et sois sûr qu'il y a plus que de l'amour entre nous!...

Sous un prétexte quelconque, la comédienne accourt à Paris, presse Charles sur son cœur, et repart, après avoir laissé cet adieu :

11 août 1850.

Quelle singulière chose que la vie! Faire trente lieues pour te voir, être à dix minutes de toi et compter douze heures de solitude depuis hier, partir enfin sans oser même regarder ta maison! Je me fais l'effet d'un pauvre oiseau en cage, dont les ailes ne s'agitent sans cesse que pour se cogner aux barreaux!... Mais il ne faut pas être ingrate envers Dieu; il a été généreux hier, il peut l'être encore : acceptons le présent en reconnaissance du passé et dans l'espoir de l'avenir. Adieu, Charles; adieu, chère petite table où chaque jour ta douce main vient m'écrire; adieu Paris, qui garde mon cœur et mon âme!... Pendant que je t'écris, l'heure marche plus vite et j'échappe à la réalité; il faut y rentrer pourtant; il faut, pour toi seul, trouver courage et raison, le courage de vaincre mes regrets, la raison d'agir dans le sens contraire de tout ce qui me ferait heureuse : c'est une belle chose que la raison!... Vois comme je suis bavarde, comme je vole le mauvais destin qui est là, derrière mon dos, s'impatientant de ce que je le fais attendre : « Viens, dit-il, regarde le beau soleil qui chauffe la petite boîte dans laquelle je vais t'enfermer et qui doit t'emporter si vite et si loin de ce que tu aimes. Viens pour des sots, des inconnus, te donner la peine de chanter, rire, te fatiguer enfin ce soir, lorsque tu voudrais laisser pleurer ton cœur et reposer ton corps. Viens, puisque tu ne sais pas vouloir ce qu'*il* ne voudrait pas! » — Je pars!...

Mais, vers cette date, un événement se produit, qui ébranle sérieusement la résolution prise par la *comédienne* de n'utiliser désormais son talent qu'en province. M. Paul-Ernest, nommé directeur du Vaudeville, lui fait des propositions d'engagement. Que décider? Quoi qu'elle en ait dit, Déjazet sent bien que Paris lui réserve encore des couronnes ; elle y retournerait avec joie, mais, délicate toujours, elle fait Charles l'arbitre de son sort :

Rouen, 18 août 1850.

Je t'ai écrit hier, en arrivant. Quoi? c'est à peine si je m'en souviens. Ce que je n'ai pas oublié, c'est que tu sais tout maintenant. Que vas-tu me répondre? Ah! je puis te l'avouer aujourd'hui, car cette lettre, tu ne l'auras que demain, et celle d'hier est partie; donc, à cette heure, ta réponse est faite et mon arrêt prononcé. Ah! Charles, si tu acceptes mon sacrifice, je l'accomplirai avec courage, avec religion, car, s'il assure ton repos, qu'importe le reste! Mais si tu m'écris : « Reviens, j'ai foi en ton amour, et c'est sous sa sauvegarde que je mets mon bonheur » — que ferai-je pour mériter la joie céleste que tu m'auras envoyée! Ce que je ferai?... Je calculerai jusqu'à mes pensées pour qu'aucune ne puisse t'affliger, te contrarier même; je bénirai la minute que tu me donneras de ta présence et ne me plaindrai jamais des heures que tu ne pourras, que tu croiras ne pouvoir m'apporter; enfin, je vivrai pour t'attendre et je t'attendrai pour vivre. Ensuite, Charles, je travaillerai à grandir mon nom, car je veux du moins, lorsque tu ne seras pas là, que mille voix te disent : « Elle a été belle, c'est un grand talent! » Alors, ami, tu répondras sans crainte : « C'est mon ouvrage, sans moi elle n'était plus rien! »...

A la prière instante dissimulée sous ces promesses l'amant répond, comme il le doit, par le conseil d'accepter les propositions faites. Déjazet traite avec M. Paul-Ernest, et rentre au Vaudeville en octobre 1850, pendant que Charles, libéré par la faillite du Théâtre-Historique, passe à la Porte-Saint-Martin. Les lettres s'interrompent alors et les rendez-vous recommencent. Ces rendez-vous, qui se donnaient dans un petit appartement du boulevard Poissonnière, n'étaient, au gré de Déjazet, ni assez fréquents ni assez prolongés. L'idée lui vint, un jour, de tromper son impatience et ses regrets en rédigeant, pour elle seule, une sorte de journal contenant les sensations ou les désirs qu'elle n'osait communiquer à son amant. Celui-ci, usant du pouvoir magnétique qu'il exerçait sur la comédienne, eut bientôt fait de lui arracher le secret du tiroir où dormaient ses confessions ; il les lut, et, séduit autant que touché, engagea Déjazet à continuer l'œuvre commencée. On ne saurait que l'en féliciter. Le journal que nous allons reproduire n'a pas seulement une valeur documentaire; il retrace, dans un style bien personnel, des impressions poignantes ou naïves, qui laissent entrevoir un fonds de simplicité, de pudeur même, bien remarquable chez une femme éprouvée, comme l'était alors Déjazet, par quarante-sept ans de théâtre. Nous transcrivons scrupuleusement :

Mercredi, 15 janvier 1851.

Tu me demandes du courage, Charles ? J'en aurai. J'imposerai silence à mon amour, à ma fatale passion, car c'est là le nom que je dois donner au sentiment que j'éprouve pour toi; mais je tromperai du moins ses élans, ses douleurs, en déposant chaque jour sur le papier mes pensées, celles surtout que je veux, que je dois te cacher. Plus tard, Charles, lorsque je n'aurai plus rien à craindre du monde et de moi, tu parcourras ces lignes et tu diras peut-être : « Elle a souffert autant qu'elle m'a aimé; elle a eu autant de courage que d'amour! »

Hier, j'ai commencé l'épreuve; je ne suis point allée dans la rue où les heures s'écoulaient plus vite et moins tristement qu'ici; ce soir encore je reste, et désormais je resterai toujours. Si tu savais ce qu'il m'en coûte pour enchaîner mes pieds et ma tête! Je regarde la pendule de quart d'heure en quart d'heure, et, rappelant mes souvenirs de cette première représentation où tu as été si beau, si grand, si complet, si toi enfin, je me dis : « Il est en scène, il parle, et je pourrais être là; je pourrais l'entendre, l'applaudir, moi qui d'ordinaire ne suis pas libre! » — Avoue, Charles, avoue que je suis bien malheureuse et bien raisonnable. Le premier passant me donne envie, car il ne lui faut qu'un peu d'argent pour te voir et t'entendre. Aussi prendrais-je volontiers la figure du plus vulgaire individu pour pénétrer dans ton théâtre sans te parler, sans te demander même un regard, mais pour mettre mon pied où le tien a posé. Pourquoi faut-il que je sois si connue! Que de projets, que de ruses je mettrais à exécution! — « Pauvre folle! » dirais-tu, si tu lisais tout cela. A mon âge vivre du cœur, et d'un cœur de jeune fille aimer un homme que toutes les femmes voudraient posséder, c'est, en effet, de la folie!...

Je crois te l'avoir dit, Charles, si mon père avait vécu, je ne serais pas ce que je suis. Sans doute, je ne t'eusse pas aimé; sans doute, je ne serais pas ta femme; mais j'en serais une, au moins, que tu estimerais, si le hasard t'avait fait la rencontrer. Depuis que je te connais, que je t'ai entendu parler sur mon sexe, j'ai bien des fois pleuré en regardant derrière moi; mais, depuis la lettre que tu m'as condamnée à lire hier, lettre de la main de ta femme, je me trouve cent fois plus misérable encore. Et tu veux que je sois confiante en ton amour, moi qui t'entraîne dans ma mauvaise action, moi qui dois t'apparaître si indigne de la comparaison? Non, non, je n'ai pas confiance, car tu dois nous juger un jour et trouver dans ton cœur reconnaissance pour elle, mépris pour moi! Voilà, mon ami, ce qui rend si souvent tes paroles impuissantes et ma confiance impossible. Sans doute, en ce moment, tu m'aimes; je le crois, j'en ai la preuve; mais, plus le présent te donne à moi, plus j'étends les bras en suppliante vers l'avenir. Toute légère qu'on me croit, qu'on me fait, je ne sais pas dire : « Jouissons de ce qui est, sans m'inquiéter de ce qui sera. »

— Si je croyais mourir demain, je m'enterrerais moi-même

dans mon bonheur d'aujourd'hui; mais si demain doit être à moi, je le veux avec ton amour pour l'accepter. Et, comme demain n'est à personne, je suis donc une pauvre folle de m'en tourmenter, de ne pas être à tes genoux, Charles, pour te dire : « Merci du passé, merci du présent; quant à l'avenir, je n'ai pas à le craindre si tu dois cesser de m'aimer !... »

Il est minuit et demi, tu ne viendras pas. Je t'ai attendu hier, je t'attendais aujourd'hui, mais ta raison est plus forte que ton cœur : tu dois être à présent dans ta chambre à fleurs lilas... Qu'elle est heureuse, celle qui t'entend rentrer, qui peut dans le silence écouter ta respiration ! Moi, pauvre abandonnée, je puis errer toute la nuit : personne ne s'inquiète, personne ne m'attend !... Je vais me mettre au lit, non pour y dormir, mais pour y souffrir de l'âme et du corps, pour compter les heures, les minutes, pour entendre chaque voiture s'éloigner, chaque piéton rentrer, pour songer que beaucoup de ces noctambules passent devant ta maison en y portant, sans s'en douter, une pensée de mon cœur, une larme de mes yeux. Puis, à trois ou quatre heures, Dieu aura pitié de moi; il m'enverra le sommeil où je te retrouve encore, où je t'aime toujours !...

Jeudi, 16 janvier.

Ai-je le droit de soupirer ce soir, après une telle journée ? Je t'ai vu, je t'ai pressé sur mon cœur, tu m'as dit : « Je t'aime ! » — Non, non, je dois encore rester, me souvenir et ne pas désirer. Ah ! Charles, c'est bien difficile. Tout à l'heure j'étais sur mon balcon, calculant, entre les lumières, celles qui éclairent ton théâtre. Mes yeux les dévoraient, mon âme les touchait. Mon âme, c'est tout ce que je puis me permettre d'envoyer à toi ! A minuit, je me remettrai à la fenêtre, et alors je fixerai l'endroit que tu m'as montré un soir et où la régularité des lumières cesse. C'est là que tu demeures, m'as-tu dit...

Le temps a marché, l'heure est passée, le boulevard est désert, les lumières aux trois quarts éteintes, et tu dors, toi ! Tu ne m'aimes ni ne me crains plus... Je suis fière de moi, ce soir. Figure-toi, mon chéri, que la bonne qui emporte la clef, comme tu le sais, m'a demandé, se trouvant indisposée, de s'en aller plus tôt qu'à l'ordinaire. Aussitôt l'idée que, si je voulais sortir, je ne le pourrais pas, à moins de laisser ma porte ouverte, cette vilaine idée m'a fait lui dire de me laisser la clef : ma liberté est donc aux prises avec mes propres forces !...

Il est une heure, je suis restée ! Que de fois j'ai abandonné ce griffonnage pour aller dans le salon, puis dans l'antichambre, puis jusqu'à la porte que j'ai touchée, ouverte même, et cependant je suis restée. Oh ! c'est fini, je ne veux plus lutter ainsi avec le danger. Demain la bonne emportera la clef, c'est plus sûr, et demain tu ne te douteras pas que tu auras à saluer la plus courageuse des femmes. Mais aussi, plus tard, si je faiblis, tu ne le sauras pas non plus. A demain donc, mon Charles, à midi je serai prête et j'attendrai !...

Vendredi, 17 janvier.

Il est minuit passé. Je rentre, je viens de te voir, de te parler. Te voir, c'est tout ce que je voulais; Dieu en avait ordonné autrement. Ecoute-moi bien, Charles. Ce soir, mon courage était à bout. En sortant de chez ma fille, voyant la lune si belle, si brillante, je me suis souvenue que c'était l'astre des amoureux et je me suis dit : « J'en prendrai ma part ». Je suis donc sortie de chez moi, à neuf heures, à pied, et je suis allée m'installer dans un petit endroit fait, je crois, pour protéger celles qui, comme moi, voudraient voir sans être vues. Je suis restée devant ta fenêtre rouge jusqu'à ce que la lumière en eût disparu, et t'ai vu entrer après le spectacle. Ta chère ombre passait et repassait derrière le rideau, dont le plus léger mouvement faisait battre mon cœur. J'attendais, j'espérais... quoi ? Que ta main le soulèverait une seule fois pour regarder si ta pauvre toquée n'était pas là, comme au temps de *Pauline;* mais, hélas ! ce souvenir, tu ne l'as pas eu, et tout à coup l'obscurité la plus complète m'a dit : « Il ne l'aura pas ! » — Alors, j'ai quitté ma cachette pour assister à ta sortie. Je t'ai vu; tu me tournais le dos, car tu allais prendre le côté du boulevard. J'aurais dû partir, mais je voulais te voir encore, et, pour cela, je me suis mise à courir tout le long de la rue, persuadée que tu suivrais la même route que moi et que les maisons seules nous séparaient. Arrivée au coin de l'Ambigu, je m'arrête, je lève la tête pour te voir passer, et j'aperçois un paletot blanc. C'est toi, donnant le bras à une dame. Depuis trois heures j'étais debout ; mes pauvres jambes, bien fatiguées, venaient de courir sans se plaindre, mais, pour le coup, les voilà qui fléchissent au point que mes mains rencontrent la terre. Je me relève cependant et trouve assez de force pour suivre le paletot blanc qui, pendant ma petite révérence, avait gagné du terrain. Le couple marchait très vite, je le suivais avec peine. Enfin, passé le Château-d'Eau, je me trouve à portée de mieux voir, et certes ce que je vis ne te ressemblait guère. C'est alors que j'ai rencontré l'Empereur et son compagnon ; j'étais donc bien persuadée que tu devais être rentré, aussi n'ai-je regardé dans le café que parce qu'il s'appelle du nom de ton théâtre. Juge de ma surprise lorsque ta figure s'est trouvée en face de la mienne ! Oui, le cri que j'ai poussé était de peur, car je croyais rêver. — Et dites-moi, monsieur, ce que vous faisiez au café, depuis que je vous avais vu sortir ? Vous arriviez, m'avez-vous dit, vilain menteur, et moi j'avais eu le temps d'aller au Château-d'Eau et d'en revenir ! Convenez que, puisque vous vous permettez quelques minutes de flânerie, vous pourriez bien, une pauvre petite fois, par hasard, venir jusqu'au n° 30, monter et sonner à une porte que la joie et le bonheur vous ouvriraient. Je vous dis cela, parce que vous ne pouvez m'entendre ; j'aurais trop peur de vous paraître exigeante, surtout lorsque, comme aujourd'hui, vous m'avez accordé deux heures de votre aimable présence.

Comme tu m'as fait mentir tout à l'heure, mon Charles, et que je souffrais de te répondre avec aussi peu de franchise ! Mais, t'avouer ce que je venais de faire depuis neuf heures, était-ce possible ? Aussi, je te promets, mon ange, que pareille chose ne m'arrivera plus, car, si l'on me rencontrait deux fois, cela ferait mauvais effet. Seulement, j'irai encore vivre sous ta fenêtre. Ici, vois-tu, j'étouffe, j'ai des espèces d'attaques nerveuses qui me brisent. — Mais j'ai un grand projet : je vais me faire faire une blouse, un pantalon ; avec une bonne petite casquette sur l'œil, j'aurai l'air d'un vrai gamin auquel personne ne fera attention. Alors aussi mon Charles ne sera plus obligé de reconduire sa petite femme, pour protéger son jupon; il la laissera rentrer à minuit sans inquiétude, et, sans regrets, sans humeur, il pensera à elle avant de s'endormir en se disant : « Elle m'aime bien! »

Samedi, 18 janvier.

Je viens de relire ma dernière page d'hier. Suis-je bête de t'écrire ainsi, de te dire que tu ne seras plus inquiet de moi lorsque je serai en homme! Comment le sauras-tu? Moi, qui ne veux pas que tu t'en doutes! Mais, à propos de cela, j'ai bien peur, mon Charles, d'avoir été trop bavarde aujourd'hui. Cette espèce d'extase où je me suis trouvée chez Louise, le jour si bas, l'heure, tout me prouve que tu m'as endormie. Aussi ne remettrai-je pas mon journal dans ma cachette ordinaire; si j'ai parlé, cela sera toujours sauvé. Heureusement qu'avec une grande volonté on peut lutter contre le magnétisme, et j'ai celle bien forte de te cacher l'aventure d'hier et mon griffonnage de chaque jour!

Il ne m'a pas été possible d'aller, ce soir, parler du cœur et des yeux à mon cher rideau rouge; mais je n'ai pas tout perdu, puisque ce bon Vander t'a trouvé et amené à moi.

Mon costume se fait, et je serai mercredi un bon petit garçon qui, du moins, se promènera sans peur sous votre presque joli nez. Oui, oui, tire ton rideau à présent, pour voir ta pauvre folle et la gronder si tu l'aperçois; elle rira bien , lorsque tu sembleras dire en t'éloignant : « Elle n'est pas là! » Et tous ces imbéciles passeront près de moi sans entendre les battements de mon cœur, sans se douter que Déjazet, cette Déjazet qu'ils font si joyeuse et si débraillée, est là, debout, haletante, devant une fenêtre fermée, envoyant son âme, sa vie, à une ombre dont elle emporte à minuit le souvenir et rien de plus. Ils ne le croiraient pas ces beaux parleurs, et me comprendraient mieux au milieu d'un souper, d'une orgie même, que dans cette rue noire, infecte, dont mon amour fait un paradis.

Dimanche, 19 janvier.

Je suis rentrée à dix heures. J'espérais, je croyais te trouver ici. Rien! Il est onze heures, tu ne viendras plus. Comment, tu n'as pu trouver une heure pour t'échapper, pour venir me récompenser de tous mes sacrifices d'aujourd'hui, car nous devions dîner ensemble, et c'est par raison, par prudence, que j'ai tout défait, tout brisé, c'est pour t'obéir que je suis allée ce soir jouer à la Gaîté, au bénéfice de D...! Une bonne action porte bonheur, dit-on; en voilà la preuve : tu n'es pas venu! Pourquoi? Bien certainement tu n'as mené personne au spectacle (je sais qu'*on* ne sort plus), et tu n'as pas passé toute la soirée chez toi, sans mettre le pied dehors. Tiens, Charles, je suis jalouse; il me semble que tu me trompes. C'est peut-être bien affreux, ce que je dis là, mais tu ne peux m'entendre et j'ai besoin de soulager mon cœur. D'abord, sans mesurer l'amour à son action, il est certain pourtant que l'ivresse des sens n'est point la preuve que l'on n'aime pas, et voilà plus de huit jours, mon pauvre Charles, que mes yeux te parlent, que ma main tremble dans la tienne, sans que tu veuilles me comprendre. J'avoue que l'endroit où nous nous voyons est peu propice à de pareilles joies et que je me sens honteuse, moi, de t'y porter mes baisers. Tout respire là une odeur d'intrigue qui me rabaisse et m'embarrasse devant toi. Ces impressions, je les ai toujours éprouvées, mais je les surmontais, je les oubliais même au feu de tes regards, aux désirs si pressants que tu me témoignais. Maintenant, ami, c'est moi qui brûle, mais sans savoir échauffer ta tête ni ton cœur. Ah! Charles, Charles, si je n'ose te dire : « Tu ne m'aimes plus », je puis bien croire que tu m'aimes moins. Donnerai-je à ma plume la tâche de rendre ce que j'en souffre? Non, il est des joies qu'on ne peut que rêver, il est des douleurs qu'on ne peut que sentir!...

Lundi, 20 janvier.

Ah! la bonne, la belle journée, et que je viens de saluer ta fenêtre avec amour et reconnaissance! Là, il y a à peine six heures, j'étais à table avec toi; tu me regardais de ce regard que toi seul possède; tu me disais : « Nini, je suis heureux! » Est-ce que toute ma vie pourrait payer de telles paroles? Aussi, à ce concert, suis-je arrivée toute fière, toute joyeuse, et les braves gens qui m'applaudissaient si fort ne se doutaient guère que ma voix, mon âme, c'était toi! Je suis rentrée bien vite, j'ai jeté là ma belle robe, mes jolis brodequins de satin, pour une jupe noire et de bons gros souliers; puis je suis arrivée à dix heures à ma place chérie. A onze heures, ta fenêtre s'est ouverte; j'en ai éprouvé un si grand trouble, une si grande frayeur, que je n'ai pas pris le temps de regarder si c'était toi : j'ai traversé la rue en courant toujours devant moi, comme si j'étais suivie. Je me suis arrêtée près du boulevard; je voulais partir, rentrer, impossible : il m'a fallu retourner sous ma grande porte. Alors, tout était calme, la fenêtre fermée; mais un coin du rideau relevé me donnait l'espoir de saisir une partie de ta chère personne. Je suis donc restée jusqu'à la fin, pour emporter cette joie; je l'ai eue, et, dans la crainte de recommencer la scène de l'Empereur, je me suis sauvée sans attendre que tu soufflasses ta lumière. J'ai fait route avec une partie de ton public qui, plus d'une fois, m'a chatouillé le cœur en s'écriant : « Le jeune premier est charmant! » —Une certaine dame surtout, que j'ai suivie jusqu'au Gymnase, ne tarissait pas sur toi: « Qu'il est joli, gracieux, que d'amour dans ses yeux, quelle expression dans le moindre geste; ah! si j'avais vingt ans, mon ami, — disait-elle à un monsieur — j'en serais folle! » Cette digne femme était bien grosse, bien courte, et, je crois, bien vieille; j'avais envie de l'embrasser, d'aller lui dire : « N'est-ce pas, qu'il est beau? Eh bien, madame, il m'aime, et je défie vos vingt ans d'avoir jamais pu vous rendre aussi folle que je le suis! » — Tout cela, Charles, n'est pas fait, tu le comprends, pour me rendre raisonnable, calme, comme tu le voudrais. Non, non, laisse-moi vivre ou mourir de ton amour; laisse-moi t'aimer enfin comme tu ne l'as jamais été, comme tu ne le seras jamais!

Mardi, 21 janvier.

J'ai été bien sage, hier. Il n'était pas deux heures lorsque je me suis mise au lit. Ma nuit a été moins longue qu'à l'ordinaire; j'ai dormi, j'ai rêvé. Chose singulière, j'ai rêvé ce qui vient de m'arriver : tu m'as surprise dans la rue! Heureusement, ce soir, j'étais en voiture, et cela parce que ma bonne avait emporté la clef d'une armoire et que, par le temps qu'il faisait, il eût été difficile de marcher avec des brodequins de velours. Ah! petit sournois, tu as laissé ta lumière, et moi, confiante dans le signal du départ, j'ai été prise en faute, oui, en faute, car tu m'as dit que j'étais peu raisonnable, que je ne tenais pas ma parole. Et puis, bien certainement, tu as consulté mon sommeil; tu sais trop de choses, je m'en désespère. Mercredi, j'aurai mon gamin; cela surtout je ne veux pas que tu le saches. Peut-être, ne me voyant plus, cesseras-tu de m'interroger, pensant que tes reproches m'ont convaincue; alors, je serai libre. Inconnue de tout le monde, de toi-même, plus de craintes pour l'un ni pour l'autre. Je serai heureuse sans imprudence et sans te causer d'inquiétude. Ah! qu'il me tarde de quitter ce sot jupon qui nous défend le courage et l'accomplissement de tant de choses. Il me semble que je vais briser une chaîne, que je vais respirer plus librement, marcher avec quatre jambes, t'aimer avec un cœur de plus!

Mercredi, 22 janvier.

Oh! que tu es beau, que tu es grand, mon Charles! Après la première représentation de *Claudie*, je me disais, en rentrant : « Jamais il ne jouera aussi bien! » et, ce soir, je t'ai trouvé bien au-dessus de la première fois. C'est ravissant de simplicité, de grâce, de cœur, de tout enfin! Voilà, mon trésor, les rôles, du moins le caractère des rôles que tu devrais toujours jouer là. Pas de cris, pas de poses, pas de voix qui puissent faire oublier que c'est toi qui parles. Tout ce qui m'entourait faisait ton éloge, aussi ai-je passé une bien douce soirée. Et puis, tu m'as envoyé un si bon regard! Mon Dieu, que tu dois être heureux de donner autant de bonheur, et qu'il est affreux de ne pouvoir t'en remercier!

J'ai bien songé, ami, à tes bonnes paroles d'aujourd'hui, à ton projet de Versailles. Oui, j'éprouverais une véritable ivresse à me promener avec toi dans ce beau parc rempli de si délicieux souvenirs. Appuyée sur ton bras, je pourrais dire que le grand roi n'y fut pas plus heureux. Seulement, il était plus puissant; il bravait le monde, et le monde oubliait de le blâmer pour l'admirer. Moi, je n'ai ni gloire ni puissance, et le peu que je suis disparaît devant l'envie ou sous la plume d'un méchant journaliste; il me faut sacrifier au monde le bonheur que tu m'offres. Tu es marié, Charles, et, en m'aimant, tu m'as confié ton honneur et le repos de la femme qui porte ton nom. Ne viens donc pas à Versailles. Nous pouvons, nous devons y être rencontrés. Que dirions-nous pour notre excuse? Il faudrait courber la tête et trembler pour les suites. Deux fois, Dieu nous a sauvés; ne le forçons pas à nous appeler ingrats et à nous punir : ne viens pas à Versailles!

Jeudi, 23 janvier.

Je suis arrivée ce soir comme ta fenêtre se fermait. Il était onze heures moins un quart, probablement dans le deuxième entr'acte. Je ne sais si d'autres que toi restent dans ta loge, mais, longtemps encore après mon arrivée, j'ai vu une ombre passer et repasser devant le rideau; puis tout a repris son aspect habituel, et, pendant que tu étais en scène, je suis allée gaminer un peu sur le boulevard, car j'étais en homme, et il me semblait si bon de n'avoir plus à me cacher, à supporter les regards des passants qui, en voyant une femme seule et voilée, avaient toujours l'air curieux et surpris! Ce soir, je sautais, je bousculais le monde, qui me le rendait assez énergiquement. Un monsieur même m'a envoyé un coup de poing en s'écriant : « Fichu gamin! » ce qui m'a fait rire de bien bon cœur. J'avais oublié, comme toujours, d'emporter de l'argent, sans quoi j'aurais acheté de la galette, du sucre d'orge, je me serais traitée enfin avec les honneurs dus à mon rang. Lorsque j'ai vu la grande porte de ton théâtre s'ouvrir, je suis retournée à mon poste pour saisir ton entrée dans ta loge, et, après, je suis partie. J'ai eu peur d'être surprise, reconnue par toi : oh! cela me rendrait si honteuse!

Certes, ceux qui m'ont vue ce soir avec ma jolie robe blanche ne m'eussent pas devinée sous ma vilaine blouse bleue. Mais toi, est-ce que je puis jamais dire : « Tu ne le sauras pas ? » Est-ce que, quand tu le veux — et tu l'as voulu, peut-être, — tu ne sais pas tout ? Aujourd'hui encore tu m'as endormie, et mon déguisement m'occupait tellement l'esprit que je tremble de t'avoir tout dit. Ce serait bien mal, Charles, de me savoir si près de toi et de ne pas toucher une seule fois ton rideau pour me dire bonsoir. Mais non, tu ne sais rien, et, pour éviter tes questions de demain, je vais imposer à mes pauvres yeux le chagrin de ne plus veiller; ainsi tu ne les trouveras pas si rouges et tu ne penseras point à m'interroger. Bonsoir donc, mon ange, bonsoir; je vais tâcher de retrouver en rêve l'heure si douce de tantôt, et profiter de mon bonheur sans trop l'analyser, par crainte de le perdre.

Vendredi, 24 janvier.

Ta fenêtre s'est ouverte deux fois ce soir, merci. Oui, j'étais là; oui, j'ai compris; oui, je suis heureuse. Ne me gronde plus, cher trésor, de mes petites promenades nocturnes, j'y trouve tant de bonheur; ne me gronde pas de me rougir les yeux à t'écrire, car, pendant ce temps-là, je suis avec toi. S'il te fallait répondre à toutes ces rêveries de mon âme, je cesserais, pour ne point t'imposer une tâche trop forte; mais ces lignes sont pour moi seule. Je vis beaucoup de souvenirs, Charles, et ceux que je rapporte chaque soir sont si doux, si purs ! La vue de ta fenêtre, un coin de ton rideau qui s'agite, en voilà assez pour me faire heureuse, parce qu'il y a dans une vibration du cœur plus d'éternité et d'infini que dans toutes les gloires, les ambitions de grandeur et de fortune. Tout ce qui aime croit, s'agenouille, espère et prie; tout ce qui aime se sent immortel. Est-ce que la science et la richesse font comprendre le ciel et sentir Dieu? Voilà pourquoi je suis plus fière et plus heureuse de ton amour et du mien que si j'avais conquis trois couronnes !

Je ne veux plus, je ne dois plus mettre en doute un mot de ta bouche, un regard de tes yeux. Tu m'aimes et je t'en remercie en mettant tout mon cœur dans cette action de grâces. Pourquoi douterais-je? Je suis trop peu de chose pour que tu t'imposes un langage trompeur ou des actions forcées. Si tu ne m'apportes ni ne me donnes tout ce que je veux, tout ce que je sens, c'est que ton existence a mille chaînes que tu ne peux briser, mille fils qui t'attachent aux exigences de l'art et aux devoirs d'un honnête homme. En un mot tu m'aimes, mais tu n'as pas le temps d'être amoureux, et il y a des moments où je ne comprends même pas que tu puisses trouver celui d'être heureux de mon bonheur. Mais ton âme est si riche en toutes choses qu'il y a probablement place encore pour l'indulgence que mérite mon amour violent, immense, et capable de la plus entière abnégation dans les jours d'orage.

Samedi, 25 janvier.

Oui, tu m'as fait parler, tu sais tout. Je t'avais bien dit tantôt que j'aurais un moyen de m'en convaincre : ma cigarette t'a interrogé et tu lui as répondu. Tu ne pouvais me deviner là, dans cette rue, et, si Nini ne t'avait pas prévenu, tu n'eusses pas répondu au gamin qui fumait. Me voilà bien avancée, avec mes secrets, tu les as tous ! Mais, du moins, tu ne me surprendras pas, car, aussitôt après le spectacle, lorsque j'ai dit bonsoir à ta chère ombre, je me sauve et je rentre sans la crainte de t'avoir forcé à faire une imprudence. Tout s'est passé comme si je n'étais pas venue : je suis heureuse sans qu'il t'en coûte rien ! Demain, un autre bonheur m'attend, je dîne avec toi; aussi je veux que mes pauvres yeux soient moins laids qu'à l'ordinaire. Il n'est qu'une heure, je vais me coucher avec mes souvenirs, avec mon espoir : ah ! c'est une belle nuit qui m'attend !

Dimanche, 26 janvier.

Quoique ce cahier soit un confident que j'enferme sous clef aussitôt que je le quitte, je n'ose plus écrire ce que je pense, car ma pensée est à toi; tu en es le maître, comme de mon âme, comme de mon cœur, et, s'il te plaît de vouloir, j'obéirai. Mais « les paroles ont des ailes », dit un vieux proverbe; tu peux me faire parler, je ne veux pas écrire. Ta mémoire sera toujours moins fidèle que ce papier qui, comme tout ce que je crois *à moi*, peut t'appartenir demain. Après tout, qu'ai-je à te cacher ? Il me semble que tout ce que je sens, que tout ce que je fais doit trouver grâce à tes yeux, car il n'est plus une sensation, une action de ma vie, qui ne se traduise par ce mot : amour! Il renferme ma force et ma faiblesse, ma raison, mes folies, et je t'aime comme un enfant qui, pour te le prouver, aurait le courage et le dévouement de dix hommes. Je ne dois donc rougir de rien, mais me défier de tout ce qui n'est pas toi. Certes, il est plus que probable que jamais ce cahier n'appartiendra à des indifférents; il ne doit être qu'à moi ou à toi. Qui sait, cependant? Je puis mourir dans un voyage, et alors, pauvre compagnon de la moitié de mes nuits, dans quelles mains tomberais-tu? Quel cœur te comprendrait!... Cette crainte ralentit et embarrasse ma plume.

Dieu sait pourtant si je le méprise, ce monde qui, mariant sans cesse la femme à l'artiste, la dote de toutes les passions qu'elle représente, et tombe constamment dans l'exagération du bien ou du mal. Béranger m'avait devinée, si l'on en croit un écrivain, qui ajoute doctoralement : « Frétillon et Déjazet ne sont qu'une seule et même bonne fille! » — Frétillon *donnait tout;* je n'ai jamais été si généreuse de ma bourse et de mon cœur. A qui m'a dit : « J'ai faim », j'ai simplement offert le partage d'un avoir souvent plus que modeste; à qui m'a dit : « Je vous aime », j'ai répondu plus d'une fois : « Vous n'aurez rien! » — Ceux qui ont exploité mes sympathies, je les plains sans les haïr; ils se sont volés plus que moi. Le mal qu'ils m'ont fait a été compensé par les joies de mon dévouement pour eux, tandis qu'ils se sont fait chasser d'une âme qui avait bien quelque valeur. Je n'en repousse pas moins, avec les vices qu'on me donne, le trop de vertus qu'on me suppose. Je prends de plus en plus, chaque jour, en dédain les fanfares d'opinion, et il m'importe peu, après tout, d'être trouvée grande ou misérable par la foule.

Je donnerais tous les bruits d'encensoirs humains pour un rayon du monde supérieur m'expliquant le pourquoi de la vie et les destinées de l'âme!

Mercredi, 29 janvier.

Vingt-quatre heures loin de Paris, loin de toi, c'est un siècle. Aussi, avec quelle joie je retrouve ce soir ma petite chambre, avec quelle reconnaissance j'ai salué ta fenêtre qui s'est ouverte et qui, cette fois, semblait me dire : « Enfin, te voilà de retour ! » Que tu es bon, de venir ainsi exposer ta jolie petite tête au vent du soir que je ne sens pas, moi, tant mon cœur brûle lorsque je pose mon pied dans cette rue. Vander me disait, l'autre jour : « Comment peux-tu rester là ? tout y est noir et sale. » — Imbécile ! il y fait trop clair encore pour me cacher à tous ceux qui passent. Où tu es, où je te vois, j'accepterais l'enfer du Dante et le trouverais plus beau, plus radieux que le paradis de Milton ! Si Vander et d'autres jetaient les yeux sur ces lignes, ils monteraient sur des échasses pour crier au ridicule, à la démence. Que le diable les emporte, avec tous les boulets de trente-six qu'ils veulent attacher aux ailes de mon âme ! De quel droit ces gens-là prétendent-ils me condamner à n'avoir sur la terre que leurs grossières joies, à ne m'occuper comme eux que de calculs d'argent, de petites ambitions, de petites vanités ? Mon amour me force bien assez souvent à des sacrifices, à de poignantes douleurs, sans que la crainte de leur opinion me mette encore du plomb sur les lèvres et au cœur ! Est-ce qu'ils me connaissent, pour me juger ? Est-ce que je sollicite leur approbation, leur estime, pour m'inquiéter de leur façon de penser à mon égard ? Je n'ai pas besoin de redouter leur blâme pour m'abstenir de tout acte entaché de lâcheté ou d'égoïsme. Depuis longtemps je sais comment juge le monde, ce qu'il est, ce qu'il vaut, et je crois vraiment qu'il est glorieux d'être accusé par ces impuissants jaloux, qui se vengent de l'admiration qu'on leur arrache par de basses calomnies !

Vendredi, 31 janvier.

Tu n'as pas été gentil tout à l'heure. D'abord, le second acte était fini depuis longtemps lorsque tu as ouvert ta fenêtre, ce qui fait, petit monstre, que tu m'as rogné la moitié de mon bonheur, car, à peine était-il commencé, que tu t'es sauvé pour entrer en scène. J'avais bien envie de te punir en n'attendant pas la fin du spectacle, mais j'ai plus de cœur que d'amour-propre, plus de tendresse que de rancune. Je n'ai donc pas voulu perdre ma dernière joie de la journée, c'est-à-dire ce dernier regard qui m'envoie le courage parce qu'il semble me dire : « A demain ! » Je suis revenue; mais, hélas! j'ai vainement attendu le courage et l'espoir; aussi suis-je partie bien triste, bien abattue : le « petit Paul » ne sautait pas sur le boulevard, va, il avait la tête bien basse et le cœur bien gros! Et cependant, demain, si tu ne m'en parles pas, je ne t'en dirai rien, car il est arrrivé ce soir ce que je craignais, ce que j'aurais évité en te cachant toujours mon travestissement. Maîtresse de mon secret, je n'espérais, je ne demandais rien de ta volonté. Ce que je venais chercher, je l'avais toujours : ta fenêtre, ton rideau, ton ombre; tu ne pouvais rien changer à tout cela, et je rentrais sans me dire : « Il m'aime moins aujourd'hui qu'hier. » — Vois-tu, Charles, je t'aime trop, moi, et je t'entraîne, je le sens bien, à me donner plus que tu ne peux, que tu ne dois. Pourquoi donc, alors, vouloir toujours que je te dise tout ce que je pense, tout ce que je fais? Si je ne puis t'aimer avec moins de violence, je saurais du moins refouler au fond de mon cœur le trop plein de cet amour qui déborde lorsque tu m'interroges, et je t'épargnerais ainsi bien des réflexions qui ne doivent pas toujours être à mon avantage. J'arrive à ta pensée, j'en suis sûre, remplie d'exigences, d'extravagances même, et je finis par te faire peur ou te fatiguer. J'avais trouvé, pour sauver tout cela, mes promenades du soir et ces pages la nuit; je trompais ainsi mes désirs, mes regrets, mon impatience. Mes secrets découverts, je ne laisse plus aucun repos à ta pensée, à tes actions, et j'userai ton amour à ma vie, comme ma vie s'use à ton amour!

Samedi 1er février, 8 heures du soir.

Je sais bien où je voudrais aller, si je ne jouais pas demain; mais, avec un pareil temps, comment ne pas craindre quelque chose de fâcheux? Tu me gronderais fort, surtout à présent que tu me grondes toujours. Car, sans t'en apercevoir, mon Charles, sur les deux heures que tu me donnes chaque jour, tu en passes plus de la moitié à rire de mon amour, à me défendre de t'aimer, tout cela sans doute en plaisantant, mais moi qui te parle comme je sens, c'est-à-dire avec toute la poésie de mon âme, je commence à devenir honteuse, à me croire ridicule. Tes constantes réponses dans le sens tout contraire de ce que je te dis me rendent gauche, craintive. Prends garde, ami. A force de tourner au comique les expressions de ma tendresse, les plus grandes preuves que je pourrai t'en donner deviendront bientôt sans conséquence; tu te trouveras froid devant mes paroles, incrédule devant mes serments, sans indulgence pour mes faiblesses et sans pitié pour mes douleurs! Je te laisse voir avec tant d'abandon l'immense puissance que tu exerces sur mon être que tu peux, sans craindre d'en rien perdre, me réduire à l'état d'une esclave, d'un chien même. Aussi, Charles, n'est-ce point l'artiste qui se débat devant tes épreuves, mais la femme qui, déjà si peu, craint de n'être bientôt plus rien, car je sens diminuer journellement mon intelligence et mon énergie. Ambition, fortune, famille, sont dans ces deux mots seuls : « Je t'aime! » — Oui, je t'aime, et, la preuve, c'est qu'en dépit du temps affreux qu'il fait, de ce qui peut m'arriver demain et de tes reproches, je pars, je vais retrouver ma rue noire, la fenêtre rouge que tu ne dois pas ouvrir cependant, mais, à dix heures et demie, tu dois penser à moi, et ma propre pensée sera plus près pour te répondre!

Minuit.

Me voilà rentrée. Oh! que j'ai bien fait de sortir! D'abord, la moitié de ma soirée a été triste; debout devant ta fenêtre, j'ai vainement attendu le bonheur quotidien. Je me disais : « Il me croit au spectacle, mais il ouvrira, il voudra voir la place où il me trouve toujours, il enverra dans la fumée de son cigare cette pensée promise, et peut-être sera-t-il heureux, comme moi je le serais, parce que moi, vois-tu, j'aurais fait tout cela. Mais toi, tu ne sais pas être heureux de toutes ces faiblesses, tu en ris. Enfin je suis restée à mon poste, avec des battements de cœur affreux. Quand tu approchais du rideau, je ne respirais plus, j'ouvrais de grands yeux, je croyais, j'espérais...; puis tu as glissé sous mon regard et plus rien n'est venu interrompre l'égalité de ta lumière. Je l'avoue, j'étais fâchée, et je suis partie avec la ferme résolution de ne pas revenir à la fin du spectacle. J'ai donc été chez Louise... tu sais le reste. Mon Dieu, est-ce que je puis jamais te garder rancune? Est-ce que me priver d'un de tes regards, d'un de tes gestes, n'est pas une punition pour moi ? Quand il arrive que je t'ai vu, embrassé, je rentre dans ma petite chambre où, comme un avare, je ferme bien la porte pour compter le trésor que tu viens de me donner, trésor que je trouve dans ma tête, dans mon cœur, dans mon âme. Demain, je pars. Tu ne vois, toi, dans ce voyage, qu'une courte séparation, et, parce qu'il ne faut qu'une heure pour aller ou pour revenir, tu ris de mes regrets, de mon adieu qui, pourtant, Charles, pourrait être le dernier. J'ai peur de mourir, parce que tu m'aimes. Cette idée me poursuit tellement que je n'ose pas laisser chez moi mon pauvre petit coffre. Il renferme tes lettres et ce cahier; dans quelles mains tomberaient-ils ? Que pourrait-il en arriver ? Moi qui vendrais mon âme pour t'épargner un chagrin, j'exposerais ton repos, ton honneur après ma mort ! Non, non, je ne veux pas que tu regrettes jamais l'amour que tu m'auras donné; je ne veux pas que mon souvenir puisse te coûter une larme. J'ai donc fait venir mon ancienne femme de chambre, et, chaque fois que je partirai, elle emportera nos secrets. Tout est convenu entre nous : si tu ne dois pas me revoir, elle ira *elle-même* te prier de passer chez elle, et là te remettra le coffre. Alors, mon Charles, tu liras ces lignes, puis tu les brûleras. J'ai assez foi dans ton cœur pour être sûre que le feu n'effacera que l'encre, ne détruira que le papier !

Mais je te verrai avant mon départ. Ta bonne petite voix a donné certain son à certaines paroles, et tout à l'heure, en te quittant, j'ai senti que je te verrais demain...

Lundi, 3 février.

Ah ! petit traître, après le spectacle vous ouvrez votre fenêtre sans vous montrer, et vous pensez ainsi sans doute me tenir en haleine, au risque de me faire surprendre par vous. L'épreuve est rude, j'en conviens, et il m'a fallu un fier courage pour m'éloigner sans attendre davantage que je n'avais eu. Du reste, mon ami, je ne veux pas qu'en sortant de jouer tu livres désormais au vent de la nuit ta tête si gentille; je ne veux même plus que tu ouvres ta fenêtre, j'exigerai cela demain : tu ouvriras tout simplement ton rideau, ce qui voudra dire adieu pour l'un comme pour l'autre.

Eh bien, je ne suis pas morte; mon grand voyage est fait, et me voilà plume en main, cœur au bout, comme si je n'avais jamais quitté cette place. Figure-toi que je me suis trouvée en chemin de fer avec une ancienne passion. Ne fronce pas le sourcil, est-ce que j'en plaisanterais si je n'avais à ajouter « passion malheureuse ». C'était et c'est encore un fort joli garçon, mais, comme tous ceux qui prétendent me connaître, ne pouvant s'expliquer le pourquoi de son insuccès, il m'a demandé hier la raison de ce malheur : — « Eh! mon Dieu, parce que je ne vous aimais pas », lui ai-je répondu. — « Allons donc, est-ce qu'une femme d'esprit comme vous a besoin d'aimer pour se donner? Qu'on l'aime, voilà tout ce qu'il faut. Tenez, je me suis marié, j'ai une femme ravissante, une position brillante à ménager; je vais retrouver ma femme à quelques lieues de Meaux, elle m'attend... Si vous le voulez, je reste à Meaux, je reviens demain à Paris, et je ne vous quitte que lorsque vous me chasserez, car je vous jure que je suis plus amoureux que jamais! » Vois-tu d'ici ma figure? Connais-tu assez mon cœur pour comprendre ce que j'éprouvais de colère et de dégoût? Mais, comme je connais la tête du monsieur, il m'a fallu renfoncer tout cela et le prendre par la douceur, car il est de ces hommes qui, lorsqu'on leur ferme la porte, entrent par la fenêtre. Enfin je m'en suis débarrassée, et, à Meaux, j'ai eu la joie de le quitter pour ne le revoir jamais, je l'espère. Oh! comme je pensais à toi pendant tous ses discours, comme je comprenais qu'il y aurait du bonheur à se tuer plutôt que de tromper, même par force, un homme tel que toi! Je ne t'ai pas parlé de tout cela, mon ange, parce que d'abord tu étais malade; et puis, tout ce qui touche à mon passé, je n'ose plus m'y arrêter ni m'en souvenir devant toi. Cependant celui-là n'est pas coupable; n'importe, je voudrais n'avoir à compter que neuf mois dans ma vie : tu sais lesquels?...

Mardi, 4 février.

Je viens de passer en voiture devant ton théâtre, mon Charles, je ne suis pas restée, et tu oses dire que je manque de raison ! Mlle D. m'offrait d'aller t'avertir; j'ai refusé, tu ne m'attendais pas. Tu m'as donné aujourd'hui quatre bonnes heures; fallait-il demander au ciel une nouvelle faveur; fallait-il risquer, en me présentant à l'improviste, de te mettre sur les lèvres ce mot : encore? Non, je suis passée en t'envoyant de la main mes plus doux baisers, avec ces modestes paroles : « Bonsoir, ami; malgré le mur qui nous sépare, je te vois et je t'aime ! » — Demain, je l'espère, ta chère santé sera tout à fait remise : tu as tant souffert, hier! Que j'étais bien, cependant, près de toi; comme le calme qui régnait dans la chambre me causait de délicieuses rêveries! Je suivais ton sommeil, comme une mère veillant son enfant; je retenais ma respiration, dont le bruit eût pu troubler ton repos; je n'osais bouger un doigt; enfin, j'étais de marbre au dehors et je brûlais au dedans, lorsque ces maudits tambours sont venus sans pitié renverser toutes mes précautions. Mon Dieu, qu'à propos d'eux tu m'as dit une chose qui m'a caressé l'âme : « Justement, ils commencent sous nos fenêtres! » — *Nos*, ce mot m'a fait oublier un instant que tu étais chez moi, pour me faire croire que nous étions chez nous. Merci, merci, Charles, car il a laissé dans mon cœur quelque chose qui m'a touchée, qui m'a grandie : tu veux que je te doive plus que de l'amour!

Il est une heure, tu dors sans doute; moi, je suis plus heureuse : je pense à toi!...

Mercredi, 5 février.

Tu veux donc que pas un instant de ma vie ne soit à un autre que toi? Ecoute, Charles, Lorsque je doute de ton amour, lorsque je vois le temps marcher et que, seule, les yeux fixés sur la pendule, je me dis : « Il ne vient pas, il ne sent pas comme moi les tourments de l'absence, car cette heure qui passe il en est le maître, elle peut sonner là où il veut l'entendre, il peut avancer ou retarder celle du bonheur; moi, je ne suis rien, je ne puis rien qu'attendre »; eh bien! mon Charles, tout en t'accusant, tout en trouvant que tu as plus de raison que de tendresse, la mienne ne saurait s'affaiblir : ma confiance s'ébranle, mon amour reste. Mais lorsque, comme depuis quelques jours, tu devances l'heure ordinaire, quand dans tes yeux, dans un geste, je lis ces mots : « Nini, je t'aime ! »; alors, vois-tu, je deviens folle de bonheur, et mon cœur trouve encore quelque chose de plus à te donner. Aussi, ne devant pas te voir demain, j'emporte une provision de souvenirs où je puiserai patience et courage.

L'impératrice Joséphine laissait voir, à la joie de sa figure et à la fierté de son regard, que Napoléon l'avait faite heureuse. Je suis un peu comme elle : lorsque j'ai trouvé dans tes bras l'ivresse et la croyance, il me semble que je deviens une créature supérieure et que tout ce que je rencontre doit s'incliner devant moi, parce que je suis aimée et que c'est toi qui m'aimes !

Vendredi, 7 février.

Hier tout entier sans te voir ! Hier à Versailles, mais aujourd'hui à Paris, dans cette chambre, la joie, l'amour, le bonheur, toi enfin !

J'arrive de ma chère rue toute noire; j'y ai passé une heure bien triste, car mes yeux et mon cœur ont vainement attendu le signal ordinaire : la croisée, le rideau, tout est resté muet. Fallait-il partir après l'entr'acte ? Je le voulais; il faisait un temps affreux, j'étais malade, presque fâchée de ce que tu avais oublié qu'à la suite d'une si délicieuse journée je viendrais te remercier; mais mon cœur me conseille toujours bien, il m'a dit de rester, et après le spectacle j'en ai été largement récompensée, car tu as pensé à moi et ta fenêtre s'est ouverte. Il n'en fallait pas davantage pour me renvoyer joyeuse et presque bien portante, pour m'empêcher de sentir la pluie et me faire trouver le ciel aussi pur que le bonheur que j'emportais.

Aussi je ne suis pas rentrée seule heureuse. A quelques pas de ma porte grelottait un pauvre à qui j'ai donné assez pour qu'il ne revînt pas de quelques jours, ce qui lui a fait me jeter cette exclamation : « Oh ! merci, mon bon monsieur ! » — Dame, le *bon monsieur* portait en lui le trésor que tu venais de lui donner, et c'est en te mettant de moitié dans ma bonne action que j'ai fait cette aumône qui nous portera bonheur !

Samedi, 8 février.

Je t'ai vu ce matin, avant de partir pour Versailles. Tu es venu ! Que c'est gentil, que c'est bon de ta part ! Tu m'aimes donc, mon Charles ? Oui, oui, je le crois maintenant. Aussi, tu le vois, plus de plaintes, plus de larmes ; je suis heureuse de tout le bonheur que tu me donnes et je pars chaque fois avec courage parce que je reviens avec confiance.

Mon Dieu, est-ce que tant de joie durera longtemps ? Est-ce que j'ai jamais valu une heure de ton amour ? Ce soir, au théâtre de Montmartre, je regardais Jud... et je pensais que tu l'avais dédaignée. Elle est belle, cependant ; moi, je ne l'ai jamais été, je le suis moins que jamais, et tu m'aimes ! Elle le sait, sans doute, car elle disait à Mme Allan qui m'accablait d'éloges : « Elle sait tout cela, ma chère, et ne craint pas plus de rivale en talent qu'en amour : son amant est imprenable. N'est-ce pas ? » ajouta-t-elle, en s'adressant à moi. Tu devines ma réponse : « Je n'ai pas d'amant et je n'oserais, si j'en avais un, mettre sa fidélité aux prises avec la plus légère coquetterie, etc. » — « Comment, vous le niez, ma chère amie ? Sans doute à cause de sa femme ? Par exemple, voilà ce que je ne ferais certainement pas. Il y a double gloire dans une pareille liaison : l'homme bon à montrer et la position sérieuse à lui faire braver. Avec l'amour, il faut faire comme avec l'argent. Plus on en mange, plus on nous aime ; plus nous aimons, moins nous sommes aimées. C'est par leurs sacrifices que ces messieurs s'attachent à nous : il faut donc les ruiner de toutes les manières ! »

Que dis-tu de cette morale, mon Charles. En l'écoutant, vois-tu, la beauté de cette femme disparaissait et je comprenais ton indifférence, tes refus : tu avais vu comme moi son âme sur sa figure !

L'individu présent à cette conversation me regardait avec des yeux qui, en nous comparant toutes deux, m'adressaient bien certainement ces mots : « Je vous estime, car un tel langage doit écorcher vos oreilles et révolter votre cœur. » — Par prudence, cependant, j'ai retenu tout ce que ton souvenir et mon amour me portaient à répondre. J'aurais laissé voir ce que mon cœur renferme d'abnégation, de dévouement pour toi; je me serais dotée de tous les sentiments que tu me fais comprendre, de toutes les vertus que tu me fais rêver; ton nom, sans cesse sur mes lèvres, aurait glissé dans un soupir... J'ai donc refoulé tout au fond de mon cœur l'indignation qui voulait en sortir, et dit seulement à Jud... « Je vous plains et ne donnerais rien de ce que je suis pour tout ce que vous êtes! »

Lundi, 10 février.

Me voici de retour encore. Cette fois, j'ai fait un long voyage (près de cinq heures en route), mais j'emportais tant de bonheur! Car tu es venu me dire adieu, j'ai passé deux heures dans tes bras, et tu m'as dit souvent, bien souvent : « Nini, je t'aime! » — Non, non, tant de bonheur ne peut durer! Je le savoure en tremblant, je me regarde, je m'écoute, et je ne puis croire que tout cela est vrai. Aimée, aimée de toi! Pourquoi, mon Dieu, lorsque tant de femmes délicieuses, brillantes de jeunesse et de beauté, t'appellent, te désirent? Tu ne sais donc pas ce que tu es, ce que tu vaux? Tu ne vois donc pas ce que je suis? Sans doute je t'aime à mourir pour sauver un de tes cheveux, mais suffit-il d'aimer pour être aimée? Ta vie de chaque jour, de chaque nuit, ne s'écoule-t-elle pas au milieu des sentiments les plus doux, les plus purs?

Un homme seul qui se jette dans le tourbillon des plaisirs juge et traite les femmes assez légèrement; il use bien des années à chercher le bonheur, et, lorsqu'il le rencontre dans un cœur qui se donne à lui sans calcul, sans coquetterie, il regarde avec regret, avec dégoût derrière lui; il compare et dit : « Une sur mille; aussi gardons-la, cette femme, aimons-la; une maîtresse fidèle et dévouée, c'est si rare! » Alors, si cette femme n'est ni jeune ni belle, elle peut se croire aimée pour tout l'amour qu'elle donne; mais dans ta position, Charles, que te fait une maîtresse qui ne t'apporte que quelques qualités et dont l'extrême tendresse ne peut que te fatiguer et te compromettre?

Je t'ai bien étudié depuis que je te connais, mon ange ; il y a certaines faiblesses, certain passé que tu ne peux oublier ; il y a donc entre moi et celle qui porte ton nom une inégalité que je ne pourrai jamais effacer. Victor Hugo a dit à Juliette Drouet :

> Mon amour t'a refait une virginité !

mais il y avait dans cette phrase plus d'esprit que de conviction, plus du poète que de l'homme ! Je t'ai vu sourire de pitié lorsque je t'ai conté cela ; tu ne t'illusionneras donc jamais sur moi, ni en vers ni en prose, et lorsque ce je ne sais quoi qui t'entraîne commencera à s'éteindre, où seront ma force et mon pouvoir pour me défendre, pour te persuader, pour me faire plaindre enfin et t'intéresser à ma douleur ? Tu m'abandonneras sans remords, parce que tu m'auras aimée sans estime. Ah ! si tu savais ce que je souffre quand une circonstance, un mot, m'oblige à baisser la tête devant ton regard, tu comprendrais mieux alors ce que tu appelles ma déraison, tu excuserais ma défiance en ton amour, et tu sentirais que, devant le plus petit changement dans les douces habitudes que tu m'as fait prendre, le doute et la peur s'emparent de mon âme. Ce soir, par exemple, je rentre triste, inquiète, parce que tu m'a laissée partir sans ton dernier adieu. J'étais là, pourtant, et il faisait bien froid ; aussi voulais-je bien ta fenêtre fermée, mais non le rideau, et le cruel n'a pas bougé. Je suis partie en meublant ma pauvre tête de mille folies, et, tout en n'ayant dormi que quelques instants cette nuit, voilà qu'il est deux heures à ma pendule, et que je ne me sens pas le moindre sommeil. Il faut que je me couche cependant ; je ne veux pas être laide demain, puisque je dois aller à Versailles avec toi !...

Mardi, 11 février.

Impossible d'aller tout à l'heure à ma place accoutumée ; je suis horriblement souffrante et j'attends un bain comme le malade attend la santé. Te dire ce qu'il m'en coûte pour rester ! Je ne sais vraiment si le chagrin que j'en éprouve ne l'emporte pas sur le mal du corps, mais je sens que si je veux braver ce dernier, il deviendra plus fort que mon courage, et qu'ensuite il me demandera plus d'un jour de sacrifice. J'obéis donc ; adieu pour ce soir, ma pauvre petite rue, ma douce lumière couleur de rose, et toi mon sylphe auquel ne manquent que des ailes. Je n'en voudrais pas tant, moi, pour gagner un baiser de tes lèvres, et si, pendant dix minutes seulement, la rue pouvait être à moi seule, je te jure que j'arriverais à toi, que je verrais enfin cette heureuse loge qui te possède et semble narguer mon amoureuse curiosité. Ce soir, hélas ! tu ouvriras vainement ton rideau, tu chercheras vainement le feu de ma cigarette, tu n'apercevras même pas celui de mon cœur qui, pourtant, brûle bien plus fort, et toujours, lui !

Mon bain est là, l'heure marche, j'hésite à rester. Que vas-tu penser, en ne me voyant pas ? Nous nous sommes quittés en nous boudant un peu ; si tu donnais ce motif à mon absence ? Moi, me venger par un semblant de froideur ? Non, tu ne le croiras pas, car ton soupçon serait bien peu d'accord avec ce que je te répète toujours : « J'ai trop d'amour dans le cœur pour qu'aucun autre sentiment puisse y trouver place ». — Comme toi, je suis jalouse du passé, mais j'y attache une autre idée : lorsqu'on me cite une de tes maîtresses, je me compare aussitôt à elle, et je ne trouve dans mon pauvre individu aucun attrait capable de le disputer à ton souvenir !

L'heure est passée, je l'ai entendue sonner avec un serrement de cœur et, je puis te l'avouer, avec des larmes bien sincères. Je ne sais si toutes ces sensations douloureuses ont paralysé l'effet que j'espérais de mon bain, mais je ne me trouve pas mieux qu'avant. Et puis, voilà bien autre chose qui me trotte dans l'esprit : je t'attends. Je me dis : « Une seule raison à ses yeux pouvait m'empêcher d'aller à lui ; il doit donc me croire malade, il viendra ; encore quelques minutes et je saurai mon sort. » — J'ai voulu les compter dans le plus profond silence, et j'ai suspendu jusqu'au bruit de ma plume pour mieux saisir celui de la sonnette... tu n'es pas venu, tu ne viendras pas. Folle que je suis, de toujours régler ta conduite sur celle que je tiendrais ! — « Mais, vas-tu t'écrier, est-ce que je suis libre, moi? » — Allons, allons, Charles, souviens-toi de la première représentation de *Claudie*, et dis-moi si ce soir, devant une inquiétude et moins d'obstacles, tu ne pouvais pas faire ce que tu as fait alors ?

Je suis déraisonnable, n'est-ce pas, après la belle journée

qui vient de s'écouler ? Ce voyage à Versailles m'a paru si court et si heureux ! Cette espèce de franchise dans toutes nos actions d'aujourd'hui donnait à mes pensées des contradictions à la fois douces et cruelles, et souvent, Charles, j'ai repoussé ton bras plus à cause du désordre de mes idées que du froid qui me servirait de prétexte. Tu me disais tantôt : « Pourquoi des restrictions dans ce que tu écris ? Ce n'est donc pas ton âme tout entière que je connaîtrai si, un jour, ce cahier m'appartient ? » — Eh bien ! si, mon Charles adoré, tu sauras tout, tu me connaîtras comme Dieu m'a faite et me connaît !...

Vendredi, 14 février, 3 heures du matin.

A cette heure seulement je puis rassembler quelques idées et tâcher de les jeter sur ce papier. Je ne me coucherai pas, je veux rendre mon corps aussi malade que mon âme, je veux mourir enfin, puisqu'ainsi seulement je puis cesser de t'aimer, et t'aimer, vois-tu, Charles, c'est souffrir !

Ce que je viens d'éprouver, il y a quatre heures, est au-dessus des douleurs qui jusqu'à ce jour ont accablé ma vie. La vue d'une femme à ta fenêtre, d'une femme assez libre avec toi pour, la première fois que tu l'as ouverte, venir la fermer aussitôt et tirer ton rideau avec violence ; puis toi la rouvrir, t'y mettre, y être suivi, te retirer... cette espèce de lutte, de volonté, de droit enfin à combattre ta volonté propre, tout cela peut-il venir d'une étrangère, d'une simple visiteuse? On aurait dit à sa conduite, à son obstination à paraître à ton côté, qu'elle savait que là, dans cette rue, un cœur battait pour toi ! Ce cœur, Charles, s'est arrêté ; il m'étouffait ; je serais tombée si j'étais restée une minute de plus. Aussi, je ne sais comment j'ai trouvé la force de bouger. Je n'ai pas été loin, car, à peine de l'autre côté du trottoir, je me suis sentie faiblir et j'ai tendu les bras devant moi comme pour demander du secours à la première personne qui se présentait. C'était une femme qui d'abord a cru que je voulais l'insulter, m'a repoussée très rudement, et s'est sauvée à toutes jambes. Je suis donc complètement tombée à terre, où personne ne m'a ramassée. La douleur que j'ai ressentie a réveillé mes forces. Une fois debout, je me suis mise à courir jusque chez Louise, bien décidée cependant à ne rien lui dire. Pauvre fille, n'a-t-elle pas assez de sa souffrance, et ne m'aime-t-elle pas de façon à accepter encore la moitié des miennes ? Mais impossible de dissimuler : ma figure, ma voix, tout m'a trahie. J'ai donc dit à Louise ce que je venais de voir, en affectant le plus de calme possible ; puis je suis partie, j'ai marché jusqu'à la barrière de l'Etoile, et me voici dans ma chambre, depuis une grande heure au moins, n'ayant quitté mon balcon que pour prendre la plume !...

Il est quatre heures ; je brûle, j'ai la fièvre, et cependant je quitte ma fenêtre. Une idée cruelle me poursuit maintenant : si, pendant mon absence, tu étais venu. Car tu me connais, tu dois avoir compris à mon éloignement ce que j'emportais de désespoir dans l'âme, de folies dans ma tête, et tu dois être venu. Tu ne pouvais rentrer, t'endormir tranquille, sans m'avoir revue ; il ne fallait pas beaucoup d'amour pour cela, mais seulement un peu de pitié. Ah ! qu'ai-je fait, et pourquoi ne suis-je pas rentrée ? Peut-être m'aurais-tu calmée, persuadée, et cette nuit si voisine de la dernière déjà presque perdue, cette nuit qui devait me donner des forces pour partir demain, elle pouvait ne pas être si longue et si cruelle ! Mais, que m'aurais-tu dit ? Que cette femme n'est, n'a été et ne sera jamais rien qui puisse me tourmenter ? Mensonge, Charles ; il y avait des paroles dans son action, de l'inquiétude, des soupçons, de la jalousie enfin dans cette fenêtre refermée si brutalement. Oui, oui, tu l'as aimée, tu l'aimes ou tu l'aimeras !...

Il est six heures. Cette fois, j'ai froid, et une douleur au cœur qui me fait bien mal. Il y a beaucoup de gens qui ne dorment pas dans Paris, j'en ai vu passer toute la nuit. Maintenant, le bruit des voitures recommence ; les Parisiens se lèvent, les uns joyeux, les autres... ah ! les autres, je les défie d'être plus malheureux que moi ! — Toi, tu dors, et ne penses guère que j'ai compté les minutes de ton sommeil par autant de douleurs. Celle que j'éprouve en ce moment est vraiment cruelle... je ne puis plus conduire ma plume... Mon Dieu, mon Dieu, que je souffre !...

Dimanche, 16 février.

Tu vois bien, Charles ; tu veux toujours tout savoir, tu as lu une partie de ce cahier et tu m'as traitée d'insensée et de femme sans parole !... Avant de me quitter tout à l'heure, tu m'as dit : « Parle, je ne veux pas que tu me caches ta pensée sur mon absence de ce soir. » J'ai donc pensé tout haut, et tu es parti fâché. Pourtant suis-je si coupable ? Ce dimanche où tu ne joues pas, que je n'ai jamais eu depuis *Claudie*, n'avais-je donc pas le droit de le désirer, de l'espérer ? N'ai-je pas eu le courage de bouleverser pour toi tout ce qui avait été promis ? Je devais jouer trois fois; le pauvre directeur avait annoncé ces représentations ainsi : hier et aujourd'hui à Louviers, demain à Elbœuf ; j'ai manqué à ma promesse, à l'honneur peut-être, et à mon cœur autrefois si compatissant, car cet homme est malheureux et, par ma faute, il perd beaucoup d'argent et la confiance d'un public qui comptait sur une promesse affichée. C'est bien mal, n'est-ce pas ? Aussi, de cette faute je m'accuse !...

Mercredi, 19 février.

Voilà deux jours que j'ai abandonné mon journal. Je voulais même n'y plus revenir, mais aujourd'hui, 19 février, je n'ai pas le courage de garder le silence sur une date qui me brise le cœur. Neuf mois, Charles, que, pour la première fois, je t'ai donné mon corps et mon âme ! Lorsque, peu de temps après, j'appris par une lettre méchante la grossesse de ta femme, tu me dis, de toi-même : « Pourquoi cette douleur, Nini ? je ne te connaissais pas ! » — Et, à l'heure où je t'écris, Charles, tout est encore dans le même état. Mais quel cœur, quel sang me crois-tu donc, pour m'avoir dit ce matin, avec le sourire sur les lèvres : « Non, je ne dîne pas, malgré la date ! » — Devais-tu me la rappeler ? Moi, je ne la savais que trop, mais je m'étais juré de refouler tout au fond de mon pauvre cœur les tortures que ce souvenir lui cause. Sans doute, je suis une folle, une sotte, de rêver ta fidélité à notre amour ; mais, encore une fois, pourquoi m'as-tu dit ces mots : « Je ne te connaissais pas ! »

Tu me disais de même, il y a huit jours : « Mon congé approche; bientôt je serai libre et j'irai jouer avec toi. » — Aujourd'hui, tu veux que je signe avec le Gymnase, que je m'enchaîne justement pendant les deux mois de ton congé, parce que... voyons, parce que quoi ? Tu ne me l'as pas dit, mais tu m'as fait comprendre que ce que tu me promettais il y a huit jours ne sera plus possible. Et, devant la douleur bien naturelle que j'en éprouve, tu t'écries : « Nous ne serons jamais heureux ! » — Ces mots, Charles, m'ont déchirée comme si tu m'avais enfoncé mille poignards. *Nous ne serons jamais heureux !* Tu le serais donc, toi, si je savais te cacher mes souffrances ? tu croirais donc que je t'aime, si la certitude que tu presses une autre femme dans tes bras m'était indifférente ? Oh ! que serais-tu, que ferais-tu, si les rôles étaient changés ?...

Ce soir, je suis allée à ma place ordinaire. Ta fenêtre était et est restée fermée ; pas une ombre même n'est venue me faire illusion ; je suis partie plus triste encore que je n'étais venue. Minuit sonne ; le 19 est passé : c'est un vilain jour qui vient de finir !...

Jeudi, 20 février.

Tu m'as dit : « Reste ! » et je suis restée, non pour t'obéir, vilain petit monstre, mais pour ne pas risquer mon dimanche qui doit être si beau. Une nuit tout entière dans tes bras ! Tiens, je te disais bien vrai tantôt : je voudrais reculer cet avenir pour avoir la joie de l'espérer plus longtemps. « Mais, le souvenir ? » vas-tu me répondre. Oui, le souvenir est doux, et je l'accepterais avec ivresse s'il ne devait pas se briser contre la certitude que non seulement un pareil bonheur ne reviendra pas de longtemps, mais que peut-être il ne reviendra jamais. C'est pourquoi je suis si avare de la réalité, et que, si près de la dépenser, je regrette l'espoir qui toujours nous permet de dire : à demain !

Oh ! je suis bien ingrate, n'est-ce pas ? et Dieu, pour me punir, devrait, en ce moment, rayer de ma vie ce jour que je semble craindre au lieu de le bénir ! Pourquoi donc alors suis-je restée ? Déjà malade par ma faute d'avant-hier et d'hier, en allant encore aujourd'hui m'exposer au froid du soir je compliquerais mon enrouement, et la représentation de dimanche à Versailles deviendrait impossible. Eh bien, n'est-ce pas là ce que je veux, ce que je désire? Pourtant je suis restée, et demain sans doute ma voix sera guérie, et, lundi, dimanche sera passé. C'est ainsi, Charles, que, depuis notre liaison, je torture mon esprit et mon cœur. Lorsque l'heure de ta visite approche, je n'ai plus d'autre occupation que celle de t'attendre, plus d'oreilles que pour écouter et saisir le premier bruit de tes pas, plus d'yeux que pour fixer la pendule ! Et cependant je me surprends à désirer que tu ne viennes pas, pour être sûre de te voir le lendemain, parce que le lendemain, vois-tu, je n'ose pas y croire, parce qu'en te désirant, en te voulant sans cesse à mes côtés, je sens que j'abuse et je tremble toujours que tu ne veuilles te reposer le lendemain de toutes tes générosités de la veille !...

Il est une heure !... Allons, bonsoir, mon bien-aimé Charles. Si tu n'es pas couché, tu dois te dire : « Elle pense à moi » ; si tu dors, peut-être un bon rêve me transporte-t-il où je voudrais être ?...

Vendredi, 21 février, 8 heures du soir.

Depuis que je t'ai quitté, Charles, je vis comme en rêve. Je ne veille ni ne dors ; je doute de ce qui est, de ce qui a été ; je ne sais ni vouloir, ni pouvoir ; j'ai des désirs et je me sens épuisée !... Ces deux heures passées dans tes bras volaient la vie de mon corps pour doubler celle de mon âme. La preuve que je n'ai vécu que par elle, c'est que l'ivresse n'a pas cessé et que, cependant, mes sens ne sont pas satisfaits. Non, non, il n'y avait rien là de la terre. Je n'ose plus nommer amour le sentiment que tu m'inspires, car, en me permettant de fouiller dans mon passé, je me trouve arriver à toi vierge de sensations et de cœur ! Ce que je sens de tendresse, toute ton intelligence ne peut le deviner ; ce que je ferais pour te la prouver, toute ton imagination ne peut l'inventer. Et vrai, bien vrai, Charles, si tu m'abandonnais, une heure après je serais morte !... Si tu pouvais lire dans mon cœur ce qu'il éprouve à la seule pensée d'un doute, d'une

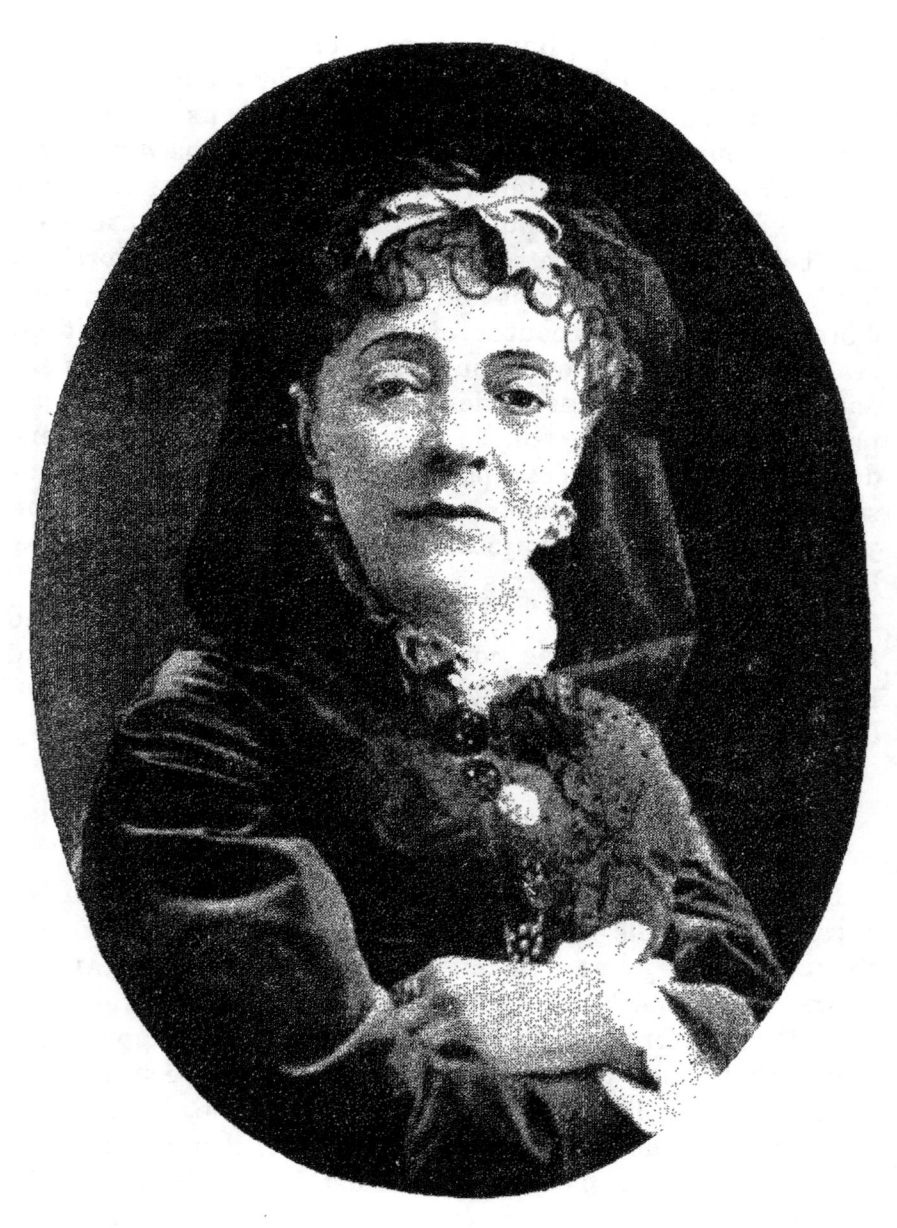

DÉJAZET EN 1875

crainte ? Tiens, il y a dix minutes, on a sonné; étant seule, je suis allée ouvrir : c'était une lettre. N'ai-je pas cru reconnaître ton écriture, et ma pauvre tête aussitôt n'a-t-elle pas formé mille conjectures plus cruelles les unes que les autres ? Je ne veux pas te les dire, car tu me gronderais, mais mon cœur a battu en quelques secondes ce qu'il bat d'ordinaire pour fournir un quart d'heure !

Je ne voulais t'écrire que quelques lignes, et me voilà presque à la moitié de la seconde page; qui sait maintenant quand je m'arrêterai? Je ne veux pas, je ne dois pas aller ce soir saluer mon cher rideau rouge, j'ai trop peur pour dimanche. Ma voix va mieux, mais il me faut la mettre dans du coton jusque-là. Pour moi qui me soigne si peu et qui ai en horreur tout ce qui sent les grimaces et les petites précautions féminines, la tâche que je m'impose est difficile. Je n'ai même pas la ressource de mon balcon, car il tombe une petite pluie presque aussi dangereuse que ma présence sous ta fenêtre...

10 heures 1/2.

J'ai pris un manteau et j'ai voulu voir un peu de ce chemin qui conduit à toi. Je me suis même armée de ma grosse lorgnette et je crois bien avoir vu quelques petites étoiles briller au-dessus de ta jolie tête, car depuis une heure le ciel s'est éclairci, et j'ai partagé ce bienfait de la nature puisque je rentre l'esprit plus calme, le corps moins brûlant. Je me suis assise en me renfermant si complètement dans ma pensée que j'ai presque assisté à la représentation de *Claudie*. Oui, je t'ai vu, je t'ai suivi dans chacune de tes perfections, car tu as beau rire quand je te dis que tu es un admirable artiste, je ne te dis rien alors qui ne soit vrai, bien vrai! Tu ne sais pas, tu ne veux pas croire à l'étendue de ton talent. Les femmes ont une glace pour regarder leur beauté; les hommes de génie se contemplent dans leurs œuvres; toi, souvent sublime, tu ne peux te voir à l'heure suprême où tu tiens mille cœurs suspendus à tes lèvres, où tu fais un poème d'un regard, d'un geste, où tu improvises des sentiments inattendus que l'auteur n'a point créés. Ce que tu es pour nous, pour le public, tu ne peux le savoir que par notre admiration; et tu refuses d'y croire !

Est-ce que tu ne sens pas que tu as devancé de bien des années le sens intime du vrai et du simple? Toutes ces inspirations d'une nature noble et vaillante, qui marche droit sans se soucier des boiteux et des aveugles qui ne peuvent la suivre, tout cela, mon Charles, ne peut-il donc te convaincre de ce que tu es, de ce que tu vaux? Moi, je ne suis pas si modeste; lorsque tu me dis que j'ai quelque mérite, je te crois et je lève la tête si haut qu'il me semble dominer les tours de Notre-Dame!

Le mieux doté des anges a tout perdu par un grain d'orgueil; je suis sûre pourtant que ce roi céleste n'avait pas reçu, la veille de sa chute, la moitié des joies qui se glissent dans mes veines lorsque tu me dis que je suis quelque chose. Répète-le moi deux ou trois fois encore, et ta pauvre toquée, qui n'est pas un ange, verra sa petite part de ciel terriblement aventurée. Il faudra bien alors que tu m'indemnises, si je perds mes droits au Paradis. Il est vrai que tu pourras me répondre que j'étais indemnisée à l'avance!...

Châlons, jeudi 27 février.

Je t'écris d'ici, mon bien-aimé, car, depuis notre retour de Versailles, cela ne m'a pas été possible. Te dirai-je que j'en suis fâchée? Non, car je mentirais. C'est que, depuis ce bienheureux jour, j'ai eu tant à me souvenir et à te remercier que je suis obligée d'avouer mon impuissance à retracer les trente heures d'ivresse que je te dois et qui, pourtant, sont gravées en lettres d'or dans ma mémoire, en lettres de feu dans mon cœur. Que tout était beau à Versailles, quel soleil, quel ciel! Nous étions à mille lieues de Paris! Je marchais sur des fleurs; j'avais tout oublié et te croyais à moi, à moi seule. Toi aussi tu semblais heureux, et je t'ai senti soupirer en même temps que moi, lorsque nous avons mis le pied sur la terre où nous allions nous dire adieu!

Tu disais hier, chez cette pauvre Louise, que j'étais devenue très raisonnable. Hélas! si je suis parvenue à te le faire croire par mes actions, combien tu reviendrais de ton erreur si tu lisais dans ma pensée! Jamais, Charles, non, jamais je n'ai accepté avec moins de résignation l'épreuve que ta position m'impose; mais ne crains rien, je mourrais dix fois avant de laisser à ma tête le temps de t'en rendre victime. Je suis devenue jalouse au point de ne pouvoir écouter les paroles les plus simples sur ton existence intérieure. Mardi, par exemple, tu me racontais qu'en rentrant chez toi, à ton retour de Versailles, tu avais trouvé ton salon renouvelé; eh bien, cela m'a fait mal. Cette opposition de mon isolement avec tout ce que tu retrouves chez toi, cette surprise qui t'attendait et que tu as payée d'un bon regard, d'un de tes délicieux sourires, d'un baiser peut-être, cela m'a glacé l'âme! C'est que moi, Charles, quand tu me quittes j'ai tout perdu. Il ne reste là ni mère ni enfant pour me dire : « Courage, voici des cœurs qui t'aiment et qui ne te manqueront jamais; voici une prévenance, une fleur, qui prouve qu'on t'attendait, et, parce qu'il n'est plus ici, peux-tu te dire abandonnée? » — Non, non, Charles, rien de tout cela n'arrive, rien de tout cela ne se dit.

Je suis certaine que, tout en blâmant mes idées tristes, tu les comprends. Vois donc où je suis aujourd'hui, à quarante lieues de Paris, au milieu d'un monde qui m'apprécie selon le plus ou moins d'argent que je fais faire, logée dans un hôtel qui mérite tout au plus le nom d'auberge, ayant souffert hier, sur un sale théâtre, d'un froid plus cruel que celui de la rue, car là j'ai la permission de me couvrir, tandis que l'autre martyrisait sans pitié mes bras, mes épaules, et m'ôtait presque la faculté de vendre loyalement la marchandise qu'on attendait, car ici le mot *art* ne doit pas être prononcé. Me voici donc, pour deux jours, non seulement sans toi, mais assez loin pour qu'un accident me laisse sans protecteur, pour qu'une maladie me tue sans que je puisse te donner mon dernier regard! Tu vois bien, Charles, que je n'étais pas exigeante hier, lorsque je te disais : « Écris-moi, cinq minutes de ton temps m'apporteront vingt-quatre heures de courage! » — Mais tu ne m'as pas écrit. Il est cinq heures, je n'espère plus rien; je n'ai qu'une consolation, c'est de partir à minuit, ainsi je volerai à la distance le droit de me retenir où tu n'es pas. Minute par minute je me sentirai approcher de Paris, je te chercherai dans ta petite chambre, et je te verrai dormir comme tu dormais à Versailles. Ah! Versailles, quinze jours pareils pour quinze ans de ma vie, et je les donne sans regrets !

Paris, samedi 1ᵉʳ mars.

Encore une douleur! encore cette femme qui vient de se montrer à ta fenêtre et tirer ton rideau, car cette fois c'est bien elle qui l'a fermé, je l'ai parfaitement vue. C'est fini, je n'irai plus dans cette rue; je vais donner à un pauvre enfant ce qui pourrait m'aider à faiblir dans ma résolution. Adieu donc, chers habits qui m'avez si souvent donné le droit de braver l'heure et les dangers de la nuit; adieu, grande porte, sous laquelle mon cœur a battu si souvent et si vite; adieu, rideau magique dont chaque mouvement était le maître de ma vie et qu'une autre main que la tienne n'eût jamais dû tirer entre nous : adieu tout! Ainsi je m'ôterai la possibilité d'être malheureuse ou injuste. Injuste? Non, non, je ne le suis pas. Prends ma place un seul jour, Charles, une heure même, et dis-moi ce que tu penserais, ce que tu ferais devant la présence d'un homme qui se permettrait d'agir ainsi? Tu ferais... ce que Dieu seul m'a empêché de faire ce soir, car, sentant la raison m'abandonner, je l'ai prié de venir à mon secours ou de me tuer avant que je franchisse l'espace qui me séparait de toi. Cette prière, Dieu l'a exaucée, non pour sa misérable créature sans doute, mais pour épargner une grande affliction à qui vaut mieux que moi! Que Dieu soit donc mille fois béni, et que l'enfer reste dans mon cœur plutôt que je démérite jamais de ton estime et de ta confiance en mon amour! Il est grand comme le monde, si grand que, devant ton infidélité *prouvée*, je ne saurais ni ne voudrais me venger!

Je suis allée chez Louise; j'avais besoin de puiser là un peu de force et de sympathie. La vue de cette femme qui va mourir si jeune me faisait envisager ma position avec un sentiment de pitié. Voilà donc, me disais-je, où tout vient se briser; gloire, amour, amitié, sont soumis à ce misérable corps qui emportera tout avec lui. C'est bien la peine de défendre son bonheur contre une question de temps! Aussi cette femme a-t-elle eu raison d'abréger sa vie. Que de regrets, que de déceptions elle évite! Oui, oui, mourir jeune est un bienfait du ciel : il nous permet d'emporter avec nous notre beauté, notre fraîcheur et nos plus chères illusions!...

Dimanche, 2 mars, 4 h. du matin.

J'ai passé la nuit sur mon balcon. Je ne sais vraiment de quelle matière je suis faite : j'ai reçu le froid, la grêle, et ma pensée seule souffre. Je ne sens autre chose que le mal de la jalousie, et celui-là brûle si fort le cœur et l'âme que tout le reste devient insensible. Que diras-tu demain, en me voyant la figure si pâle et les yeux si rouges? Eh! mon Dieu! peut-être ne comprendras-tu pas que toi seul en es la cause? Je ne te dirai donc rien; je tâcherai de refouler bien au fond de mon cœur ce que tu appelles mes extravagances, et le temps fera de cela ce qu'il fait de toutes choses!

Dans quelques heures le boulevard, si désert en ce moment, fourmillera de gens non moins fous que moi peut-être, mais sans contredit beaucoup plus gais. Je ne veux pas les voir, je ne veux pas les entendre : je me barricaderai dans ma chambre et ne mettrai pas les pieds dehors de toute la journée...

Six heures! Allons, je vais me mettre au lit; ma bonne croira que j'y ai passé la nuit, et, si je ne me trouve pas plus fatiguée qu'à présent, personne ne se doutera que je ne me suis pas couchée!...

7 heures du soir.

Pauvre machine que je suis! Il m'a fallu céder; il m'a fallu, après m'être levée, me remettre au lit, car il ne m'était plus possible de supporter la douleur de mon côté. Comment as-tu su que j'étais rentrée à minuit? Je t'ai dit que je n'étais pas allée à notre rendez-vous; c'est une sottise, tu m'avais vue; aussi m'as-tu sévèrement reproché mon mensonge. Je n'ai pas dormi sous ta volonté, et tu m'as dit que j'avais passé la nuit; tu l'as deviné à mes yeux et à ce qui s'est passé hier soir. Pourquoi donc, à ton tour, ne pas m'aborder avec franchise, témoigner de l'étonnement devant ma contrainte et ma tristesse? Puisque tu m'as vue hier, tu n'as pas dû me retrouver après l'apparition fatale, et cela a passé sous silence tantôt, comme si cela était toujours ainsi. Enfin je me suis tue, mais tu sais aussi bien que moi ce qui me tourmente et me fait malade. Nous ne nous devons rien, Charles, et nous n'avons pas besoin de nos confidences pour nous comprendre.

— « Eh! mon Dieu, me disait hier cette pauvre Louise, de quoi vous occupez-vous? Ne m'avez-vous pas dit cent fois que, pour une heure de son amour, vous accepteriez les plus cruelles épreuves? Vous le voyez tous les jours, vous avouez qu'il a l'air de vous aimer, que souvent vous oubliez tout dans ses bras; qu'avez-vous donc besoin de supposer ce qu'il prendrait la peine de si bien vous cacher? Acceptez ce qu'il vous donne, il sera temps de vous désoler quand vous n'aurez plus rien! »

Que dis-tu de ces conseils, mon Charles? Est-ce qu'ils ne te peignent pas, avec une perfection affligeante, la pauvre créature qui n'a jamais aimé d'où elle souffre? Oh! maintenant, je la plains de quitter la vie, car la vie pour elle était un plaisir, pour elle l'amour était partout et le regret nulle part. Pourquoi ne suis-je pas faite ainsi? Sans doute j'y perdrais ton estime et ton affection, mais un aveugle pleure-t-il ce qu'il n'a pas connu? Est-ce que je savais ce que je suis, avant de te connaître? et, parce que je marchais à tâtons, désirais-je voir plus clair? — Non, mon ami. Je me croyais une petite créature très supérieure; je comparais, j'admirais la vertu chez les autres; je pensais que si j'avais eu un guide, un protecteur, j'aurais pu, tout comme les autres, mériter le titre d'honnête femme; mais, de mes dispositions déchues, je n'ai jamais ressenti une profonde affliction. Loyale en affaires, généreuse en aumônes, dévouée à mes amis et à ma famille, je marchais la tête haute au bras que je tenais, et croyais bien certainement honorer fort celui qui me le donnait. Si tout cela était une illusion, suis-je plus heureuse de la réalité, et, à mon âge, le temps de réparer existe-t-il? Aurai-je seulement celui de t'aimer comme tu mérites de l'être? Donc, puisque je ne t'ai rencontré que pour rêver le bonheur, fais-moi dormir toujours, Charles, afin que j'échappe ainsi au passé et à l'avenir!...

Il est dix heures, tu ne viendras pas; pourquoi ne me l'avoir pas dit? Tu savais parfaitement qu'informée de ta liberté d'un soir, mon amour et ma soif du tien te demanderaient compte de ton temps; tu n'ignores pas non plus que, devant un signe voulant dire *impossible,* je puis me taire et me résigner. Espérer, attendre, tu ne sais pas ce que c'est, toi qui es le maître de mon sort! Mon chien qui bouge, une pendule qui sonne, le feu qui roule, le vent qui secoue la fenêtre ou la porte, chacun de ces bruits fait sauter mon cœur et me laisse, pendant quelques minutes, une vibration dans les veines que je n'apaise qu'en m'exposant au froid du dehors. Six fois déjà je suis allée prendre l'air, et je voudrais qu'il fût minuit pour n'avoir plus à espérer!

Eh bien! ce trouble, ce malaise, cette longue soirée, que sera tout cela demain, devant les premiers mots de ta visite? De ton air calme et presque moqueur, tu me diras : « Qu'est-ce que tu as donc, Nini, tu as l'air triste? » — Oh! cela, vois-tu, me brûle le sang, et je serais mille fois moins malheureuse de t'entendre me dire sans calcul, sans figure composée : « Ma bonne Nini, je voulais venir hier, voilà pourquoi je ne t'ai rien dit en te quittant, mais cela n'a pas été possible parce que j'ai fait telle chose. » — Il y aurait peut-être un autre coup de poignard à recevoir, mais celui-là du moins ne frapperait qu'une fois!...

1 heure du matin.

Jusqu'à minuit le boulevard m'a donné le spectacle de bien des heureux. Heureux, parce qu'ils vont danser... Au fait ce bruit, ces lumières, ces intrigues, cette débauche même, tout cela doit occuper, étourdir. Si j'y allais?... J'ai bien un domino dans quelque coin... Qui me verra? qui le saura?... Demain, à mon retour, je brûlerai cette page, et tu ne m'interrogeras pas sur ce que tu ne peux craindre. Quel mal aurai-je fait? Voler des heures à mes folles pensées, voilà tout ce que je veux. Je suis libre, sûre de la discrétion des amis qui m'entourent; les meubles ne parlent pas, et je quitterai sans regrets ma compagnie ordinaire...

2 heures.

Avant de partir, j'ai voulu voir l'aspect du boulevard; mes yeux ont regardé à l'opposé de l'Opéra, et mon âme a volé vers toi. Tu lui as dit : « Garde son corps! », elle est revenue t'obéir. Je reste! Te cacher une de mes actions, c'est en faire une faute, et je ne veux pas une tache sur mon présent. Je reste pour t'aimer... et prier!

Lundi, 3 mars, 8 heures du soir.

Eh bien! que te disais-je, cette nuit? Que tu m'aborderais aujourd'hui avec ces paroles : « Qu'est-ce que tu as donc, Nini? », Et, ce qui me peine le plus, Charles, c'est qu'en m'adressant cette question tu sais à n'en pas douter ce qui me rend pâle et sérieuse; c'est qu'en me quittant sans me dire un mot sur le soir, comme tu viens de le faire tout à l'heure, tu comprends la contrainte que je m'impose en gardant aussi le silence. Car enfin tu ne joues pas encore ce soir, et peut-être ne te verrai-je pas plus qu'hier. Et demain, quand je t'aurai pleuré et attendu toute la nuit, demain, en m'apportant ta jolie petite figure calme et fraîche, tu me répéteras : « Mais, mon Dieu, Nini, qu'est-ce que tu as donc? » — Et tu veux que je te reçoive avec le sourire sur les lèvres, quand je te vois me voler ainsi un temps qu'il y a quelques mois nous gémissions l'un et l'autre de trouver si rarement. Souviens-toi comme nous étions heureux de pouvoir le saisir, comme tu soupirais lorsque la nécessité nous en privait! Aujourd'hui, tu ne m'en parles même plus...

9 heures.

Allons, tu ne viendras pas encore ce soir. A demain donc, et qu'une même franchise nous trouve heureux et contents l'un de l'autre. Que je puisse surtout t'épargner cette éternelle demande, qui abuse un peu de ma position. J'accepte la douleur, mais non le ridicule.

Tu me disais tantôt une chose dont tu n'as pas senti toute la portée : « Pensais-tu, croyais-tu jamais avoir autant que je te donne? » — Non, sans doute, car, à qui m'eût dit, avant de te connaître, que j'obtiendrais une heure de ton amour, j'eusse répondu : « Impossible! »; mais à qui m'eût dit aussi que je deviendrais ce que je suis, la même réponse eût été faite. Sans jeunesse, sans beauté, être ta maîtresse depuis bientôt dix mois, c'est un rêve; mais si, pour toi, les bonnes fortunes naissent à chaque pas, des cœurs qui t'aimeront comme le mien, tu les trouveras rarement, et cela tu le sais. Tu ne doutes pas que j'acceptasse la misère pour ta fortune, la honte pour ta gloire, la mort pour ton bonheur. Mais tout cela gagne l'affection et non l'amour!

Th..., à qui je parlais ce matin de toi, de ce que je sens, de ce que je suis, de ce que je ferais, me tenait ce langage peu poétique : — « Vous avez tort, ma chère; vous le rassasiez de vos vertus, de votre amour; il se moque des unes et s'ennuie de l'autre. Que diable parlez-vous de sacrifice, de dévouement, d'affection durable et sérieuse? il a tout cela chez lui. Soyez courtisane pour lui plaire, vicieuse pour l'amuser, coquette pour l'inquiéter, passionnée de sens et non de cœur. Il vous aimera peut-être moins, mais il vous désirera plus, et, en amour, ma pauvre Virginie, le désir est la clef de toutes les croyances. Vous tournez au couvent d'une façon affreuse, car, après lui, il n'y a plus que Dieu que vous puissiez aimer ainsi. Dieu, passe encore, il vous tiendra peut-être compte de vos regrets et de votre conversion; mais lui, que voulez-vous qu'il en fasse? Combattez le temps et l'habitude; soyez joyeuse, insouciante de l'avenir; charmez son présent de toutes les ressources de votre brillante imagination; soyez sa maîtresse, mais non son esclave; jouissez dans ses bras au lieu d'y pleurer. On se lasse du bonheur, jamais du plaisir : c'est une question de vingt-quatre heures pour qu'il se renouvelle! »

11 heures.

C'est bien fini, tu ne viendras plus. Mon Dieu, je ne trouverai donc pas le courage de t'oublier quelques instants? Mon cœur ne peut-il donc permettre à mon pauvre corps de se reposer? Mon lit est là, et c'est à peine si, depuis trois jours, j'y aurai dormi huit heures! Ah! si tu l'avais voulu, nous pouvions presque y retrouver, hier ou aujourd'hui, le bonheur de Versailles. Versailles! oui, tu m'aimais cette nuit-là, mais depuis trois jours tu ne m'aimes plus. Tu ne m'as seulement pas demandé tantôt ce que j'avais fait de ma soirée d'hier, et tu ne t'inquiètes guère en ce moment de la manière dont je passe celle d'aujourd'hui.

Minuit.

Il fait froid, ce soir, et le boulevard, si bruyant hier, est désert en ce moment. C'est que tout le monde, qui dansait et riait hier dort profondément ce soir. Mes yeux sont restés longtemps fixés sur l'endroit où doit être ta maison. Si un petit brin de raison n'était venu se placer entre ma tête et mon cœur, je serais depuis au moins une heure en face de ta porte; peut-être t'aurais-je vu rentrer!... Mais je pars jeudi, un brave directeur se trouverait deux fois victime de mon imprudence, car c'est bien parce que je suis allée dans ta rue, une nuit de grand froid, que j'ai gagné ce maudit rhume. Cette fois, je serais plus coupable, je pécherais avec connaissance de cause et je ruinerais un honnête homme!

Jeudi, 6 mars.

J'écris en route, dans la diligence même : c'est un progrès.

Je suis sortie ce matin de chez moi à onze heures; j'étais invitée à la messe de mariage de la fille de mon médecin, et tu ne devais pas venir. Je suis donc allée à l'église; j'y ai passé un triste moment. Toutes ces choses pures et saintes qui vous entourent, que l'on entend, vous font descendre au fond de votre conscience avec une sincérité désolante. Et puis, comme j'ai l'habitude de toujours te mettre à la place de ce qui frappe mon imagination ou mon cœur, j'ai fait de ce présent le tableau d'un passé qui a donné à mes idées de fâcheux compagnons de voyage. La preuve, c'est que je t'écris, car la partie triste de ce manuscrit est plus considérable que le récit de mes joies. Oh! tu as raison de me défendre de le brûler; c'est la nourriture de ma pauvre tête, le confident qui console et soulage mon cœur. Croirais-tu, Charles, que les étranges conseils que nous relisions ensemble mardi me poursuivent et me trottent dans l'esprit, comme un mauvais génie qui aurait fait le vœu de me perdre ? L'affreuse morale qu'ils renferment semble m'offrir le moyen de conjurer la destinée commune à toutes choses, l'oubli. Le tien est ce que je redoute le plus au monde ; aussi, pour m'en garantir, retournai-je dans tous les sens ces lignes que ma mémoire a si fidèlement retenues. Je crois qu'il ne serait pas impossible d'en tirer le talisman qu'on prétend m'offrir. Il s'agirait d'abord d'habiller un peu ces images dont la nudité nous force à détourner les yeux. Ainsi, sans être courtisane, je pourrais accepter avec plus de philosophie le rôle que je m'obstine à ne pas vouloir jouer, être franchement ta maîtresse enfin, et ne pas espérer de ta part des sentiments qui n'appartiennent qu'à celle que je ne puis être, à celle que je ne serai jamais. Ceci vaincu je pourrais, faute de beauté, me parer d'un caractère qui te ferait trouver près de moi les heures plus gaies et plus courtes. Sans ne puiser dans tes bras que la jouissance matérielle, je pourrais aussi ne pas sans cesse nier le plaisir pour ne te demander que le bonheur, bonheur que je dispute, que j'arrache minute par minute au temps compté que tu m'apportes. Quant à la coquetterie, elle serait au-dessus de mes forces et de ma propre volonté : l'idée de laisser croire à un autre homme qu'il pourrait obtenir un mot d'espoir, un regard même, cette idée mériterait, à mon sens, la plus grave de tes insultes, si elle ne me vouait à la pointe du canif que tu portes sur toi !

On me dit qu'après toi je ne puis plus aimer que Dieu ; voilà décidément, Charles, de tant de phrases, la seule qui doive rester intacte. J'accepte cette supposition avec joie, avec reconnaissance. Oui, oui, après toi, Dieu !...

Je ne l'ai jamais si bien senti que tout à l'heure. Il me semblait dans cette église que là je pouvais rester, y vivre. L'amour que j'ai pour toi se dépouillerait de tout regret, de toute existence ; là, tu serais toujours avec moi. Tous les anges, les saints, je leur prêterais ta si douce figure et je m'agenouillerais devant eux sans te chercher ailleurs. Oh ! comme je conçois la retraite de cette grande La Vallière ! C'est bien drôle ce que je vais te dire, Charles : sans tourner au couvent, j'avoue que j'ai toujours eu du goût pour l'état de religieuse. Jamais je n'ai causé avec une sœur, sans comprendre et désirer le calme de son âme. Je t'aime comme Dieu, et j'aurais aimé Dieu comme toi. Je suis bien peu de chose, mais je pouvais valoir beaucoup. Je crois à la métempsycose, et il me semble que j'ai été autre chose que ce que je suis. Je me sens respirer plus à l'aise au milieu de ce qui est grand, de ce qui est bien, et, depuis que je te connais, sans me souvenir de ce que je deviens quand ta volonté m'endort, j'éprouve le besoin de ce sommeil, comme s'il devait me ramener à une vie que j'ai déjà connue, et qui est supérieure en tout à celle d'aujourd'hui !...

Il serait puéril de commenter les pages qu'on vient de lire; mais avions-nous tort de présenter Déjazet comme un écrivain délicieux, une amoureuse originale, une personnalité d'élite? Est-il d'une actrice, ce style où la passion s'unit à la naïveté? Ne semble-t-il pas appartenir à quelque Mimi Pinson lettrée? De fait, il y eut beaucoup de la grisette dans cette Déjazet dont le cœur ne connut point l'intérêt, dont l'esprit nargua la misère et vainquit la vieillesse.

En juin 1851, la faillite de M. Paul-Ernest rejette la comédienne en province. Son journal s'interrompt alors, et les lettres recommencent.

Blois, 27 juin 1851.

Deux grands jours sans une ligne de toi; pour moi qui n'ai pas ton courage, c'est une douleur que je ne puis t'exprimer !

J'ai débuté hier avec 400 francs de recette ; que dis-tu de cela ? J'en riais, mais le directeur ne riait pas, lui. On prétend que la représentation a été mal annoncée, que le préfet non prévenu avait dit qu'il ne laisserait pas jouer, enfin devant une déception on trouve toujours des motifs ; le plus clair de tout cela, c'est la recette. Je ne joue plus que dimanche. On a annoncé pendant le spectacle, les affiches circulent, donc si dimanche il n'y a pas au moins dix personnes tuées au contrôle, c'est que bien décidément ce pays m'est néfaste.

Je le croirais d'autant mieux que j'ai failli me casser la jambe hier, dans *Colombine*. Tu sais qu'en province ils ont encore le charmant système des tringles pour tenir les décors. En sortant de ma scène de Léandre, pressée et peu calme comme toujours, je me suis jetée avec violence dans une de ces maudites inventions. Aussitôt le coup reçu, il m'est venu sur le tibia une bosse de la grosseur d'un œuf, au point que dans mon costume de Pierrot, qui est très court, cela se voyait de la salle et inquiétait le public. Il m'a fallu danser avec cela, ce qui n'a été ni agréable ni facile : heureusement que les douleurs du corps me trouvent résistante. Aujourd'hui la bosse a disparu, mais cela tourne à un noir qui, je l'espère, n'aura pas disparu avant que je t'embrasse de toute la force de mon amour. Vite, vite, écris-moi !...

Blois, 29 juin 1851.

Pas de lettre encore ! Mais c'est affreux, mais je ne sais que penser, mais je ne sais que faire ! Je joue ce soir pour la dernière fois à Blois, demain à Tours. Jouer ! comment vais-je jouer ? j'ai l'esprit, le cœur, le corps malades ! J'ai beau supposer, inventer, je ne trouve rien pour m'expliquer ces quatre mortels jours de silence. Je ne sais plus que croire une chose : tu es malade et, devant cette crainte, je me trouve dix fois plus malheureuse. Mon Dieu, mon Dieu, ne m'aime plus si tu veux, Charles, mais ne souffre pas ! Toutes les douleurs qui te sont destinées, je les accepte et je remercie le Ciel de me donner la possibilité de faire encore quelque chose pour toi !

Oui, oui, tu es malade, car tu me connais, tu es bon, et tu sais l'état dans lequel je dois être. Il y a des moments où le plus léger bruit me fait bondir le cœur ; je crois que c'est toi qui arrive, toi qui as voulu me surprendre ; puis je retombe d'autant plus bas que j'ai été plus haut !... Adieu, je te quitte pour pleurer tout à mon aise...

Charles, qui a rompu avec la Porte-Saint-Martin, se met bientôt à voyager lui-même, mais il se fait accompagner par sa femme et Déjazet l'en blâme, dans l'intérêt des recettes que son amant espère :

20 juillet 1851.

Parlons de toi, mon Charles, de tes ennuis en plus de ceux que je te cause.

96 francs de recette ! mais c'est affreux, bien que je sache la ville mauvaise. A Dieppe les femmes préfèrent le salon au spectacle ; les coquetteries, les intrigues s'y développent plus à l'aise, mais 96 francs, cela me passe ! Pourquoi, d'ailleurs, voyager à deux : tu doubles ta dépense et tu t'ôtes de la poésie. Je te dis cela, Charles, parce que j'ai étudié le monde depuis longtemps. Le public n'aime pas le ménage ; à ses yeux, je te le répète, il dépoétise ses artistes. Paris même n'est pas à l'abri de cette faiblesse. Vois Rose Chéri, elle était sage, son mariage ne froissait donc ni les espérances ni les regrets : eh bien, Rose est oubliée et Mme Montigny n'est pas aimée. — « Mais, vas-tu me répondre, je suis un homme, moi ! » — Sans doute, et un homme assez gentil, assez délicieux pour qu'on l'espère ou qu'on le rêve ; or, Monsieur, dans le premier cas votre position est un obstacle, dans le second on veut vous rêver seul. — « Mais le public ne se compose pas que de catins », vas-tu me dire encore. Hélas ! le nombre en est grand dans ce qu'on appelle les villes d'eaux, et ce ne sont pas celles qui s'en cachent le moins qui le sont le plus. Ces dames traînent toujours à leur suite des amateurs de plaisirs, que d'autres suivent et singent ; quelques femmes dites honnêtes sont aussi souvent de la partie, il faut bien suivre son mari, sa famille, que sais-je, moi ! Voilà donc la majorité de ce qui va au théâtre, et, femme ou homme, il faut être seul, il faut être libre pour parler à ces imaginations usées, corrompues : c'est affreux, mais c'est vrai !

Je te dis cela, mon Charles, sans arrière-pensée, crois-le bien, et dans ton seul intérêt. Mon amour te préférerait libre, sans doute, mais de cette liberté je ne profiterais pas pour t'entraîner dans l'oubli des devoirs que je respecterai toujours. Il faut que nous nous estimions l'un et l'autre pour nous aimer longtemps, et je te prouve combien j'ai foi en toi, car te désirer seul, loin de Paris, sans vouloir profiter moi-même de cette liberté, n'est-ce pas donner à tes conquêtes l'espoir et la possibilité d'arriver jusqu'à toi. Tu vois donc, Charles, que nous ne nous devons rien, puisque je ne te crois pas plus capable de me tromper que de douter de la franchise de mes avis !

De temps en temps, un nuage traverse le ciel des amoureux :

Angoulême, 28 juillet 1851.

Pas de lettre encore aujourd'hui ! Pour comble de malheur, le courrier n'arrive ici qu'à une heure, si bien que je ne puis dire, lorsqu'une longue journée finit : « Demain, à mon réveil, j'aurai une lettre de lui ! » — D'ici le moment du courrier c'est un siècle, et il faut au moins vingt heures pour aller à Paris... Ah ! maudit soit l'argent pour lequel on abrège sa vie par les inquiétudes, les fatigues et les sacrifices ! Je roule dans ma tête tous les motifs qui peuvent causer ton silence : la maladie d'abord, puis un voyage, puis encore un malheur dans le genre des deux premiers... Mais une maladie serait-elle assez sérieuse pour que tu ne puisses charger un ami de m'en instruire ? un voyage pourrait-il t'empêcher de tracer quelques lignes avant le départ ? et, de nouveaux doutes, par quelle imprudence existeraient-ils ? Tu laisses mes lettres chez nous et j'ai les tiennes ici ! Mon Dieu, Charles, tu m'as dit, tu m'as écrit que si pareilles scènes se renouvelaient, il faudrait nous séparer à jamais... Nous séparer ! tu me connais assez pour savoir ce que de semblables paroles m'apporteraient de désespoir, m'inspireraient peut-être d'actions coupables ; mais ce malheur plutôt que ta santé compromise, je l'accepte et ne crois pouvoir offrir à Dieu un plus grand sacrifice !...

Au mois d'octobre 1851, Déjazet traite de nouveau avec le Vaudeville, et, chance inespérée, Charles y rentre à la même époque. La joie que les amants ressentirent de cette réunion ne fut pas de longue durée.

Nous avons dit ailleurs le fâcheux résultat que devait avoir, au point de vue artistique, le traité de Déjazet avec Bouffé ; il fut, au point de vue intime, plus malheureux encore. Nous trouverons la trace des ennuis divers infligés aux deux artistes dans le journal repris alors par Déjazet.

Samedi, 6 décembre 1851.

Viens, m'as-tu dit, et, malgré cette permission, je suis restée chez moi, seule, comptant les longues heures qui vont s'écouler du passé à l'avenir. Oh ! comme il faut t'aimer, Charles, pour trouver dans cette pauvre tête que tu accuses si souvent un si grand courage, une si grande raison ! Merci pourtant, merci de cet élan de ton cœur qui, en me voyant si triste, m'a dit : « Viens ! » Aussi, à ton immense bonté, ai-je répondu par un immense sacrifice. Es-tu content de moi ?... Allons, folle, voilà que je t'écris comme si tu devais me lire ?... Non, non, pour moi seule mes rêves, mes larmes, mes illusions, car tout à l'heure, quand je baiserai ta chère image, tu ne dois rien savoir de ce que je lui dirai.

Croirais-tu que j'hésite à la prendre, et cependant, lorsqu'elle est devant mes yeux, je ne suis pas seule et quand, par devoir ou par caprice, tu m'abandonnes, je n'ai plus à craindre de voir s'effacer dans la foule de mes pensées tes traits chéris. Tu es là, non vivant, mais si parfait de ressemblance que je tombe dans ces moments d'extase où l'on n'a plus besoin de paroles pour s'entendre ni du corps pour sentir. Penchée vers ce regard si puissant et si doux, j'oublie complètement que la vie a d'autres heures pour moi. C'est alors que je sens mes forces et ma volonté s'anéantir, comme lorsque tu me dis : « Je le veux ! » Mes yeux se remplissent de larmes, sans que ma main puisse se soulever pour les essuyer ; puis, une rêverie, un engourdissement s'empare de tout mon être. C'est alors que j'ai peur, oui peur, car tout cela, j'en suis sûre, deviendrait le sommeil, ce sommeil qui fait causer l'âme aux dépens de l'esprit, et, dans cette léthargie de mon intelligence sans maître, je marcherais comme un aveugle au bord d'un précipice. J'irais, peut-être, où ma pensée te suit toujours. Oh! oui, j'ai peur. Ne me suis-je pas trouvée, une nuit de l'autre hiver, dans la rue, presque à ta porte, sans pouvoir me souvenir comment j'y étais venue! Depuis cette nuit-là, j'ai conservé une crainte qui me rend avare de mon bonheur. Ce n'est que rarement, surtout le soir, que j'ose affronter votre visage, mauvais petit démon. Mais, en ce moment, je n'y résiste pas; la soirée d'hier a été trop belle, celle d'aujourd'hui est trop longue : j'ai besoin de vous parler de mes souvenirs et de mes regrets. Soyez gentil, laissez-moi vous regarder longtemps, laissez-moi sentir tout ce que vous me donnez de doux et de bon!... Allons, je vais vous chercher... Il est neuf heures, pensez-vous à moi?...

Dimanche, 7 décembre.

Comme je m'y attendais, mon chéri, je me suis endormie hier devant ta douce image ; mais, ayant eu le soin de me mettre au lit avant de te regarder, je me suis abandonnée sans crainte au sommeil. Mon costume prévenait toute idée de sortie, car, si je m'avisais d'aller me promener ainsi, il est certain que je serais bien vite arrêtée dans ma course. Aussi je m'en suis donnée, de tes beaux yeux, et les miens se sont fermés au milieu de la plus douce illusion. La terre a fait place au ciel, le corps a fait place à l'âme. Pourquoi donc s'éveiller, quand on pourrait mourir si heureux? En effet, vois quelle triste journée m'attendait. La misérable chose que cette affaire du Vaudeville, et si tu savais combien je souffre d'être femme quand un sang d'homme bout dans mes veines. Qu'il doit être bon, mon Dieu, de pouvoir dire à la face de celui qui vous offense : « Vous en avez menti! » Mais il a fallu me taire, bien plus, afficher ce soir, en présence de Bouffé, le calme, la résignation à tout ce qu'il lui a plu de m'imposer dans ce stupide et humiliant traité!... Je te l'ai dit, Charles, j'ai ce théâtre en horreur ; j'y suis entourée de haines, de jalousies, de vengeances malpropres ; mais je t'y vois, je t'y sens chaque jour; je voulais donc y rester : hélas! me voilà plus que jamais sûre du contraire. Certaine lettre sans signature, que j'ai reçue il y a quatre jours, m'offre bien un moyen de vaincre, mais je ne t'en ai pas parlé, je ne t'en parlerai pas. Elle dit vrai, je le crois; n'importe, je partirai plutôt que de réussir à ce prix. Ce que tu as été pour moi aujourd'hui, devant témoins, est déjà trop; aussi mon cœur rempli d'amour a-t-il un sentiment de plus à t'offrir, celui de la reconnaissance !...

Au moment où je te remerciais de ce que tu as fait pour moi tantôt, voilà, mon ange, que tu viens de me donner une nouvelle preuve de bonté : tu sors d'ici. Depuis un quart d'heure tu frappais à ma porte, et, persuadée que c'était un indifférent, je faisais la sourde oreille pour ne pas te quitter, quand tu étais si près de moi. En rentrant je m'étais verrouillée pour causer à l'aise avec ton souvenir, et bien m'en a pris, car, sans cette précaution, tu me surprenais la plume à la main, l'histoire de la lettre anonyme était connue, et il eût fallu tout te dire. Crois bien, pauvre ami, que ce n'est pas sans un pénible effort que je te dérobe quelque chose, et pourtant il en est que la délicatesse, le devoir même, m'oblige à garder pour moi. Si tu savais tout ce qu'on m'écrit, que de coups de poignards j'ai reçus pendant le temps où j'ai cru que tu m'aimais moins, combien enfin il me faut gémir de tant de méchancetés et rougir souvent des mots qui les expriment! — « Vous n'avez pas que des ennemis », me dit-on dans la dernière lettre. Quel est, au théâtre, celui ou celle qui s'intéresse à moi? Je voudrais le savoir, pour lui serrer la main!...

Lundi, 8 décembre.

En sortant du théâtre, ce soir, je suis allée faire quelques courses bien agréables à mon cœur. Oh! que je voudrais avoir mission de m'occuper toujours de tes désirs et des soins de ton existence; mais, hélas! je n'ai pas plus le droit d'embellir ta vie que tu n'as celui de défendre la mienne des ennuis et des inquiétudes dont on l'abreuve. Tu me disais tantôt : « Ah! si je pouvais parler, avouer franchement la rage et l'indignation que j'éprouve! » — Et moi, Charles, je ne cesse de me dire : « Ah! si j'étais... ce que je ne suis pas, comme je me sentirais forte et fière d'un tel appui, comme tu pourrais faire alors ce que la lettre conseille, ou plutôt, comme on ne me ferait pas ce qu'on me fait ! »

Il est tard, il me faut étudier, te quitter. Je causerais ainsi toute la nuit sans éprouver le besoin de dormir, tandis qu'à peine mon rôle en main mes yeux se ferment et je tombe de sommeil. Ah ! si tu étais là, comme je travaillerais bien, en te laissant reposer !

Mardi, 9 décembre.

Que te disais-je, hier ? Impossible de vaincre le sommeil, impossible d'étudier plus de dix minutes; en revanche, si je l'osais, je t'écrirais jusqu'à demain matin sans songer à dormir. Voilà pourquoi, cher ange, je ne veux pas que tu découvres ma douce occupation. Tu me dirais : « Il est dix heures, on peut étudier jusqu'à minuit sans trop de fatigue; mais si tu ne commences qu'à minuit, après avoir griffonné pendant deux heures, comment veux-tu, vilaine petite toquée, ne pas éprouver le besoin de dormir ? » — Tu aurais raison de me parler ainsi, car la position est grave. Pour mon intérêt, comme pour mon amour-propre, je ne dois pas me trouver en faute. Je sais tout cela, mais je ne puis vaincre le désir, le besoin de causer avec toi. Et puis, quand je t'ai vu au théâtre, si coquet, si délicieux, j'emporte un souvenir qui me brûle la tête et le cœur ! Tout à l'heure je ne t'ai aperçu qu'une seconde, en te croisant sur l'escalier; eh bien, ce bonheur pris au vol a suffi pour renverser tous mes beaux projets de sagesse : « Demain, m'étais-je dit, Charles sera content de moi ! » — J'ai essayé, mais je lisais sans comprendre; ta jolie petite tête, telle que je l'avais vue, m'apparaissait entre les lignes de ce maudit rôle : il a fallu céder.

Ma sotte de bonne vient de me faire une peur affreuse. Il paraît qu'elle était sortie; en entendant le bruit de sa rentrée, j'ai cru que c'était toi. Juge de la vivacité avec laquelle j'ai jeté ce bavardage dans le premier tiroir venu ! Je te voyais déjà là, me trouvant tout émue, toute tremblante, et soupçonnant l'occupation à laquelle j'étais livrée. Oh ! laisse-moi cette joie bien innocente ! Lorsque, autrefois, tu avais pris l'habitude de me faire tout dire en m'endormant, je dus renoncer à mes confidences écrites; devenu moins curieux, tu ne songes plus maintenant à voler mes secrets : j'en suis heureuse. C'est si bon de déposer ici le trop plein de mon cœur et de te dire, le soir, ce que je ne puis ou n'ose t'avouer dans la journée. Un ami susceptible de m'entendre et de me répondre me laisserait un remords; lui dire ce que je te cache me semblerait une infidélité; ma plume, au contraire, t'adresse toutes mes pensées; pas une qui ne t'appartienne et pas une qui te chagrine : n'est-ce pas là t'aimer comme tu mérites de l'être?

Mercredi, 10 décembre.

Cette fois, ce n'est pas ma faute, et la façon dont tu m'as quittée tantôt a laissé trop de trouble dans mon esprit pour que j'attende jusqu'à demain sans t'en parler. Qu'as-tu voulu dire au sujet de deux lettres? Si c'est ce que je crois, tu es donc sorcier? C'est que ces mots *deux lettres* veulent dire tant de choses! J'en ai reçu deux, en effet, mais la seconde ne m'a été remise que ce soir, en arrivant au théâtre; comment alors aurais-tu pu savoir?... Non, ce n'est pas cela, c'est... Mon Dieu, que je suis malheureuse!... je ne pourrai plus même penser!... Mais, non, c'est impossible, et, quand tu m'aurais endormie, je n'aurais pu te dire ce que je n'ose même pas écrire! Non, tu ne sais rien, ou alors je ne suis plus qu'une machine soumise non à la volonté de ton cœur, mais à celle d'un presque maléfice qui va fouiller mon âme et lui voler ses joies les plus saintes. C'est le démon qui t'inspire, ou Dieu qui te choisit pour me défendre ce bonheur!...

Mercredi, 31 décembre.

Voilà bien longtemps, mon Charles, que je n'ai confié au papier les secrets de mon cœur, et j'avais résolu même de brûler ces feuilles; en les relisant tout à l'heure, j'ai retrouvé dans leur passé de si douces émotions que je ne me suis pas senti le courage de les anéantir. Et puis, ce soir, je suis si triste, si seule, lorsque j'espérais être, à cette heure, si joyeuse et si entourée! Oui, quelques minutes de plus, et, cette année finie pour moi dans un de tes baisers, l'autre commençait par une parole d'amour ! — De tout cela, si bien prévu, si bien arrêté, rien que ma solitude ordinaire, avec renfort de désolantes pensées. Où donc est le bonheur que donne, nous dit-on, une bonne action ?...

... Merci, merci, cher ange. Comme je finissais cette phrase, tu me tendais les bras en t'écriant : « Le bonheur et ta récompense, les voici, ma Pauline ; je t'apporte ce baiser que tu rêvais et ce cœur que tu méconnaissais en croyant que je ne viendrais pas ! » — Je t'ai vu, je t'ai pressé contre ma poitrine, tu m'as dit : « Je t'aime ! »... je veux oublier le reste !...

Le nom de Pauline, qu'on vient de lire, est celui dont Déjazet signait sa correspondance avec Charles. Il y avait là, tout à la fois, une précaution et une délicatesse de la part de la comédienne, qui n'avait point voulu mettre un amour profond sous le vocable compromis par d'antérieurs caprices.

En février 1852, un congé conduit Déjazet à Londres. Quelques extraits de lettres écrites à cette date nous donneront le résultat obtenu par l'artiste et l'état du cœur de la femme :

Lundi, 16 février 1852.

D'après ce qui se passe autour de nous et les inconcevables propos qui se répandent, je suis toujours inquiète en livrant ton nom et les secrets de mon cœur au papier. Je vois sans cesse ce papier perdu pour son destinataire et trouvé par un de nos ennemis, capable d'en faire un usage funeste. Aussi mon pauvre cœur s'use-t-il à palpiter, soit au départ de mes lettres, soit à l'arrivée des tiennes que je n'ouvre jamais que d'une main tremblante, craignant d'y apprendre un événement nouveau. Aujourd'hui, enfin, je te sais plus tranquille : *on croit*, et mon absence t'a procuré une sécurité que je voudrais payer de ma vie pour qu'elle fût durable ! — « Je t'aime ! » m'écris-tu à plusieurs reprises. Tu m'aimes, parce que tu m'as trouvée plus raisonnable ; c'est m'encourager à l'être plus encore : espère ! Tu me parles de notre avenir plus heureux, plus calme ;

moi aussi, je t'en parlerai bientôt. Oh! comme tu m'aimeras alors, comme mon nom vivra doux et grand dans ta mémoire, et comme tu le défendras quand on voudra le flétrir devant toi!...

Mercredi, 18 février.

Pauvre ami, toi aussi tu souffres, et je n'ai pas besoin que tu me le dises pour le savoir : je le sens!

Il me tarde de quitter Londres; j'y suis assommée de visites et d'invitations qui me fatiguent, m'obsèdent, de façon que mes ennuis augmentent avec mon succès. *Richelieu* a été un véritable triomphe : 5,000 francs de recette. Ma loge était encombrée; après le spectacle, on m'attendait dans le corridor pour me complimenter et m'escorter jusqu'à la porte de mon salon, et cela avec des façons, des phrases que tu devines, toi qui connais les Anglais. Je te jure pourtant que je me trouve bien indigne de tout cela; je me sens faible de jeu, de voix, de tout enfin; cela tient sans doute à ma santé qui est loin d'être bonne!...

Jeudi, 19 février.

J'ai reçu ta lettre, mais, de celle de lundi, pas de nouvelles ! Je t'en prie, dis-moi que tu ne m'as pas écrit ce jour-là; je préfère ton oubli à la crainte d'un nouveau malheur. Ce que tu me dis sur l'acharnement de nos ennemis redouble mes alarmes. Certes les rapports, les lettres anonymes, sont des choses affreuses; mais une lettre trouvée, volée!... tiens, je ne veux pas m'arrêter à cette idée, elle me donne la fièvre, le délire... Je ne puis ou je n'ose dormir, car alors je fais des rêves terribles... Mon Dieu, c'est donc bien mal de t'aimer, puisque cela fait tant souffrir ! Je suis seule, toujours malade, sans me plaindre à personne. Des soins, des attentions me paraîtraient insupportables. J'ai l'humanité en horreur; il me semble que l'on ne me parle que pour lire dans mon cœur; je vois des méchants ou des espions partout, et, lorsque je livre à d'autres mains que les miennes la lettre qui doit aller vers toi, je regarde la figure du messager, croyant toujours y rencontrer une expression de malice ou de curiosité!...

Mercredi, 25 février.

Ta lettre d'aujourd'hui est bonne et grande comme ton cœur. J'y réponds par une bassesse que tu liras ce soir, en arrivant au théâtre; elle peut acheter ton repos, ramener peut-être le calme et la confiance dans ta maison : j'ai donc écrit !...

Oui, l'amour peut tout; il nous entraîne au sublime comme à l'infamie : aussi je suis, je serai ce que tu voudras !...

Jeudi, 4 mars.

L'heure des deux postes est passée, je n'espère plus rien, et ta lettre d'hier te disait si souffrant que je ne sais que penser de ton silence. Songe que je termine demain et que j'attends pour savoir quelle route je dois prendre. Tu me dis, en parlant de mon passage à Paris : « J'y tiens! »; ce n'est pas assez pour renverser mes grands projets de raison, il me faut un bon : « Je veux! » pour changer l'avenir que j'ai arrêté.

Je ne joue pas ce soir, tu sais donc avec qui je passerai ma soirée. A toi d'avance, d'âme et de tout !...

Si éprise qu'elle fût, comme maîtresse, Déjazet n'en était pas moins une mère excellente. Son fils ayant, vers cette époque, désiré prendre la direction d'un théâtre, c'est elle qui non seulement fit les fonds de l'entreprise, mais encore alla soutenir de son talent le nouvel impresario. Nous la retrouvons donc, en mars 1852, au Vaudeville de Bruxelles. On aurait tort de croire que ces voyages multipliés séparassent complètement les amants. La contemplation de Sirius, qu'ils avaient choisi pour étoile, unissait leurs âmes ; l'échange quotidien de tendresses écrites occupait leurs esprits ; tous les vendredis enfin, de quelque ville qu'elle résidât, Déjazet prenait le chemin de fer pour passer, dans son appartement du passage Saulnier, quelques heures avec Charles. Ces voyages clandestins donnaient à leur passion une vigueur nouvelle. Les lettres datées de

Bruxelles sont animées de la même flamme que les précédentes ; elles contiennent en outre des anecdotes ou des traits qui prouvent que, chez Déjazet, la bonté n'excluait point la malice :

Bruxelles, 11 mars 1852.

J'ai ta lettre, cher amour, merci de ton exactitude, c'est-à-dire merci de mon bonheur. Oui, notre étoile nous a fait faute, du moins à partir du moment où tu devais la regarder en même temps que moi, car de Paris à Amiens je l'ai suivie des yeux; mais le ciel a eu raison de se couvrir alors, puisque je m'éloignais de toi!

Je n'ai pu t'écrire hier soir, comme je l'espérais; Eugène a voulu que j'aille voir sa *Dame aux camélias.*

Je dis *sa*, parce que la mise en scène est de lui, et qu'il s'en est très bien tiré. La septième représentation a fait 600 francs, ce qui est magnifique, quand le maximum à ce théâtre est de 800 francs. J'ai rencontré Alexandre Dumas dans la salle, il voyait la pièce pour la première fois. Il m'a fait des mamours à n'en plus finir et veut que j'inaugure la maison qu'il vient d'acheter à Bruxelles, où il compte résider désormais.

Je débute après-demain. Grande location!... c'est bien pour le présent, mais l'avenir?... Tu me reconnais là, n'est-ce pas? je ne sais point être heureuse du moment, c'est vrai; sans cela, je n'aurais qu'à te rendre des actions de grâces pour tout le bonheur que tu sais me donner!...

Bruxelles, 15 mars 1852.

Ah! vous avez reçu deux bouquets? Eh bien, moi, j'en ai reçu dix hier! Tu ne peux te faire une idée du succès que j'ai obtenu. Tiens, souviens-toi de celui de la Gaîté, le soir où tu es venu dans les coulisses m'apporter ton joli petit nez; il ne me manquait que lui pour être tout à fait heureuse, car je t'avoue que mon amour-propre a été satisfait. Eugène est enchanté, d'abord pour hier, puis pour aujourd'hui, où nous avons déjà 500 francs de location. Voilà donc, je crois, un bel avenir qui se prépare à son profit; il est certain que, si mes représentations sont suivies, cela fera prendre son théâtre en goût.

Je ne sais, mon trésor, si tu es mieux en santé. Moi je suis moins mal, et cela me donne espoir parce que j'ai foi en notre sympathie; j'en suis fière et heureuse. Etre ce que tu es, que puis-je désirer de plus? Aussi je crois qu'hier tu as dû te surpasser, car moi j'ai vraiment valu quelque chose. Aime-moi donc comme je t'aime, pour que mon bonheur soit complet!...

Bruxelles, 18 mars 1852.

Ce n'est plus du succès, c'est un délire, une rage! Tu ne peux t'imaginer, chère âme, l'effet de la *Douairière* et du *Postillon* hier. Ces deux rôles avaient été joués, il y a quelques mois, par M*me* Doche, avec mes costumes : le *Postillon* n'avait pas fini. Quant à la *Douairière* : « On a vu une autre pièce » disait-on hier dans toute la salle. Bis, bouquets, redemandages, tout m'a été prodigué avec une chaleur qui m'a presque étourdie. Enfin Eugène est dans le ravissement, son bonheur présent lui fait oublier l'avenir : il est plus heureux que moi qui y pense toujours.

Assez sur le chapitre affaires. Il me reste une page pour notre amour; certes, si je devais mettre sur le papier tout ce qui remplit mon cœur, la librairie de France et de l'étranger serait pourvue pour longtemps. Je me dédommagerai bientôt de cette abstinence qui je l'espère, Monsieur, vous touchera autant que moi. Comment, vous n'avez pas trouvé ma pauvre fleur? Je l'avais mise entre la première feuille et l'enveloppe, et cela en prévoyant son triste sort. Pauvre petite pensée, elle sera tombée sous ta main pour aller mourir à tes pieds! Jusque-là je ne la plains pas trop, mais l'impitoyable balai d'une servante a fait le reste : c'est cruel! En voici une autre de mes lauriers d'hier; méchant, traitez-la mieux!

Bruxelles, 19 mars 1852.

Il ne m'a pas été possible de rester à ma répétition, cher ange, je me suis trouvée trop malade. Il m'a fallu rentrer et garder le lit toute la journée. J'ai eu des douleurs affreuses, et maintenant je possède un mal de tête qui me permet à peine de conduire ma plume. Ce mal ne manque pourtant pas d'un certain charme; c'est celui dont tu te plains si souvent, c'est quelque chose de toi.

Comment, tu n'as pas encore écrit à ta mère? Et moi, qui voudrais être elle! Oh! ce n'est pas bien, elle t'aime tant! Vite, vite, qu'elle soit heureuse par moi, sans s'en douter. Donne-lui tout entière la bonne heure que tu devais consacrer à me répondre; samedi s'écoulera sans nouvelles de toi, mais je penserai à ta mère, à son bonheur, et, ce bonheur, j'en prendrai ma part, comme dans tout ce que tu fais de bien, de juste, d'honnête!...

Bruxelles, 25 mars 1852.

J'espère, Monsieur, que vous ne pouvez penser devoir à vos reproches les huit pages qui, à cette heure, vous attendent sur la table du boudoir. Vous voyez que décidément nous nous devinons, puisque ma réponse se croisait hier avec votre demande. Ah! vous êtes vexé de votre faute d'orthographe? Il faut que vous ayez le caractère bien mal fait, car certes vous avez largement de quoi vous venger en comptant les miennes! Mais, assez sur ce chapitre, vous diriez encore que j'use sottement mon papier, que je ménage avec tant de soin aujourd'hui. Admirez, je vous prie, la régularité de ces lignes, j'en suis moi-même émerveillée : c'est presque une lettre de notaire! Aussi suis-je obligée de retenir l'élan de mes pensées pour les mettre au niveau de ma plume qui d'ordinaire court si vite, et qui, pour vous complaire, s'observe et marche comme celle d'un vieil écrivain. Heureusement, grâce au succès de *Richelieu* hier, le spectacle suivant est reculé pour lui laisser la place et je ne répète qu'une pièce ce matin; je puis donc causer plus tranquillement avec toi, te dire, sans regarder cette maudite pendule, que je t'aime, et que je commence à perdre courage devant une si longue séparation. Quand je pense que, si Bouffé l'avait voulu, je n'aurais plus à compter que cinq ou six jours entre mes désirs et tes baisers, tandis qu'il m'en reste encore plus de quinze avant de pouvoir te toucher de la main! Et cette triste semaine sainte, que vas-tu donc en faire? Nous avions si bien rêvé le vendredi, jour libre pour tout le monde : nous devions aller illuminer Seine-Port avec notre amour !... Je me souviens encore du jour où, mon affreux lorgnon sur mon nez, je cherchais sur l'almanach ce mot : vendredi-saint, qui pour nous voulait dire bonheur. Qu'il me semblait éloigné, alors! Nous y voilà bientôt, mon Charles, et il ne marquera qu'un espoir déçu. Ah! que, du moins, nos âmes se rencontrent et se parlent, lorsqu'il arrivera; promets-moi, je t'en conjure, d'aller à l'église et d'y prier à la même heure que moi : Dieu nous entendra et nous consolera !...

Bruxelles, 29 mars 1852.

Mon Dieu, que notre étoile est belle, à cette heure! Il est minuit, je rentre du théâtre, où je devais jouer *Lauzun*. Je dis *devais*, car ce que j'ai fait n'a aucun nom. Une cruelle inquiétude me dévorait, une seule pensée m'occupait : ce retard de deux lettres, ou plutôt cette disparition, car je suis allée moi-même au bureau de poste, et là on m'a répondu qu'un pareil retard était impossible et que mes lettres ne pouvaient qu'avoir été perdues en les portant à la boîte ou soustraites à Paris, chez moi. De semblables paroles n'étaient pas faites pour me donner du courage; aussi, je te le répète, Lauzun a été un triste marquis. Il y avait pourtant salle comble; Eugène venait à chaque scène me demander ce que j'avais, et je répondais : « Je suis malade! » — Oh! oui, je suis malade; mon cœur saute comme cette étoile que je vois en face de la table où je t'écris. Elle semble me dire, cependant : « Vois comme je suis belle, brillante, sautillante; est-ce que je serais aussi joyeuse, si demain le malheur t'attendait?... Courage donc, pauvre femme; quand je disparaîtrai, une bonne nouvelle sera bien près de toi! » — Dois-je te l'avouer, mon Charles, depuis que j'ai vu cette chère étoile qui m'attendait à ma sortie, un peu d'espoir est rentré dans mon âme, et j'attends demain presque avec confiance !...

. . . .

Oui, oui, l'étoile a dit vrai : pas de trahison, pas de malheur! Merci, cher astre, qui ne m'avez pas trompée; notre amour brille comme toi, et *Richelieu*, ce soir, sera plus heureux qu'il ne l'a jamais été. Reprends aussi force et courage, toi qui ne tremblais que pour ma santé : j'existe, puisque tu peux m'aimer encore, et bientôt je te presserai sur ce cœur qui ne devrait jamais battre que d'amour !

Bruxelles, 30 mars 1852.

Les méchants sont comme les voleurs, ils se soutiennent entre eux. Nous qui ne faisons de mal à personne, on nous envie, on nous tourmente. Mon rengagement au Vaudeville, auquel presque personne ne s'attend, ne rendra-t-il pas nos ennemis plus terribles encore? Les lettres anonymes, les menaces, les médisances, les injures, seront sans doute la conséquence de ce renouvellement que je ne dois qu'à toi seul. Il me semble que je rentre en paria! Où est le temps des vrais honneurs, des vrais camarades? Je ne sais si tous étaient sincères, lorsque je régnais au Palais-Royal, mais tous me traitaient en reine : je jouais la comédie sur un trône! Aujourd'hui, je me débats sur des planches peu solides et au milieu de gens qui me font douter de tout. Je n'aborde plus une création sans trembler comme une débutante; je compose mes regards, mes paroles, mes gestes, lorsque je me trouve en face de toi; enfin je n'ai ni la confiance en ce que je suis, ni la force de ce que je pourrais être!

Tu as fait passer dans mon cœur le dégoût que tu as pour la vie des coulisses; je voudrais la campagne, le repos, une existence de famille, un autre nom que le mien, tout ce que je ne puis avoir, hélas! tout ce que je n'aurai jamais! Dieu fait bien tout ce qu'il fait, dit-on; il m'a pourtant bien faite pour ce que je ne suis pas, moi. Malheureusement j'ai plus de passé que d'avenir, et je ne sais pas oublier. Un seul souvenir ferait ma joie, mon orgueil : celui de ton amour, si je pouvais vivre quand tu ne m'aimeras plus!

Bruxelles, 12 avril 1852.

Hier, début de Nathalie : 450 francs de recette, accueil très froid. J'ai bien peur qu'Eugène en soit pour ses frais, Nathalie menaçant déjà, si cela ne va pas mieux, de quitter Bruxelles dans quelques jours, en dépit de son traité et du directeur. Après les cris qu'elle avait faits en me voyant affichée la veille de son début, Eugène ne savait comment lui annoncer mon bénéfice de demain ; j'ai donc pris sur moi, dans le seul intérêt d'Eugène, d'aller la trouver pour lui demander de jouer dans mon bénéfice, offrant en échange de revenir de Gand ou de Liège pour jouer au sien. Alors, force grimaces et protestations du plus complet dévouement. On se quitte, après paroles données, puis, une demi-heure plus tard, elle fait appeler mon fils et lui demande un cachet de deux cents francs pour jouer demain. Certes, c'était moins coûteux que ce que je lui avais offert, mais cela lui donnait aux yeux du public une situation de bonne fille dont j'usais sans réciprocité ; et puis, après notre entrevue, nos conventions, exiger une assurance d'argent, cela m'a semblé si malpropre que j'ai abandonné le bénéfice en lui écrivant une lettre, dont j'ai gardé copie en cas de besoin.

Tout le monde ici est désolé de mon départ. Il est d'usage de finir par son bénéfice, et le beau public, comptant là-dessus, me destinait, dit-on, une ovation toute royale : couronnes, vers, devaient joncher la scène. Je perds tout cela, à cause de cette pimbêche qui s'est avisée ce soir de chanter *Blondette* avec un costume de garçon qui lui dessinait des choses !... Peut-on si peu se connaître ? Elle est pourtant assez grosse pour se voir ! Rien n'était plus risible, je te le jure. Je lui en veux beaucoup ; eh bien, je souffrais pour elle. Tu reconnais là ma bêtise, n'est-ce pas ? Que veux-tu ? Je suis trop vieille pour me refaire !...

Bruxelles, 14 avril 1852.

Je t'écris de mon lit, et malgré la défense du médecin, qui me menace tout bonnement d'une fluxion de poitrine. Il me faut, dit-il, un calme complet, ne pas même sortir les bras du lit ! Pauvre homme, c'est me dire : « Ne pense pas, n'écris pas ! » comme si cela était possible ; comme si, lorsque tu seras un jour sans lettre et moi une seconde sans penser à toi, je pourrai être autre chose que morte ?... Impossible de jouer à Gand demain, ni samedi, ni même dimanche. Je perdrai là une somme importante ; mais comme, en affaires, je ne manque jamais de philosophie ni de réflexion, je me dis : « Dieu pouvait me plus mal traiter encore, il pouvait m'envoyer cette indisposition pendant mes représentations d'ici, et, alors, que serait devenu mon fils? Il était perdu, car, en dehors du bénéfice que je lui enlevais, n'ayant personne à opposer au vide que je causais, il tombait à zéro, avec 250 francs de frais quotidiens. Deux semaines d'une telle position, et il finissait presque en même temps qu'il avait commencé. Quand je pense qu'entre ce malheur et nous il n'y a qu'une différence de quelques jours, je m'écrie : « Dieu est bon, merci donc à Dieu! »...

Bruxelles, 16 avril 1852.

Que je suis heureuse aujourd'hui, et que cet âne de médecin m'a fait pitié en mettant sur le compte de sa science le mieux presque magique qui s'est produit en moi! Il est justement arrivé après chacune de tes deux lettres reçues, en s'extasiant chaque fois sur les inconcevables progrès de ma santé. Aussi, ce soir, suis-je enfermée dans ma petite chambre, ma table devant la fenêtre à laquelle notre chère étoile fait face, comme si on l'avait posée là tout exprès. Dire qu'à cette heure, et si loin l'un de l'autre, nous la regardons peut-être en même temps! Qu'elle est belle, joyeuse et coquette! Elle semble me dire : « Lui aussi me trouve jolie, lui aussi me parle d'amour »; et moi, je réponds : « Danse, danse, ma charmante, je ne suis pas jalouse, car plus tu es belle, plus tu sautes et brilles à ses yeux, plus il pense à moi! » — Ah! si je n'avais jamais d'autres rivales à craindre, je dormirais sur mes deux oreilles le reste de ma vie!...

... Me voilà bien embrouillée dans mes traités, en retard avec Gand de dix jours, et du double avec Liège. Tout cela m'attend, tout cela crie, car les artistes de ces deux villes sont en société, et, sur le récit de mon succès ici, ils croient pour eux à d'énormes recettes : je le souhaite pour tous...

Le ciel est superbe maintenant, tout l'hôtel est dans l'obscurité, et voici notre étoile plus resplendissante que jamais. Minuit, c'est l'heure où tu quittes le théâtre, et, sur la place, elle doit t'éblouir. O chère étoile, dis-lui bien que je l'aime, que mon âme en ce moment a passé dans ta lumière, qu'elle le suit, et qu'elle veillera encore lorsque ses jolis yeux ne te regarderont plus!

Bruxelles, 19 avril 1852.

Pas de lettre! C'était hier dimanche, ce qui me tranquillise un peu. Peut-être as-tu été à la campagne, sans trouver un instant de liberté pour m'écrire? car je n'accuse pas ton cœur, qui sait qu'ayant été malade ma pauvre tête doit s'alarmer plus facilement encore qu'à l'ordinaire.

Le temps est bien triste ici; s'il en est de même à Paris, les champs ne doivent pas être chose fort amusante. Enfin, j'espère encore dans le courrier de ce soir. Oui, j'espère, quelque chose me dit que tu m'as écrit et j'attends avec confiance. Je vais aller à l'église, j'ai besoin de prier et de remercier Dieu chez lui. Depuis quelques jours, je suis étourdie du bruit de sa musique qui semble me dire : « Viens donc! » Oui, sans doute, j'irai, mais, comme toujours, quand l'église sera calme et vide. Je n'ai besoin d'aucune mise en scène pour croire en Dieu, et je ne vais au temple, au contraire, que pour y chercher un silence qui met ma pensée à l'abri de toute distraction. J'y prierai pour toi et pour les tiens!...

Gand, 23 avril 1852.

La drôle de chose que la poste; elle m'apporte tes lettres tantôt à une heure, tantôt à une autre, mais enfin elle ne manque pas un jour et je lui dis encore merci.

Tu lances un coup de plume à mes affections théâtrales; il mérite bien un peu ma sympathie, ce Mélingue que tu railles : c'est le seul que j'aie trouvé sans l'avoir jamais obligé. Il est donc mauvais dans *Benvenuto?* Je sais qu'il y construit une statue qui ne sert jamais deux fois, et je t'avoue que je n'aime pas beaucoup les artistes qui font autre chose que ce qu'ils doivent faire. C'est toujours à contre-cœur que je me suis écartée des conditions ordinaires de mon état; ainsi, danser, jouer d'un instrument quelconque, me paraît d'une prétention qui frise le ridicule. Cela me produit l'effet du notaire de Scarron « qui fait de tout ». Cette macédoine de talents, d'ailleurs toujours médiocre, fait rire à nos dépens ceux dont c'est la spécialité.

J'ai joué trois jours de suite sans me sentir trop fatiguée. Tu me dis de bien prendre garde à ma voix; oui, mon

Charles, j'en aurai soin puisqu'elle te plait, puisque souvent tu éprouves du plaisir quand, penchée sur ton cœur, je fredonne un air. Je connais ceux que tu aimes dans mes pièces; je les soigne toujours plus que les autres et ils sont particulièrement appréciés, applaudis : c'est que je les chante avec la voix de mon âme; celle-là, vois-tu, je ne la perdrai jamais !

Liège, 30 avril 1852.

La pluie a cessé depuis une heure; une seule étoile se montre, c'est la nôtre. Elle semble me dire : « Demain, tu seras plus heureuse; demain, tu auras une longue lettre ! » — Je ne veux rien dire, j'espère et j'attends !

J'ai répété huit heures aujourd'hui. Il faut mon courage et ma patience pour lutter avec la circonstance et les nullités qui m'entourent. Certainement, 930 francs pour ma part, hier, c'est beau; mais, tu me connais, l'argent est ce qui m'enchaîne le moins, et, en voyant semblable personnel, je serais partie si ce personnel n'était si misérable. Dès sept heures du matin, nos acteurs étaient à la porte du caissier, et plusieurs attendaient le partage pour pouvoir déjeûner; n'est-ce pas affreux ? Aujourd'hui, la location est belle, mais comme ma pauvre *Douairière* sera jouée !...

Liège, 2 mai 1852.

Non seulement les acteurs de *la Douairière* étaient détestables, mais la cousine, la petite-fille, le fils, tous étaient laids à faire peur : la vilaine famille que j'avais là, mon Dieu ! Malgré cela, la pièce a eu un succès fou. Moi, j'étais fatiguée comme si j'en avais joué dix ! Je ne sais, en vérité, comment je puis avoir même le sens commun; je ne m'occupe que de mes partenaires, et laisse voir bien certainement sur ma figure les impatiences et l'humeur que ce galimatias me cause; c'est égal, le public me trouve ravissante, étourdissante : ma foi, il est bien bon !

J'ai à te conter une chose amusante sur Nathalie. Tu sais ou tu ne sais pas qu'elle a voulu jouer au Palais-Royal *la Marquise de Prétintaille*, rôle à moi et dans lequel elle n'a produit aucun effet. Cependant la sociétaire de la

Comédie-Française s'abaisse à jouer le vaudeville en voyage, trop même pour ce qu'on espère et ce qu'on trouve. Elle a donc joué *la Marquise* à Bruxelles. Or, voici les derniers vers de mon couplet au public :

> Sur mon blason, moi, j'inscris chaque pièce
> Dont le succès vous est dû tout entier :
> Ce soir, messieurs, à ma noblesse,
> Daignez ajouter un quartier.

A la première de ce rôle, Nathalie a dit :

> Ce soir, messieurs, à ma *jeune* noblesse...

Le dimanche, voyant assez de monde, elle a chanté :

> Ce soir, messieurs, à ma *riche* noblesse...

Le lendemain, personne dans la salle; elle soupire :

> Ce soir, messieurs, à ma *pauvre* noblesse...

Et, lorsqu'elle joue un drame avec la *Marquise*, elle dit :

> Ce soir, messieurs, à ma *triste* noblesse...

Voilà de l'esprit et du goût... au détriment de la mesure... mais bast! la Comédie-Française n'y regarde pas de si près!...

Bruxelles, 10 mai 1852.

On m'a volé ma soirée, on m'a volé mon bonheur! Nous avons eu à dîner deux personnes de Bruxelles, et, après, on a pris une loge, à condition que je serais de la partie : hélas! il a fallu céder. Je suis donc allée voir *la Dame de la halle*, que je ne connaissais pas. Il y avait 149 francs de recette; à une première de Mme Guyon, c'est triste! Je ne suis pas contente d'elle dans ce rôle. Au reste, il y avait fort longtemps que je ne l'avais vue, et je trouve qu'elle outre beaucoup trop la brusquerie, premier type de son talent qui, aujourd'hui, a perdu par l'exagération de ce moyen : tout est heurté d'une façon incroyable.

Notre affaire d'Anvers a été faible. Nous avions contre nous l'ouverture d'une nouvelle exploitation d'été, où l'on entend de la très bonne musique et où l'on a de la bière gratis. J'ai été reçue néanmoins d'une façon admirable, et mon succès a été d'autant plus grand qu'on avait fait courir le bruit que je serais sifflée. Je pars dans trois jours, sans faute. Hélas! un peu de gloire, c'est tout ce que je t'apporte. Si le sort m'avait mise au monde plus tard, si je t'avais rencontré sur la première route dangereuse qui s'est offerte à moi, si ta main avait saisi la mienne pour m'empêcher de tomber, ce n'est pas le nom de Déjazet qui brillerait aujourd'hui. Que de lauriers et que d'argent nous eussions conquis à nous deux! Rêve impossible! Du moins je ferai, je serai ce que tu voudras. Tu me mettras dans une cellule, dans une cave, pourvu qu'aux heures où tu seras libre je puisse en sortir!...

De retour à Paris, Déjazet reprend son service au Vaudeville, mais son absence se fait cruellement sentir à Bruxelles. Sur sa prière, Charles, devenu artiste à recettes, part obligeamment au secours d'Eugène. La mère et l'amoureuse exultent dans les lettres suivantes :

1ᵉʳ septembre 1852.

Cette fois, mon Charles, emporte, avec mon amour, toute la reconnaissance d'un cœur qui sait comprendre et se souvenir. Merci pour ce que tu viens de faire, en me donnant pendant deux jours les joies du ciel; merci pour ce que tu vas faire, en portant à mon fils le courage qui commence à l'abandonner. Quant à sa confiance, elle égale la mienne : tu auras un beau, un grand succès! Sois béni, toi qui ne me quittes que pour me rendre plus heureuse et plus fière d'être aimée!...

2 septembre 1852.

Je n'ai pas fermé l'œil de la nuit, cher ange, et mon pauvre cœur a marché avec toi. Me voici debout, tu dois arriver à Bruxelles, et le baiser que tu donnes à mon fils vient retentir jusqu'au fond de cette âme si pleine de toi. Le temps est bien triste, bien froid; ta nuit, j'en suis sûre, aura été pénible. Je suis revenue seule, hier; à minuit un quart, j'étais sur la place de la Bourse, pensant tu sais à qui; à minuit vingt-cinq, j'étais à genoux dans notre chère petite chambre, priant tu sais pour qui? Enfin, je te sais arrivé, et j'ai plus de courage qu'hier, que cette nuit où je te savais si mal, moi qui voudrais te coucher sur des roses!...

4 septembre 1852.

Je souffre, chère âme, et je viens à toi. En nettoyant ce matin mes oiseaux, une graine m'est entrée dans l'œil et me fait souffrir l'enfer. Quel bonheur que tu sois loin, je serais furieuse de me montrer à toi avec le bandeau ridicule que l'oculiste m'impose...

Cardaillac est annoncé officiellement au Vaudeville en remplacement de Lecourt, mais Bouffé reste. Avec de pareilles gens nous ferons notre devoir simplement, car faire plus serait de la duperie. Aussi suis-je contente, sous bien des rapports, de ma position vis-à-vis d'eux. Qu'ai-je gagné aux semblants d'amitié dont ils m'ont gratifiée pendant quelque temps? De leur laisser vingt-et-un mille francs qui, certes, se seraient trouvés aussi bien dans ma caisse que dans la leur. Je ne compte pas mes autres sacrifices, tu les connais et tu sais si je les ferai maintenant. L'oculiste m'a dit de ne pas jouer ce soir; si c'était pour gagner une heure de ta présence, j'écrirais à l'instant même, mais pour penser, pour pleurer le passé et douter de l'avenir, non : j'irai continuer la seule manœuvre qui me venge bien de mes directeurs, prendre l'argent que, grâce à leur bêtise, je gagne si mal!

Je n'y vois plus... Adieu, je t'aime!...

17 septembre 1852.

J'ai reçu deux lettres de toi aujourd'hui, Charles; elles ne répondent en rien à ce que je t'ai dit, mais enfin tu les as tracées de tes chères mains, et je les baise comme si elles ne parlaient que d'amour! Sans doute, ton succès me rend bien heureuse, mais quoi là d'étonnant : ne t'avais-je pas dit que tu ferais révolution? Quand reviens-tu? j'ai besoin de le savoir pour préparer mes batteries, faire mes invitations : ce n'est pas petite chose que de fêter ton retour. Je suis toujours très souffrante, mais le médecin de mon âme ramènera la santé de mon corps...

25 septembre 1852.

Comment, cher ange, ta mère est à Paris et tu es loin d'elle ! Pauvre mère, pauvre fils ! Et c'est moi qui vous sépare ! O mon Charles, que mon amour te coûte cher ! Aussi, en arrivant mercredi, oublie le passage Saulnier, celle qui l'habite, notre chez nous enfin, et cours embrasser ta mère. Porte-lui tout le bonheur que tu me destinais; dans le vôtre, je puiserai mon courage. Et puis, comme tu me l'as souvent écrit, il y a toujours une joie dans le devoir qu'on accomplit; celui-là, je te le jure, ne me donnera aucun regret : ne suis-je pas heureuse de tout ce qui te fait heureux ? Je connais ta tendresse pour ta mère, celle qu'elle a pour toi, et ajouter une heure à celles que vous vivez éloignés l'un de l'autre serait une action coupable. C'est donc bien convenu; mercredi soir, en arrivant, tu iras rue Richelieu; au moment où tu presseras ta mère dans tes bras, je ne te demande qu'un mot pour moi : « Merci ! » — Jette-le au vent, je l'entendrai !

Nouvelle réunion des deux amants, attristée par des orages de natures diverses. Tout d'abord Déjazet ouvre imprudemment une lettre de la femme de Charles, et subit, pour ce fait, une verte semonce :

8 novembre 1852.

Mon Dieu, quelle lettre ! J'ai donc commis une bien mauvaise action, ou plutôt tu me méprises donc bien pour blâmer si sévèrement ce que mille autres femmes auraient fait ainsi que moi ! Oui, j'ai deviné, ce n'est pas mon indiscrétion seule qui te révolte, mais le regard d'une femme comme moi te semble avoir souillé les pensées pures que renfermait cette lettre ! Ne m'as-tu pas cependant envoyé jadis à lire une lettre de la même écriture ? N'as-tu pas voulu, une autre fois, que je vinsse au spectacle lorsque, de ton côté, tu ne t'y trouvais pas seul ? Ne suis-je pas exposée à me rencontrer, d'un instant à l'autre, avec celle dont je paierais le titre de toutes les années qu'il me reste à vivre ? Enfin ne m'as-tu pas fait écrire, de Londres, une lettre destinée à être lue par une autre que toi ? Quoi donc de plus mal dans ce qui vient d'arriver? Lorsque, pouvant facilement te cacher mon action, je me confesse à toi comme à Dieu, pourquoi me faire entendre que je te suis devenue odieuse et que désormais nous ne pourrons plus nous aimer comme autrefois? Va, Charles, malgré mon imprudence, je me sens l'âme assez haute pour me juger aussi sévèrement que tu peux le faire. J'ai eu tort, bien tort, mais l'aveu était plus grand que la faute, et je me trouve encore plus malheureuse que coupable. Personne au monde ne respecte ta position plus que moi, et, lorsque mon amour te la rendra trop pénible, tu sais bien que je disparaîtrai de ta vie presque aussi vite que la pensée t'en sera venue. Ne prends pas cela pour une menace de suicide; non, je tâcherai de vivre, au contraire, pour me souvenir de toi et demander au ciel la conservation de tout ce qui te fait heureux; mais je partirai, tu sais où? Et si, malgré ce départ, je dois mourir de ce qui m'a fait vivre, souviens-toi que ton nom sera le dernier que murmureront mes lèvres, et que mon âme ira rendre à Dieu seul cet amour qui l'aura purifiée!

Puis, une question d'intérêt se pose. Déjazet a rompu avec le Vaudeville, où chaque jour lui apportait des misères nouvelles ; Charles, dans un mouvement d'entraînement, a fait de même, mais l'administration le regrette et lui offre une situation brillante qu'il désire et n'ose accepter, par crainte de blesser son amie. Celle-ci lève alors ses scrupules, avec autant de délicatesse que d'abnégation :

Mercredi, 15 décembre 1852.

Je voulais aujourd'hui avoir une bonne et sérieuse conversation avec toi, mon Charles. Pour cela, je t'espérais seul, mais mon attente a été trompée. Je ne veux pas attendre du hasard le moment où il me sera permis de m'expliquer sans témoins. Parlons à cœur ouvert. Tu es triste, tu es malheureux, parce que tu regrettes ce que tu as fait. Je ne puis me soustraire au sort qui m'attend; donne-moi donc le courage de le supporter ; sois heureux, sois riche, et je te dirai : « Merci! »

Tu as cherché tantôt à m'endormir; j'ai résisté de toutes

mes forces, ne voulant pas que tu dusses ma franchise à mon sommeil. C'est bien éveillée que je dois te dire ce que je pense, ce que je sens. Pour moi, pour me défendre, tu as brisé ta position; encore une fois merci, car tu m'as fait rêver un instant l'oubli de ce que je suis. Quant aux appréciations des lettres anonymes qui traitent ton sacrifice de comédie, je crois inutile de te dire l'importance que j'y attache : j'ai pu douter de ton amour, jamais de ton honneur! Lorsque l'affaire des Variétés s'est présentée si prompte, si facile, je me suis sincèrement réjouie, je l'avoue, de te voir abandonner un théâtre où les artistes n'ont à espérer de considération qu'en raison du besoin qu'on a d'eux. Mais, hélas! nos châteaux en Espagne se sont évanouis, et quoique, d'ici à peu de temps, la chute des Variétés doive amener plus que des espérances pour toi, je devine tes ennuis, je comprends ton embarras vis-à-vis des inquiétudes qui t'entourent et te pressent d'accepter le magnifique traité que le Vaudeville te propose. Comment, en effet, expliquer ton refus, lorsque les causes de ta rupture disparaissent dans ton nouvel engagement? Ton vrai, ton seul motif est dans ton cœur. Mais, me crois-tu capable d'accepter plus longtemps le désaccord dans ton intérieur et le presque oubli de tes devoirs? Qu'est-ce, mon Dieu, que l'orgueil de Mlle Déjazet écrasé sous les pieds de quelques filles et de quelques sots? Est-ce que, pour dix minutes de ta joie, je ne donnerais pas dix années de ma propre vie? Souviens-toi de ma lettre de Rouen, et marche sur mon corps si j'obstrue la route que tu dois suivre. Deux mots guériront vite mes blessures : « Je t'aime et je t'estime! » — avec cela, Charles, j'irai au bout du monde, pour y mourir en bénissant ton nom. Encore une fois, bannis tout scrupule à mon égard, songe aux existences dont tu réponds devant Dieu. C'est une fortune qui vient à toi; ne la laisse point échapper. Tu le vois, on brise une position plus vite qu'on ne la refait : j'en suis un grand exemple, moi, vers qui personne n'est venu!

Et maintenant, Charles, pense tout haut, car je suis ton meilleur ami!...

L'hésitation de Charles cesse à la lecture de ces lignes touchantes, il accepte les vingt-quatre mille francs d'appointements que le Vaudeville lui propose, et Déjazet repart courageusement en province. Combattant les douleurs de la séparation par l'espoir d'un avenir commun, les deux amants ont fixé à six mille francs de rentes le chiffre qui leur permettra de quitter le théâtre pour vivre en tête-à-tête dans quelque campagne. Ce chiffre, Déjazet a juré de l'atteindre, bien qu'elle n'ait en l'avenir rêvé qu'une confiance médiocre. Tout ce qu'elle exige, pour prix de ses efforts, c'est que Charles ne manque pas un jour d'aller passer quelques instants dans l'appartement du passage Saulnier, pour lire ses lettres et y répondre. La correspondance reprend donc de plus belle, si exacte et si touffue que force nous est de n'en donner que les passages contenant d'amoureuses formules ou relatant des incidents caractéristiques.

Paris, 25 février 1853.

Adieu, mon Charles; j'ai voulu partir ce soir, parce que, de huit heures à minuit, je saurai où tu es, je serai où tu seras! Je te quitte plus triste que je ne puis le dire. Me voilà lancée dans une vie de fatigue et d'abandon, car je me sens plus seule que jamais. D'ordinaire, je m'éloigne en laissant derrière moi une position qui m'attend, un devoir qui me réclame, quelque chose enfin qui me sauve de l'oubli; cette fois, rien ne m'enchaîne, rien ne m'attend; mais je te laisse heureux comme gloire et comme argent, cela suffit pour me donner du courage... Adieu, je vais demander au hasard ce que je ne trouve plus ici, et pourtant j'y laisse un trésor : garde-le moi bien, Charles, et souviens-toi!...

Dijon, 4 mars 1853.

J'ai répété hier soir avec un mal de tête comme tu en as, ce matin je ne suis guère mieux et ne puis t'écrire que quelques lignes; cela me coûte d'autant plus que j'ai l'air de vouloir te punir du peu de longueur de ta lettre. Il n'en est rien, cher ange; merci au contraire de ce que tu me dis; merci de ton amour : il fait ma vie, mon courage, il fera ma fortune. Dimanche, j'ai fait salle comble; le jour de la

Passion! aussi un prêtre a-t-il dit au sermon que le diable avait pris les traits d'une actrice pour éloigner les Dijonnaises du sentier de la vertu *(textuel)*... Je souffre de corps et d'âme, mais ta vie est calme parce que celle d'une autre l'est aussi, qu'importe le reste, et à part mes enfants pour qui je travaille, une fois ma tâche remplie, leur sort assuré, à qui mon existence sera-t-elle nécessaire? Notre séparation ne doit donc donner de douleur qu'à moi, car je suis seule et ne lis sur aucun visage le remerciement de mon sacrifice; aussi je me couche avec le découragement au cœur, je prie sans espoir et je m'endors en désirant ne pas me réveiller!...

Dijon, 17 mars 1853.

Je ne t'ai jamais dit que j'avais ajourné ma réponse à la Gaîté et que je dusse l'envoyer d'ici. Comme j'attendais la réponse d'Hostein au chiffre que je lui avais fixé, je t'ai dit : « Que faut-il faire? » Tu m'as répondu alors : « Cela te regarde » — et j'ai cru voir, dans ces paroles, ou ton peu de désir de ma présence à Paris, ou la crainte de m'entraîner dans une fausse route. Cette dernière supposition a prévalu. Je me suis reportée aux premières répétitions de cette malheureuse pièce, je me suis remise face à face avec toutes les circonstances, et je me suis dit : « Il a fallu une immense, une sincère conviction à Charles pour avoir fait obstacle à tant d'espérances; une chute est donc possible, et une chute au théâtre de la Gaîté c'est la fin de moi à Paris et même en province. La province, c'est ma dernière ressource, c'est le pain de mes vieux jours, je joue donc tout dans cette affaire : il faut partir! » — Et je suis partie, et jusqu'ici le sort me favorise. Si tu savais avec quelle joie je regarde et compte l'argent que le régisseur m'apporte! Et comme j'en suis avare! Il me semble que dix sous mal dépensés reculeraient d'autant d'années mon retour vers toi. Doutes-tu encore de ma raison, et n'es-tu pas sûr que, si Dieu me laisse la santé, je serai riche bien avant le terme que tu m'as fixé? De ton amour dépend tout; garde-le moi, mon Charles, bientôt j'irai t'en demander compte. Je clôture ici le 20, tu sais donc où je serai le 21. Apprête tes bras, que je m'y précipite; ton âme, que je m'y fonde tout entière!...

Paris, 25 mars 1853.

Encore un départ! Faut-il ajouter encore un retour? et, comme dit Victor Hugo, l'avenir est-il à nous, pour oser parler ainsi? L'avenir, c'est pourtant vers lui que tendent mes espérances. Tu me le promets si beau! Aussi je pars avec courage, pour gagner tout ce bonheur. J'emporte celui que tu viens de me donner; il a passé vite — quelques instants en quatre jours — et maintenant deux mois sans te voir! La part du mal l'emporte sur celle du bien! Mais je suis ingrate envers Dieu, envers toi! Pardonne, ange aimé, si, près de m'éloigner, mon pauvre cœur saigne et murmure; dans quelques heures, je serai plus forte, car ces quelques heures seront déjà un à-compte sur le retour. Adieu, Charles; à toi toutes mes pensées de cette nuit, comme à toi tous les jours de ma vie!...

Dijon, 29 mars 1853.

Quand je te disais que le gargarisme avait été étranger à mon mieux; hier j'en ai usé toute la journée, toute la soirée, et je n'ai pas fini le spectacle. Ta lettre, le pain de mon cœur, me manquait, j'ai succombé.

Figure-toi que je jouais *le Moulin, Lisette,* et les deux premiers actes de *Gentil-Bernard.* Je terminais par là, et, comme ce diable de deuxième acte finit mal, surtout pour une clôture, j'avais composé quelques vers en forme de couplet que je voulais chanter en défilant devant le public. En province, tout se sait; le secret était donc éventé et l'on attendait le fameux couplet; mais, ne pouvant même plus chanter ni parler ceux de mon rôle, je suis arrivée en toute hâte au grand final, disparaissant comme à l'ordinaire, par le fond du théâtre. Il y avait un pas après, et, pour éviter l'entr'acte, le régisseur sonne aussitôt. Comme on ignorait l'endroit choisi pour le couplet, on croit que je vais reparaître et l'on attend. La danse finie, on attend encore, mais la rampe qui s'éteint, les musiciens qui disparaissent, font comprendre que la farce est jouée, et le bon public sort en emportant, non sa veste, mais les fleurs et les vers qui m'étaient destinés. Quel misérable dénouement, pour moi surtout qui ne t'avais pas envoyé ma jolie couronne de la veille dans l'espoir de la faire voyager aujourd'hui en nombreuse compagnie. La vilaine voix, et que j'ai souffert! Heureusement le diable s'était lassé, et mon premier regard en rentrant dans ma chambre est tombé sur ta chère écriture, mais j'ai renvoyé tout le monde avant d'ouvrir l'enveloppe, car je lis tes lettres comme je fais ma prière !...

Besançon, 5 avril 1853.

Je rentre de ma répétition du matin avec ta petite lettre qui est venue m'y trouver et qui semble se venger de la mienne en ne m'apportant que quelques lignes. Hélas! quand je t'écris si peu, j'en suis la première punie. Il fait un soleil brillant, il y a bien des jours que je marche dans l'eau et que je vois un ciel gris, eh bien, je délaisse ce bon air pour venir m'enfermer et causer avec toi.

La troupe ici est déplorable. Quelle belle-mère, quelle fiancée avait hier Richelieu! Mais la pièce est si délicieuse qu'elle combat l'entourage de son héros; les autres n'ont pas cet avantage, et j'ai bien peur d'une misérable clôture.

Mon camarade Bouffé fait-il toujours recette aux Variétés? Il doit être bien heureux, au milieu d'une troupe pareille; rien ne l'inquiète, tout est à lui, tout est pour lui! Et ce manant de Carpier, qui a préféré une recette tous les deux jours à moi qui certes aurais fait plus de mille francs par soirée! Oh! que j'ai tous ces théâtres en horreur! De quelle humiliation ils m'ont payée! Heureux celui qui te possède : si mes malédictions sont entendues, c'est le seul qui ne périra pas!

Besançon, 8 avril 1853.

Je pars ce soir et j'ai de la besogne. Régisseur et femme de chambre sont en pâte de guimauve. — O ma chère Lise, où es-tu, toi si vaillante, si dévouée! Si tu me voyais à cette heure debout, remuant malles et paquets comme un vrai domestique, tu pleurerais des larmes de sang sur la pauvre maîtresse que tu soignais et dorlottais si bien! Hélas! dois-je te regretter, et l'égoïsme de mon cœur ne doit-il pas se taire en face du repos éternel dont tu jouis? Plus de douleurs, de regrets, de déceptions pour toi, qui savais si bien concevoir et sentir! Dieu t'a sauvée d'un profond chagrin en t'épargnant le dénouement d'une carrière qui faisait ta joie et ta fierté. Froissée, presque chassée du berceau de mes succès, de ce Paris « protecteur des arts, ami des artistes », me voilà seule et tellement dégoûtée du théâtre que je n'apprécie plus la gloire qu'en raison de la recette qu'elle produit. Aujourd'hui, Lise, tu compterais les fleurs, moi l'argent; tu ne trouverais plus le soir cette gaîté, cet orgueil que tu lisais sur ma figure, et, au bout de mes mains, cette générosité que tu blâmais pour la forme, mais que ton grand cœur comprenait si bien. Je rentre silencieuse, inquiète du chiffre qui m'attend; je donne ou oublie mes bouquets, et je ne souris qu'au sac qu'on me présente, surtout s'il est bien lourd. Je ne suis donc plus la femme que tu aimais, l'artiste que tu admirais : tu as bien fait de mourir!

. . . .

J'ai eu hier une clôture magnifique : 1,800 francs de recette, 773 pour ma part: total de mes trois représentations, 2,200 francs. Si Genève se conduit ainsi, j'avancerai l'avenir. J'attends ta dernière lettre ici, mon Charles, je l'emporterai sur mon cœur pour attendre dimanche. Il me semble que, d'ici là, j'ai un mois à franchir, et pourtant, entre ta lettre d'aujourd'hui et celle qui m'attend, il n'y a qu'un jour; mais un jour sans te lire, c'est un jour de deuil!...

Genève, 10 avril 1853.

Enfin, m'y voici, mais quel voyage, et quelle triste arrivée! Ton portrait, ta belle et chère image cassée, brisée, dans le portefeuille où je la serre ordinairement!... Je me suis empressée d'enlever avec soin tous les morceaux de verre; ta main est un peu marquée, quant à la figure, j'espère qu'elle n'aura rien. Je vais courir chez un marchand pour qu'il la couvre bien vite et fasse une boîte qui, désormais, te préservera d'un pareil malheur. Oh! j'ai bien pleuré, va!...

Partie vendredi à huit heures du soir, je suis entrée dans mon lit aujourd'hui dimanche, à quatre heures du matin. Depuis Pontarlier, il y avait deux pieds de neige, et les pauvres chevaux nous ont menés au pas jusqu'au dernier village de France. C'est bien merveilleux, ce que j'ai vu, d'immenses et blanches montagnes qui font rêver plus haut qu'elles encore ! Ah ! si je t'avais eu près de moi, comme tu aurais été heureux, car ce sont là des choses que tu aimes parce qu'elles sont grandes et sérieuses : elles ne ressemblent guère à celles au milieu desquelles nous vivons d'ordinaire !...

Genève, 13 avril 1863.

Le courrier de Paris, partant à six heures du soir, arrive à Genève de dix à onze heures le lendemain soir, mais la distribution ne se fait que le matin suivant. Seulement, à quelques personnes bien connues, bien pressées, on accorde la faveur d'obtenir les lettres le soir à onze heures, et comme on me connaît à la poste et que l'on sait que je suis pressée, j'ai trouvé ta lettre à minuit. Tu juges de ma joie ! J'ai cru d'abord que c'était celle du dimanche, en retard pour quelque cause, mais en lisant cette ligne : « Je n'ai pu t'écrire hier », j'ai reconnu mon erreur, et comme, pauvres humains que nous sommes, rien ne nous satisfait complètement, j'ai souri à mon bonheur présent en donnant un soupir à celui qui m'échappait aujourd'hui, car aujourd'hui je n'ai rien à attendre, si ce n'est la même surprise que l'on m'a faite hier, par galanterie sans doute.

J'ai eu hier un triste début : beaucoup de gloire et peu d'argent. 700 francs de recette, dans une ville qui me demande depuis cinq ans ! On me dit que demain ce sera magnifique, qu'on a voulu savoir, qu'on se méfiait de moi... toujours la même chanson. Il en est du théâtre comme de ma vie : on m'ôte jusqu'à ma chemise !... tu sais cependant si je tiens à la garder ? — Enfin, les bravos, les rappels, rien n'a manqué... que l'argent. Autrefois j'aurais remercié des uns en méprisant l'autre, aujourd'hui c'est tout différent. J'enrage d'avoir quitté Besançon où ma dernière représentation m'a valu près de 800 francs, où plus encore m'était assuré, puisque j'augmentais chaque fois. Genève, une ville si grande et si vivante, n'a pas trouvé 1,500 francs à m'apporter de confiance, lorsqu'à Dijon, en carême, ma première a été jusqu'à 1,000 francs. Ah ! si demain je ne vois pas un énorme changement, je salue la patrie de Guillaume Tell et je vais « travailler ailleurs », comme on dit ici. Ne me néglige donc pas, je t'en conjure, car, devant l'avenir qui recule, j'ai besoin de courage, et tu sais de qui j'en attends !...

Genève, 20 avril 1853.

Ta lettre m'a été remise hier avant d'entrer en scène; si cela continue, je l'aurai bientôt du matin au soir. Vive ce brave facteur qui semble si bien comprendre les amours, il restera mon meilleur souvenir de Genève ! Hier, j'ai fait 1,400 francs; cela augmente, comme tu le vois, mais lorsque je serai à 2,000 francs ce sera probablement la veille de mon départ, et alors que d'argent perdu ! On espère pour demain avec *la Douairière* et *le Postillon*, spectacle entièrement neuf ici, car jusqu'à présent ce que j'ai joué était connu et c'est justement à cause de cela que les Genevois n'avaient pas confiance. Les « Déjazet » de province me perdent, elles disent *le mot* à coups de canon, et le public de s'écrier alors : « Si la doublure procède ainsi, qu'est-ce que l'étoffe doit être ! » — Voilà pourquoi je m'éloigne ordinairement des nouvelles villes; je préfère retourner où je suis connue : je vais donc à Nancy avec confiance; si le temps n'est pas trop bleu, j'y ferai, je crois, de bonnes affaires...

Genève, 23 avril 1853.

Ta lettre de jeudi commence à cinq heures, et, la veille, tu ne m'as pas écrit. Donc tu n'as pu, sans doute, aller chez nous ni mercredi ni jeudi. Voilà de tristes jours, car si je souffre de ton silence forcé, je souffre plus encore de savoir que tu vis vingt-quatre heures sans m'entendre dire : « Je t'aime ! » — J'ai l'habitude des sacrifices et des privations, moi, aussi mon cœur et mon âme les défient-ils; mais toi, préoccupé de ta responsabilité d'artiste, le temps que tu arraches à ton devoir pour venir à moi ne deviendra-t-il pas une fatigue, une sujétion qui lassera tôt ou tard ton amour ? Joins à cela l'absence de mes lettres qui t'attendent au passage Saulnier des heures, des jours, et tu comprendras mes craintes. Brise donc avec une exactitude qui dure depuis trois ans; ne m'écris désormais que quand tu pourras, mais du moins ne laisse pas passer un jour sans aller chez nous! Si tu savais le prix que j'attache à ta visite régulière, et la douce pensée qui me berce à l'heure où je te crois, où je te vois dans ce pauvre boudoir! Cet instant, ces cinq minutes que je te demande, tu peux les trouver toujours, n'est-ce pas? Laisse donc partir la poste, mais viens!...

Genève, 27 avril 1853.

C'est bien décidé, je pars dimanche, après le spectacle; on ne manquera pas de le mettre sur l'affiche pour qu'on ne puisse douter de ma clôture définitive, ce à quoi les Genevois ne veulent pas croire, car ils sont comme des fous maintenant. Une députation de quarante messieurs s'organise pour venir me prier demain de rester huit jours encore. Pauvres gens, et le 19 mai qui se place entre nous! Non, non, je pars; cela les apprendra à n'avoir pas eu confiance en Mlle Déjazet. On prétend que la salle serait comble désormais tous les soirs, je m'en moque; j'aime mieux Nancy, qui ne me mettra plus qu'à huit heures de toi!...

Pourrai-je jamais assez embellir Seine-Port, ce paradis où nous aurons vécu huit jours d'une vie dont les anges seront jaloux! N'est-ce pas là que je dois mourir? N'est-ce pas là que mes deux mères dorment et m'attendent? N'est-ce pas pour conserver cette retraite que je travaille aujourd'hui sans relâche? Et, par-dessus tout cela ne l'aimes-tu pas, cette maison où tu m'as dit un soir, couché sur le foin, les yeux fixés au ciel : « Je me trouve heureux et ne regrette rien ici! » — Ce soir-là, mon Charles, le ciel était bien bleu, les étoiles bien brillantes! Si je dois vieillir à Seine-Port, je reverrai ce même ciel, ces mêmes étoiles; tout cela n'aura pas plus changé que mon cœur, que le tien peut-être, car tu n'auras à regretter en moi ni la jeunesse ni la beauté. Ce que je serai, je le suis déjà; quelques rides nouvelles ne te feront pas plus peur que celles que tu comptes depuis trois ans sur mon visage, et moi je te verrai toujours beau, car tu as un long avenir devant toi. Fais-le riche en même temps que glorieux; la gloire s'efface vite et ne sert qu'à faire des ingrats; évite à ta fille la nécessité d'illustrer son existence : sois heureux par ton enfant, et par tout ce qui a le droit de t'aimer !...

Nancy, 5 mai 1853.

Je ne t'ai point écrit hier, mon chéri, parce qu'en arrivant j'ai trouvé un cruel ennui. Tourtois, parti de Dijon avant-hier, me guettait au bureau d'ici pour me demander si j'avais avec moi la malle de musique. On avait refusé de charger nos énormes bagages sur deux voitures et nous les avions partagés, c'est-à-dire que Tourtois s'était chargé d'une partie, moi d'une autre, le reste devant partir les jours suivants. J'avais, pour mon compte, ce qui m'est nécessaire, mais Tourtois avait oublié la malle de musique, dont il est régulièrement chargé. Nous voilà, hier à cinq heures, comme des fous, moi criant, tempêtant, et certes il y avait de quoi : passer trois nuits pour arriver à jour fixe et se trouver dans l'impossibilité de débuter! Nous télégraphions à diverses personnes pour éviter de remplacer *Colombine* par *Richelieu*, ce qui, avec une bande, eût été chose détestable, mais aucune réponse ne nous parvient : « Morbleu, dis-je à Tourtois, je vous avais pourtant bien recommandé de prendre la musique de mon début dans votre propre malle! » — Elle y était; le sot avait cherché hier sans la trouver et sans se souvenir même qu'il l'y avait mise; ce matin, en cherchant de nouveau, il la trouve enfin. Mais l'affiche de *Richelieu* était faite, il a fallu coller une bande portant *Colombine*, bande qui n'est pas de même couleur. Comme, après tout, le spectacle qu'on donne est bien celui annoncé depuis trois jours, j'espère que cela ne fera aucun tort. Seulement, au lieu de me coucher après trois nuits passées et quarante-six heures de diligence, j'ai été forcée de courir au théâtre faire répéter *Richelieu*, dont la musique est ici; mais, après le premier acte, le corps a cédé : il m'a fallu quitter, et je suis tombée dans mon lit plutôt que je ne m'y suis mise!

Nancy, 14 mai 1853.

Si près, et ne pas voir ta pièce! est-ce que c'est possible? Fais le malade, je t'en conjure, il le faut, je le veux! Écris-moi de suite ce que tu auras fait, et dussé-je passer la nuit, dussé-je, comme un pauvre chien, courir en m'écorchant les pattes, je viendrai mourir en léchant les mains de mon maître. Je joue un spectacle d'enfer lundi, mais, si tu passes mardi, je te le répète, soit sur les mains soit sur la tête j'arriverai ! — J'arriverai juste pour entrer dans ma baignoire; le mouchoir te dira : « J'y suis » et ta bonne petite main portée à ta bouche répondra : « Je te vois ! » — Mais après, pourras-tu venir chez nous ? Souviens-toi de la rue de l'Echiquier, du pauvre petit lit où tu es venu me surprendre, du boulevard Soupiro où, à minuit, tu m'as dit, à travers ma porte fermée : « Me voici, je t'aime, à demain ! » Ces jours heureux, mon ange, rends-les moi. Viens, viens, la même âme t'attend, le même cœur te recevra !...

Nancy, 21 mai 1853.

Je suis arrivée à minuit, mon Charles, ce qui fait onze heures de route. C'est dur, surtout lorsqu'on sent que chaque pas vous éloigne de ce qu'on aime. Mon voyage a commencé tristement. A deux kilomètres de la Villette, un pauvre chef de train, voulant fermer une portière pendant la marche du convoi, est tombé sous les wagons et a été broyé. C'est à La Villette seulement qu'on a pu envoyer à son secours, et le télégraphe d'Epernay nous a dit qu'il n'y avait aucun espoir. Le malheureux avait les bras et les jambes emportés; c'était un jeune homme marié depuis dix jours; sa femme, qui est des environs, l'attendait ce soir à une station avec toute sa famille : quelle douleur à la triste nouvelle! Cet accident a contribué à rendre mon voyage plus pénible encore! J'ai été seule pendant la plus grande partie de la route, et mes tristes réflexions n'étant distraites par rien, j'y suis restée enfouie tout à mon aise. Ta petite mine était pâle lorsque je t'ai quitté; ton nouveau rôle te fatigue et l'agonie qui le termine, si simple et par cela même plus coûteuse à ton génie, abat ton pauvre corps! Quand je pense que tu oses nier ton émotion! Allons donc, est-ce qu'on exprime ainsi ce que l'on ne sent pas? Tu t'abuses et je ne veux pas te croire, ce serait effrayant pour mon amour. Non, non, tu dis trop bien : «Marco, mon Dieu, que je t'aime ! » pour que je ne croie pas que dans ta pensée tu ne changes qu'un nom ! Le vrai, je ne veux pas te le dire; il me semble plus doux de le laisser au bout de ta plume, qui peut-être l'écrira pour moi !...

Nancy, 22 mai 1853.

Les preuves d'amour que je reçois devraient, dis-tu, me rendre heureuse et confiante ? C'est vrai; mais je te l'ai dit cent fois, tu n'es pas seul, toi, et tu trouves dans les affections qui t'entourent des joies qui ne m'attendent jamais. Et puis, tu es le maître de ma vie; la tienne n'est pas, comme la mienne, suspendue à une volonté, à une larme qui peut me dire : « N'aime plus ! » Tu t'endors dans la certitude de ce que je serai demain, tu te réveilles dans celle de ce que je suis aujourd'hui; tu comptes chaque heure ne te disant : « Elle pense à moi, elle n'aime que moi. » — Aussi ai-je plus que toi besoin de courage. Je suis allée aujourd'hui en demander au ciel. L'église était déserte; c'est ainsi que je m'y trouve bien. Dans cette sainte maison mon âme est à son aise, mon esprit plus calme; j'y porte mon amour sans éprouver de remords : Dieu l'approuve donc? En retrouvant, comme la dernière fois, les belles marguerites blanches qui entourent l'autel de Marie, j'ai eu l'envie d'en voler une pour l'envoyer à ta fille; mais, en tendant la main, je me suis sentie prise d'une honte qui m'a retenue; une voix semblait me dire que cette fleur, cueillie par moi, ne pouvait apporter à ton enfant rien de pur ni de sacré, et je me suis éloignée, triste et confuse !...

Nancy, 25 mai 1853.

Je suis rentrée hier soir si fatiguée, si abattue, que le courage de veiller pour t'écrire m'a fait faute. C'est qu'aussi, après deux jours de travail pour composer un spectacle neuf, se trouver en face de 480 francs de recette, c'est désespérant. Depuis cette semaine, j'ai à braver non seulement le temps devenu magnifique, mais encore une foire annuelle amenant avec elle une foule de petits spectacles, qui, pour être moins coûteux que le nôtre, n'en sont peut-être que plus amusants. Joins à cela le Cirque qui ouvrait hier, puis un certain juif devenu prédicateur chrétien soi-disant à cause d'une apparition de la Vierge, et tu comprendras qu'avec une telle concurrence de comédiens une pauvre actrice comme moi devait compter plus de banquettes que de spectateurs. Je suis donc rentrée à mon hôtel la tête basse et le sac léger. Je mourais de faim, car je n'avais pas eu le temps de dîner, mais j'ai boudé contre mon estomac et contre mon cœur : je n'ai ni soupé ni écrit !...

Metz, 2 juin 1853.

Encore la pluie ce matin, quel triste temps! Pauvre Seine-Port, tu me donneras moins de regrets dimanche, car, à la tournure que prend la location, à ce qu'on me rapporte des conversations de la ville et des cafés, je dois faire immensément d'argent, et le directeur, qui compte sur au moins 2,000 francs dimanche, n'aurait jamais voulu me laisser partir. J'ai bien un bon petit : « Je veux ! » tout prêt à lui fermer la bouche, puisque je n'ai pas de traité, par conséquent pas de nombre de représentations fixé, mais à côté de ces mots qui sortiraient de mon cœur, il y a une diablesse de conscience qui a la prétention de crier plus fort, et qui dit : « Mlle Déjazet, c'est justement parce que vous n'avez pas de traité que vous devez vous conduire en honnête homme. De plus, vous n'êtes pas ici dans des conditions ordinaires. La saison théâtrale est finie ; le directeur, pour vous avoir, a organisé un personnel qu'il ne peut payer que par vous. N'ayant gardé que de quoi servir votre genre, une représentation sans vous devient impossible : que ferait-il donc si vous l'abandonniez ? » — Que répondre, ami, à une conscience qui s'exprime si clairement ? Ce que tu répondrais toi-même, ce que tu me souffles en ce moment, ce que j'entends et comprends comme le jour de ta première, que ta loyauté n'a pu sacrifier à mon amour. Il te demandait vingt-quatre heures de retard, tu ne l'as pas voulu, et j'ai courbé la tête devant tes scrupules. Dieu sait pourtant si l'on devrait en avoir vis-à-vis de ceux qui te baisent les pieds en ce moment parce que tu les nourris, et qui t'écraseraient s'ils te jugeaient inutile à leur fortune ! Mais ce que nous faisons, nous le faisons pour nous, en trouvant du bonheur à être ce qu'ils ne sont pas !

Metz, 15 juin 1853.

Pas de lettre ! Je n'ai plus d'espoir qu'en demain matin ! En voilà pour vingt-quatre heures à attendre la vie, cette vie que vous tenez dans vos mains comme un pauvre oiseau qui étouffe et auquel vous rendez un peu d'air de temps en temps !... — Rouvière est victime de sa loyauté ; il est venu ici sur parole pour jouer après moi, et hier, en dépit de nombreuses répétitions, ses partenaires sont partis pour Paris, de façon que le voilà dans l'impossibilité de jouer et de rattraper les quelques centaines de francs qu'il a dépensés ici. Je ne puis te peindre le chagrin que j'en éprouve; c'est un homme si doux, si résigné ! Oh ! les vilaines gens que les cabotins ! je n'avais pas besoin de cela pour les mépriser !... J'ai travaillé à mes malles toute la soirée, et j'ai les reins si douloureux que je ne sais comment me tenir. Il me faudra recommencer demain ! Ah ! ma pauvre Lise, où es-tu ? toi qui passais courageusement les nuits en me disant : « Couchez-vous, reposez-vous bien, tout sera fini demain matin ! » Chère fille, si vaillante, si dévouée, qu'es-tu devenue ? Ce que je deviendrai, ce que nous devenons tous : rien ! mais, en ce moment, je suis quelque chose, car je souffre horriblement !...

Bar-le-Duc, 18 juin 1853.

Décidément, chéri, je plie sous les honneurs. La foule hier m'attendait au chemin de fer, et pas des manants, s'il vous plaît, mais de belles et grandes dames, dont le visage tout aimable semblait demander comme faveur au mien un regard, un sourire. Ma voiture a été suivie jusque chez le directeur qui était heureux et fier de mon premier succès. On m'en prépare un second ce soir : 800 francs de location, dans une salle qui fait 700 francs au plus et dont on a doublé les prix; une grande partie de l'aristocratie a retenu des places, enfin la ville est en révolution : le bénéficiaire sera content ! — Si tu savais à quoi tout cela me fait rêver ! A mon enfance d'abord, que mon pauvre père a protégée; puis à l'avenir qu'il caressait dans sa tête d'artiste et dans son cœur d'honnête homme : « Ma fille aura du talent, disait-il toujours, et elle sera sage! » — Hélas! s'il avait vécu, j'aurais aujourd'hui un bras pour me conduire à travers ce monde qui ne salue que mon talent, un cœur à faire heureux de mes succès, un mari enfin qui peut-être porterait ton nom, car, il y a dix ans, ne pouvais-tu pas m'aimer? tu m'aimes bien aujourd'hui!... C'est avec la tête pleine de ces rêves, le cœur gonflé des regrets qu'ils m'apportent, que j'écoute le concert d'éloges qu'on m'adresse, et que je vois tomber à mes pieds des fleurs que seule je ramasse!... Heureusement la réussite de la bonne action que je viens faire ici ranimera ma philosophie; c'est si consolant de consoler!...

Paris, 9 juillet 1853.

Je pars plus triste qu'à l'ordinaire, Charles, car je te laisse inquiet et souffrant. Puisse le ciel que je vais prier avant de te quitter veiller sur la santé de ton cœur et de ton corps; j'oublierai alors mes plus grandes peines en me disant : « Il est heureux! » — C'est dans cette pensée que je puise du courage lorsque je me sens faiblir devant les conséquences de notre position, et ce n'est pas ma faute si, malgré mes efforts, tu lis souvent sur mon visage ce qui se passe dans mon âme. Sois donc assez généreux, puisque tu me devines si bien, pour ne jamais m'interroger comme tu le fais quelquefois, car je souffre doublement devant tes questions. Laisse à moi seule le soin de porter le poids des douleurs que Dieu nous impose; en me donnant ton amour, il m'a fait trop riche pour que j'ose me plaindre!...

Nantes, 14 juillet 1853.

Moi qui attendais ce matin une si bonne et si longue lettre! Sept lignes! c'est bien peu quand le cœur a si faim, car, pour le corps, voilà trois jours qu'il est à jeun; aussi ai-je eu de la peine à finir hier mon spectacle. A cinq heures j'étais prête à envoyer dire d'afficher relâche, mais comme, de ma fenêtre, je vois le théâtre et qu'à cette heure déjà il y avait queue jusqu'au milieu de la place, j'ai pensé aux rentes rêvées et je me suis dit : « Si Charles était là, il me dirait : courage, ma Pauline, c'est quelques jours de notre bonheur que tu vas gagner! » — Je me suis donc traînée dans les coulisses et j'ai joué *Lauzun!* Mais j'ai la fièvre et vais passer cette journée au lit...

Nantes, 23 juillet 1853.

Tu me demandes quand je termine ici? Lundi en huit probablement, puisque Rachel joue le 4 et le 5. D'ailleurs, répétant à Paris le 15 août, je veux, comme c'est convenu, te donner avant quelques jours de liberté.

Figure-toi, mon Charles, qu'au moment où je t'écris, il se passe sous mes fenêtres un spectacle qui me navre le cœur. C'est le jour où l'on ramasse tous les chiens non muselés, et c'est pitié de voir ces pauvres bêtes, attachées derrière des tombereaux, se débattre en criant au milieu d'une méchante foule qui rit et s'amuse. J'en suis tremblante au point de pouvoir à peine tenir ma plume. Carlo est là devant moi, dressant les oreilles aux gémissements de ses malheureux frères. J'ai tout fermé pour tâcher de ne rien entendre, mais cela ne m'épargne que la vue...

J'ai été obligée de suspendre ma lettre, j'avais des larmes plein les yeux... Dieu merci, tout est fini, et les pauvres victimes sont loin. Certainement les conséquences des accidents que l'on veut éviter sont bien affreuses, mais ces chiens qu'on emmène ne sont pas malades et il est désolant de les savoir tués par précaution!...

Je fais partir un cent de sardines fraîches à ton intention; pense à moi en les croquant. Chacune te porte un baiser, sur un triste parfum sans doute, mais chaque chose doit sentir son fruit, et je ne puis vraiment laver ces demoiselles à la verveine!...

Nantes, 27 juillet 1853.

Je n'ai pas voulu, cher ange, te fatiguer l'esprit de ces tracasseries de théâtre, dans lesquelles on ne trouve toujours que vilenie et déloyauté. J'ai dit à Eugène au sujet de l'augmentation de moyenne exigée par M. Carpier ce que je devais dire : que n'étant nullement la cause du retard mis à l'exécution de notre traité, je ne devais pas subir une augmentation de 200 francs par représentation; qu'il était assez désagréable pour moi de voir Mme Ugalde prendre ma place, etc. Voici la réponse de ce monsieur : « J'ai un traité avec Mlle Déjazet pour *l'Ecole de Brienne*; si vous ne voulez pas m'accorder ce que je demande, restons dans notre traité, jouons *Brienne*, et que votre mère vienne répéter demain! » — J'ai lu et relu mon traité qui, malheureusement, porte que je suis engagée pour jouer cette pièce. Que faire, pauvre ami? Venir me traîner dans cette drogue, que la circonstance du sacre pouvait seule excuser? M. Carpier, tout à Mme Ugalde, se soucie très peu de moi; il me sacrifierait même avec plaisir, car, en ce moment, je mets des bâtons dans les roues de sa grande chanteuse. Que faire, encore une fois? Rompre? Je l'ai proposé, en craignant un *oui* qui m'eût obligée à rester loin de toi; heureusement Eugène n'a pas transmis ma proposition, et j'ai enfin signé ce traité d'un mois qui, si je réussis, aura ma vengeance au bout. Après tout, je ne risque que de gagner cent francs juste par jour; avec cela on ne peut mourir de faim; et puis, octobre est une bonne saison, ce serait le diable si je ne passais pas 1,200 francs : je me résigne donc à ce nouveau soufflet, dont je tâcherai de rendre l'équivalent.

Depuis deux jours, je vais mieux; mes recettes, toutes faibles qu'elles sont devenues, me donnent toujours 500 francs l'une dans l'autre. Ah! sans ce maudit argent, comme au « Reviens! » qui est là devant moi, je m'élancerais avec joie, avec transport, sur la route qui ne nous sépare que de dix heures! Ne l'écris pas une seconde fois, ce mot, car l'amour seul y répondrait, cet amour auquel si souvent tu demandes raison et prudence, cet amour dont je saurais mourir, s'il m'était défendu!...

Nantes, 30 août 1853.

Le samedi est mon jour néfaste; je ne m'étonne donc pas du mal que ta lettre m'apporte aujourd'hui; mais la nature de ce mal m'éprouve plus cruellement qu'à l'ordinaire, car non seulement il brise une espérance qui m'a aidée à vivre depuis six mois, mais je me vois de nouveau la cause de tes chagrins intimes, chagrins que mon retour peut aggraver. Si, en passant quelques heures à Paris, je n'ai pu échapper à la méchanceté des anonymes, que n'inventeront-ils pas pour me perdre lorsque je m'y fixerai pour un temps assez long? Mon Dieu, pourquoi ne m'as-tu pas dit : « Refuse, Pauline, refuse ce traité ! » — En te quittant, mon Charles, je devais revenir secrètement tous les quinze jours; la raison, la confiance que m'apporte l'exactitude de notre correspondance, m'ont donné la force de rester six mois sans te revoir. Des années pouvaient se passer ainsi, et, avec les années, la mort vient. Plus d'amour alors, plus de soupçons, plus rien que le repos! Au lieu de cela, Charles, je vais t'apporter bientôt l'enfer et le regret de m'avoir aimée. Mais mon traité n'est que d'un mois; si nous pouvons sauver ce mois d'une grande catastrophe, je repartirai et te rendrai la tranquillité en ne revenant que rarement... ou jamais !...

Brest, 14 septembre 1853.

Trois lettres! mon glouton de cœur s'est régalé, mais non rassasié. A ces trois lettres, pas une date, tu es terrible pour cela; enfin je les ai, je les lis, je les baise, elle n'ont ni veille ni lendemain pour notre amour, puisqu'il ne peut augmenter ni diminuer : c'est toujours aujourd'hui que tu m'aimes, n'est-ce pas, mon Charles?

Hier, après ma répétition, mon directeur m'a entraînée au bagne ; c'est triste, mais c'est à voir. On y trouve des avocats, des notaires, des négociants, des prêtres, et pas un comédien !... Je suis allée visiter aussi l'hôpital de la marine, curieux de propreté et de coquetterie, un palais véritable. J'ai rêvé toute la nuit bonnets rouges, bonnets verts, chaînes et cachots. C'est drôle que le mal domine toujours! Je pouvais aussi bien rêver salles frottées et claires, beaux lits à rideaux de mousseline, larges fenêtres donnant sur des jardins superbes, sœurs à jolies figures pâles comme la coiffe qui les encadre; au lieu de cela, des bandits à mines patibulaires m'ont poursuivie jusqu'au jour, et je me suis levée plus fatiguée que la veille!...

C'est demain le service que je fais dire pour ma pauvre sœur, dont on a restauré la tombe; demain ton souvenir traversera de bien tristes pensées, mais, devant Dieu que je vais prier, je te mêlerai dans mes prières, et l'âme de l'autre Pauline, heureuse de mon action, veillera sans doute sur nous!...

En exécution du traité fait avec M. Carpier, Déjazet joue, le 22 novembre 1853, *les Trois Gamins*, de Vanderburch et Clairville, sans satisfaire complètement le public des Variétés. Sur cet ennui se greffe, vers la même date, un chagrin réel, dont nous trouvons la trace dans cette page inachevée :

Oui, je deviens folle, l'éloignement peut seul me sauver! Charles, tu ne m'aimes plus, et nous jouons, l'un et l'autre, une comédie qui finira Dieu sait comment. Tu fais semblant de m'aimer, je fais semblant de te croire, et, dans nos courtes entrevues, nous déguisons tous deux notre pensée. Les heures qui, autrefois, passaient si vite, sont devenues lentes, gênées. Tu devines mon silence comme moi le tien. Ainsi, en nous quittant tantôt, le sourire sur les lèvres, tu sentais très bien que mon cœur était gonflé de larmes, et moi, en t'entendant me dire adieu, je savais parfaitement que cet adieu n'était pas le dernier mot que tu me devais. Tu es libre ce soir, je suis seule et je t'attends, mais tu ne m'as pas même dit : « Je ne viendrai pas ». Tu as accepté mon silence pour éviter de mentir comme hier, car hier je t'ai interrogé, il t'a fallu répondre : aujourd'hui je me suis tue, toi aussi!

Eh quoi! je suis restée huit mois absente, il y en a un à peine que je suis de retour, nos lettres ne parlaient que de la joie de nous revoir, et lorsque nous pouvons être ensemble, lorsque tu es libre de tes soirées, tu les passes loin de moi, de moi qui n'ai pas même une famille pour me consoler. Où es-tu? pas chez toi?... Ah! si je voulais savoir je saurais, mais il faudrait nous séparer ou mourir. Mourir! en ai-je le droit, avant d'avoir mis à l'abri de la misère les deux enfants dont je réponds devant Dieu? Courage donc; bientôt, je serai dégagée de ce devoir, bientôt...

Cette plainte, avons-nous dit, reste inachevée ; un repentir de Charles apaise l'amoureuse, et, Déjazet partie pour un nouvel exil, les lettres reprennent comme par le passé. La passion, toutefois, y parle avec plus de retenue ; il semble que la comédienne, mise en défiance, entrevoie la possibilité de froideurs, d'infidélités même, et n'aie plus, en la durée de sa liaison avec Charles, qu'une espérance légère.

Dijon, 22 février 1854.

Tu as raison, Charles, tu ne me dois rien de ta vie, et j'ajoute, moi, que je te dois la mienne; je l'accepte donc comme tu la fais, comme tu la veux ! Quant aux tristes remarques qui te froissent si fort, ne m'en demande pas l'explication. Me voilà partie, peut-être pour toujours; si je vis, tes lettres suffiront à mon cœur ; si je dois mourir sans te revoir, tu sais vers quel ciel j'enverrai mon dernier soupir. Recueille-le sans remords, car il te portera autant de reconnaissance que d'amour. Ne te souviens pas d'autre chose. Je suis plus raisonnable que tu ne crois, et si ma plume, la veille de mon départ, a laissé échapper quelques plaintes, c'est bien, je le jure, contrairement à ma volonté. Oublie cette lettre, elle a été écrite pendant une heure si douloureuse qu'elle mérite ton indulgence; — et merci de celle que je reçois !

Dijon, 24 février 1854.

Qu'ai-je besoin de t'écrire, mon Charles ? Ne sais-tu pas à l'avance ce que ma plume te dit et ce que ma pensée te cache ? Oui, tu as deviné juste; je m'impose une conduite vis-à-vis de toi, et j'en souffre souvent, bien souvent; mais si cette conduite est celle qui *doit être*, qu'importe que mon repos soit compromis puisqu'elle assure le tien. Ne demande pas à la créature plus que Dieu ne lui a donné, et aime-la, au contraire, en raison des efforts qu'elle fait pour se vaincre : — « Mais, vas-tu t'écrier, pourquoi ces efforts, puisque je crois être plus que tu ne devais espérer ? » — Encore une fois, chéri, ne me questionne pas. Tu me donnes beaucoup, trop peut-être pour ta conscience, et, si je voyais comme toi, je pourrais te dire... Mais non, je ne te dirai pas ce qui est loin de ma pensée. Je bénis ton amour sous toutes les formes; je ne veux donc pas l'analyser, mais seulement le payer de toute la reconnaissance de mon âme, de tous les sacrifices de ma pauvre personne!...

Dijon, 2 mars 1854.

Le ciel est beau, les étoiles brillent; peut-être les regardes-tu? S'il en est ainsi, tu penses à moi et te dis, j'en suis sûre, que nos pensées se rencontrent. Il y a du Seine-Port dans cette rencontre-là, n'est-ce pas, mon Charles? Que de fois à regarder encore les astres, avant de les retrouver au-dessus de ce cher paradis! Que de mois, que de jours, que d'heures à compter, et toujours en m'éloignant! Certainement, ici, je n'espère pas te voir plus tôt; je voudrais y rester pourtant jusqu'à l'époque où je dois retourner vers toi. Il est si consolant de se dire : « Si je voulais et s'il le permettait, demain je serais près de lui! » — Au lieu de cela, trois cents lieues, c'est-à-dire quatre jours de voyage nous sépareront bientôt! Conviens qu'il faudrait plus de raison que d'amour pour accepter un sort pareil sans pleurer! Aussi mes pauvres yeux s'en ressentent déjà, car, après ma prière, c'est en pleurant que je m'endors le plus souvent!

Je pars décidément lundi soir, avec une femme de chambre dont je ne connais ni les habitudes ni le caractère; c'est donc comme si je partais seule. Et cependant j'ai un fils, et je suis vieille, bien vieille! Que Dieu te fasse plus heureux que moi! Cela sera, cela doit être, parce que ta vie est droite, tes liens de famille sans tache, et que tu peux lever la tête vers le ciel, pour demander la part que tu mérites!...

Nice, 15 mars 1854.

Je jouis ici d'une vue magnifique. La mer est imposante, le ciel très pur; je n'ai pas encore découvert l'ombre d'un nuage depuis notre arrivée; aussi, le soir, les étoiles sont brillantes, et Sirius fait face à mes fenêtres dans toute sa beauté. C'est là que tu pourrais étudier les constellations! L'espace que nous embrassons est immense, et cette splendide nature fait naître de bien grandes et bien sérieuses réflexions. Que nous sommes petits, mon Dieu, devant une pareille chose! Il n'y a que mon amour pour toi qui ne se trouve pas au-dessous; il semble dire, au contraire : « C'est là qu'est ma patrie, puisque rien n'est éternel sur la terre! »

Deux lettres de toi m'arrivent. Comment, ton procès avec le Vaudeville est encore remis? Ces retards sont cruels, et, si l'on doit te pendre, on te fait sentir la corde trop longtemps... Au moment où je t'écris, ton sort sera fixé... Ah! comme le cœur me bat, et comme, aussitôt cette lettre partie, je vais adresser une bonne prière à Dieu!...

Nice, 21 mars 1854.

« J'ai perdu! » — Ces deux premiers mots de ta lettre m'ont aveuglée... tout mon sang a reflué au cœur... Ah! que j'ai souffert! et je débute ce soir!... Heureusement tu prends ton parti en brave, et ton honneur est à couvert, c'est ce qui m'inquiétait le plus. On m'annonce ici une magnifique réception, mais je n'ai guère l'esprit à la gloire!...

Minuit, je rentre. C'était superbe, un véritable coup d'œil de cour! Ici les dames ne vont au théâtre qu'en cheveux et décolletées. Figure-toi une grande salle blanc et or, sans aucune peinture. Pas de galerie, tout en loges, et, au milieu, la loge royale, qui prend la hauteur de deux rangs et contient vingt fauteuils. Au fond, une cheminée sur laquelle figure une magnifique glace; un lustre à trente bougies s'y reflète; tout cela faisant face à la scène. En l'absence du roi, il est permis de louer les places que sa loge contient; toutes étaient occupées par de charmantes femmes, dont les toilettes faisaient un effet ravissant. La salle était éclairée *a giorno* par les soins de quelques personnes, qui avaient eu la précaution d'avertir le public sur l'affiche, et rien n'était mieux trouvé que cette galanterie. Mon succès a été aussi brillant que la salle : rappel après le premier acte de *Richelieu*, après le second, après *la Lisette*, cris, bravos, fleurs, rien n'a manqué... que la conscience d'avoir mérité tout cela. Oui, mon chéri, j'ai été mauvaise; j'aime pourtant à jouer *Richelieu* et l'occasion était belle; mais que veux-tu? ta lettre avait tout anéanti chez moi. Je cherchais vainement ce feu sacré qui quelquefois m'anime, j'étais glacée. J'avais peur cependant, très peur, voilà le seul sentiment que j'aie éprouvé; quant à la joie de mon succès, rien! Oh! ce qui s'est passé en moi ce soir est chose bien étrange!

Nice, 27 mars 1854.

Je reçois ta lettre, meilleure que les autres, car elle est plus longue et a été écrite chez nous. Si tu savais combien je tiens à ce que tu ne perdes pas l'habitude d'aller au passage Saulnier! Il me semble que, là, tu es moins loin de moi. Cependant, ce que tu me racontes de tes matinales sorties me chagrine et m'inquiète. Tu as besoin de sommeil, tu dors tard ordinairement, l'effort que tu fais pour l'amour de moi peut donc te fatiguer beaucoup; je ne le veux pas. Voici ce qu'il faut faire : plier chez toi, le matin, une feuille de papier blanc sur laquelle ta chère main tracera simplement mon adresse, jeter cela à la poste en passant, puis, au sortir de ta répétition, aller chez nous lire ma lettre. Ne crains pas ma faiblesse, mes regrets, ma tête enfin : je mettrai sur cette feuille tout ce que tu auras pensé en la pliant, et tu sais que je les préviens souvent, tes pensées!...

J'ai passé un dur moment hier. Je jouais *Colombine* pour la première fois depuis que j'ai cette femme de chambre, et j'étais sur les épines dans la crainte d'oublier quelque chose; aussi ai-je joué comme une véritable machine. J'avais la tête doublement occupée, et, pendant chaque scène, je pensais à celle qui allait suivre. Ainsi, tout en chantant le petit air que tu aimais tant *autrefois*, je faisais mentalement la liste des costumes qui m'attendaient, et je ne sais vraiment comment il ne s'est point glissé quelque chapeau ou culotte dans les vers de M. Carmouche, ce qui d'ailleurs n'eût pas été plus mauvais que ce qu'il a fait. Enfin, tout s'est assez bien passé; trois rappels et pluie de fleurs, voilà pour la gloire; 1,000 francs de part, voilà pour l'argent. On n'a jamais vu cela, et l'épicier-directeur, qui ne se souciait pas d'abord de Mme Bajazet *(sic)*, a refusé 100 francs de sa loge pour avoir le plaisir de la voir jouer!... J'étais brisée, mais ta bonne lettre m'a guérie, et j'ai chanté avec la mer toute la matinée!

Marseille, 26 avril 1854.

Je n'ai voulu t'écrire qu'après ma représentation, c'est-à-dire avec un peu plus de calme qu'à l'ordinaire. Je suis arrivée avant-hier soir ici; je n'ai eu que le temps de prendre un potage et de courir au théâtre, cela par un temps de janvier; vent, neige, rien n'y manquait. J'ai répété jusqu'à onze heures *Lauzun* et *la Douairière;* le lendemain, il m'a fallu travailler quatre heures avec les musiciens, toujours si peu gracieux. Tout a bien marché néanmoins : recette monstre de 3,200 francs, couronnes, cris, et trois redemandages !...

Il approche, ce mois qui renferme pour mon cœur de si doux et de si tristes souvenirs; mais cette fois, hélas! le 19 ne me verra pas près de toi; je le crains, du moins. Espérons toujours : Dieu est grand, et mon amour aussi !...

Lyon, 21 mai 1854.

Nos pensées ont encore une fois amené la même action; je couvrais de baisers tes feuilles de marguerite tandis que les miennes allaient vers toi. Mon Dieu, qu'il est bon de se deviner ainsi! Cela fait croire que la mort ne sépare que nos corps; aussi, lorsque le mien ne frissonnera plus à ton contact, mon âme ira t'attendre où rien ne peut finir!

Hier, avec la troisième des *Gamins*, on a fait 2,100 fr.; je compte beaucoup moins sur aujourd'hui dimanche. C'est le premier beau soleil que l'on voit briller, et le peuple a tant de misère ici qu'il ira sans doute où le plaisir ne coûte rien. Dame, l'été commence à se dessiner : j'en sais quelque chose après mes spectacles; mais le courage ne me manque pas, car je travaille à nos 6,000 livres de rentes. Ah! si *nos* n'était pas une galanterie de ta part, j'en aurais bien vite douze, mais... *nos* n'est que pour *nos* cœurs !...

Lyon, 25 mai 1854.

Tu me dis que je ne suis pas raisonnable! Peux-tu parler ainsi, quand cent lieues nous séparent? Si je n'écoutais que ma tête, ami, je ne serais pas absente depuis cinq mois; mais mon cœur vaut mieux qu'elle, tu le sais, et je comprends qu'il faut savoir se sacrifier à certains devoirs. Joins à eux la certitude de ton repos assuré par mon absence, et tu diras, au contraire, que plus de raison serait un sentiment difficile à baptiser du nom d'amour. Que veux-tu? il m'est impossible de comprendre que, sans répétitions le jour et sans théâtre le soir, tu ne puisses trouver une heure pour aller chez nous, toi qui sais si bien être *ton maître*, quand tu le veux. Tu laisses ainsi mes lettres s'amasser, ce qui fait que le temps de peser tout ce qu'elles renferment te manque et que notre chère correspondance n'est plus, comme autrefois, une conversation suivie. Je te fais des reproches, pardonne-les moi, chéri; quand je t'aimerai moins; je serai plus aimable, mais j'ai bien peur d'avoir toute ma vie un affreux caractère!...

Lyon, 25 juin 1854.

Je ne te verrai jamais viser à la direction d'un théâtre sans éprouver une grande inquiétude. Par le temps qui court, cher ami, c'est une triste chose, et, à ton âge, avec ton talent, il y a vraiment folie à se mettre sur les bras la responsabilité de tant d'événements, l'inquiétude de tant de hasards et la fatigue d'une si lourde tâche. Hélas! tu as envie de cette position depuis trop longtemps, pour que mes conseils et même mes prières puissent influer sur ton esprit.

On m'a demandé cent fois pourquoi je ne devenais pas directrice. Voici ma réponse : « Un directeur qui, au bout d'une année de peines et de craintes, peut mettre 20,000 francs de côté doit s'estimer heureux; moi, j'en puis gagner 50,000 en ne m'occupant que de moi; pourquoi voulez-vous que je me donne beaucoup plus de mal pour gagner moins? » — « Mais, vas-tu t'écrier, je ne suis pas toi! » — Sans doute, tu n'es pas moi, mais tu es toi, et ce toi-là mettrait encore plus de 20,000 francs par an dans ton secrétaire si tu voulais exploiter ce qu'il vaut. Créer à Paris et jouer en province, voilà la seule route à suivre pour arriver au repos et à la fortune que tu désires. Si j'avais été toi tout à fait, il y a longtemps que je me promènerais sous les arbres de Seine-Port et que le théâtre ne serait plus que dans mes souvenirs. Mais il est probable que je ne te connaîtrais pas, et, dussé-je travailler jusqu'à quatre-vingts ans, je préfère ce qui est, puisque tu m'as aimée !...

Lyon, 5 juillet 1854.

J'ai clôturé hier, par un véritable déluge : 2,300 francs de recette. je jouais *Colombine* et le premier acte de *la Comtesse*. J'ai reçu une ravissante couronne or et ponceau, ornée d'un superbe ruban avec ces mots : « *A Virginie Déjazet; Lyon, 1817 et 1854* (première et dernière années de mon séjour ici). On voulait que je jouasse encore aujourd'hui, mais j'ai horreur de fausser ma parole sur l'affiche. C'est déjà trop de toutes les banques impossibles à supprimer, le public refusant de croire qu'il puisse exister un artiste de bonne foi. J'ai donc exploité les mensonges reçus, mais après ces mots : « *Pour la dernière — A la demande générale — Pour les adieux* » — je n'ai pas voulu augmenter le catalogue de ces plaisanteries, et j'ai dit un véritable adieu aux bons Lyonnais qui m'ont été si fidèles pendant trente-neuf représentations !...

Quoi, tes yeux sont malades ! C'est le moment, si m'écrire te fatigue, d'employer mon moyen : une feuille de papier blanc à mon adresse, voilà tout. J'y mettrai ce que je voudrai, et je jure de la remplir, moi !...

Montbrison, 6 août 1854.

Ta lettre me désole. Toi, renoncer au théâtre ? Je ne veux pas y croire. La Providence ne t'a pas donné tant de perfections pour que tu deviennes commis-marchand. Quels sont donc les gens qui dépoétisent ton esprit à ce point ? Des égoïstes, des jaloux peut-être !... Heureusement, ton dernier mot n'est pas dit, et je conserve l'espoir d'assister plus d'une fois encore à des triomphes qui ne peuvent être indifférents à une imagination comme la tienne. Tu me fais l'effet de Jean-Jacques Rousseau détestant le monde, et qui n'en a pas moins travaillé pour lui en écrivant des ouvrages qui ont enrichi la France d'un grand homme de plus! Tu me diras : « Des écrits ne meurent pas, et nous disparaissons tous entiers! » — Non, Monsieur, non : Talma, Potier, beaucoup d'autres vivent encore, et leurs noms sur le bronze ne s'effaceront jamais. Tu parles d'intrigues, de dégoûts; en ont-ils assez bravé, ceux-là? Tu n'as pas trente ans et déjà tu as reçu plus de couronnes qu'ils n'avaient joué de grands rôles à cet âge. A trente ans Potier était sifflé, et Talma ne faisait presque que des annonces. Souviens-toi de certaine lettre, datée de Rouen, qui te disait : « Marche! marche! » — Les pas que tu as faits depuis ont-ils été perdus? Ils t'ont mené à 24,000 fr. d'appointements! Parce qu'un mauvais moment se présente, faut-il troquer ton épée pour une balance ou un mètre? N'auras-tu pas des ennuis, des dégoûts, des gênes dans la carrière commerciale? Plus d'un glorieux souvenir te console des disgrâces que tu viens d'éprouver; quelles consolations aurais-tu, dans les mauvais jours qui luisent pour tous et partout? Tu as beau vouloir te faire ce que tu n'es pas, tu restera ce que tu es : un grand artiste et un homme de cœur. Ces deux qualités te nuiraient dans le commerce, où il faut être exclusivement homme d'argent. Tu as la fortune dans ta voix, dans tes gestes, dans ton regard, pourquoi donc aller la chercher ailleurs? Attends! tu as fait des pas de géant depuis deux années; tu peux te reposer sans crainte et sans regrets!...

Les lignes qui précèdent sont d'une amie plutôt que d'une amante. C'est que la liaison de Déjazet avec Charles a suivi le cours ordinaire. Tandis que la maîtresse calme par des rêves le chagrin de l'absence, l'amant a demandé à la réalité des consolations plus prosaïques. Déjazet le soupçonne et ne tardera pas à en avoir la certitude :

Il est clair pour tout le monde — écrit-elle, en octobre

1854, à l'un de ses confidents — que Charles est l'amant de Mlle Page. Ils ne se donnent même pas la peine d'éviter, à Strasbourg, les plus simples conjectures. Ah! j'ai bien peur de cette liaison, peur pour lui bien plus que pour moi, car moi je n'ai pas le droit de me plaindre, de rien exiger de lui, et le monde, s'il apprend ma faute, approuvera la punition. Mais si cette femme, mille fois plus séduisante, lui fait oublier ses devoirs que moi j'ai toujours respectés, quelles tristes suites je prévois pour sa conscience!...

La rupture est imminente, inévitable ; elle se produit enfin, sans brutalité de la part de l'un, sans révolte de la part de l'autre ; Déjazet nous en donnera la date dans cette dernière lettre, véritablement émouvante :

Besançon, 10 avril 1855.

Je suis un peu faite à ton oubli, et maintenant une lettre de toi est un événement trop heureux pour qu'il ne soit pas le bienvenu quand même. A l'heure où je t'écris, si ta santé l'a permis, tu es au passage Saulnier, dans cette triste chambre qui n'est plus la nôtre ni la mienne. J'y suis rentrée deux fois cette année, et, chose bien surprenante, tout m'y a paru changé. Je redoutais les souvenirs, je n'y ai trouvé que des illusions étrangères au passé; tu es parti en emportant tout, et je n'ai pu qu'y pleurer! Mais, où vais-je, mon Dieu? Je m'étais tant promis de ne plus te parler de tout cela! La vie de mon âme a commencé par toi le 19 mai 1850, et cette âme s'est envolée le 17 novembre 1854. Où? je l'ignore, mais je crois qu'elle est allée attendre la tienne, dans un monde où l'on aime pour toujours! D'ici là, Charles, soutiens mon corps affaibli par la souffrance et le travail. Le temps qui lui reste est utile mais compté; grâce à ton retour, ami, il passera moins lentement et d'une façon moins pénible. Ton regard a conservé sur le mien son prestige; il endort toutes mes douleurs; c'est ainsi que je veux mourir quand l'heure sera venue, c'est ainsi que je mourrai!

Tu peux encore beaucoup pour ta pauvre Pauline, accepte cette nouvelle tâche, moins difficile que la première, car je ne te demanderai compte que de ton affection. Ton cœur est bon, Charles, il est grand, il saura donc épargner au mien ce qui pourrait le faire battre trop vite !... Adieu, mon Charles toujours aimé, écris-moi le moins rarement possible, c'est une des conditions de cette existence qui t'appartient !...

Les curieux d'études passionnelles chercheraient en vain, dans la biographie des célébrités dramatiques, un épisode comparable à celui qu'on vient de lire. Une Déjazet inconnue s'y révèle, point banale et doublement intéressante. Que de sensibilité vraie, que d'esprit aimable, que de délicatesse innée chez la femme ; que de variété, d'élégance et de charme dans son style ! Comme elle aimait son Charles, et comme elle savait le dire ! — « Cet amour fut une faute », diront peut-être les puritains. — Heureuse faute que celle qui, après avoir, dans le passé, donné quatre ans de bonheur à la coupable, la sert, devant l'avenir, en nous permettant d'opposer aux contes plus ou moins scandaleux brodés sur elle une indiscutable et poétique histoire !

XVIII

Portrait physique de Déjazet. — Caractéristique de son talent et destinée de son répertoire. — Conclusion.

Le portrait moral de Déjazet, si détaillé que nous l'ayons fait, ne saurait nous dispenser de donner son portrait physique. Deux pièces de nature dissemblable faciliteront notre tâche. La première, qui a la concision brutale des actes publics, est un passeport en date du 6 février 1852 ; il donne de Déjazet le signalement suivant :

Taille, *1 mètre 54 centimètres*, cheveux *châtain foncé*, yeux *bleu clair*, nez *aquilin*, bouche *moyenne*, menton *rond*, visage *ovale*, teint *clair*.

La seconde, plus littéraire mais non moins précise, est cet artistique « camée » de Théodore de Banville :

Une joie, une gaieté, un délire, une raillerie, une chanson, vingt ans éternels; la fatuité de Lauzun, l'esprit de Richelieu, la curiosité de Don Juan ! Ces regards savent tout; si elles le voulaient, ces lèvres minces et longues pourraient tout dire. L'œil est petit, charmant, effronté, le front pensif, le menton malin, la femme légère comme une plume, l'imagination rapide comme une flamme. Son esprit est le gamin qui se moque d'un temps abêti; son corps! elle en a le moins possible. Elle n'en a pas besoin, elle n'en a jamais eu besoin, elle voltige comme un couplet et comme une strophe ailée; on peut la loger et la coucher dans un gant de cavalier...

Déjazet ne fut jamais ce qu'on appelle une jolie femme. Ses yeux, plus grands que ne les avait vus Banville, étaient saillants, son nez retroussé, son menton un peu long, sa bouche enfin faisait la moue ; mais sur cet ensemble irrégulier rayonnaient l'intelligence, la bonté, et ce quelque chose d'indéfinissable qui est le charme et qu'apprécient ceux-là même qu'une éclatante beauté laisse parfois indifférents.

Le talent de Déjazet était fait de grâce, de fantaisie et d'inspiration. Eprise de son art et respectueuse du public, elle était, d'un bout à l'autre de chacun de ses rôles, non une actrice mais le personnage même. Toute une école théâtrale apparaissait dans sa façon d'écouter, de donner la réplique, de lancer le mot, de détailler un couplet. Sa voix, d'une douceur extrême dans le chant, avait, dans le dialogue, un petit nasillement qui soulignait irrésistiblement les phrases impertinentes. Elle intéressait, surprenait, subjuguait, et nul ne songeait à la rendre responsable d'un manque de vérité inhérent au genre adopté par elle. Rien de plus faux et de plus scabreux, en effet, que ces rôles travestis où l'interprète doit intéresser les désirs de tous : des femmes, en tant que personnage fictif ; des hommes, en tant que personnage réel. Un tact parfait, un goût inné sauvait Déjazet de toute exagération dans un sens ou dans l'autre. Svelte, élégante et souple, elle eut cette chance rare de garder, jusqu'en ses derniers jours, la jeunesse de corps et d'esprit qu'exigent les fabliaux galants où le mot libre est gazé sous un sourire de bonne compagnie, et qu'assaisonne ce sel gaulois que nos aïeux prenaient avec des manchettes.

La plupart des créations de Déjazet ont pour cadre le dix-huitième siècle Elle adorait cette époque qu'on retrouve dans ses tendances, ses habitudes, son écriture même. — « J'ai vécu dans ce temps-là, disait-elle; la première fois que je suis allée à Versailles, j'ai reconnu un escalier par lequel j'avais certainement passé jadis. » — De fait sa nature ne trouvait son épanouissement que sous la perruque, l'habit de taffetas et la culotte courte. A ce point que, vêtue d'ordinaire sans beaucoup d'harmonie à la ville, elle était merveilleusement travestie au théâtre, et n'eût pas permis le moindre anachronisme à son coiffeur ou à sa costumière. Il n'y avait là nulle recherche, aucune érudition, mais un instinct sûr, ressouvenir peut-être de cette vie antérieure à laquelle Déjazet croyait fermement.

Il ne faut chercher, dans le répertoire de la grande comédienne, rien de ce qu'on demande aujourd'hui à nos auteurs dramatiques. Ni documentaire, ni suggestif, encore moins naturaliste, il se contente d'être ingénieux, amusant et convenu. Mais où sont, de nos jours, les amateurs d'épopées gentilhommières, où est la comédie délicate et fine de Bayard, de Mélesville, de Dumanoir, de tous ceux qui travaillèrent pour Déjazet ? Les spectateurs ignorants et brutaux n'apprécient, à l'heure présente, que le malpropre ou l'excessif. Cet abêtissement du public, Déjazet l'avait pu constater à diverses reprises. L'art exquis qui faisait revivre en elle la vieille France, vraiment reine du monde par le goût, par l'esprit, par la vaillance aimable et la fine galanterie, tout cet art du passé, disons-nous, elle savait bien que seule elle pouvait le galvaniser encore, mais qu'il mourrait avec elle. Aujourd'hui, c'est fait, et rien, sans doute, ne remettra plus en lumière les œuvres qu'elle a marquées de son cachet inimitable.

Mais si le répertoire de Déjazet semble voué, par la force des choses, à un complet oubli, il n'en est pas de même de celle qui l'établit, et dont le souvenir vivra d'autant plus que nulle rivale ne saurait l'effacer ni même l'affaiblir. Le nom de Déjazet restera dans la nomenclature des emplois théâtraux, au même titre que ceux de Dugazon, Trial, etc. ; en indiquant les travestis, il désignera celle qui fut l'androgyne par excellence. On pouvait craindre cependant qu'en l'absence de monographie sérieuse la curiosité des générations futures n'adoptât, à l'égard de la comédienne, quelque tradition échafaudée sur de légères anecdotes : c'est pour rendre impossible tout mensonge et toute injutice qu'a été fait le présent livre. L'artiste y est jugée, la femme racontée avec une sympathie dont la véracité nous a semblé l'auxiliaire naturel. Nul besoin, en effet, de surfaire un talent consacré par un demi-siècle de succès, un esprit et un cœur devenus légendaires. Nous avons donc dit, sur tout, la vérité vraie, certain que faire bien connaître Déjazet était le meilleur moyen de faire aimer sa mémoire.

APPENDICE

LISTE COMPLÈTE DES RÔLES JOUÉS PAR DÉJAZET (1)

Théâtre des Jeunes Artistes

Mars 1806. — *Fanchon toute seule*, vaudeville en 1 acte, par Louis Ponet. — Rôle de *Fanchon* (reprise).

15 avril. — *La Laitière*, anecdote en 1 acte, en prose, mêlée de vaudevilles, par C. Henrion. — *Hortense*.

16 mai. — *L'Amant instituteur*, vaudeville en 1 acte, par Maxime de Redon et Defrénoy. — *Constance*.

26 mai. — *Avis aux pères, ou la Fille corrigée*, vaudeville en 1 acte, par Maxime de Redon et Defrénoy. — *Rosine*.

6 août. — *Se fâchera-t-il? ou le Pari imprudent*, comédie en 1 acte, mêlée de vaudevilles, par Louis Ponet. — *Virginie*.

21 août. — *Une Espièglerie d'Arlequin, ou l'Enlèvement nocturne*, comédie en 1 acte, mêlée de vaudevilles, par Maxime de Redon et Defrénoy. — *Colombine*.

11 septembre. — *Pongo*, mélodrame en 3 actes, à grand spectacle, par ***. — *Pauline*.

(1) 251 rôles, dont 235 créations et 16 reprises. Nous indiquons ces dernières, pour Paris seulement.

24 janvier 1807. — *Les Sirènes, ou les Sauvages de la montagne d'or*, pièce féerie en 4 actes, par Augustin Hapdé. — *L'Amour*.

Théâtre du Vaudeville

5 novembre 1807. — *Le Fond du sac, ou la Préface de Lina*, parodie-vaudeville en 1 acte, par Dieulafoi et Gersin. — *Un petit garçon*.

30 avril 1808. — *L'Etourderie, ou Comment sortira-t-il de là?* comédie-vaudeville en 1 acte, par Radet. — *Virginie*.

21 juillet. — *Bayard au Pont-Neuf, ou le Picotin d'avoine*, folie-vaudeville en 1 acte, par Dieulafoi et Gersin. — *Une petite fille*.

10 avril 1809. — *Adam-Montauciel, ou A qui la gloire?* à-propos en 1 acte, par Gersin, De Rougemont et Désaugiers. — *Virginie*.

23 novembre. — *Benoît, ou le Pauvre de Notre-Dame*, comédie-vaudeville en 2 actes, par Joseph Pain et Dumersan. — *Le Petit Pichard*.

23 avril 1810. — *Les Sabotiers Béarnais, ou la Faute d'orthographe*, vaudeville en 1 acte, par Moreau et Gentil. — *Bernatt*.

7 mai. — *L'Auberge dans les nues, ou le Chemin de la gloire*, revue en 1 acte, par Dieulafoi, Gersin et H. Simon. — *L'Assemblée de famille*.

2 octobre. — *Les Deux Lions*, vaudeville en 1 acte, par Barré et Picard. — *Jacquot*.

10 novembre. — *La Cendrillon des écoles, ou le Tarif des prix*, comédie-vaudeville en 1 acte, par De Saint-Rémy. — *Eugénie*.

20 février 1811. — *La Belle au bois dormant*, féerie-vaudeville en 2 actes, par Bouilly et Dumersan. — *La fée Nabotte*.

23 juin 1812. — *Paris volant, ou la Fabrique d'ailes*, folie-vaudeville en 1 acte, par Moreau, Ourry et Théaulon. — *Nini Gobetout*.

13 octobre. — *Les Rendez-vous de minuit*, comédie-vaudeville en 1 acte, par Henri Dupin et Armand Dartois. — *Flora*.

8 décembre. — *Bayard page, ou Vaillance et Beauté*, comédie-vaudeville en 2 actes, par Théaulon et Armand Dartois. — *Un page*.

31 décembre. — *Robert le Diable*, comédie-vaudeville en 2 actes, par Bouilly et Dumersan. — *Un page*.

25 février 1813. — *Le Cimetière du Parnasse, ou Tippo malade*, à-propos-vaudeville en 1 acte, par Théaulon et Armand Dartois. — *Un enfant de Tippo*.

10 mai. — *Les Deux Ermites, ou la Confidence*, comédie-vaudeville en 1 acte, par Delestre-Poirson et Constant Ménissier. — *Adolphe*.

31 mai. — *Greuze, ou l'Accordée de village*, comédie-vaudeville en 1 acte, par Alex. de Beaunoir et la Comtesse de Valory. — *Louisette*.

10 juin. — *Les Bêtes savantes*, folie-vaudeville en 1 acte, par Dumersan, Théaulon et Armand Dartois. — *Jacquot*.

2 décembre. — *Les Charades en action, ou la Soirée bourgeoise*, comédie-vaudeville en 1 acte, par Dumersan et Sewrin. — *Mlle Crépon*.

30 juillet 1814. — *La Route de Paris, ou les Allants et les Venants*, tableau-vaudeville en 1 acte, par Théaulon et Armand Dartois. — *Jacques*.

31 décembre. — *Les Visites, ou les Compliments du jour de l'an*, tableau-vaudeville en 1 acte, par Théaulon, Armand et Achille Dartois. — *Jules*.

14 janvier 1815. — *Les Trois Saphos Lyonnaises, ou Une cour d'amour*, comédie-vaudeville en 2 actes, par Barré, Radet et Desfontaines. — *Un page*.

16 septembre. — *Nous aussi, nous l'aimons! ou la Fête du faubourg Saint-Antoine*, vaudeville en 1 acte, par Maréchalle. — *Juliette*.

30 septembre. — *Le Vaudeville en vendanges*, à-propos-vaudeville en 1 acte, par Désaugiers, Moreau et Gentil. — *Pierrot*.

14 octobre. — *La Pompe funèbre*, comédie-vaudeville en 1 acte, par Henri Dupin et Eugène Scribe. — *Gouspignac.*

1er janvier 1816. — *Les Visites bourgeoises, ou le Dehors et le Dedans*, tableau-vaudeville en 1 acte, par Désaugiers, Moreau et Gentil. — *Thérèse.*

5 janvier. — *Le Revenant, ou l'Héritage*, comédie-vaudeville en 1 acte, par Joseph Pain et Henri Dupin. — *Une villageoise.*

8 février. — *Flore et Zéphire*, à-propos-vaudeville en 1 acte, par Eugène Scribe et Delestre-Poirson. — *La 1re danseuse.*

14 mars. — *Les Garde-Marine, ou l'Amour et la Faim*, vaudeville en 1 acte, par Dieulafoi et Gersin. — *Virginie.*

24 août. — *La Rosière de Hartwell*, comédie-vaudeville en 1 acte, par Armand Dartois, Achille Dartois et Letournel. — *Miss Scott.*

31 octobre. — *Les Montagnes russes, ou le Temple de la mode*, vaudeville en 1 acte, par Eugène Scribe, Delestre-Poirson et Henri Dupin. — *Mlle Sure.*

Théâtre des Variétés

2 janvier 1817. — *Quinze ans d'absence*, comédie-vaudeville en 1 acte, par Merle et Brazier. — *Suzette* (reprise).

13 février. — *Les Petits braconniers, ou les Ecoliers en vacances*, comédie-vaudeville en 1 acte, par Merle et Brazier. — *Félix* (reprise).

Théâtre-Français de Bordeaux

11 décembre 1820. — *Le Cirque Bojolay, ou Pleuvra-t-il, ne pleuvra-t-il pas?* à-propos en 1 acte, par Belfort, Lepeintre et Léon jeune. — *Elise.*

11 décembre. — *Honneur et Fatuité, ou le Prix des braves*, opéra-vaudeville en 1 acte, par Belfort et Rodolphe, musique de Victor Fumery. — *Rosine.*

Théâtre du Gymnase

1821.

10 mai. — *Caroline*, comédie-vaudeville en 1 acte, par Scribe et Ménissier. — Rôle de *Marianne*, créé au Vaudeville par Minette.

16 mai. — *La Meunière*, opéra-comique en 1 acte, paroles de Scribe et Mélesville, musique de Garcia. — *Adeline de Préval*.

6 juin. — *La Petite sœur*, comédie-vaudeville en 1 acte, par Scribe et Mélesville. — *Léon*.

23 juin. — *Le Comédien d'Etampes*, comédie-vaudeville en 1 acte, par Moreau et Sewrin. — *Madeleine*.

16 août. — *Le Mariage enfantin*, comédie-vaudeville en 1 acte, par Scribe et Germain Delavigne. — *Octave de Balainville*.

24 août. — *Monsieur Courtois, ou la Saint-Louis*, vaudeville en 1 acte, par Henri Dupin. — *Nanette*.

22 octobre. — *L'Amant bossu*, comédie-vaudeville en 1 acte, par Scribe, Mélesville et Vandière. — *Julienne*.

20 décembre. — *Frosine, ou la Dernière venue*, comédie-vaudeville en 1 acte, par Radet. — *Frosine*, créée au Vaudeville par Mlle Delisle.

26 décembre. — *Philibert marié*, comédie-vaudeville en 1 acte, par Moreau et Scribe. — *Victor*.

1822.

15 janvier. — *Le Dépit amoureux*, comédie de Molière, réduite à un acte par Andrieux. — *Marinette* (reprise).

28 janvier. — *Le Garde-moulin*, comédie-vaudeville en 1 acte, par Moreau et Sewrin. — *Suzanne*.

14 février. — *Le Plaisant de société*, vaudeville en 1 acte, par Scribe et Mélesville. — *Félix*.

9 avril. — *La Famille normande, ou le Cousin Marcel*, vaudeville en 1 acte, par Mélesville et Brazier. — *Clopin*.

25 avril. — *Le Notaire*, comédie-vaudeville en 1 acte, par Mazères, De Lurieu et Vandière. — *Claire*.

28 septembre. — *Le Nouveau Pourceaugnac*, comédie-vaudeville en 1 acte, par Scribe et Delestre-Poirson. — *Tiennette*, créée au Vaudeville par Minette.

26 octobre. — *Le Vieux garçon et la Petite fille*, comédie-vaudeville en 1 acte, par Scribe et G. Delavigne. — *Mathilde*, créée par Léontine Fay.

11 novembre. — *La Nouvelle Clary*, comédie-vaudeville en 1 acte, par Scribe et Dupin. — *Petit-Jacques*.

14 novembre. — *L'Ecarté, ou Un coin de salon*, tableau-vaudeville en un acte, par Scribe, Mélesville et De Saint-Georges. — *Fortuné*.

2 décembre. — *Le Bon papa, ou la Proposition de mariage*, comédie-vaudeville en 1 acte, par Scribe et Mélesville. — *Adolphe*.

1823.

1er janvier. — *La Petite Lampe merveilleuse*, opéra-comique-féerie en 3 actes, paroles de Scribe et Mélesville, musique d'Alex. Piccini. — *Aladin*, créé par Léontine Fay.

14 janvier. — *La Loge du portier*, comédie-vaudeville en 1 acte, par Scribe et Mazères. — *Le Petit Jacob*.

21 mars. — *L'Actrice*, comédie-vaudeville en 1 acte, par Ch. Dupeuty et F. de Villeneuve. — *Marie-Jeanne*.

24 avril. — *La Maison en loterie*, comédie-vaudeville en 1 acte, par Picard et Radet. — *Toinette*, créée à l'Odéon par Mlle Perroud.

24 avril. — *Le Menteur véridique*, comédie-vaudeville en 1 acte, par Scribe et Mélesville. — *Rose*.

15 mai. — *La Diligence versée*, comédie-vaudeville en 1 acte, par F. Langlé, Rousseau et Ch. de Courcy. — *Annette*.

27 mai. — *La Pension bourgeoise*, comédie-vaudeville en 1 acte, par Scribe, Dupin et Dumersan. — *Marie*.

16 juin. — *Partie et Revanche*, comédie-vaudeville en 1 acte, par Scribe, Francis et Brazier. — *Madeleine*.

4 août. — *Mon ami Christophe*, comédie-vaudeville en 1 acte, par Dupeuty, De Villeneuve et Lafontaine. — *Jules.*

8 août. — *Les Grisettes*, vaudeville en 1 acte, par Scribe et Dupin. — *Mimi.*

24 août. — *La Fête Française*, opéra-comique en 1 acte, paroles de Delestre-Poirson, musique de Piccini. — *Inès.*

9 septembre. — *L'Apothéose de Polichinelle*, folie-vaudeville en 1 acte, par Rochefort, Dupin et F. Langlé. — *Piedlevé.*

16 septembre. — *Le Bureau de loterie*, comédie-vaudeville en 1 acte, par Mazères et Romieu. — *Joséphine.*

31 octobre. — *L'Atelier de peinture*, tableau-vaudeville en 1 acte, par Sewrin et Léon Tousez. — *Victor.*

20 novembre. — *Rodolphe, ou Frère et sœur*, comédie-vaudeville en 1 acte, par Scribe et Mélesville. — *Louise.*

29 novembre. — *Rossini à Paris, ou le Grand dîner*, à-propos-vaudeville en 1 acte, par Scribe et Mazères. — *Madeleine.*

16 décembre. — *La Fête de la Victoire, ou le Rendez-vous militaire*, à-propos-vaudeville en 1 acte, par De Villeneuve et Dupeuty. — *Léveillé.*

31 décembre. — *La Morale en action, ou les Promesses du jour de l'an*, vaudeville en 1 acte, par Jaime, Rolland et De Villeneuve. — *Justin.*

1824.

15 janvier. — *Le Coiffeur et le Perruquier*, vaudeville en 1 acte, par Scribes, Mazères et Saint-Laurent. — *Justine.*

26 février. — *Les Petites Saturnales*, vaudeville en 1 acte, par Brazier, Carmouche et Mazères. — *Jacqueline.*

3 mars. — *Le Oui des jeunes filles*, comédie-vaudeville en 1 acte, par Dupeuty, De Villeneuve et Jouslin de Lasalle. — *Denise.*

13 mars. — *Les Femmes romantiques, ou Lord X...*, comédie-vaudeville en 1 acte, par Théaulon, Ramond et Capelle. — *Madelon.*

1er mai. — *Le Leycester du faubourg*, vaudeville grivois en 1 acte, par Scribe, Saintine et Carmouche. — *Jeannette*.

21 octobre. — *Le Bal champêtre, ou les Grisettes à la campagne*, tableau-vaudeville en 1 acte, par Scribe et Dupin. — *Joséphine*.

1er décembre. — *M. Tardif*, comédie-vaudeville en 1 acte, par Scribe et Mélesville. — *Madeline*.

14 décembre. — *La Haine d'une femme, ou le Jeune homme à marier*, comédie-vaudeville en 1 acte, par Scribe. — *Juliette*.

1825.

22 février. — *Le Plus beau jour de la vie*, comédie-vaudeville en 1 acte, par Scribe et Varner. — *Antonine*.

19 mars. — *Le Jeune Werther*, vaudeville en 1 acte, par Désaugiers et Gentil. — *Nicole*, créée à la Porte-Saint-Martin par Jenny Vertpré.

13 avril. — *La Charge à payer, ou la Mère intrigante*, comédie-vaudeville en 1 acte, par Scribe et Varner. — *Auguste*.

22 avril. — *Les Rosières de Paris*, comédie-vaudeville en 1 acte, par Brazier, Simonnin et Carmouche. — *Modeste*.

7 juin. — *Fenêtres à louer*, à-propos-vaudeville en 1 acte, par Désaugiers et Gentil. — *Victoire*.

15 octobre. — *Les Ricochets*, comédie en 1 acte, par Picard. — *Marie*, créée à l'Odéon par Mlle Adeline.

3 novembre. — *Les Enfants du colon*, comédie-vaudeville en 1 acte, par P. Duport, Saintine et Duvert. — *Louise*.

4 novembre. — *L'An 1835, ou la Saint-Charles au village*, vaudeville en 1 acte, par Désaugiers. — *Henri*.

12 novembre. — *La Chercheuse d'esprit*, comédie-vaudeville en 1 acte, de Favart, avec des changements par Dumersan, Lafontaine et Brazier. — *Alain*, créé aux Variétés par Vernet.

1826.

5 janvier. — *Le Confident*, comédie-vaudeville en 1 acte, par Scribe et Mélesville. — *Catherine*.

20 février. — *Les Manteaux*, comédie-vaudeville en 2 actes, par Scribe, Varner et Dupin. — *Brigitte*.

1er mars. — *La Belle-Mère*, comédie-vaudeville en 1 acte, par Scribe et Bayard. — *Jules*.

14 mars. — *L'Oncle d'Amérique*, comédie-vaudeville en 1 acte, par Scribe et Mazères. — *Louise*.

31 mars. — *La Lune de miel*, comédie-vaudeville en 2 actes, par Scribe, Mélesville et Carmouche. — *la Baronne de Wladimir*.

13 mai. — *Clara Wendel*, comédie-vaudeville en 1 acte, par Brazier et Dumersan. — *Nicolle*.

10 juillet. — *L'Ambassadeur*, comédie-vaudeville en 1 acte, par Scribe et Mélesville. — *Zanetta*.

5 août. — *Le Misanthrope de la rue de Clichy*, à-propos-vaudeville en 1 acte, par Armand Dartois, Francis et Maurice Alhoy. — *Virginie*.

3 octobre. — *La Coutume allemande, ou les Vacances*, comédie-vaudeville en 1 acte, par Mazères et De Rougemont. — *Adolphe*.

4 novembre. — *La Fée du voisinage, ou la Saint-Charles au village*, à-propos-vaudeville en 1 acte, par Théaulon, F. de Courcy et Rousseau. — *Jeanneton*.

1827.

9 janvier. — *Les Deux Elèves, ou l'Education particulière*, comédie-vaudeville en 1 acte, par Rochefort, F. Langlé, Dittmer, Cavé et Brunet. — *Elisa*.

13 février. — *La Famille du faubourg*, vaudeville-anecdote en 1 acte, par Scribe et Varner. — *Guillaume*.

22 février. — *Le Myope*, vaudeville-parade en 1 acte, par Dupeuty, Saintine et F. Laloue. — *René*.

20 mars. — *Les Mémoires d'une Anglaise*, comédie-vaudeville en 1 acte, par Rochefort et Paul Duport. — *Georges*.

28 mars. — *Les Elèves du Conservatoire*, comédie-vaudeville en 1 acte, par Scribe et Saintine. — *Guilleri*.

7 mai. — *L'Arbitre, ou les Séductions*, comédie-vaudeville en 1 acte, par Théaulon et P. Duport. — *Adrien*.

21 mai. — *Le Jeune Maire*, comédie-vaudeville en 2 actes, par Dupeuty, Duvert et Saintine. — *Rose*.

11 juin. — *L'Ecrivain public*, comédie-vaudeville en 1 acte, par Théaulon, Simonnin et F. de Courcy. — *Cécilia*.

28 décembre. — *Le Mal du pays, ou la Batelière de Brienz*, tableau-vaudeville en 1 acte, par Scribe et Mélesville. — *Gritly*.

Théâtre des Tuileries

19 décembre 1823. — *Une heure à Port-Sainte-Marie*, à-propos-vaudeville en 1 acte, par Eugène Scribe. — *Ramplan*.

18 décembre 1825. — *L'Intendant et le Garde-chasse*, vaudeville en 1 acte, par Désaugiers et Th^{re} Anne. — *Marie*.

Théâtre des Nouveautés

5 juin 1828. — *Le Mariage impossible*, comédie-vaudeville en 2 actes, par Mélesville et Carmouche. — *Catherine*

20 juin. — *Le Garçon de caisse, ou Comme on monte et comme on descend*, comédie-vaudeville en 5 parties, par Gabriel et Ymbert. — *Jeannette*.

26 juin. — *Henri IV en famille*, comédie-vaudeville en 1 acte, par De Villeneuve, Vanderburch et Desforges. — *Le Dauphin*

10 septembre. — *Le Bourgeois de Paris, ou la Partie de plaisir*, pièce en 3 actes et 5 tableaux, par Dartois, Varner et Dupin. — *Françoise*.

2 octobre. — *Valentine, ou la Chute des feuilles*, drame-vaudeville en 2 actes, par Saint-Hilaire et De Villeneuve. — *Georgette*.

10 novembre. — *Jean*, pièce en 4 parties, par Théaulon et Signol. — *Adélaïde Chopin.*

29 novembre. — *La Maison du rempart*, comédie-vaudeville en 3 actes, par Mélesville, Boirie et Merle. — *Didier.*

31 décembre. — *Le Défunt et l'Héritier*, comédie-vaudeville en 1 acte, par Mélesville et Dumersan. — *Jasqueline.*

28 février 1829. — *Aventures et Voyages du petit Jonas*, pièce romantique en 3 actes, par Scribe et Dupin. — *La Mère-Grand.*

9 avril. — *Antoine, ou les Trois générations*, pièce en 3 époques, mêlée de chants, par Mélesville et Brazier. — *Léon* et *Jules.*

6 mai. — *Les Suites d'un mariage de raison*, drame-vaudeville en 1 acte, par Dartois, Brunswick et Lhérie. — *Mme Pinchon.*

20 mai. — *Le Doge et le Dernier jour d'un condamné, ou le Canon d'alarme*, vaudeville en 3 tableaux, par Simonnin, Vanderburch et Brazier. — *Clair-de-lune.*

14 juillet. — *Jovial en prison*, comédie-vaudeville en 2 actes, par Théaulon, Gabriel et Théodore Anne. — *Parchemin.*

18 août. — *Babet, ou la Petite bonne*, comédie-vaudeville en 1 acte, par Desnoyer et Fontan. — *Babet.*

12 septembre. — *Le Bandit*, pièce en 2 actes, mêlée de chants, par Théaulon, Saint-Laurent et Th^{re} Anne. — *Firmin.*

1er octobre. — *Isaure*, drame-vaudeville en 3 actes, par Th. Nézel, Benjamin Antier, Francis Cornu et Payn. — *Blanchette.*

28 octobre. — *La Couturière*, comédie-vaudeville en 3 actes, par Duvert, Desvergers et Varin. — *Sophie.*

5 décembre. — *La Paysanne de Livonie*, comédie historique en 2 actes, mêlée de chants, par Saintine, De Villeneuve et Vanderburch. — *Zisky.*

19 décembre. — *La Femme, le Mari et l'Amant*, comédie-vaudeville en 3 actes et 5 époques, par Paul de Kock et Ch. Dupeuty. — *Ninie.*

23 janvier 1830. — *Monsieur Sans-Gêne*, comédie-vaudeville en 1 acte, par Désaugiers et Gentil (reprise). — *Henriette.*

23 janvier. — *La Femme innocente, malheureuse et persécutée*, drame burlesque en 5 actes, par De Rougemont (reprise). — *La Duchesse.*

23 janvier. — *Le Bal champêtre au 5me étage, ou Rigolard chez lui*, tableau-vaudeville en 1 acte, par Théaulon et Achille Grégoire. — *Adélaïde Chopin.*

27 février. — *Henri V et ses compagnons*, drame lyrique en 3 actes, par Romieu et Alphonse Royer, musique de Meyerbeer, Weber et Spohr. — *Seyton.*

26 mars. — *Le Mari aux neuf femmes*, comédie-vaudeville en 1 acte, par Théaulon. — *Mila.*

7 avril. — *Le Bénéficiaire*, vaudeville en 5 actes, par Théaulon et Etienne (reprise). — *Zéphirine.*

26 avril. — *Rafaël*, drame-vaudeville en 3 actes, par Théaulon. — *Léonora.*

17 juin. — *Une nuit du duc de Montfort*, vaudeville en 2 actes, par Frédéric Soulié et Arnould. — *Blanche.*

2 août. — *A-propos patriotique*, par De Villeneuve et Michel Masson. — *Auguste.*

12 août. — *André le chansonnier*, drame-vaudeville en 2 actes, par Fontan et Ch. Desnoyer. — *Louise.*

21 août. — *Le Marchand de la rue Saint-Denis, ou le Magasin, la Mairie et la Cour d'assises*, comédie-vaudeville en 3 actes, par Brazier, De Villeneuve et Vanderburch. — *Séraphine.*

30 septembre. — *Les Dragons et les Religieuses*, comédie en 1 acte, par Pigault-Lebrun (reprise). — *Sœur Sainte-Claire.*

9 octobre. — *Bonaparte à l'Ecole de Brienne, ou le Petit Caporal*, comédie-vaudeville en 3 tableaux, par Gabriel, De Villeneuve et Masson. — *Bonaparte.*

23 octobre. — *La Chatte blanche*, pantomime anglaise (reprise). — *Colombine.*

12 novembre. — *Manette, ou le Danger d'être jolie fille*, comédie-vaudeville en 1 acte, par De Rougemont. — *Candide*.

18 novembre. — *Les Trois Catherine*, scènes historiques en 3 époques, par Paul Duport et Edouard Monnais, musique d'Adolphe Adam et Casimir Gide. — *Catherine Howard*.

8 décembre. — *Le Collier de perles*, vaudeville en 1 acte, par Duvert et Paul Duport. — *Betty*.

28 décembre. *Le Fils de l'homme*, souvenir de 1824, par Paul de Lussan (Eugène Sue et De Forges). — *Le Duc de Reichstadt*.

14 janvier 1831. — *Juliette*, vaudeville en 2 actes, par Joseph Morel. — *Juliette*.

11 février. — *Les Pilules dramatiques, ou le Choléra-Morbus*, revue critique et politique en 1 acte, par Rochefort, De Villeneuve, Masson et De Leuven. — *L'Illusion et la Comète*.

22 février. — *Les Jumeaux de la Réole, ou les Frères Faucher*, drame en 3 actes et 7 tableaux, par De Rougemont et Decomberousse. — *Madeleine Jarry*.

Théâtre du Palais-Royal

1831.

6 juin. — *Ils n'ouvriront pas!* prologue-vaudeville en 1 acte, par Mélesville, Brazier et Bayard. — *Herminie*.

6 juin. — *L'Audience du Prince*, comédie-vaudeville en 1 acte, par De Villeneuve, Anicet-Bourgeois et Charles de Livry. — *Frédéric*.

19 juillet. — *Le Philtre champenois*, comédie-vaudeville en 1 acte, par Mélesville et Brazier. — *Catherine*.

3 août. — *Le Tailleur et la Fée, ou les Chansons de Béranger*, conte fantastique mêlé de couplets, en 1 acte, par Vanderburch, Ferdinand Langlé et De Forges. — *La Fée et la Danseuse*.

10 octobre. — *Catherine II, ou Un Caprice impérial*, vaudeville en 1 acte, par Desvergers et Varin. — *Catherine*.

15 octobre. — *Les Jeunes bonnes et les Vieux garçons*, vaudeville en 1 acte, par Desvergers et Varin. — *Ursule*.

28 octobre. — *Les Bouillons à domicile*, revue-vaudeville en 1 acte, par Gabriel, De Villeneuve et Charles de Livry. — *Anna Bolena, la Politique et la Gaudriole*.

24 novembre. — *Les Deux novices*, comédie-vaudeville en 3 époques, par Varner et Bayard. — *Mariette*.

10 décembre. — *L'Enfance de Louis XII, ou la Correction de nos pères*, comédie-vaudeville en 1 acte, par Mélesville, Simonnin et Th. Nézel. — *Le Duc d'Orléans*.

1832.

13 janvier. — *La Chanteuse et l'Ouvrière*, comédie-vaudeville en 4 actes, par Xavier Saintine et De Villeneuve. — *Manette*.

15 mars. — *Vert-Vert*, comédie-vaudeville en 3 actes, par A. De Leuven et De Forges. — *Vert-Vert*.

5 mai. — *La Ferme de Bondy, ou les Deux réfractaires*, épisode de l'Empire en 4 actes, par Gabriel, De Villeneuve et Michel Masson. — *Charlotte*.

26 juin. — *Follet, ou le Sylphe*, vaudeville en 2 actes, par Rochefort, Varin et Desvergers. — *Follet*.

19 novembre. — *Le Dernier chapitre*, comédie-vaudeville en 1 acte, par Mélesville, Philippe Dumanoir et Mallian. — *Joséphine*.

31 décembre. — *Paris malade*, revue-vaudeville en 1 acte, par Bayard et Varner. — *Coq-à-l'âne, Jocrisse, une Vivandière et le Plaisir*.

1833.

7 janvier. — *Les Trois assiettes*, comédie-vaudeville en 1 acte, par Michel Masson, Saintine et De Villeneuve. — *Madeleine*.

23 février. — *Le Cadet de famille*, vaudeville en 1 acte, par Vanderburch, Brunswick et D'Avrecourt. — *Célestin*.

11 avril. — *Sophie Arnould*, comédie-vaudeville en 3 actes, par A. De Leuven, De Forges et Ph. Dumanoir. — *Sophie Arnould*.

22 mai. — *Sous clef*, vaudeville en 1 acte, par De Leuven, De Forges et Dumanoir. — *Atala*.

22 juin. — *La Fille de Dominique*, comédie-vaudeville en 1 acte, par De Villeneuve et Charles de Livry. — *Catherine Biancolelli*.

5 décembre. — *La Danseuse de Venise*, comédie en 3 actes, mêlée de chant, par Théaulon et De Forges. — *Zerbi*.

1834.

18 janvier. — *Un scandale*, folie-vaudeville en 1 acte, par Duvert et Lauzanne. — *Mme Fromageot*.

5 avril. — *Les Charmettes, ou Une page des confessions*, comédie-vaudeville en 1 acte, par Bayard, De Forges et Vanderburch. — *J.-J. Rousseau*.

15 mai. — *Le Triolet bleu*, comédie-vaudeville en 5 actes, par Gabriel, De Villeneuve et Masson. — *Charles Welstein*.

10 juillet. — *Le Commis et la Grisette*, vaudeville en 1 acte, par Paul de Kock, Charles Labie et Charles Monier. — *Fifine*.

26 août. — *Judith et Holopherne*, vaudeville en 2 actes, par Théaulon, Nézel et Overnay. — *Thérésina*.

31 octobre. — *L'Idiote*, comédie-vaudeville en 1 acte, par Théaulon et Nézel. — *L'Idiote*.

13 décembre. — *Frétillon, ou la Bonne fille*, vaudeville en 5 actes, par Bayard et Decomberousse. — *Camille, ou Frétillon*.

1835.

25 mars. — *Les Beignets à la cour*, comédie en 2 actes, mêlée de chants, par Benjamin Antier. — *Louis XV*.

27 avril. — *Un Raout chez M. Lupot, rue Greneta, 378,* folie-vaudeville en 1 acte, par Paul de Kock. — *Ascagne.*

2 mai. — *La Croix d'or,* comédie en 2 actes, mêlée de chants, par De Rougemont et Charles Dupeuty. — *Christine.*

21 octobre. — *La Périchole,* comédie en 1 acte, mêlée de chant, par Théaulon et De Forges. — *La Périchole.*

23 décembre. — *La Fiole de Cagliostro,* vaudeville en 1 acte, par Anicet-Bourgeois, Dumanoir et Brisebarre. — *La Baronne de Merville et Suzanne,* sa petite-fille.

1836.

9 février. — *Les Chansons de Désaugiers,* comédie en 5 actes, mêlée de couplets, par Théaulon, Chazet et Frédéric de Courcy. — *Cadet-Buteux, Mme Denis, Rosine, Margot, la Duchesse, le Franc-vaurien et la Gaudriole.*

23 avril. — *La Marquise de Prétintaille,* comédie-vaudeville en 1 acte, par Bayard et Dumanoir. — *La Marquise.*

8 juin. — *L'Oiseau bleu,* pièce en 3 actes, mêlée de chants, par Bayard et Varner. — *Arthur de Wolferag.*

21 juin. — *Voltaire en vacances,* comédie-vaudeville en 2 actes, par De Villeneuve et Charles de Livry. — *Arouet.*

19 octobre. — *Marion Carmélite,* comédie-vaudeville en 1 acte, par Bayard et Dumanoir. — *Marion Delorme.*

26 décembre. — *Madame Favart,* comédie en 3 actes, mêlée de chants, par Xavier Saintine et Michel Masson. — *Marie Duronceray.*

1837.

1er janvier. — *L'Année sur la sellette,* revue en 1 acte, mêlée de couplets, par Bayard, Théaulon et De Courcy. — *Le Postillon de Lonjumeau.*

25 février. — *L'Outrage,* vaudeville en 1 acte, par Eugène Scribe et H. Dupin. — *Agathe de Servières.*

13 avril. — *La Comtesse du Tonneau, ou les Deux Cousines,* comédie-vaudeville en 2 actes, par Théaulon et Chazet. — *Jeanneton.*

4 novembre. — *Le Café des comédiens*, silhouette dramatique mêlée de chant, en 1 acte, par Cogniard frères. — *Mimie*.

28 novembre. — *Suzanne*, comédie-vaudeville en 2 actes, par Mélesville et Eugène Guinot. — *Suzanne*.

1838.

1er janvier. — *L'Ile de la folie*, revue en 1 acte, mêlée de couplets, par Cogniard frères. — *Une écuyère du cirque et l'Annonce*.

21 février. — *La Maîtresse de langues*, comédie en 1 acte, mêlée de chant, par De Saint-Georges, De Leuven et Dumanoir. — *Léonide*.

10 avril. — *Mademoiselle Dangeville*, comédie en 1 acte, mêlée de chant, par De Villeneuve et Ch. de Livry. — Mlle *Dangeville, Jacquot, la Marquise de Nesle* et *Tching-Ka*.

5 juin. — *Les Deux pigeons*, comédie-vaudeville en 4 actes, par Xavier Saintine et Michel Masson. — *Emmanuel*.

29 décembre. — *Françoise et Francesca*, comédie en 2 actes, mêlée de couplets, par Varner. — *Françoise et Francesca*.

1839.

1er janvier. — *Rothomago*, revue en 1 acte, par Cogniard frères. — *La Gitana*.

22 mars. — *Nanon, Ninon et Maintrenon, ou les Trois boudoirs*, comédie en 3 actes, mêlée de chants, par Théaulon, Dartois et Lesguillon. — *Nanon*.

23 septembre. — *Argentine*, comédie en 2 actes, mêlée de couplets, par Gabriel, Dupeuty et Michel Delaporte. — *Flora*.

3 décembre. — *Les Premières armes de Richelieu*, comédie en 2 actes, mêlée de couplets, par Bayard et Dumanoir. — *Richelieu*.

1840.

26 février. — *Indiana et Charlemagne*, vaudeville en 1 acte, par Bayard et Dumanoir. — *Indiana*.

1841.

29 juin. — *Mademoiselle Sallé*, comédie-vaudeville en 2 actes, par Saintine, Bayard et Dumanoir. — *Mademoiselle Sallé*.

1ᵉʳ décembre. — *Le Vicomte de Létorières*, comédie-vaudeville en 3 actes, par Bayard et Dumanoir. — *Létorières*.

1842.

26 mars. — *Une Femme sous les scellés*, monologue, par Bayard et Saintine. — *Coraline*.

3 décembre. — *Le Capitaine Charlotte*, comédie-vaudeville en 2 actes, par Bayard et Dumanoir. — *Charlotte Clapier*.

1843.

28 janvier. — *La Lisette de Béranger*, monologue, par Frédéric Bérat. — *Lisette*.

5 février. — *Les Deux Anes*, vaudeville en 1 acte, par Mélesville et Carmouche. — *Raphaël Potichon*.

28 mars. — *Mademoiselle Déjazet au sérail, ou le Palais-Royal en 1872*, vaudeville en 1 acte, par Bayard et De Lurieu. — *Mademoiselle Déjazet*.

21 novembre. — *La Marquise de Carabas*, comédie-vaudeville en 1 acte, par Bayard et Dumanoir. — *Suzon*.

31 décembre. — *La Cour de Gérolstein*, revue en 1 acte, par Bayard, Dumanoir et Varin. — *Le Génie de l'Avenir*.

1844.

28 février. — *Carlo et Carlin*, comédie-vaudeville en 2 actes, par Mélesville et Dumanoir. — *Carlo Bertinazzi*.

Théâtre des Variétés

29 avril. 1845. — *Un conte de fées*, comédie-vaudeville en 3 actes, par De Leuven, Brunswick et Alexandre Dumas. — *La Marquise de Villani*.

14 juin. — *La Gardeuse de dindons*, comédie-vaudeville en 3 actes, par Théaulon, Dartois et De Biéville. — *Gothe*.

16 mars 1846. — *Gentil-Bernard, ou l'Art d'aimer*, comédie en 5 actes, mêlée de couplets, par Dumanoir et Clairville. — *Gentil-Bernard*.

20 mars 1847. — *L'Enfant de l'amour, ou les Deux Marquis de Saint-Jacques*, comédie-vaudeville en 3 actes, par Bayard et Eugène Guinot. — *Jacques*.

8 juin. — *Le Moulin à paroles*, comédie-vaudeville en 1 acte, par Gabriel et Dupeuty. — *Madame Caillette*.

17 janvier 1848. — *Le Marquis de Lauzun*, comédie-vaudeville en 1 acte, par Carmouche et Eugène Guinot. — *Lauzun*.

3 avril. — *Mademoiselle de Choisy*, comédie-vaudeville en 2 actes, par De Saint-Georges et Bernard Lopez. — *Mademoiselle de Choisy*.

14 janvier 1850. — *Lully, ou les Petits violons de Mademoiselle*, comédie-vaudeville en 2 actes, par Dumanoir et Clairville. — *Lully*.

12 mars. — *Colombine, ou les Sept péchés capitaux*, comédie-vaudeville en 1 acte, par Carmouche et Eugène Guinot. — *Thérésa Baletti*.

Théâtre du Vaudeville

5 novembre 1850. — *La Douairière de Brionne*, comédie-vaudeville en 1 acte, par Bayard et Dumanoir. — *La Douairière* et *Sébastien*, son petit-fils.

22 décembre. — *Jean le postillon*, monologue, par Carmouche et Eugène Guinot. — *Jean*.

1er octobre 1851. — *Ouistiti,* comédie-vaudeville en 3 actes, par De Leuven et Lhérie. — *Hector de Blécourt.*

14 novembre. — *Quand on va cueillir la noisette,* vaudeville en 1 acte, par Henry de Kock et Amédée de Jallais. — *Cloud.*

8 janvier 1852. — *Les Rêves de Mathéus,* pièce en 5 actes, par Mélesville et Carmouche. — *Mathéus.*

12 septembre. — *Scapin,* comédie-vaudeville en 1 acte, par Carmouche et Eugène Guinot. — *Scapin.*

27 novembre. — *Les Paniers de la comtesse,* comédie-vaudeville en 1 acte, par Léon Gozlan. — *La Comtesse de Mailly.*

Théâtres divers

Variétés, 22 novembre 1853. — *Les Trois gamins,* vaudeville en 3 actes, par E. Vanderburch et Clairville. — *Fanfan.*

Gaîté, 21 juin 1855. — *Le Sergent Frédéric,* comédie-vaudeville en 5 actes, par Vanderburch et Dumanoir. — *Frédéric.*

Variétés, 17 octobre 1857. — *Les Chants de Béranger,* comédie-vaudeville en 3 tableaux, par Clairville et Lambert-Thiboust. — *Roger-Bontemps et la Mère Toby.*

Variétés, 9 avril 1859. — *Chérubin,* souvenir mêlé de chant, par Dumanoir et Lambert-Thiboust. — *Chérubin.*

Théâtre Déjazet

27 septembre 1859. — *Les Premières armes de Figaro,* pièce en 3 actes, mêlée de chant, par Emile Vanderburch et Victorien Sardou. — *Figaro.*

17 février 1860. — *P'tit-fils, p'tit mignon,* vaudeville en 1 acte par J. Gabriel et Dupeuty. — *Françoise Giraudeau et Désiré.*

30 avril. — *Monsieur Garat,* comédie en 2 actes, mêlée de chant, par Victorien Sardou. — *Garat.*

24 avril 1862. — *Les Prés Saint-Gervais*, comédie en 2 actes, mêlée de couplets, par Victorien Sardou. — *Le Prince de Conti*.

5 février 1863. — *L'Argent et l'Amour*, comédie-vaudeville en 3 actes, par Jaime fils, Colin et Auguste Polo. — *Mercure, Mlle de Scudéry et Maclou*.

12 avril. — *Le Dégel*, comédie en 3 actes, mêlée de chants, par Victorien Sardou. — *Hector de Bassompierre*.

15 mars 1865. — *Lantara*, comédie en 2 actes, mêlée de chants, par Xavier de Montépin et Jules Dornay. — *Lantara*.

25 octobre. — *Monsieur de Belle-Isle*, comédie-vaudeville en 2 actes, par Jaime fils. — *Le Chevalier de Belle-Isle*.

18 janvier 1870. — *Les Pistolets de mon père*, comédie-vaudevile en 1 acte, par Ch. Flor O'Squarr. — *Le Chevalier de Gersac, Rosine Dupuis et Olympe*.

TABLE DES CHAPITRES

PREMIÈRE PARTIE

L'ARTISTE

I

Le vaudeville et ses interprètes. — Comment l'auteur connut Déjazet. — Une famille nombreuse. — Déjazet débute à cinq ans. — Une danseuse qui ne danse pas. — Premiers feux. — Le théâtre des Jeunes-Artistes. — *Fanchon toute seule.* — Un bon prophète. — Premières créations. — L'amour brûlé. — Les Jeunes-Élèves. — Une rivale généreuse. — Virginie entre au Vaudeville 1

II

Une figuration prolongée. — En voyage. — Les Variétés. — Première barricade. — Brunet et Potier. — Déjazet à Lyon. — Deuxième barricade. — Un amoureux brutal. — A Bordeaux. — Troisième barricade. — Déjazet redevient Parisienne......... 7

III

Le Gymnase-Dramatique. — Soixante-treize rôles en sept ans. — Un bandit de lettres. — Injures et procès. — Le théâtre de Madame. — Quatrième barricade. — Scribe ingrat. — Déjazet honnête homme. 14

IV

Les Nouveautés. — Plus de barricades. — Répertoire romantique, lyrique et politique. — *Napoléon à Brienne*. — *Le Fils de l'Homme*. — Peu de succès. — Point d'argent. — Une débâcle.................. 17

V

Le théâtre du Palais-Royal. — Ce qu'on payait Déjazet. — Evolution intelligente. — Un répertoire grivois. — Déjazet passe au rang d'étoile. — De beaux appointements. — La jument du duc d'Orléans. — Un suicide. — L'amie qui passe. — Déjazet menacée. — Un triomphe. — Ce pauvre Dormeuil! — Traité brillant. — Déjazet perd la voix et presque la raison. — On la revoit digne d'elle-même. — *La Lisette de Béranger*. — Tout s'use. Dormeuil laisse partir sa poule aux œufs d'or...... 22

VI

Déjazet écrit à Béranger. — Réponse aimable. — Benjamin Antier conduit l'actrice chez le poète. — Une scène émouvante. — Trois hommes bêtes. — Déjazet et Béranger se revirent-ils?................ 28

VII

Dormeuil se ravise. — Trop tard! — Déjazet traite avec Nestor Roqueplan. — Un directeur enchanté. — Rôles heureux. — Déjazet voit à Ham Louis Bonaparte prisonnier. — Un porte-bonheur. — Oubli de prince... 31

VIII

Déjazet quitte les Variétés pour le Vaudeville. — Un engagement flatteur. — *La Dame aux camélias*. — Habileté directoriale. — Deux lettres de Déjazet.

— L'artiste jugée par son auteur. — Résiliation forcée. — Déjazet comédienne errante. — Elle reparaît aux Variétés, à la Gaîté, au Palais-Royal, aux Variétés encore.. 36

IX

Comment Déjazet devint propriétaire. — Seine-Port. — Une visite intéressée. — *Candide.* — M. Victorien Sardou, filleul de l'actrice. — Une entreprise imprudente. — Le Théâtre Déjazet. — L'auteur souffleur. — Succès et chutes. — Difficultés d'exploitation. — *Banque nécessaire.* — Déjazet gagne en province l'argent que son théâtre mange à Paris. — Huit mois de maladie. — C'est toujours Déjazet. — Ses créations dernières. — On vend à perte...... 44

X

Villemessant et son compatriote. — Le ruban rouge de Déjazet. — La guerre. — On attend une victoire. — Déjazet à Dieppe, puis à Londres. — Un américain généreux. — Le prince de Galles gêné. — Misères de Déjazet racontées par elle-même. — Elle voudrait rentrer à Paris. — Nos amis les Italiens. — Le 30 août 1872. — Un incendie. — Directeurs, cabotins, musiciens. — La mort de Deburau fils. — Mémoire écrit par Déjazet à l'occasion d'un procès. — Nouvel accident. — Maladie longue et douloureuse... 54

XI

Paris apprend, par Albéric Second, la position de Déjazet. — Emotion générale. — Le journal *le Gaulois* émet l'idée d'une représentation en l'honneur de l'artiste. — Un comité. — Offres et concours. — Un merveilleux programme. — Ses très beaux résultats. — Placement mal raisonné. — Un joli bénéfice... 96

XII

Déjazet au Caveau. — Son apologie en chanson. — Elle court la province et paraît au Vaudeville. — Chagrin d'artiste. — Une jolie lettre. — Blessé au champ d'honneur. — Une chute fatale. — Derniers moments de Déjazet. — On veut lui faire de grandes funérailles. — La Trinité. — Obsèques et discours. — Triste épilogue. — Le monument de Déjazet au Père-Lachaise.. 105

DEUXIÈME PARTIE

DÉJAZET ET SES CONTEMPORAINS

XIII

Le Perroquet de Déjazet. — Pensées. — Bons mots et réparties. — *Frétillon* sans chemise. — Un cachet encadré. — Chez le préfet. — Une vieille chanson. — *La Lisette* au cabaret. — Dernière fredaine. — Confession. — Déjazet-Favart. — Poésie du cœur. A-propos rimés. — Les *Mémoires* de Déjazet......... 117

XIV

Déjazet et les littérateurs. — Lettres à Dormeuil, à Carmouche, à Victor Koning, à Villemessant, à L.-Henry Lecomte, à Albéric Second. — George

Sand et Déjazet. — Déjazet et M. Victorien Sardou. — Un nouveau Chérubin. — Spiritisme. — D'une mansarde. — Hyménée! — Premier succès. — *Monsieur Garat*. — Marraine... — Bronze et bois animés. — *Les Près Saint-Gervais*. — Photographies originales. — Un billet à ordre. — Parti! — Marly contre Seine-Port. — Un ruban rouge. — La fée bienfaisante. — Colère et dignité. — Qui s'est échiné? — *Le Dégel*. — Le théâtre et la critique appréciés par M. Sardou. — Un homme d'affaires. — Promesses oubliées. — Seine-Port est vendu. — Pages amères. — Prière inutile. — Pour la galerie. — Les pièces parlent.. 138

XV

Déjazet pensionnaire. — L'amie. — Lettres à M. Lefebvre et à Rachel. — Billets de Rachel et de Marie Dorval. — Une folle. — Sans jalousie. — Lettres à Derval, Bouffé et Deburau. — Un outrage. — Lettres à Vanderburch et à Louis d'Antoine. — Deux amis véritables. — M. Lagneau et Mme Benderitter. — Echange de bienfaits. — Poésie et prose... 171

XVI

La mère. — Eugène Déjazet. — Un cœur admirable. Tendresse et conseils. — Mariage tardif. — Déjazet colporteuse. — Une plaisanterie mal comprise. — Ingratitude filiale. — Hermine Déjazet. — De l'argent, encore de l'argent. — Dissensions de famille. — Un viveur. — Mère quand même....................... 189

TROISIÈME PARTIE

L'AMOUREUSE

XVII

Les comédiennes galantes. — Les *petits papiers.* — Comment Déjazet connut Charles Fechter. — Premier baiser. — Tristesses et joies. — Un journal intime. — Exil. — L'étoile. — Conseils d'amie. — Amante et mère. — Mlle Nathalie. — 6,000 francs de rentes. — Retour à Paris. — Découragement. — Encore éloignée. — Infidélité. — Rupture. — *Félix culpâ*.. 205

XVIII

Portrait physique de Déjazet. — Caractéristique de son talent. — Destinée de son répertoire. — Conclusion.. 307

APPENDICE

Liste complète des rôles joués par Déjazet......... 310

Paris. — Imprimerie PAUL DUPONT (Cl.)

www.ingramcontent.com/pod-product-compliance
Lightning Source LLC
Chambersburg PA
CBHW050155230526
45470CB00001B/108